DICTIONNAIRE

FRANÇAIS-ANGLAIS-JAPONAIS

(LE JAPONAIS EN CARACTÈRES CHINOIS-JAPONAIS
AVEC SA TRANSCRIPTION EN CARACTÈRES EUROPÉENS)

COMPOSÉ

PAR M. L'ABBÉ MERMET DE CACHON

et publié par les soins

DE M. A. LE GRAS

CAPITAINE DE FRÉGATE, OFFICIER DE LA LÉGION D'HONNEUR

POUR LA PARTIE ANGLAISE

ET DE M. LÉON PAGÈS

POUR LA PARTIE JAPONAISE

SOUS LES AUSPICES DE LEURS EXCELLENCES

MONSIEUR DROUYN DE LHUYS

SÉNATEUR, MINISTRE DES AFFAIRES ÉTRANGÈRES

ET MONSIEUR LE MARQUIS DE CHASSELOUP-LAUBAT

SÉNATEUR, MINISTRE DE LA MARINE ET DES COLONIES

PREMIÈRE LIVRAISON
(La seconde et dernière livraison doit paraître dans le courant de l'année 1867.)

PARIS

FIRMIN DIDOT FRÈRES, FILS ET Cie
IMPRIMEURS DE L'INSTITUT ET DE LA MARINE
Rue Jacob, 56

1866

PARIS. — IMP. VICTOR GOUPY, RUE GARANCIÈRE, 5.

DICTIONNAIRE

FRANÇAIS-ANGLAIS-JAPONAIS

PARIS. — IMPRIMERIE DE VICTOR GOUPY,

5, rue Garancière, 5.

DICTIONNAIRE

FRANÇAIS-ANGLAIS-JAPONAIS

(LE JAPONAIS EN CARACTÈRES CHINOIS-JAPONAIS

AVEC SA TRANSCRIPTION EN CARACTÈRES EUROPÉENS)

DÉPOT LÉGAL
Seine
№ 2898
1866

COMPOSÉ

PAR M. L'ABBÉ MERMET DE CACHON

et publié par les soins

DE M. A. LE GRAS

CAPITAINE DE FRÉGATE, OFFICIER DE LA LÉGION D'HONNEUR

POUR LA PARTIE ANGLAISE

ET DE M. LÉON PAGÈS

POUR LA PARTIE JAPONAISE

SOUS LES AUSPICES DE LEURS EXCELLENCES

MONSIEUR DROUYN DE LHUYS

SÉNATEUR, MINISTRE DES AFFAIRES ÉTRANGÈRES

ET MONSIEUR LE MARQUIS DE CHASSELOUP-LAUBAT

SÉNATEUR, MINISTRE DE LA MARINE ET DES COLONIES

PREMIÈRE LIVRAISON

(La seconde et dernière livraison doit paraître dans le courant de l'année 1867.)

PARIS

FIRMIN DIDOT FRÈRES, FILS ET Cie

IMPRIMEURS DE L'INSTITUT ET DE LA MARINE

Rue Jacob, 56

1866

(C).

AVIS PRÉLIMINAIRE

Le Dictionnaire Français-Anglais-Japonais, dont nous publions aujourd'hui la première livraison (la seconde paraîtra dans le courant de 1867), est l'œuvre de M. l'abbé Mermet de Cachon, résidant au Japon depuis environ douze ans.

M. l'abbé Mermet nous a prié de surveiller l'impression de son livre. En même temps M. le commandant A. Le Gras, du Dépôt des cartes et plans de la marine, et auteur de nombreux travaux hydrographiques et en particulier de directions nautiques pour les régions maritimes de l'extrême Asie, a bien voulu nous seconder dans notre travail en révisant la partie anglaise.

Aux précédents ouvrages lexicographiques de MM. Medhurst, Siébold et Hoffman, Gochkevitch, et du japonais Hori Tatsnokay (1), vient s'ajouter une œuvre française, et nous espérons nous-même, dans le cours de la présente année, avoir fait paraître, également en français, les deux dernières livraisons du Dictionnaire japonais-français, traduit de l'original portugais, œuvre des Pères de la Compagnie de Jésus.

Nous devons à nos lecteurs une courte explication sur le système combiné d'écriture en chinois et en japonais, adopté par M. l'abbé Mermet de Cachon.

La langue japonaise, syllabique en elle-même, admet dans le discours oral, et surtout dans l'écriture, un assez grand nombre de mots chinois, introduits par les lettrés. Ces mots s'écrivent dans leur propre caractère et se prononcent avec une altération légère du son chinois, conforme au génie de l'idiome japonais. Mais la construction de la phrase est toujours japonaise, et les mots

---

(1) A pocket Dictionary of the English and Japanese language. Yedo, 1862.

M

Ma マ
Me メ
Meô } メ ウ
Meŏ
Mi ミ
Mia ミ ヤ
Miŏ ミ ヤ ウ
Mm ム suivi de la consonne redoublée.
Mo モ
Mô モ ウ
Mŏ マ ウ
Mou ム

N

N final ン
Na ナ
Ne ヂ
Nha ニ ヤ
Nho ニ ヨ
Nhô ニ ヨ ニ
Nhoŭ ニ ウ
Ni ニ
Nn ン suivi de la consonne redoublée.
No ノ

Nô ノ ウ
Nŏ ナ ウ
Nou ヌ

O

Ou ウ
Ouwa ウ ヮ

P

Pa バ
Pe ベ
Pi ビ
Po ポ
Pp ツ suivi de la consonne redoublée.
Pou ブ

R

(Les Japonais ont l'R et n'ont pas l'L : les Chinois au contraire ont l'L et non pas l'R.)

Ra ラ
Re レ
Reô } レ ウ
Reŏ
Ri リ
Ria リ ヤ

Rio リ ヨ
Riô リ ヨ ウ
Riŏ リ ヤ ウ
Riou リ ユ
Rioŭ リ ウ
Ro ロ
Rô ロ ウ
Rŏ ラ ウ
Rr ル suivi de la consonne redoublée.
Rou ル

S

Sa サ
Se セ
Si レ
So ソ
Sô ソ ウ
Sŏ サ ウ
Sou ス
Ss ツ suivi de la consonne redoublée.

T

T final ツ
Ta タ
Tcha チ ヤ
Tchi チ

Tcho チ ヨ
Tchô チ ヨ ウ
Tchŏ チ ヤ ウ
Tchou チ ユ
Tchoŭ チ ウ
Ttch ツ suivi de チ
Te テ
To ト
Tô ト ウ
Tŏ タ ウ

V, W

Va, wa ハ, ヮ
Ve ヘ
Vo, wo ホ, ヲ
Vô, wô ヲ ウ
Vŏ, wŏ ヮ ウ

Y

Voir 1.

Z

Za ザ
Zo ゾ
Zô ゾ ウ
Zŏ ザ ウ
Zou ズ
Zzou ヅ

DICTIONNAIRE

FRANÇAIS-ANGLAIS-JAPONAIS

—⁓⁓⁓—

A

A, prép.
> *To.*

— aller d'un lieu à un autre.
> *To go from one place to another.*

—, vivre à Paris.
> *To live in Paris.*

— être blessé à la tête.
> *To be wounded in the head.*

— c'est à vous de parler.
> *It is for you to speak.*

Abaissement, n.
> *Lowering; falling; taking down.*

— volontaire.
> *Self-abasement.*

Abaisser, v. a.
> *To lower; to bring low.*

—, mettre en bas.
> *To let down.*

ニ°方ニ°く°內ニ°
. Ni; hòni; ie; outkini.

一ヘ所ヲ庭ニ行ク°
Hitotsouno tocoro iori tocoroni ioucou.

巴里斯ニ住居スル°
Parisni dzai-kiò sourou.

頭腦ニ被ヲ愛ケル°
Atamani kizzou-o fiki-oukerou.

夫ハ汝ニ迫語ヲ可ク有ル°
Sorewa anatani made ioú becou arou.

下ニ格ル事° 下ル事°
Chitani otkirou coto; sagarou coto.

自ヲ謙ル事°
Mizzoucara heri-coudarou coto.

下ル° 置ク°
Sagherou; ocou.

降ス°
Orosou.

Abaisser, diminuer.
To diminish; to reduce.
減ズル
Ghenzourou.

—, humilier.
To depress.
押ス
Osaierou.

— ses regards.
To cast down one's eyes.
俛向ク
Otki moucou.

Abaisser (s'), v. n.
To fall; to decrease; to decline.
降ル 落ル
Sagarou; otkirou.

—, humilier (s').
To humble one's self.
謙ル
Hericoudarou.

Abandon, n.
Abandonment.
見捨ル事
Mi souterou coto.

—, action de renoncer, de rejeter.
Giving up.
捨ル
Hanarourou.

Parler avec —.
To speak with confidence.
明ケテ言フ
Outki-akete ioú.

Abandonné.
Profligate; reprobate.
惡ニ耽ル者
Acouni foukerou mono.

Abandonnement, v. **Abandon.**

Abandonner, v. a.
To abandon; to forsake; to quit.
見捨ル 癖ル
Mi souterou; hanarerou; sakerou.

—, rejeter; renoncer à une chose.
To give up; to give over.
捨ル 止ル
Souterou; iamerou.

— ses enfants ou ses parents.
To abandon one's children or one's parents.
子供又ハ親ヲ捨ル
Codomo matawa oya-o souterou.

Abandonner (s'), v. n.
To surrender one's self.
自身ヲ任セル
Dgichìn-o macacherou.

Abasourdir, v. a.
To stun; to astound.
耳ヲ聾スル 耳聾スル
Mimi-o tohocou sourou; mimidò sourou.

Abâtardir, v. a.
To debase; to corrupt.
丁ヲ惡クスル 性ヲ變セル
Chò-o achicou sourou; chei-o cawaracherou.

Abâtardir (s'), v. n.
To degenerate.
自ヲ損フ 自ヲ踊チク成ル
Mizzoucara-o soconò; mizzoucara iyachicou narou.

Abatis, n.
Demolition; pulling down.
毀事 降ス事
Hogosou coto; couzzousou coto.

Abat-jour, n.
  Shade for a lamp.
  燈臺の覆。
  Tomochibino oï.

Abattement (du corps).
  Prostration; weakness.
  力無ナル。
  Tkicara nacou narou.

  — (de l'esprit).
  Dejectedness.
  心ヲ埒ス事。
  Cocoro-o otosou coto.

Jeter dans l'—.
  To deject; to cast down.
  力ヲ埒ス。
  Tkicara-o otosou.

Abattre, v. a.
  To throw down.
  降ス; 埒ス; 倒ス。
  Orosou; otosou; taosou.

La pluie abat la poussière.
  The rain lays the dust.
  雨ガ塵ヲ沈ムル。
  Amega gomi-o chizzoumerou.

  — le courage.
  To put out of spirits.
  勇氣ヲ埒ス。
  Ioù-ki-o otosou.

Abattre (s'), v. n.
  To fall down.
  埒ル; 倒ルル。
  Otkirou; taorerou.

  —, (d'un oiseau de proie).
  To stoop.
  飛ビ下ル。
  Tobi orirou.

Abattu.
  Depressed; pulled; faint.
  埒タ; 衰ヘタ; 倒レタル。
  Otkita; otoroyeta; taoretarou.

Abbé, n.
  Abbot.
  法官。
  Hò-couan.

A. b. c.
  A. b. c.
  イロハ。
  I-ro-ha.

Être à l'—.
  To be at the a. b. c.
  伊呂波ヲ始ル。
  I-ro-ha-o hajimerou.

Abcès, n.
  Abscess.
  潰瘍; 瘍; 腫物。
  Couaï-iò; iò; haremono.

Se former en —.
  To be formed in —.
  腫物ガ發スル。
  Haremono-ga ocorou.

Abdication, n.
  Abdication
  帝位ヲ譲ル事。
  Teino courai-o iouzzourou.

Abdiquer, v. a.
  To abdicate.
  帝位ヲ譲ル。
  Teino courai-o iouzzourou; cò-couan-o iouzzourou.

Abdomen, n.
  Abdomen.
  腹; 小腹。
  Hara; chita para.

Abécédaire, n.
Abecedary; spelling-book.

伊呂波ノ書°
I-ro-hano hon.

Abeille, n.
Bee.

蜂°
Hatki.

— domestique.
Honey bee.

蜜蜂°
Mitsou-batki.

Ruche d' —.
Bee hive.

蜜蜂ノ巣°
Mitsou-batkino só.

Aberration, n.
Aberration.

惑°
Mayoi.

Abêtir (s'), v. n.
To become stultified.

愚ニナル°
Gou-donni narou ; orocani narou.

Abhorrer, v. a.
To abhor; to hold in horror.

忌ミ嫌フ°
Imi kiraó.

Abîme, n.
Abyss.

淵° 無底淵°
Houtki ; soco naki houtki.

Abîmer, v. a.
To cast into an abyss.

淵ニ落ス°
Houtkini otosou.

—, (ruiner).
To ruin.

破ル°
Yabourerou.

—, (gâter).
To spoil; to injure.

破ル°
Sondgirou.

Abject.
Vile; abject.

鄙キ°
Iyachiki.

D'une manière abjecte.
Vilely.

鄙クシテ°
Iyachicou chite.

Abjection, n.
Abjection; humiliation.

鄙キ者°
Iyachiki mono.

Abjuration, n.
Abjuration.

約ヲ以テ捨ル事°
Tkicai-o motte souterou coto.

Abjurer, v. a.
To abjure; to forswear.

誓ヲ以テ捨ル°
Tkicai-o motte souterou.

Ablatif, n.
Ablative.

奪格°
Chicacou.

Abluer, v. a.
To wash with gall-nuts.

糜ヲ以テ潔ル°
Cousouri-o motte kiyomerou.

Ablution, n.
Ablution.
次ク事。
Aró coto.

Abnégation, n.
Abnegation; self-denial.
己画テ人ヲ救ケル
Onore-o oïte fito-o tasoukerou.

Aboiement, n.
Barking.
犬ノ吼ル事。
Inouno hoierou coto.

Abolir, v. a.
To abolish; to suppress.
廢スル；滅スル。
Messourou; haïsourou.

Aboli.
Abolished.
廢サレタ。
Haïsareta.

Abolition, n.
Abolition; suppression.
廢スル事。
Haïsourou coto.

Abominable.
Abominable.
惡ム可キ。
Nicoumou beki.

Abomination, n.
Abomination.
極惡シキ。
Gocou achiki.

Abondamment.
Abundantly; plentifully.
澤山ニスデ。
Couatani chite.

Abondance, n.
Abundance; plenty.
澤山。
Couata.

Grande —.
Great abundance.
彌澤。
Iye-goua.

Abondant.
Abundant, plentiful, copious.
澤山ナ；彌澤ナ。
Couatana; iyegouana.

Abonder, v. n.
To abound, to be full of, to be plenty.
澤山ニ有ル。澤山有ル。
Couatani arou; tacousan arou.

Abonné.
Subscriber.
金ヲカケタ人。
Cane-o caketa hito.

Abonnement, n.
Subscription.
寄附スル事。
Kihou sourou coto.

Prendre un — à.
To subscribe for.
寄附スル。加ル。
Kihou sourou; hamarou.

Abord, n.
Approach; access.
近寄リ。近附キ。
Tkicayori; tkicazzouki.

Au premier —.
At first interview.
始メテ近寄レバ。
Hajimete tkicayoreba.

Abordable.
Accessible; approachable.
　Tkicayoroubeki.

Abordage (t. de mar.); par accident.
Running foul.
　Ts'kicacarou foune.

—, en ennemi.
Boarding.
　Hiòchenni nori irou.

Aborder, v. n., (t. de mar.), par accident, combat.
To accost, to land, to run foul; to board.
　Founega ts'kicacarou.

—, v. n., s'approcher.
To approach; to come ou go near.
　Tkicayorite aó.

Aborigènes, n.
Aborigines.
　To-tkino hito.

Abortif.
Abortive.
　Riou-san; han-san.

Aboucher, v. a.
To bring together.
　Tomoni awacherou.

S' —, v. r.
To have an interview, to speak with.
　Tagaini aó.

Aboutir, v. n.
To come to; to end in.
　Todokerou.

N' — à rien.
To come to nothing.
　Todokenou.

Aboutissant.
Abuttal, particular.
　Iouki tomari; toki coudacou coto.

Aboyer, v. n.
To bark.
　Hoierou.

Aboyeur, n.
Barker.
　Hoierou mono.

Abrégé, n.
Abridgement; summary.
　Riacou-boun.

En —.
By —; in few words.
　Riacouchite.

Abréger, v. a.
To abridge; to abbreviate.
　Riacou sourou; tsoumerou; tkidgimerou.

— les jours de quelqu'un.
To shorten any one's days.
　Hitono inotki-o tsoumerou.

Abréger, v. a. et n., pour —.
To be brief, short.
Riacou sourou tame; riacou cheba.

Abreuver, v. a.
To water (animals).
Mizzou-o nomacherou.

S' —, v. r.
(Of animals) to go to water.
Nomou.

Abreuvoir, n.
Watering-place (for animals).
Iyachinaï-ba.

Abréviation, n.
Abbreviation.
Riacou.

Par —.
By abbreviation.
Riacou chite.

Abri, n.
A shelter; a cover.
Sake ba; sakerou tocoro.

A l' —.
Under shelter; sheltered.
Sakebani ite.

Donner un — à.
To shelter.
Sakebani irasou.

Abricot, n.
Apricot.
Anzou.

Abricotier, n.
Apricot tree.
Anzouno ki.

Abriter, v. a.
To shelter; to shield.
Ooï çacousou.

S' —v. n.
To shelter one's self.
Mizzoucara cacourerou.

Abrogation, n.
Abrogation.
Haïsourou coto; messourou coto.

Abroger, v. a.
To abrogate.
Haïsourou; messourou.

Non abrogé.
Unabrogated.
Haïsarenou, ocarenou.

Abrupt.
Rugged.
Kensôna.

Abrutir, v. a.
To stupify; to make one stupid.
Orosocani sourou.

Abrutir (s'), v. n.
To be stupified.

皿ヲ鈍ニナル
Mizzoucara gouni narou.

Abrutissement, n.
Brutishness; stupor.

愚゜ 愚ナル事゜
Gou; orosoca; oroca narou coto.

Absence, n.
Absence.

留主゜
Rousou.

— d'esprit.
Absence of mind.

氣ガ外スル゜
Cocoroga outsouta.

Absent.
Away; from home.

留主゜ 出タル゜
Rousou; detarou.

Absenter (s'), v. n.
To absent one's self.

出ル゜ 藤行゜
Derou; tobini ioucou.

Absinthe (bot.).
Warmwood.

河原蓬゜
Cawara yomoghi.

Absolu.
Absolute; arbitrary.

定リタル゜ 極リタル゜
Kimattarou; sadamattarou.

D'une manière absolue.
Absolutely.

極リテ゜ 慥ニナチ二 ニ゜
Kimatte; chicata nachini.

Absolument.
Absolutely.

極リテ゜
Kimatte.

Absolution, n.
Absolution.

許゜ 免許゜
Yourouchi; gomen.

— des péchés.
Absolution of sins.

罪ヲ許ス事゜
Tsoumi-o yourousou coto.

Absorbant.
Absorptive, absorbent.

吸以物゜
Kiouchiouyacou.

Absorber, v. a.
To absorb; to imbibe; to drink in.

吸込ム゜ 呑込ム゜
Soui comou; nomi comou.

— l'attention de quelqu'un.
To engross any one's attention.

心ヲ引キ取ル゜
Cocoro-o hiki torou.

Absoudre, v. a.
To absolve; to discharge (a prisoner).

許ス゜ 牢者ヲ許ス゜
Yourousou; rò-cha-o yourousou.

Abstème.
(Person that abstains from wine).

酒ヲ禁ル者゜
Sake-o kinzourou mono.

Abstenir (s'), v. n.
To abstain; to refrain from.

何々ヲ禁ル゜
Nani nani-o kinzourou.

Abstergent (méd.).
Abstergent; cleansing.
潤血削
Chei ghe kizaï; kiyome gousouri.

Abstinence, n.
Abstinence.
口ヲ禁スル゜物ヲ忌スル゜
Chocou-o kinzourou; monó-o imi sourou.

Abstraction.
Abstraction.
口ニ考フル゜
Nomi cangaierou.

Abstractivement.
Abstractedly; abstractly.
一ツ事ヲ考テ゜
Hitotsouno coto-o cangayete.

Abstrait.
Abstract; abstruse.
計リ難キ事
Hacari-gatai coto.

Personne abstraite.
Absent of mind.
移リ安キ人゜
Outsouri yasouki hito.

Absurde.
Absurd; irrational.
無理゜道理ナシ
Mourina; dòri nachi.

Réduire à l' —.
To drive any one to absurdity.
人ヲ噸スル゜
Fito-o tkiòrò sourou.

Absurdement.
Absurdly.
道理ナク゜理ニ合スリ゜
Dòri nacou; rini awazouni.

Absurdité, n.
Absurdity.
無理゜
Mouri.

Abus, n.
Abuse; misusage.
悪ク用ル事゜
Achicou motkirou coto.

Abuser, (tromper), v. a.
To deceive, to mislead.
悪ク用ル゜
Achicou motkirou.

S' —, v. r.
To deceive one's self; to mistake.
面ヲ迷ス゜
Mizzoucara-o damasou.

Abuser (user mal), v. n.
To abuse; to misuse.
悪ク用ル゜悪扱ク゜
Achicou motkirou; achicou ats'cao.

— d'une faveur.
To abuse a favour.
人ノ恵ヲ噸ル゜
Hitono megoumi-o azakerou.

Abusif.
Abusive.
無理ニ用ル゜
Mourini motkirou.

Emploi —.
Misemployment.
悪ク用ル事゜
Achicou motkirou coto.

Abusivement.
Abusively.
無理ニ用テ゜
Mourini motkite.

Acacia (bot.).
Acacia; gum-tree.
皂角樹
Saï couatki.

Académicien, n.
Academician.
摩士
Gacouchi.

Académie, n.
Academy.
摩校
Gaccò.

Acanthe (bot.).
Acanthus, bear's foot.
山たばこ
Yama tabaco.

Acariâtre.
Crabbed.
眛直
Cougherou mono.

Acarus (ent.).
Tick.
懷中
Couaitkiou.

— de la gale.
Itch.
疾癬
Hizen; chitsou.

Accablant.
Overwhelming; oppressive.
忍ヒ難キ
Coraie gataki.

Nature accablante.
Oppressiveness.
傷冷毒
Chòrei docou.

Accablement.
Heaviness; dejection of spirits.
忍ヒ難サ
Coraie gatasa.

Avec —.
Oppressively.
無理ニ
Mourini.

Accabler, v. a.
To weigh down; to overwhelm.
覆フ
Osaicrou, osou.

Accablé.
Extremely dejected; oppressed.
教愛スタモ ， 心ヲ掊シタル
Kiyoghichita mono; cocoro-o otochitarou.

Accaparer, v. a.
To monopolize, to buy up.
囲仕難
Caï chimó.

Accéder, v. n.
To accede; to agree to.
承合 ， 理會スル
Chòtki sourou; gaten sourou.

— à une demande.
To comply with a request.
願望スル
Negaini canó.

Accéléré.
Accelerated.
速ヲ 叶ヤ
Soumiyacana; haiai.

Accélérer, v. a.
To accelerate.
速ニスル 叶カスル
Soumiyacani sourou; haiacou sourou.

Accent, n.
, *Accent.*

語㕠 古合。
Hanasou cake; chita outki.

Accentuer, v. a.
To accent; to accentuate.

語カスル。
Hanasou cake sourou.

— fortement.
To emphasize.

校正スル。
Còchei sourou.

Acceptation, n.
Acceptance.

取ル事。
Torou coto.

Accepter, v. a.
To accept; to receive.

取ル。 受取ル。
Torou; ouke torou.

Acception, n.
Regard, respect.

敬イ。 尊敬。
Ouyamaï; sonkei.

— des mots.
Acceptation.

語意。
Cotobano imi.

Accès, n., abord.
Access.

近寄ル事。
Tkicaïorou coto.

Avoir — auprès de quelqu'un.
To have access to any one.

近付ク。 喜換ヲ得ル。
Tkicazzoucou; kiyetsou-o ourou.

Un — de fièvre.
A fit of an ague.

發リ。
Ocori.

Léger —.
Slight attack.

熱病。
Netsoubiò.

Accessible.
Accessible.

合ル者。 近付ク可キ。
Awarerou mono; tkicazzoucou beki.

Accession (au trône).
Accession to the throne.

法音ヲ得ル。 帝位ヲ得ル。
Hòcouan-o ourou; teino couraï-o ourou.

Accessoire.
Accessory.

添ルモノ。
Soierou mono.

Accident, n.
Accident; occurrence.

風意。
Fou-ï.

— fàcheux.
Misadventure; infortunate occurrence.

災イ。
Wazawaï.

Accidentel.
Accidental; adventitious.

風意ナル。 風意ニ來ル。
Fou-ï narou; fou-ïni kitarou.

Accidentellement.
Accidentally; by chance.

風意ニ。
Fou-ïni.

Acclamation, n.
Acclamation.

叫ブ聲°
Sakebou coie.

Par —
By —.

叫聲ブ立テ°
Sakebou coie-o tatete.

Acclimater, v. a.
To inure to a new climate.

土地ニ移ス°
Totkini outsoutsou.

Acclimaté.
Naturalized to a climate.

時候ニ慣及ル°
Dgicòni naretarou.

Accolade, n.
Embrace.

抱ク事°
Idacou coto.

Accoler, v. a.
To embrace; to put together.

抱ク°阿合セル°
Idacou; dacou ts'ke-awacherou.

Accommodant.
Accomodating; complaisant.

便利ナ°交ニ安イ°
Benrina; majiwari iasoui.

Peu —.
Uncomplying.

交ニ難キ°
Majiwari gataki.

Accommodement, n.
Arrangement; settlement.

便利°
Benri.

Accommoder, v. a.
To suit; to adapt.

合セル°
Awacherou.

S' —, v. r.
To accommodate one's self.

充ケニ入ル°
Miteri to sourou.

— de tout.
To be pleased with every thing.

何モ満ケニ入ル°
Nanimo miteri to sourou.

Accompagnement, n.
Accompanying.

供°
Tomo.

Accompagner, v. a.
To accompany; to suit with.

供ニ入ル°
Tomoni sourou.

Accompli.
Accomplished; finished; regular.

成就シタル°上夫ナ°全ブ°
Dgiògiou chitarou; gioubounna, mattachi.

Accomplir, v. a.
To complete, to finish.

成就スル°仕舞°
Dgiògiou sourou; chimao.

Accomplissement, n.
Completion; finishing.

仕上ブ°
Chi agari.

—, exécution.
Execution.

仕舞ブ事°
Chimao coto.

Accord.
Agreement.

約束°
Yacousocou.

— en musique.
Harmony.

音樂°
Oungacou.

D'un commun —.
By mutual consent.

合躰シテ°
Gattai chite.

Sans accords.
Discordant.

音樂ナラズ°
Oungacou naranou.

Accorder, v. a.
To agree; to effect an agreement.

約ヲ定ムル°
Yacousocou-o sadamerou.

— (mus.).
To tune.

調ヲ合セル°
Tiòchi-o awacherou.

S' —, v. r.
To agree, to be coincident.

合躰スル°
Gattai sourou.

Accoster, v. a. (t. de mar.).
To accost; to come alongside.

近付° 對面スル°
Tkicazzoucou; taimen sourou.

Accouchée.
A lying-in woman.

産婦°
Sanpou.

Accouchement.
Deliverance.

産°
San; co-o oumou coto.

Accoucher, v. a.
To deliver a woman.

産スル°
San sourou ; co-o oumou.

—, v. n.
To be delivered.

生ル°
Tandgió sourou.

— avant terme.
To be delivered before her time; to miscarry.

半産スル° 流産スル°
Han-san sourou, riòsan sourou.

Accoucheuse.
Midwife.

産婆°
Tori aghebaba ; sam-ba.

Accouder (s'), v. n.
To lean on one's elbow.

臂掛ル°
Hidgì-cakerou.

Accouplement (des animaux).
Coupling.

獸ノ交合ヒ°
Kedamonono tsouroumi.

Accoupler, v. a.
To couple, to unite.

合セル°
Awacherou.

— des animaux.
To yoke, to match.

交合セル°
Tsouroumacherou.

Accoupler (s'), v. n. (des animaux).
To couple, to copulate.
攻合ゐ゜
Tsouroumou.

Accourcir, v. a.
To shorten.
短ニスル゜ 縮ヌル゜
Midgicacou sourou ; tkidgicamerou.

S' —, v. n.
To shorten.
短ケナル゜ 縮マル゜
Midgicacou narou ; tkidgicamarou.

Accourcissement.
Shortening.
縮メ゜
Tkidgicame.

Accourir, v. n.
To run to, to hasten.
早ヶ参ル゜
Haiacou mairou.

Accoutrement.
Accoutrement.
將東゜
Chòzocou.

Accoutrer, v. a.
To dress.
將東スル゜
Chòzocou sourou ; chitacou sourou.

Accoutumé.
Accustomed, habitual.
訓レタル゜ 覺ヘタル゜
Naretarou ; oboyetarou.

Peu —.
uncustomary.
不案内゜
Fu-amrai.

Accoutumer, v. a.
To accustom; to habituate.
習ワセル゜ 訓レサセル゜
Narawacherou ; nare sacherou.

S' —, v. n.
To accustom one's self.
訓レル゜
Narerou.

Accrédité.
Accredited.
手任ニスル゜
Macache gòmeini sourou.

Non —.
Unaccredited.
手任ニセズ゜
Macache gòmeini chenou.

Accréditer, v. a.
To accredit.
制承サセル゜
Cheiyacou sacherou.

S' —, v. n.
To get into credit.
任ヲ得ル゜
Macache-o ourou.

Accroc.
Rent, tear; impediment.
破裂衣當゜ 破裂ル゜
Kirimono saketarou.

Accrocher, v. a.
To hook on; to hang up; to hang upon.
下ケル゜ 掛ケル゜
Sagherou, cakerou.

S' —, v. n.
To catch at, to hang on.
垂レ下ル゜
Tare sagarou.

Accroissement.
  Increase, enlargement.
廣ガリ°延バリ°
Hirogari, nobari.

Accroître, v. a.
  To increase.
大キクスル°
Oòkicou sourou ; hiroghcrou.

S' —, v. n.
  To enlarge, to grow.
大キクナル°廣ガル°
Oòkicou narou ; hirogarou.

Accroupir (s'), v. n.
  To squat, to squat down.
腰彎ズル°
Chagamou sourou.

Accrue.
  Increase of land (by the retiring of waters or by alluvion).
附ケ出シヲ爲ル°
Tsoukedachi-o sourou.

Accueil.
  Reception, welcome.
取扱フ事°取リ用ヒル事°
Tori ats'cò coto ; tori motklrou coto.

Bon —.
  Kind reception, hearty welcome.
善ク取扱フ事°
Nengoroni tori ats'có coto.

Faire bon — à.
  To receive kindly.
懇ニ扱
Nengoroni tori ats'có.

Accueillir, v. a.
  To receive, to make welcome.
同°
Dò ; dòyò ; onajicou.

Bien —.
  To receive kindly.
同°
Dò ; onajicou.

Accul.
  Place without egress.
出處無シ°
Derou tocoro nachi.

Acculer, v. a.
  To drive one to a place from which there is no escape.
積メル°
Oï-tsoumerou.

Accumuler, v. a.
  To accumulate ; to heap up.
重子ル°悪イ°
Casanerou ; oò irou.

Accusable.
  Accusable.
咎メラル°
Togomerarerou.

Accusateur.
  Accuser.
訴人°
Outtaierou mono ; outtaie-bito.

Accusatif.
  Accusative.
川格°
Sancacou.

Accusation.
  Indictment ; charge.
訴イ°罪ミ°
Outtaie, tsoumi.

Accuser, v. a.

To accuse of; to charge with.

Outtaierou, tsoumi sourou, tsougherou.

Les apparences accusent une intention.
Apparences argue an intention.

Yòsouwa cocorozachi-o arawasou.

Acerbe.

Acerb, sour.

Carai.

Acéré.

Steeled; sharp.

Togattarou; cadottatarou.

Acérer, v. a.

To steel.

Togaracherou.

Achalandé.

Having customers.

Yocou' ourou akindò.

Acharné.

Fleshed, excited.

Icari-o todomezou.

Acharnement.

Rabidness, desperation.

Ikidohori.

Avec —.
Desperately.

Ikidohorini.

Acharner, v. a.

To flesh, to imbitter.

Icaracherou, ikidohoracherou.

S' —, v. n.
To be excited, to be rabid.

Ikidohote ourou.

Achat.

Purchase.

Caïmono.

Prix d' —.
Purchase money.

Caï nedan; catta nedan.

Acheminer (s'), v. n.

To set out (for a place); to proceed.

Omomoucou.

Acheter, v. a.

To buy, to purchase.

Caó; motomerou.

— une chose de quelqu'un.
To purchase any thing of any one.

Hito iori china-o caó.

Acheter cher ou à bon marché.
To buy dear, or cheap.

Tacacou caó, yasoucou caó.

Acheteur.

Buyer, purchaser.

Caó hito; motomerou hito; ourou hito.

Achevé.
Finished, perfect.

成就シタル°
Dgiòdgiouchitarou.

Non achevé.
Unfinished.

成就セヌ°
Dgiòdgiouchenou.

Achever, v. a.
To complete, to finish.

成就スル° 仕舞フ°
Dgiòdgiousourou ; chimao.

Achillée (bot.).
Mil-foil; ragwort.

楸°
Hadgi.

Acide.
Acid, sour.

酸イ°
Souï, souppaï.

Aciduler, v. a.
To acidulate.

酸クスル°
Soucou sourou, soupacou.

Acier.
Steel.

鑛°
Hagane.

— fondu.
Cast steel.

鑄鑛°
Itarou hagane.

Aciérer, v. a.
To steel.

鑛ニスル°
Haganeni sourou.

Acoustique (science).
Acoustic.

測聲學°
Socouchei gacou.

Acquéreur.
Purchaser, buyer.

商買人°
Cao hito ; ourou hito.

Acquérir, v. a.
To buy, to purchase.

買フ° 得ル° 求ム°
Cao ; crou ; motomerou.

Acquiescer, v. n.
To acquiesce, to agree.

承知スル° 應合フ°
Chòtkisourou ; ouke-ó.

Acquis.
Acquired.

應合タル° 承知シタル°
Oukeótarou ; chòtkichitarou.

Acquisition.
Acquisition, purchase.

買物°
Caïmono.

Acquit; — à caution.
Discharge; certificate.

許シ° 暇ヲ遣ル°
Yourouchi ; itoma-o iarou; hima-o iarou.

Acquittement.
Discharge, payment.

受取°
Oukedori.

Acquitter, v. a.
To perform.

勤ム° 爲ス°
Ts'tomerou ; itasou.

3

— des dettes.
To pay off, to quit.

金ヲ拂フ
Cane-o haró.

S' —, v. n.
To fulfil, to discharge.

勤メル 為ス盡ス
Ts'tomerou, chi ts'cousou.

S' — de son devoir.
To discharge or perform one's duty.

職分ヲ為ル
Chocoboun-o ts'tomerou.

Acre.
Acerb, acrid.

苦イ
Nigai.

Acreté.
Acerbity, acrimony.

酸イ
Soui.

Acrobate.
Ropedancer.

輕戲者
Carou wazachi.

Acte.
Act, action.

業 行 作業
Wasa ; oconaï ; tori ats'caï.

Documents.
Records, rolls.

證書書キ 捄帳
Choco-gaki; caki ts'ke.

Acteur; actrice.
Actor; actress.

戲場家
Yacoucha.

Actif.
Active.

働手 早イ 仕掛者
Hatarakide ; haiai ; chicakecha.

Action.
Action; deed.

取扱イ 業
Tori ats'cai ; wasa.

Bonne ou mauvaise —.
Good or bad action.

慈悲 施 罪 科
Dgihi, hodocochi, dgensa; tsoumi, toga.

— d'éclat.
Splendid deed.

手柄ヲ
Tegara.

Actionnaire.
Share-holder.

分散スル人 仲間
Boun-san sourou hito ; nacama.

Actionner, v. a.
To bring an action against.

白洲ニ呼ビ出ス
Chirasouni iobi dasou.

Activement.
Actively.

働テ 早ク
Hataraite : haiacou.

Activer, v. a.
To accelerate; to press.

速ニスル 早クスル
Soumiyacani sourou ; haiacou sourou.

Activité.
Activity.

働キテ血退
Hatarakite jitaï.

Actuel.
Actual, effective.

今° 直° 現在°
Imano; dgicanno; ghenzaï.

Actuellement.
At present; now.

働॥° 今॥°
Dgicanni; imani.

Acuponcture.
Acupuncture.

鍼ヲ刺ス事°
Hari-o outsou coto.

Adage.
Proverb, saying.

諺° 俗語°
Cotowaza, zocougo.

Adapter, v. a.
To adapt, to apply.

附ケ合セル°
Ts'ke awacherou.

S'—, v. n.
To apply, to fit.

出合ア° 嵌合°
De-ao; ate hame sourou.

Addition.
Addition; summing up.

附ケ加ヘ°
Ts'ke couaïe.

Additionner, v. a.
To add, to cast up.

附ケ加ヘル° 摠ス°
Ts'ke couaïrou; masou.

—, (faire la somme de).
To sum up.

等語ヲ添ヘル°
Candgiò-o chimerou.

Adepte.
Adept.

弟子° 隨身°
Deichi; chitagao mono.

Adhérence.
Adherence, adhesion.

附ル事°
Coutts'carou coto.

Adhérent.
Adherent.

附ル者°
Coutts'carou mono.

Adhérer, v. n.
To adhere, to be adherent.

押附ル°
Coutts'carou.

— à quelqu'un.
To adhere to any one.

人ニ從ア°
Hitoni chitagao.

Adhésion.
Adhesion.

合躰°
Chotki; gattai.

Adiante (espèce de fougère. — Bot.).
Adiantum, maiden-hair.

㯏°
Coke.

Adieu.
Farewell, good-bye.

左樣ナラ°
Saiò nara.

Adipeux.
Adipous.

肥ヘタル° 肥満°
Coyetarou; foutottarou.

Adjacent.
Adjacent.
昧シタル゜
Sacaï chitarou.

Adjectif (gram.).
Adjective.
形容詞゜
Keiòji.

Adjoindre, v. a.
To associate, to join.
添ヒ゜合セヒ゜附加ヒ゜
Soyerou ; awacherou ; ts'ke couayerou.

Adjoint.
Assistant, associate.
助ケ仲間゜手傳゜
Tasouke nacama ; tetsoudai.

Adjudication.
Sale by auction.
世祠賣リ賣タル事゜
Cheri ourini mouritarou coto.

Adjuger, v. a.
To adjuge ; to award.
世祠賣゜捐カ大゜
Xeri ourini ; sachi chimesou.

Adjuration.
Adjuration.
誓摩ヲ拂ヲ事゜
Acouma-o haró coto.

Adjurer, v. a.
To adjure.
誓摩ヲ拂ヲ゜
Acouma-o haró.

Admettre, v. a.
To admit (any one).
合゜受取゜
Ao ; ouke torou.

— (être d'avis que).
To grant that.
何ト思フ゜
Nan to omó.

— comme vrai.
To concede.
實トスル゜信スル゜誠ト思フ゜
Honto to sourou, chinzourou ; macoto to omó.

Administrateur.
Administrator.
司ル者゜
Ts'casadorou mono.

Administration.
Administration.
政事゜
Cheiji ; matsourigoto.

Administré.
Person under any one's administration.
司ラルヽ者゜
Ts'casadorarerou mono.

Administrer, v. a.
To administer ; to dispense.
司ル゜捌カ゜
Ts'casadorou, sabacou.

Admirable.
Admirable.
珍ラシ゜奇妙ナ゜珍有ナル゜
Mezzourachi ; kimiòna ; fouchighi narou.

Admirablement (ad.).
Admirably.
奇妙ニ゜珍有ニ゜
Kimiòni ; fouchighini.

Admirateur.
Admirer.
感心゜
Canchin.

Admiration.
Admiration.
匠°
Dôyó.

Avec —.
With admiration.
感心シテ° 怪テ°
Canchinchite ; ayachinde.

Admirer, v. a.
To admire, to wonder at.
感心スル° 感ズル° 怪ム°
Canchin sourou, canzourou ; ayachimou.

Être étonné.
To be astonished.
挫テ感ル° 挫テ感ル°
Akirete orou ; ayachinde arou.

Admissible.
Admissible.
賣ラシ°
Hontorachi.

D'une manière —.
Admissibly.
有樣ニシテ° 賣ラシク°
Arisònichite, hontorachicou.

Admission.
Admission.
承知°
Chòtki.

Admonition.
Admonition, warning.
畔眞ル° 諫メ°
Iken ; isame.

Adolescence.
Adolescence.
拉年° 若年°
Chònèn ; itoki naki.

Adolescent.
A young man.
幼キ° 若イ°
Osanaki, wacaï.

Adonner (s'), v. n.
To give one's self; to apply one's self.
精ヲ出ス° 念ヲ入ル°
Chei-o dasou, nen-o irerou.

S' — au vin.
To addict one's self to drinking.
酒ニフケル°
Sakeni foukerou.

Adopté.
Adopted.
養子ニ從ル°
Yòchini chitarou.

Adopter, v. a.
To adopt; to affiliate.
養子ニスル°
Yòchini sourou.

Adoptif.
Adoptive.
養子ノ°
Yòchino.

Enfant —.
Adopted child, child by adoption.
養子°
Yòchi.

Adoption.
Adoption.
養子ニスル事° 俟繼スル事°
Yòchini sourou coto ; atots'ghi sourou coto.

Adorable.
Adorable.
拜可キ° 尊ブ可キ°
Agamou beki ; tattomou beki.

Adorateur.
Adorer, worshipper.

倍神ナ°

Chinjinna.

Sans —.
Unworshipped.

倍神者ナキ°

Chinjincha naki.

Adoration.
Adoration, worship.

倍神° 拜°

Chinjin ; haï ; ogami.

Adorer, v. a.
To adore, to worship.

拜スル° 倍拜スル°

Ogamou ; haï sourou; chinjin sourou.

Adoré,
Beloved, worshipped.

倍神サレル° 拜セラル°

Chinjinsarerou ; ogamarerou.

Adosser (s'), v. n., contre quelqu'un.
To lean one's back against.

迫イカハル°

Oï cacarou.

Adoucir, v. a.
To soften, to smooth.

柔軟ニスル° 泪灡ニスル°

Yawaracani sourou, dgiounanni sourou.

— la souffrance.
To alleviate pain.

痛ヲ柔軟ニスル° 痛ヲ弱メル°

Itami-o yawaragherou; itami-o youroumerou.

— le chagrin.
To alleviate sorrow.

憂ヲ緩ニスル°

Ourei-o yawaragherou.

S' —, v. n.
To soften, to grow mild.

緩ヤル° 軟ニナル°

Youroumarou; yawaracani narou.

Adoucissant.
Emollient.

緩和刻°

Youroume gousouri ; couancouazaï.

Adoucissement.
Softening ; tempering.

緩メ°

Youroume.

Adresse (des membres, de l'esprit).
Dexterity ; cleverness.

奇様° 怜悧°

Kiyo, ricò.

— (direction) d'une lettre.
Direction, superscription.

書翰ノ上書°

Tegamino ouwagaki.

Sans —.
Without an address.

上書無キ書翰°

Ouwagaki naki tegami.

Adresse (discours).
Address (speech).

法論°

Hòron.

Adresser, v. a.
To address, to direct.

送ル° 指向ル° 渡ス°

Ocorou, sachi moukerou ; watasou.

— des lettres.
Forward; direct letters.

書翰ヲ送ル°

Tegami-o sachimoukerou.

S'—, v. n. — 自ラ告ル。
To address one's self. — Mizzoucara tsougherou.

Adroit (des membres, de l'esprit). — 奇様ナ。伶俐ナ。
Dexterous; clever. — Kiyôna; ricôna.

— des mains. — 手者。
Handy. — Teno kicou hito.

Adroitement. — 奇様ニ。手者。
Dexterously; handily. — Kiyoni; tega kîte.

Adulateur. — 媚ビ諛フ人。
Adulator. — Cobi fetsouró fito; neican.

Adulation. — 媚ル事。諛フ事。
Adulation; flattery. — Cobirou coto; hetsouraï.

Aduler, v. a. — 媚ル。諛フ。
To adulate; to bestow adulation. — Cobirou; hets'raó.

Adulte, adj. — 成人シタル。
Adult; full grown. — Chei-jin chitarou.

Adulte, s. m., personne adulte. — 成人。
Adult or grown-up person. — Chei-jin.

Adultère, n. — 間男。密夫。
Adulterer, adulteress. — Mippou, ma onna.

—, adj.; homme, femme —. — 密夫シテ。間男シテ。
Adulterous. — Mippou chite; ma otoco chite.

Adultérer, v. a. — 密夫スル。間男スル。
To adulterate. — Mippou sourou, ma otoco sourou.

Adultérin (enfant). — 間男子。
Adulterine, bastard. — Iri sacou co.

Advenir, v. n. — 當ル。
To occur. — Atarou; ocorou.

Quoiqu'il advienne. — 何有テモ。
Whatever may occur. — Nani attemo.

Adverbe. — 副辞。
Adverb. — Foucou-ji; soïerou cotoba.

Adverbialement. — 副辞ニテ。
Adverbially. — Soïerou cotobanite.

Adversaire. — 敵キ。
Adversary. — Cataki.

Adverse.
Adverse.

遇ン 遇イン
Moucao ; moucaïno.

Partie —.
Opposite party.

遇ン者
Moucao mono.

Adversité.
Adversity.

災 艱難義
Wazawaï ; nanghi.

Aéré.
Airy.

風カ透ル
Cajega tohorou.

Aérer, v. a.
To air.

風ヲ透ラス
Caje-o tohorasou.

Aérien
Aerial.

空氣ノ
Cô kino.

Aérolithe.
Aerolite.

飛石
Tobi ichi.

Aéronaute.
Aeronaut.

風船ニ乗ル人
Foùchenni norou hito.

Aérostat.
Air-balloon, aerostatic machin.

風船
Foùchen.

Affabilité.
Affability.

柔順
Nioujioun.

Affable.
Affable.

柔順ナ
Nioujiounna.

Affadir, v. a.
To make insipid; to be nauseous.

味ヲナクナス 無味ニスル
Adgiwai-o nacou nasou, mou-mini sourou.

S' —, v. n.
To get insipid.

味ナクナル 無味ニナル
Adgiwaï nacou narou; mou-mini narou.

Affadissement.
Insipidity.

無味 味ナキ
Mou-mini ; adgiwaï naki.

Affaiblir, v. a.
To weaken, to enfeeble.

弱メル 弱クスル
Yowamerou ; yowacousourou.

Chose qui affaiblit.
Weakening, enfeebling.

弱弱業
Yowacousourou cousouri.

S' —, v. n.
To grow weak.

弱ル 弱ナル
Yowamarou ; yowacou narou.

Qui ne s'affaiblit pas.
Unabating.

弱クナラヌ 衰イヌ
Yowacou naranou ; otoroienou.

Affaiblissement.
Weakening, debilitation.

虚蹋° 虚ニナル事°

Otoroie; kiozacou; iòwacou narou coto.

Affaire.
Thing; business; concern.

用事° 事°

Yòji; coto.

— urgente.
Pressing business.

急用°

Kiyou iò.

Homme d' —s (intendant).
Manager.

用事ヲ捌ク人。

Yòji-o sabacou hito.

Avoir affaire avec.
To have to deal with.

誰誰ト用事有ル°

Dare dare to yòjiga arou.

Affairé.
Busy.

急速° 用事有ル°

Isogachi; yòjiga arou.

Trop —.
Over busy.

暇ナシ°

Fima nachi.

Affaissement.
Sinking; subsiding.

下ル事° 虚°

Sagarou coto; otoroie.

Affaisser, v. a.
To sink; to weigh down.

避ス° 押付ル°

Sagherou; ochi ts'kerou.

S' —, v. r.
To sink, to give way.

衰イル° 下ル°

Otoroïerou; sagarou.

Affamé.
Starved; starving; famished.

饑イタル° 饑死スル°

Ouietarou; ouïejini sourou.

Affamer, v. a.
To starve; to famish.

饑サセル° 饑死サセル°

Ouïesacherou; ouïejini sacherou.

Affectation.
Affectation.

偽リ°

Itsouwari.

Avec —.
With —; affectedly.

偽ニ川°

Itsouwarini; itsouwatte.

Affecté.
Affected, stiff.

偽ツタル° 飾ツタル°

Itsouwatarou; cazattarou.

Affecter, v. a.
To affect.

偽ル° 飾ル°

Itsouwarou; cazarou.

Affection.
Affection, attachment.

愛スル事°

Aïsourou coto; cawaïgarou coto.

Marque d' —.
Mark, proof of affection.

愛スル徴°

Aïsourou chirouchi.

Avec —.
Affectionately.
愛シテ。
Aïchite ; cawaigatte.

Affectionner, v. a.
To have an affection for.
愛スル。
Aïsourou ; cawaigarou ; its'couchimou.

S' —, v. n.
To attach one's self to.
愛ニ溺レタ。
Aïni oboreta.

Affectueux.
Affectionate, hearty.
慈悲深。
Jihi, boucaï.

Affermer, v. a.
To farm ; to lease out.
地面ヲ借ル。
Dgimen-o carlrou.

Affermir, v. a.
To strengthen ; to consolidate.
硬クスル。
Catamerou ; catacou sourou.

S' —, v. n.
To become or grow firm.
硬クナル。
Catamerarerou ; catacou narou.

Affété, v. **Affecté.**

Affiche.
Placard, bill.
高札。制札。觸書。
Tacafouda ; cheisatsou, fouregaki.

Afficher, v. a.
To stick up; to post up.
高札ヲ建ル。
Tacafouda-o taterou ; fouregaki-o taterou.

S' —, v. n.
To show one's self.
自ヲ誇ル。
Mizzoucara focorou.

Affidé.
Trusty.
忠信。真ナ。
Tchoù chin, tachicana.

Affilé.
Sharpened.
尖ラタル。
Togatarou.

Affiler, v. a.
To sharpen ; to whet.
尖ラス。
Togarasou.

Affilier, v. a.
To affiliate, to admit.
結ビ附ル。
Mousoubi ts'kerou.

Affinage.
Affinage.
淨清ナル事。
Chòdgiò narou coto.

Affiner, v. a.
To refine (metals).
金ヲ制裝スル。
Cane-o cheisourou.

Affinité.
Affinity, alliance.
縁類。縁者。
Enroui ; endgia.

Sans —.
Without affinity.

縁類無キ°
Enroui naki.

Affirmatif.
Affirmative; positive.

要用ナ°
Yòyòna.

Affirmation.
Affirmation; assertion.

慥メル事°
Tachicamerou coto.

Affirmativement.
Affirmatively.

慥メテ°
Tachicamete.

Affirmer, v. a.
To affirm, to assert.

慥メル°
Tachicamerou.

— solennellement.
To asseverate.

誓言約慥メル°
Chéyacou tachicamerou.

Affleurer, v. a.
To level, to make even.

平面ニスル° 平ラメル°
Tairacani sourou; tairamerou.

Affliction.
Affliction, trouble, grief.

憂° 難義 哀ミ°
Nanghi; ourei, canachimi.

Avec —.
With grief.

哀シデ°
Canachinde.

Affligé.
Afflicted, disconsolate.

哀シダル°
Canachindarou.

Affligeant.
Afflicting; afflictive, grievous.

哀° 憂イナル°
Canachi; ourcinarou.

Affliger, v. a.
To afflict, to grieve.

哀シメル° 憂サセル°
Canachimerou; oureisacherou.

S'—, v. r.
To afflict one's self.

哀シ° 憂イ°
Canachimou; ourei.

Affluence.
Flow (of liquids); afflux.

流レ来ル事°
Nagare courou coto.

Affluent (abondant).
Confluent.

盛茂°
Jioubounni.

Affluer, v. a.
To flow into, to fall.

流レ下ル°
Nagare coudarou.

Affoler (s') de.
To dote upon.

愛ニ溺レル°
Aïni oborerou.

Affourcher, v. n. (t. de mar.).
To moor accross.

舟ヲ繋グ°
Foune-o tsounagou.

Affranchir, v. a.
To free; to enfranchise.

勝手ニサセル 許ス。
Catteini sacherou; yourousou.

— un esclave.
To manumit a slave.

遣言代ニ許ス。
Foudaini yourousou.

S' —, v. n.
To free one's self; to shake off.

従タス。
Chitagawanou.

Affranchissement.
Setting free, discharge.

自由ニ由ス。
Catteini dasou.

Affrétement.
Chartering.

雇船。
Yatoïchen.

Affréter, v. a.
To charter.

船ヲ雇フ。
Foune-o yataó.

Affreusement.
Frightfully, horribly.

恐シク。
Osorochikou.

Affreux.
Frightful, horrible.

恐シ；見苦シ。
Osorochi; mi gourouchi.

Affriander, v. a.
To bring up to dainties.

美味ニスル。
M'macou sourou.

Affront.
Insult, outrage.

眺辱。
Tkijiocou.

Faire affront.
To affront.

眺辱ヲ掛ル。
Tkijiocou-o cakerou.

Affronter, v. a.
To face.

向フ。
Moucao.

Affubler, v. a.
To wrap up; to muffle up.

包ム。
Tsouts'mou; caramerou.

Affût.
Watch.

番所。
Ban-cho.

Être à l'affût.
To be upon the watch.

番ヲスル。
Ban-o sourou.

Affûter, v. a.
To set, to whet.

削ル。
Kezourou.

Afin (conj.).
In order to.

爲ス。
Tame.

Agaçant.
Inciting.

氣ヲ達フ者。
Ki-o momacherou mono.

Agacement.
Setting on edge.

冒隨隨ズル事。
Mini tessourou coto.

Agacer, v. a.
To set on edge; to irritate.

冒隨ズル。立腹サセル。
Mini tessourou ; rippoucousacherou.

Agacerie.
Allurement, incitement.

取リ隨スモノ。
Tori ts'casou mono.

Agapes.
Agapæ, love-feasts.

振舞
Fouroumaï.

Agaric (bot).
Agaric.

蒜ノ類。
Ninnicou roui.

— **champêtre.**
Mushroom.

野蒜。
Nobirou.

Agate (minér.).
Agate.

瑪瑙。
Meno.

Age (années, temps d'existence).
Age; years; time of life.

歳 年。
Soui ; nen ; tochi.

— **avancé.**
Advanced age.

老 歳ヲリ。
Rò ; tochi yori.

Jeune — ; âge tendre.
Infancy; tender age.

少年。幼年。
Chò nen ; wacaki toki.

— (époque, siècle).
Age, time, century.

世。代。
Yo ; daï.

Agé (vieux).
Old.

歳々ル。老人。
Tochi yotarou ; ròjin.

Agé de dix ans.
Ten years old.

十歳ニ成々。
Dgiou saini natta.

Agencement.
Arrangement.

位ヲ立ル事。
Courai-o taterou coto ; tsouzzouki iò.

Agencer, v. a.
To arrange.

位ヲ立ル。飾ル。較ル。
Couraï-o taterou ; cazarou ; tacouraberou.

Agenouiller (s'), v. r.
To kneel.

正坐スル。
Hiza-o tatsourou ; hiza-mazzoucou.

Agent.
Agent.

代人。用事ヲ捌ク者。
Dainin, daibito ; iòji-o sabacou mono.

Agglomération,
Agglomeration.

叢ル。
Mouragari.

Agglomérer (s'), v. n.
To agglomerate.
嶷ル。
Mouragarou; atsoumarou; sorô.

Agglutiner, v. a.
To agglutinate.
附合セル。
Ts'ke awacherou.

Aggravation.
Aggravation.
重ケナル事。
Omocou narou coto.

Aggraver, v. a.
To aggravate.
重ケスル。惡ケスル。
Omocou sourou; na-o waroucou sourou.

Agile.
Nimble.
氣早イ。速ナ。
Kibayai; haïai; soumiyacana; hataracou mono.

Agilité.
Nimbleness.
早サ。速カ。
Hayasa; soumiyaca.

Agiotage.
Stock-jobbing.
博奕スル事。
Bacou ieki sourou coto.

Agioter, v. n.
To gamble.
博奕スル。
Bacou ieki sourou.

Agioteur.
Stock-jobber.
博奕スル者。
Bacou ieki sourou mono.

Agir, v. n.
To act, to do.
取扱フ。到ス。爲ス。
Tori ats'cao; itasou; hataracou.

Agir bien.
To use well.
直行スル。正直ニスル。
Massougouni oconao; chodgikini sourou.

— mal envers quelqu'un.
To use one ill.
人惡ク取リ爲ス。
Fito-o achicou tori nasou.

Il s'agit de choisir.
The question is to choose.
選ム事ニ關係スル。
Eramou cotoni cacawarou.

De quoi s'agit-il?
What is the matter?
何ニ關係スルカ。
Nanni cacawarouca?

Agissant.
Active.
働手。
Hatarakide, hataracou mono.

Agitation.
Agitation, shaking.
運動。
Oundò; dò-iò.

Agiter, v. a.
To agitate; to shake.
動ス。振フス。
Ogocasou; fourouwasou.

— violemment.
To convulse.
振動サセル。
Chindò sacherou.

Agité.
In agitation; in motion.
Cocoroga ogokitarou.

Agneau.
Lamb.
Cohitsouji; meniò no co.

Agneler, v. n.
To lamb; to yean.
Hitsoujiwa co-o oumou.

Agonie.
Agony.
Chini cacarou coto.

Agoniser, v. n.
To be a-dying.
Chini cacarou.

Agrafe.
Hasp, hook.
Tsoume ; co-hajei.

Agrafer, v. a.
To hasp, to hook.
Co-hajei-o cakerou.

Agrandir, v. a.
To enlarge; to widen.
Oôkicou sourou; firomerou.

— une maison.
Enlarge a house.
Iye-o hirogherou.

S' —, v. r.
To become larger; to increase.
Oôkicou narou; firogarou; hirocou narou.

Agrandissement.
Enlargement, increase.
Hirocou narou coto.

Agréable.
Agreeable; pleasant.
Omochiroi ; ourechi ; cocoro ioki.

Un lieu —.
A pleasant place.
Yoki bà ai; ioi bà chò.

Peu —.
Unpleasing.
Omochirocou nachi.

Agréablement.
Agreeably, pleasantly.
Omochirocou ; cocoro iocou.

Agréer, v. a. (t. de mar.)
To accept; to receive kindly; to rig. Ouke torou ; chòtki sourou ; gatten sourou.

Agrégation.
Aggregate; congregation.
Atsoumari ; mouragari.

Agréger, v. a.
To admit into, to receive.
Ouke torou, iracherou.

Agrément.
Consent; approbation.
條約° 承知° 快美ナル事°
Chòiki; jiòyacou; cocoro yoki narou coto.

Agrès (t. de mar.).
Rigging.
舩具°
Hounagou.

Agresseur.
Aggressor.
責メ打人°
Cheme outsou hito.

Agression.
Aggression.
責メ打事°
Cheme outsou coto.

Agreste (propre et figuré).
Agrestic; rustic.
在ノ° 田舎ノ° 愚智ナ°
Zaïno, inacano; goutkina.

Agricole, adj.
Agricultural.
農業ノ° 畑ノ°
Nò-ghiòno; hatakeno.

Agriculteur.
Husbandman, agriculturist.
百姓° 民° 農夫°
Hiacouchò; tami; nò-hou.

Agriculture.
Agriculture, husbandry.
農業° 耕°
Nò-ghiò; tagayachi.

Aguerrir, v. a.
To inure to war.
軍ニ熟練スル°
lcousani dgicouren sourou.

Aguets.
Watch, watching.
番°
Ban.

Personne aux —.
Person upon the watch.
番人°
Bannin.

Ahurir, v. a.
To amaze; to astound.
氣ヲ透スル° 塞ガ°
Ki-o tocou sourou; housagou.

Aide, s. f.
Aid, help.
助ケ° 手傳°
Tasouke; tetsoudaï.

—, s. m.
Assistant, helper.
手傳° 助伐°
Tsoudaï; tasoukerou teyacou.

Aider, v. a.
To aid; to help.
佐ル° 手傳スル°
Tasoukerou, tetsoudaï sourou.

— à marcher.
To help one to walk.
歩ヲ佐ケル°
Aioumi-o tasoukerou.

S' —, v. r., l'un l'autre.
To aid, to help one another.
互ニ助ケル°
Tagaïni tasoukerou.

Aïeul.
Grandfather.
祖父°
Dgidgi.

Les deux aïeux.
Paternal and maternal grandfathers. 祖父祖母。 Dgidgi baba.

Aïeule.
Grandmother. 祖母。 Baba.

Aigle (oiseau ; étoile).
Eagle ; aquila. 鷲。 星ノ名。 Wachi ; hochino na.

— (drapeau).
Standard. 旗印。 Hatajirouchi.

Aigre (adj.). .
Acid, sour. 酸イ。 Souï ; soupaï.

Ton —.
Shrill tone. 酸ク言フ事。 Soupacou ioú coto.

Aigre, s. m.
Acidity, sourness. 酸サ。 Soucasa.

Sentir l'aigre.
To smell musty. 酸ク味フ。 Soucou adgiwò.

Aigre-doux.
Bitterish, sourish. 輕ク酸。 Caroucou soupaï.

Aigrette (des oiseaux).
Aigret, tuft. 鷄冠。 Tosaca (torino).

Aigreur, v. **Aigre**, s.

— d'estomac.
Heart-burn. 流飮。 Riouyen.

Aigrir, v. a.
To sour, to turn sour. 酸クスル。 Soucou sourou.

— la douleur.
To increase the pain. 痛ヲ强クスル。 Itami-o tsouyocou sourou.

S' —, v. r.
To turn sour, to grow sour. 酸クナル。 Soucou narou.

Aigu.
Sharp, pointed. 尖ッタル。 Togatarou.

Aiguade (t. de mar.).
Watering place. 水飮場。 Mizzou nomi ba.

Aiguière.
Ewer. 盥。 Taraï.

5

Aiguillade.
  Goad.
  Te-iari.

Aiguille.
  Needle.
  Hari.

— aimantée.
  Magnetical needle.
  Dgichacouno hari.

Aiguillette (languette de chair).
  Slice (of flesh, of skin).
  Nicouno hito kire.

Aiguillon.
  Goad, spur.
  Te-iari.

Aiguillonner, v. a.
  To goad; to spur on.
  Te-iari-o sasou.

Aiguiser, v. a.
  To sharpen; to set an edge on.
  Togarasou.

— l'appétit.
  To whet the stomach.
  Couhoucou-o chòzourou.

Ail.
  Garlic.
  Ninnicou.

Aile.
  Wing (of bird); pinion (of house).
  Hane; iyeno catagawa.

Battement de l'—.
  Fluttering.
  Habataki.

Aile (espèce de bière).
  Ale.
  Moughi zake; bacouchiou.

Brasseur d' —.
  Brewer.
  Moughi zake-o camosou mono.

Ailé.
  Winged.
  Hanega arou.

Aileron (de poisson; et t. d'architecture).
  Fin; consols.
  Co-hane; iyeno co catagawa.

Ailleurs.
  Elsewhere.
  Betsouni.

Aimable.
  Lovely, amiable.
  Aï soubeki.

Aimant (participe).
  Affectionate, loving.
  Aïsourou cocoro.

Peu —.
  Unloving.
  愛セヌ心°
  Aichenou cocoro.

Aimant, s. m.
  Loadstone, magnet.
  畾鑑°
  Dgichacou.

Aimanté, adj.
  Magnetic.
  磁石ヲ附ケタ物°
  Dgichacou-o tsouketa mono.

Aiguille aimantée.
  Magnetic needle.
  畾針°
  Dgichacouno hari.

Aimanter, v. a.
  To polarise.
  磁石ヲ附ル°
  Dgichacou-o tsoukerou.

Aimé.
  Loved, beloved.
  愛セラルヽ°
  Aicherarerou; cawaigarerou.

Bien-aimé.
  Beloved.
  甚愛ガルヽ°
  Gocou cawaigarerou.

Aimer, v. a.
  To love, to be fond of.
  愛スル° 可愛ガル°
  Aïsourou; cawaigarou.

  — ses parents.
  To love one's parents.
  兩親ヲ愛スル°
  Riòchin-o aïsourou.

Ne pas —.
  Not to love.
  愛セヌ° 可愛ガラヌ°
  Aïchenou; cawaigaranou.

  — le fruit.
  To like the fruit.
  木實ヲ好ム° 果物ヲ好ク°
  Kino mi-o conomou; coudamono-o soucou.

S' — mutuellement, v. r.
  To love one another.
  相互ニ愛スル°
  Aï tagaïni aisourou.

Aine, s. f.
  Groin.
  脇膀°
  Wakibone.

Aîné.
  Elder, eldest.
  兄° 老°
  Ani, rò; tochiyotarou.

Frère —.
  Elder brother.
  兄°
  Ani.

Ainsi (adv.), — (conj.).
  So, thus; — therefore, so that.
  其ノ通リ° 左樣ニ° 夫依テ°
  Sono toòri; saiòni; sò; — soreni iotte.

Il en est —.
  So it is.
  夫ノ通デ有ル°
  Sono toòride arou.

Air, s. m.
  Air.
  空氣° 風氣°
  Còki; cajeno ki.

Bon —, — vicié.
Good air, — foul air.

好氣 ○ 惡氣° 毒氣°
Yoï ki ; akki, dokkı.

Dans l' —.
In the air.

空中ニ°
Côtkiouni.

— (apparence).
To look.

容子° 形° 形貌°
Yòsou ; catatki.

Air de gaîté.
Cheerful countenance.

悦ベシキ貌°
Yorocobachì catatki.

— abattu.
To look cast down.

懼タ形° 變タ形°
Otoroieta catatki ; cawata catatki.

Avoir l'— bien portant.
To look healthy.

强壯ニ見エル° 健固ニ見エル°
Tachchani miyerou ; kengoni miyerou.

Airain, s. m.
Brass.

金屬°
Kinzocou.

Siècle d' —.
Brazen age ; hard times.

乱世°
Ranchei.

Aire, s. f.
Area (space), floor.

平地°
Heïtki ; ina niwa.

Aisance, s. f.
Ease, facility, freedom.

手安キ事° 安キ°
Tayasouki coto ; yasouki.

Vivre dans l' —.
To live at ease, or comfortably.

安ク° 賚ス°
Yasoucou ; courasou.

Aise, s. f.
Gladness, joy, content.

喜悦° 喜樂°
Yorocobi ; tanochimi.

Aise, adj.
Glad, pleased.

安心°
Anchin ; yorocobachì.

Aisé.
Easy ; convenient.

手安キ° 出合フ物°
Tayasouki ; de-aò mono.

Aisément.
Easily, readily.

安ク°
Yasoucou.

Aisselle, s. f.
Arm-pit, arm-hole.

脇下° 腋下°
Wakinochita.

Ajournement.
Adjournment.

日ヲ延ス事°
Hi-o noberou coto.

Ajourner, v. a.
To adjourn ; to postpone.

日ヲ延ス°
Hi-o noberou.

Ajoutage.
   Adittament; piece added on.
   Ts'ketarou mono.

Ajouter, v. a.
   To add, to put to, to supply.
   Tsoukerou ; couwaicrou; soierou.

Sans rien ajouter.
   Without adding any thing.
   Nani-o mo soiezou.

Ajustement, n.
   Adjustment; arrangement.
   Catazzouke; chirabe ; cazari.

Ajuster, v. a.
   To adjust, to size.
   Catazzoukerou; chiraberou; cazarou.

S' —, v. r.
   To prepare one's self; to agree.
   Onozzoucara de-ao ; catazzoucarou.

S'— (se parer).
   To trick up, to make one's self fine.
   Chitacou sourou.

Alambic, n.
   Alembic.
   Rambiki.

Passer à l' — (au propre).
   To distil; to pass through the —.
   Rambikide tkiòrou sourou.

Alarmant.
   Alarming, dreadful.
   Ayaoi; osorochiki ; abounaï.

Alarme, n.
   Alarm.
   Haiagane-o tsoucou coto.

Alarmer, v. a.
   To alarm, to frighten.
   Odorocasou.

S' —, v. r.
   To alarm one's self.
   Odorocou.

Albâtre, n.
   Alabaster.
   Hacou ròcheki.

Albatros, n.
   Albatros.
   Camome.

Album, n.
   Album, sketch-book.
   Yezzouno hon.

Albumine, n.
   Albumen.
   Tamagono aosa.

Alcali, n.
   Alkali.
   Ar'cari.

Alchimie, n.
Alchymy.

分析術
Bouncheki dgioutsou.

Alcool, n.
Alcohol or alkohol.

漏斗口
Chotkiou.

Alcôve, n.
Alcove.

小部屋
Co-beia.

Alène, n.
Shoemaker's awl.

錐リ
Kiri.

Alentour, adv.
Around; round about.

近邊二
Kinpenni; sobani.

Alentours, s. m. p.
Grounds round.

近邊 近所
Kinpen; kinjio.

Alerte, adj.
Alert, brisk, vigilant.

迷カ 活發
Soumiyaca; couapadgi.

Alésage, n.
Boring, drilling.

鑿キ
Ougatki.

Aléser, v. a. (agrandir des trous, polir un tube à l'intérieur).
To bore, to drill.

鑿ツ 堀ル
Ougatsou; horou.

Alezan (couleur du cheval).
Sorrel-colour.

栗毛馬
Courighino ma.

Algèbre.
Algebra.

高上ナル算術
Còjiò narou sandgioutsou.

Algue (bot.).
Alga, sea-weed.

海岬 昆布ノ類
Oumigousa; combouroui.

Alibi, n.
Alibi.

別二 別所二
Betsouni; bechchòni.

Aliénable.
Alienable.

讓ル可キ
Youzouroubeki.

Aliénation, n.
Alienation.

地面ヲ讓ル
Dgimen-o youzourou.

— mentale.
Alienation of mind, madness.

氣違イ
Kitkigai.

Aliéné, n. (domaine).
Alienated.

讓リタル
Youzouritarou.

— esprit.
Crackbrained, lunatic.

精神ガ迷フタル
Cocoroga maiò tarou.

Aliéner, v. a. (un domaine).
  To alienate, to give away.
  諧ル。
  Youzourou.

— (l'esprit).
  To drive one mad, to distemper one's brains.
  氣違ニスル。 狂者ニスル。
  Kitkigaini sourou.

Alignement, n.
  Line.
  一筋ニナリタ。
  Fito soudgini natta.

Aligner, v. a.
  To lay out by a line, to line.
  一筋ニスル。 筋ヲ引ク。
  Fito soudgini sourou; soudgi-o hicou.

Aliment, n.
  Food, aliment.
  食物。 食事。
  Chocomotsou; chocouji.

Alimentaire.
  Alimentary.
  食事ノ。
  Chocoujino.

Alimentation, n.
  Alimentation, feeding.
  養イ。 養育。
  Yachinaï; iò ïcou.

Alimenter, v. a.
  To feed, to nourish.
  養育スル。
  Yachinao; iò icou sourou.

Non alimenté.
  Unfed.
  養育タヌ。
  Yachinawanou.

Alité.
  Bedrid.
  臥子有ル。
  Nette arou.

Aliter, v. n.
  To make one keep his bed.
  臥人ス。
  Necasou.

Allaitement, n.
  Lactation, nursing.
  乳飲マセル事。
  Tkitki-o nomacherou coto.

Allaiter, v. a.
  To nurse, to suckle.
  乳飲スル。
  Tkitki-o nomasou.

Allèchement, n.
  Allurement.
  名附。
  Nazzouke.

Allécher, v. a.
  To allure, to entice.
  名附ル。
  Nazzoukerou.

Allée.
  Alley, passage.
  行道。
  Youcou mitki.

Allégation, n.
  Allegation.
  語シ。 語リ。
  Hanachi; catari.

— erronée.
  False allegation.
  僞リ語。
  Itsouwarino cotoba.

Allégement, n.
　Alleviation, lightening.
　軽ケスル事。
　Carocou sourou coto.

Alléger, v. a.
　To lighten, to unload.
　軽クスル。
　Carocou sourou.

　— la douleur.
　To alleviate pain.
　疼痛ヲ緩和スル。
　Itami-o youroucou sourou.

Allégorie, n.
　Allegory; emblem.
　譬言 譬言語。
　Tatoye ; tatoye banachi.

Allégorique, n.
　Allegoric, emblematical.
　譬言ノ 譬言トスル。
　Tatoyeno ; tatoyetarou.

Allégoriser, v. a.
　To allegorize.
　譬言ニテ語ノ。
　Tatoyete yóu.

Allègre.
　Brisk; cheerful.
　悦バシ。
　Yorocobachi.

Allégresse, n.
　Joy; contentment.
　喜ビ。
　Yorocobi.

Alléguer, v. a.
　To allege; to state.
　カ様カ様ニ語ス。
　Caiò caiò ni hanasou.

Allemand, n.
　German.
　獨乙。
　Douitchou.

Aller, n.
　Going.
　行ク事。
　Youcou coto.

　Aller et retour.
　Voyage out and in.
　往承。
　Youki ki ; òraï.

Aller, v. n.
　To go, to be going.
　往ク。
　Youcou ; maïrou.

　—, partir.
　To leave.
　出ル。
　Chioutatki sourou ; derou.

　Il va partir.
　He is going to start.
　彼ハ最早出立スル。
　Carewa mo haïa chioutatki sourou.

　—, s'étendre.
　To extend.
　及ブ；承ル。
　Oyobou ; kitarou.

　Ce chemin va à la ville.
　This road leads to the town.
　此ノ路ハ村造續ク。
　Cono mitkiwa moura made ts'zzoucou.

　S'en —, v. r.
　To go away, to go out.
　出ル。
　Derou.

Alliage (de métaux), n.
Alloyage, alloy.

分離ノ物
Bourino mono.

Alliance, n.
Alliance.

親義ヲ結ブ
Chinghi-o mousoubou.

Conclure une — pour son fils.
To conclude match for its son.

嫁取スル
Yometori sourou.

Allié, n.
Allied.

親義ヲ結ビタル
Chinghi-o mousoubitarou.

Allier, v. a.
To ally, to unite.

附合セル
Tsouke-awacherou.

Alligator, n.
Alligator.

鱷ノ類
Wanizameno rouï.

Allocation, n.
Allocation, allowance.

人ニ与フル語
Hitoni atayerou bou.

Allocution, n.
Address, speech.

語スカケ
Hanasou cake.

Allongé.
Lengthened.

延ビタル 長クナル
Nobitarou, nagacou narou.

Allonger, v. a.
To lengthen; to extend.

長クスル 延ベル
Nagacou sourou; noberou.

S' —, v. r.
To grow longer, to stretch.

延ビル 長クナル
Nobirou; nagacou narou.

Allouer, v. a.
To grant, to allow.

許ス 承引スル
Yourousou; chòtkisourou.

Allumer, v. a.
To light; to inflame.

火ヲ付クル 光ラス 輝カス
Hi-o tsoukerou; hicarasou; cagayacasou.

— le feu.
To light or kindle the fire.

火ヲタク
Hi-o tacou.

— la lampe.
To light the lamp.

燈ニ火ヲ点ズル
Andonni hi-o tenzourou.

Allure, n.
Gait, pace.

態 格子
Yosou; yòji.

Allusion, n.
Allusion, hint.

示チ
Satochi; chimechi.

Par —.
Allusively.

示ヌル様ニ
Satochitarou iòni.

6

Alluvion, n.
Alluvion.

流土
Nagare ts'tki.

Almanach, n.
Almanack, calendar.

暦
Coyomi, reki.

Aloës (bot.), plante, suc.
Aloès.

蘆薈 流香
Roccouaï; dgincò.

Aloi (de l'or ou de l'argent).
Alloy.

金銀属
Kinghinzocou.

Alors.
Then.

其時ニ
Sono tokini; sono jîbounni; tokini.

D' —.
Of that time.

其時カラ
Sono toki cara.

Alouette (ornith.).
Lark.

雲雀
Hibari.

Alourdir, v. a.
To make heavy, to dull.

重クスル
Omocou sourou.

Aloyau, n.
Sirloin, loin of beef.

牛肉ノ一片
Ouchino nicouno hito-kire.

Alphabet, n.
Alphabet.

伊呂波
I-ro-ha.

Altérable (en parlant des métaux).
Alterable.

約條ニ變北スル金
Yacoudgiouni hencouasourou (cane).

Altération, n.
Deterioration; corruption.

變ル事; 起ト
Cawarou coto; otoroye.

Sans —.
Genuinely.

變ラヌ; 起トヌ
Cawaranou; otoroyenou.

Altercation, n.
Altercation.

喧嘩
Kencoua.

Altérer, v. a.
To alter; to hurt, to spoil.

損ジラス 惡クスル
Sonjirasou; waroucou sourou.

— le sang.
To corrupt the blood.

人血ヲ惡クスル
Hitono tki-o achicou sourou.

S' —, v. n.
To be impaired or altered.

損ル
Otoyerou; soudgirou.

Alternatif.
Alternative.

代リ代ル
Cawari gawarino.

Alternativement.
Alternatively.

代ッ代ニ
Cawari gawarini.

Alterner, v. n.
To alternate.

一ッ圓ニスル
Fitotsou okini sourou.

Altesse, n.
Highness.

貴人
Ki-nin.

Altier.
Haughty, arrogant.

自慢ノ
Jimanno ; cômanno.

Alun, n.
Alum.

明晩
Miòban.

Alvéole (d'abeille).
Alveolus, cell.

蜜蜂巣
Mitsoubatkino sou.

Amabilité, n.
Loveliness.

可愛事
Aïsou beki coto ; cawaigarou beki coto.

Avec —.
Lovelily.

愛ス可ク
Aïsoubecou.

Amadou, n.
German-tinder.

燧燃セ
Foucoutki.

Amadouer, v. a.
To coax, to cajole.

迯隨ル
Te nazzoukerou.

Amaigrir, v. a.
To make lean or thin.

痩サセル
Yache sacherou.

S' —, v. r.
To grown thin.

痩ル
Yacherou ; atoró.

Amaigrissement, n.
Growing thin.

痩ル事
Yacherou coto.

Amalgamation, n.
Amalgamation.

包合スル事
Hò-gò sourou coto.

Amalgame, n.
Amalgam.

包合スルモノ
Hò-gò sourou mono.

Amalgamer (s'), v. n.
To amalgamate.

包合スル
Hò-gò sourou.

Amande, n.
Almond.

巴旦杏
Hatankiò.

— amèrc.
Bitter —.

苦巴旦杏
Nigaki hatankiò.

— douce.
Sweet —

甘ヒ旦米。
Amaki hatankiò.

Amandier (bot.).
Almond-tree.

巴旦木樹。
Hatankiòno ki.

Amant, e, n.
Lover; sweetheart.

戀男ヵ。戀女。逝キ。
Coïonoco, coïonna; (*pour les deux*) tchicazzouki.

Amarante (bot.).
Amaranth.

白槙紫。
Hakensaï.

Amarrage (t. de mar.).
Anchoring, mooring, seizing.

舩纜ヲ繋グ事。
Hounc-o tsounagou coto.

Amarre, n.
Seizing, cable, rope.

大綱。
Oò tsoúna.

Amarrer, v. a. (t. de mar.).
To make fast, to moor, to seize.

繋グ。
Tsounagou.

Amaryllis (bot.).
Amaryllis.

苦蕙。
Noghicou.

Amas, n.
Heap, hoard.

重子。積ム事。
Casane; tsoumou coto.

— confus.
Confused heap.

積ミ重子。
Tsoumi casane.

Amasser, v. a.
To heap up; to store.

積ミ重子ル。
Tsoumi casanerou.

— incessamment.
To hoard and hoard.

絕ズ重子ル。
Tayezou casanerou.

S' —, v. r.
To gather, to get together.

重子ル。積ル。
Casanarou; tsoumarou.

Amateur, n.
Lover, admirer.

嗜ム物。
Conomou mono; soukina mono.

Amazone, n.
Amazon.

勇氣有ル女。
Yoúki arou onna.

Ambassade, n.
Embassy.

使節方。
Chichetsou gata.

Attaché d' —.
Attached to an embassy.

使節仲間。
Chichetsou nacama.

Ambassadeur, n.
Embassador.

使節。
Chichetsou.

Ambiant.
Ambient.
外方ノ中°
Gouaï hòno mono.

Ambidextre.
Ambidexter.
兩手業°
Riò-te kiki.

Ambigu, n.
Ambiguous, equivocal.
不足物° 疑敷°
Houkimarina mono ; outagawachi.

Ambiguïté.
Ambiguity, doubtfulness.
不極リ° 二ツ意味°
Houkimari ; houtatsouno imi narou coto.

Ambigûment,
Ambiguously.
疑ヵ° 不極°
Outagawachicou ; kimarazou.

Ambitieusement.
Ambitiously.
欲深ヵ°
Yocoga houcacou.

Ambitieux.
Ambitious.
欲深イ°
Yocouga houcaï.

Ambition, n.
Ambition.
欲°
Yocou.

Ambitionner, v. a.
To be ambitious of.
望ム°
Nozomou ; mousaborou.

Ambre.
Amber.
琥珀°
Kò-hacou, conrocou.

— **gris.**
Ambergris.
灰色琥珀°
Haï irono conrocou.

Ambulance, n.
Field hospital.
軍場ノ病院°
Goumbano biò-ïn.

Ambulant.
Itinerant.
見世捌ヶノ物°
Miche cakeno mono.

Ame (principe de la vie).
Soul, spirit, life.
魂°
Conpacou tamachii.

— **rationnelle.**
Soul, mind.
靈魂°
Reicon.

— **sensitive.**
Heart.
心°
Cocoro.

— **élevée.**
Lofty soul.
隍キ心°
Tacaï cocoro.

Sans —.
Spiritless.
無心°
Cocoro nachi.

— des défunts.
Spirit, ghost.

靈°
Rei.

Amélioration, n.
Improvement.

善クスル事°
Yocou sourou coto.

Améliorer, v. a.
To improve.

善スル°
Yocou sourou.

S' —, v. n.
To grow better, to improve.

善ク成ル°
Yocou narou.

Sa santé s'est améliorée.
His health has improved.

全癒シタ°
Jencouaï chita.

Aménagement, n.
Instalment, fitting out.

片付ケ° 飾リ°
Catazzouke ; cazari.

Aménager, v. a.
To order, to regulate, to fit out.

片付ル° 飾ル°
Catazzoukerou ; cazarou.

Amende, n.
Fine, penalty.

科料°
Couariò.

Sous peine d'amende.
Under penalty.

科料ヲ掛テ°
Couariò-o cakete.

Imposer une —.
To fine, to set a fine upon.

科料ヲ掛ル°
Couariò-o cakerou.

Amendement, n.
Improvement.

改ル事°
Aratamerou coto.

Amender, v. a.
To mend, to improve.

改ル° 善クスル°
Aratamerou ; yocou sourou.

— la terre.
To manure the land.

地面ヲ厚クスル°
Dgimen-o coyasou.

S' —, v. r.
To reform, to grow better.

我身ヲ改ル°
Waga-mi-o aratamerou.

Amener, v. a.
To bring, to lead, to bring up or in.

引ク° 引キ抜ク°
Hicou ; hiki moucou.

— des personnes.
To bring persons.

人ヲ伴テ来ル°
Hito-o tsourete courou.

Aménité, n.
Amenity.

柔和° 柔通°
Niôuwa ; niôujioun.

Amenuiser, v. a.
To reduce, to make thin or slender.

薄ク削ル° 薄クスル°
Ousoucou kezzourou ; ousoucou sourou.

Amer, adj.
Bitter.
苦シ°
Nigachi.

Un peu —.
Bitterish.
少シ苦イ°
S'cochi nigaï.

Amèrement.
Bitterly.
苦クシテ°
Nigacouchite.

Amertume, n.
Bitterness.
苦サ°
Nigasa.

Ameublement, n.
Furniture, household goods.
家財°
Ca-zai.

Ameuter (dresser des chiens), v. a.
To train.
犬ヲ狩ニ馴ス°
Inou-o carini narasou.

— (exciter).
To stir up.
起ス°乱ヲ起ス°
Ocosou ; ran-o ocosou.

S' —, v. r.
To gather in a mob.
乱ガ起ル°
Ranga ocorou ; mou-hon sourou.

Ami, n.
Friend.
朋友°
Hò-yòu ; tomo, tomodatki.

— intime.
Intimate friend.
親友°
Chin-yòu.

Ami, e, adj.
Friendly, kind.
朋友ノ°
Hò-yòuno ; tomodatkino.

Amiable.
Kind, courteous.
念頃ノ°
Nengorono ; aïchiraï.

Amiablement.
Amicably.
朋友ラシク°
Tomodatkirachicou ; nengoroni.

Amiante, minér.
Amianthus, asbestos.
火浣布°
Couacouampou.

Amical.
Friendly, amicable.
朋友ノ°
Tomodatkino.

Amicalement.
Amicably, kindly.
朋友ラシク°
Tomodatkirachicou.

Amidon, n.
Starch.
糊°
Nori ; founori.

Amidonner, v. a.
To starch.
糊ヲ附ル°
Nori-o tsoukerou.

Amincir, v. a.
To make thinner.

薄クスル。
Ousoucou sourou.

S' —, v. r.
To become thinner.

薄クナル。
Ousoucou narou.

Amincissement.
Thinning, thinness.

薄クスル事。
Ousoucou sourou coto.

Amiral, n.
Admiral.

軍艦奉行。
Gouncan boughiò.

Amitié, n.
Friendship; amity.

友。朋友。
Tomo ; hô-yoù.

Avec —.
With friendship.

懇ニ。
Nengoroni.

Envoyer ses amitiés.
To send one's compliments.

傳言スル。
Dengoun sourou.

Amnistie, n.
Amnesty.

罪者ヲ許入ル事。
Toganin-o chani irerou coto.

Amnistier, v. a.
To include one in an amnesty.

罪者ヲ許ニ入ル。
Toganin-o chani irerou.

Amodier, v. a.
To let or farm out an estate.

地面ヲ貸ル。
Dgimen-o carirou.

Amoindrir, v. a.
To lessen, to abate.

減ス。
Ghenzourou ; tkisacou sourou.

S' —, v. r.
To decrease, to grow less.

小クナル。
Tkisacou narou.

Amoindrissement.
Lessening; abating.

小クスル事。
Tkisacou sourou coto.

Amollir, v. a.
To soften, to mollify.

和ラゲル 柔ニスル。
Yawaragherou ; yawaracani sourou.

S' —, v. r.
To grow soft.

柔ニナル。
Yawaracani narou.

Amollissement.
Softening.

柔ナル事。
Yawaracani narou coto.

Amonceler, v. a.
To heap up; to pile up.

積之重子ル。
Tsoumi casanerou.

S' —, v. r.
To gather, to be heaped up.

積重ナル。
Tsoumi casanarou.

Amoncellement.
Heaping up.
積ノ事ヲ。
Tsoumi casanari.

Amorce, n.
Bait.
餌。
Yeba ; yesa.

Amorcer (garnir d'une amorce).
To bait.
餌ヲ修ル。
Yeba-o tsoukerou.

Amortir, v. a.
To deaden, to allay.
御ヶグ。
Houchegou.

S' —, v. r.
To be quenched or deadened.
御ヶガルヽ。
Houchegarourou.

Amortissement, n.
Deadening.
御ヶグ事。
Houchegou coto.

Amour, n.
Love.
愛。可愛ガリ。恋。
Aï ; cawaïgari ; coï.

— **propre.**
Self-love.
我ガ身ヲ惜ム。
Waga mï-o ochimou.

Digne d'—.
Worthy of love.
愛ス可キ。
Aïsoubeki.

Amouracher (s'), v. r.
To fall in love, to be smitten.
愛ニ溺ルヽ。
Aïni oborerou.

Amourette, s. f.
Love-affair.
恋ノ事。
Coïno coto.

Amoureusement.
Amorously, lovingly.
愛シテ。
Aïchite.

Amoureux, s. m.
Lover, sweetheart.
愛スル者。
Aïsourou mono.

Amovible, adj.
Removable.
移ウ致キ。
Outsouri iasouki.

Amphibie, adj. et subst.
Amphibious.
水陸ニ住ム者。
Soui-ricouni soumou mono.

Amphibologie, s. f.
Amphibology.
両意。二ヶ心。
Riò-i ; fouta gocoro.

Amphigouri, s. m.
Burlesque or unintelligible speech.
犯ス。不意味。
Oucachï ; imi nachi.

Amphithéâtre, s. m.
Amphitheatre.
段續キ。
Dan tsouzzouki.

7

Amphore, n.
Amphora.

墫゜罈゜
Tocori; came.

Ample.
Ample, large, spacious.

廣イ゜
Hiroï.

Amplement.
Amply, fully, at large.

廣ク゜
Hirocou.

Ampleur.
Amplitude, fulness.

廣サ゜
Hirosa.

Amplification, s. f.
Amplification.

言イ弘メル事゜
Ii firomerou coto.

Amplifier, v. a.
To amplify; to enlarge.

言イ延ル゜
Ii noberou.

Amplitude (t. de géom. et d'astron.).
Amplitude; extent.

長サ゜
Nagasa.

Ampoule, s. f.
Ampulla, vial, glass vessel.

豆゜
Mame.

— (enflure) aux mains.
Blister on the hands.

手庖ガ出ル゜
Teni mamega derou.

Il vient des ampoules.
Blisters swells on.

手庖多ク出ル゜
Teni mame tacousan derou.

Ampoulé, adj.
Turgid; tumid.

庖出ル゜
Mamega derou.

Amputation, s. f.
Amputation, cutting off.

切斷スル事゜
Kirou coto.

Amputer, v. a.
To amputate, to cut off.

切ル゜外療スル゜切リ隔ス゜
Kirou; guaï-riò sourou; kiri hanasou.

Amulette, n.
Amulet.

掛ヶ守ヲ゜
Cake mamori.

Amusant.
Amusing.

勇シ゜悦シ゜
Isamachi; yorocobachi.

Amusement.
Amusement, trifling business.

遊ビ゜戯レ゜
Asobi tawamoure.

Amuser, v. a.
To amuse; to divert.

慰スル゜勇スル゜○執成゜
Nagousamerou, isamerou; tori nasou.

S'—, v. r.
To amuse, to divert one's self.

遊ブ゜戯レル゜
Asobou; tawamourerou.

An, s. m.
  Year.
  年°感°
  Tochi ; nen ; saï.

Un —.
  A year.
  一年°
  Itki nen ; hito tochi.

Avoir plus de vingt — s.
  To be above twenty years.
  二十歳餘°
  Nidgiou sai iò.

Le nouvel —.
  The new year.
  正月°
  Chògouatsou.

La fin de l'—.
  The end of the year.
  年暮°
  Tochino coure.

L'— passé.
  Last year.
  去年°
  Kio-nen ; sacou nen.

Anachorète, s. m.
  Anachoret.
  仙人°
  Chen-nin.

Anachronisme, s. m.
  Anachronism.
  年違°
  Nengòno matkigai.

Anagyris-fœtida, n. (bot.).
  Bean-trefoil, anagyris.
  槐花°
  Yendgiouno hana.

Analogie, s. f.
  Analogy.
  相似°
  Aï nitarou.

Par —.
  Analogically.
  微似同°
  Hòbo nitarou becou.

Analogue.
  Analogous, like.
  似等°
  Nitarou ; hitochiki.

Analyse, s. f.
  Analysis.
  解破事°
  Toki iabourou coto.

Analyser, v. a.
  To analyze.
  解破°
  Toki iabourou.

Ananas (bot.).
  Pine-apple ; anana.
  波羅°
  Hò-ri.

Anarchie, s. f.
  Anarchy.
  乱發°
  Ran ; ran-o ocochi.

Anarchique.
  Anarchical.
  乱°
  Ranno.

Anathématiser, v. a.
  To anathematize.
  新誚°
  Nori dgiou sourou, norò.

Anathème, s. m.
Anathema, reprobation.

祈禱スベキ事°
Nori dgiou sourou coto.

Anatomie, n.
Anatomy, dissection.

鮮倍學° 膓割譜°
Caibò gacou; fouwakeno dgioutsou.

Ancêtres, s. m.
Ancestors; forefathers.

先祖°
Chenzo; gouanso.

Anchois, n.
Anchovy.

蛤°
Hamagouri.

Ancien, s. m.
Ancient, old.

古ィ 昔ィ
Inichiyeno; moucachino.

Les —s sages.
Ancient sages.

古之聖人°
Inichiyeno cheijin.

Anciennement.
Anciently, formerly.

昔° 古°
Moucachi; inichiyeni.

Ancrage, s. m.
Anchorage.

泊埞°
Cacariba.

Ancre, s. f.
Anchor.

碇リ°
Icari.

Être à l'—.
To ride at anchor.

碇ヲ下ヌル° 碇泊訣ヌ°
Icari-o orochitarou; tcihacou chita.

Chasser sur ses —s.
To drag the anchors.

碇リガ引ケル°
Icariga fikerou.

Ancrer, v. a.
To anchor.

碇ヲ下ス°
Icari-o orosou.

Andouille, s. f.
Chitterlings.

豕肉ノ名°
Boutano nicouno na.

Ane, s. m.
Ass.

驢馬°
Ròba.

Anéantir, v. a.
To annihilate; to destroy.

殞スル° 滅スル°
Messourou; haïsourou.

Anéantissement.
Annihilation.

滅スル事°
Messourou coto.

Anecdote, s. f.
Anecdote.

談° 語° 談叙°
Dan; hanachi; danghi.

Anémone (bot.).
Anemone, wind flower.

波菊冬牡子° 葵°
Tokichi; aoï.

Anerie, s. f.
Gross ignorance, stupidity.

愚智°
Goutki; oroca.

Anesse, s. f.
She-ass.

驪°
Ròba.

Anfractuosité.
Anfractuousness, anfracture.

洞°
Hora.

Ange, s m.
Angel.

天人°天使°
Tennin; tenno ts'caï.

— déchu.
Fallen angel.

惡魔°鬼°
Acouma; oni.

Angélique (bot.).
Angelica, lingwort.

白芷花°
Biacouchino hana.

Angine, s. f.
Angina, quinsy.

喉痒°痒痲°
Nodono wazzourai; còfi.

Anglais, s. m.
English.

喫咕唎斯°
Ighirisou.

Langue —e.
The English language.

英語°
I-go.

Angle, en général; angle de maison.
Angle; corner.

角°
Cado; soumi.

— aigu.
Acute angle.

アナシカク°
Cosancacou.

Angoisse, s. f.
Anguish, pang.

憂愁°
Ourei; canachi; cocorozzoucaï.

Anguille, s. f. (icht.).
Eel.

鰻°
Ounaghi.

Angulaire.
Angular, cornered.

角ノ°
Cadono.

Anguleux,
Angulous, hooked.

角有ル°
Cado arou.

Animadversion, s. f.
Animadversion, censure.

言掴事°
Ii sasou coto.

Animal, s, m.
Animal, living creature.

獸°畜生°
Kedamono, tkicouchò.

Animaliser (s'), v. r.
To animalize.

獸ナニ獸ル°
Tkicouchòni narou.

Animation, s. f.
Animation.
腐ク事° Haghemou coto.

Animé.
Animated; lively.
腐ンダル° Haghendarou.

Animer, v. a. (donner la vie).
To animate, to vivify.
腐ヤス° 强壮ニスル° Haghemasou; tachchani sourou.

—, (exciter)
To enliven.
强ヤル° Tsouyomerou.

S' —, v. r.
To become animated; to grow brisk.
勉强スル° Benkiò sourou; haghemou.

Animosité, s. f.
Animosity; heart-burning.
怨ミ°, 惡ミ° Ourami; nicoumi.

Par —.
By animosity.
恨ミデ° Ourande.

Anis (bot.).
Anise.
小茴香° Cò ikiò.

Annales, s. f. p.
Annals, annual chronicles.
記錄° 傳記° Kirocou; denki.

Anneau, s. m.
Ring.
指輪° Youbi gane; wa.

— brisé.
Split ring.
破裂スル指輪° Sakitarou youbi gane.

Année, s. f.
Year.
年° 歲° Nen; tochi.

L'— dernière.
The last year.
昨年° 去年° Sacou-nen.

L'— prochaine.
The next year.
明年° 來年° Miò-nen; rai-nen.

Les belles —s de la vie.
The prime of life.
年ノ壞° Tochino sacaie.

Annexer, v. a.
To annex, to add to.
付合セル° Ts'ke awachcrou.

Annexion, s. f.
Annexion.
付合セ° Ts'ke awache.

Annihiler, v. a.
To annihilate, to destroy.
滅亡スル° 亡ス° Metsoubò sourou; horobourou.

Anniversaire, s. m.
Anniversary.

咀囲日°
Ki-nitki.

Annonce, s. f.
Announcement, notice.

肵° 告°
Chimechi ; tsoughe.

Annoncer, v. a.
To announce; to inform.

告知ス°
Chimesou ; ts'ghe chirasou.

S' —, v. r.
To present, to engage one's self.

囲ヲ知ヲセ°
Mizzoucara chiracherou.

Annotation, s. f.
Annotation.

註䌟°
Toki acachi ; tkiou.

Annoter, v. a.
To annotate.

註䌟ス°
Toki acasou ; tkiou sourou.

Annuel, s. m.
Annual, yearly.

年ノ° 年年ノ°
Tochino ; nennenno.

Annuellement.
Annually, yearly.

年每ニ°
Nen gotoni ; tochi gotoni.

Annulaire (en forme d'anneau).
Annular.

圓形°
Maroui catatki.

Doigt — (qui porte l'anneau).
The ring finger, the fourth finger.

藥指° 無名指°
Cousouchi youbi ; na nachi youbi.

Annulation, s. f.
Annuling.

廢スル事°
Haï sourou coto.

Annuler, v. a.
To annul; to abrogate, to repeal.

廢スル° 滅スル° 捨ル°
Haï-sourou ; messourou ; souterou.

Anobli, adj.
Newly created nobleman.

典クナツタ°
Tattocou natta.

Anoblir, v. a.
To ennoble, to make noble.

典クスル°
Tattocou sourou.

Anomalie, s. f.
Anomaly, irregularity.

不理ナル事°
Hou-ri narou coto.

Anon, s. m.
Young-ass, ass's foal.

小驢°
Co-ròba.

Anonner, v. n. (bégayer).
To stutter, to stammer.

驢鳴ク°
Ròba nacou.

Anonyme, adj.
Anonymous, nameless.

無名者°
Mou-mei cha.

Livre —.
Anonymous book.

無名ノ書目
Mou-meino-cho.

Anse, s. f.
Handle, ear.

柄
Ye; tegata;

— de panier.
Basket handle.

筐ノ手
Cagono tottei.

— (bras de mer).
Creek, cove, bight.

小湊
Co minato.

Ansérine, s. f. (bot.).
English mercury.

蛇毒
Hebi etkigo.

Antagoniste, s. m.
Antagonist, adversary.

敵
Teki; catatki.

Antarctique, adj.
Antarctic, southern.

南極
Nan-kiocou.

Antécédent, adj.
Antecedent, foregoing.

先有ル 例有ル
Saki arou; tamechi arou.

Sans —.
Unprecedented.

例無シ
Tamechi nachi.

Antechrist, s. m.
Antichrist.

切支丹キラィ
Cristan kiraï.

Antédiluvien, adj.
Antediluvian.

洪水ノ前
Cò-zouino maïe.

Antennes, s. pl. (entom.).
Antennæ.

鬼虫
Oni mouchi.

Antérieur, adj. (pour le temps, l'espace).
Former; foremost, anterior.

預ノ 先ノ
Aracajimeno; chenno; sakino.

Antérieurement.
Previously before.

先ニ 前ニ
Chenni' sakini; maïeni.

Antériorité, s. f.
Anteriority, priority of time.

先
Saki.

Anthères, s. f (bot.).
Antheræ.

鳥頭
Ouji.

Anthracite, s. m.
Anthracite, glance coal.

石炭
Chektan.

Anthropologie, s. f.
Anthropology.

人身學
Jinchin gacou.

Anthropophage, s. et adj.
  Anthropophagous, cannibal.
Hito couraï.

Antichambre, s. f.
  Antechamber.
Ouchetsouno ma.

Anticipation, s. f.
  Forestalling; encroachment.
Aracajimeno hacari.

Anticiper, v. a.
  To anticipate, to forestall.
Sakini hacarou.

Antidote, s. m.
  Antidote, preservative.
Dokkechi.

Antilope, s. f. (mam.).
  Antelope.
Reï-yò.

Antipathie, s. f.
  Antipathy, repugnance.
Sakerou; kirò coto.

Antipodes, s. m. pl.
  Antipodes.
Tsoukiò no chita.

Antiquaire, s. m.
  Antiquary or antiquarian.
Inichiye-o tattobou mono.

Antique, adj.
  Ancient; old.
Inichiyeno; moucachino.

Antiquité, s. f.
  Ancientness, old times.
Fisana; cochit.

Antisocial, adj.
  Antisocial.
Heki-jin.

Antre, s. m.
  Cave, cavern, den.
Ana.

Anxiété, s. f.
  Anxiety, anguish.
Chimpaï.

  Avec —.
    With anxiety.
Chimpaï chite.

Août, s. m.
  August.
Hatki gouatsou nari.

Apaiser, v. a.
  To appease; to pacify.
Osamerou; chizzoumerou.

  — une personne en colère.
    To allay one that is in a passion.
Icarou hito-o chizzoumerou.

8

S'apaiser, v. r.
To be appeased, to allay one's passion.
靜マル° 扨マル°
Chizzoumarou; ousamarou.

La tempête s'apaise.
The storm abates.
嵐靜マル°
Arachiga chizzoumarou.

Apanage, s. m.
Appanage, feudal estate.
拜領地°
Haï-rió dgimen.

Apathie, s. f.
Apathy, indolence.
無心° 情無°
Cocoro naki; nasake naki.

Tomber dans l'—.
To grow apathetic.
無心ニナル°
Cocoro nakini narou.

Apathique, adj.
Insensible.
情無イ人°
Nasake nai fito.

Apercevable, adj.
Perceivable, perceptible.
見イル者°
Miyerou mono.

Apercevoir, v. a. (découvrir).
To perceive, to discover.
見覺ル° 覺ル°
Mi satorou; oboyerou.

S' —, v. r. (connaître).
To be aware.
覺ル°
Oboyerou.

Aperçu, s. m.
Cursory wiew; rapid wiew, glance.
介鹿見スル° 輕見スル°
Keisotkini mirou; caroucou mirou.

Apéritif (méd.).
Aperient, opening.
下藥°
Coudasou cousouri.

Aphorisme, s. m.
Aphorism.
諺° 俗語°
Cotowaza; zocougo;

Aphte, s. m.
Aphtæ, small swelling in the mouth.
疼ミ° 痕°
Itami; kiza.

Apitoyer, v. a.
To move to pity.
哀見ル° 心ヲ動ス°
Awaremirou; cocoro-o ogocasou.

S'—, v. r.
To pity, to be moved with pity.
哀ぐ° 心ガ動ク°
Awaremou; cocoroga ogocou.

Aplanir, v. a.
To level; to smooth; to make easy.
平カニナス° 平メル° 平メンニスル°
Tairacani nasou; tairamerou; tairamenni sourou.

S' —, v. r.
To grow smooth or easy.
平カニナル°
Tairacani narou.

Aplanissement, s. m.
Levelling, making even.
平ラカ° 平面°
Tairaca; tairamen.

Aplati, e, part.
Flattened.
下ゲル；平ラカニナツタ°
Sagatarou; tairacani natta.

Aplatir, v. a.
To flatten, to make flat.
下ル°搭付°
Sagherou; otki ts'cou.

S' —, v. r.
To become flat.
下ガル°搭ヅル°
Sagarou; otsourou.

Aplatissement, s. m.
Flattening, making flat.
搭付事°
Otki ts'cou coto.

Apocryphe, adj. (livre).
Apocryphal (book).
偽名ノ書°
Ghimeino chò.

Apologie, s. f.
Apology, justification.
誤リヲ認メル°言訳ル事°
Ayamari-o chitatamou; ï wabirou coto.

Apoplexie, s. f.
Apoplexy.
中風°
Tkioubou.

Apostasie, s. f.
Apostasy, defection.
教ニ捨ケ事°
Ochiyeni somoucou coto.

Apostasier, v. a.
To apostatize.
教ニ捨ケ°教ヲ捨°
Ochiyeni somoucou; ochiye-o souterou.

Apostat, adj.
Apostate.
教ニ捨ケ者°
Ochiyeni somoucou mono.

Aposter, v. a.
To suborn, to hire.
置ク°
Ocou.

Apostiller, v. a.
To add a postscript or a marginal reference.
添書スル°
Souyegaki sourou.

Apostolat, s. m.
Apostleship.
使ノ位°
Ts'caï no yacou.

Apostolique, adj.
Apostolic.
使ノ°
Ts'caï no.

Apostrophe, s. f. (propos abrupte).
Apostrophe.
風意ニ語ア事°
Fouïni yoù coto.

Apostropher, v. a.
To apostrophize.
無憚語ア°
Habacari nacou yoù.

Apothéose, s. f.
Apotheosis.
官爵スル°
Couanchocou sourou.

Apothicaire, s. m.
Apothecary, pharmacopolist.
薬店°
Yacou ten; cousouri dana.

Apôtre, s. m.
Apostle.

Ts'cai.

Apparaître, v. n.
To appear.

Arawarerou; miyerou.

Faire —.
To make appear.

Arawasou.

Apparat, s. m.
Formal preparations; state.

Tattokini sacayerou coto.

Apparaux (t. de mar.), s. m. pl.
Whole furniture of a ship.

Founagousocou; founadògou.

Appareil (préparation), s. m.
Preparation, furniture.

Somaie.

— (faste).
Attendance, train, retinue.

Couanpoucou.

— (t. de méd.).
Dressing.

Makimo men.

Appareiller (assortir), v. a.
To match (like things).

Awacherou; onajini sourou.

Apparemment, adv.
Likely, apparently.

Omoteni.

Apparence. s. f.
Appearance, show; likelihood.

Yòsou; catatki.

Avoir une belle —.
To look well.

Yocou miyerou coto.

Apparent, adj. (visible).
Apparent, plain, probable.

Miche cake.

— (remarquable).
Eminent, considerable.

Tattoi; tacai; arawarourou mono.

Apparier, v. a.
To pair, to match.

Tsoure awasourou.

Apparition, s.f.
Appearance; apparition.

Arawarourou mono; oni-o mirou coto.

Appartement, s. m.
Apartment.

Heia; zachiki.

Appartenance, s. f.
Appurtenance, dependance.

Zocou sourou coto.

Appartenir, v. n.
   To belong, to appertain.
應スル° 關係スル°
Zocou sourou; couankei sourou.

Appât, s. m.
   Bait; allurement.
餌°
Yeba.

Appâter, v. a.
   To bait; to feed.
餌ヲ出ス°
Yeba-o dasou.

Appauvrir, v. a.
   To impoverish, to make poor.
貧ニスル°
Bimbòni sourou; hinkiouni sourou.

S'—, v. r.
   To impoverish one's self.
貧ニナル°
Bimbòni narou.

Appauvrissement, s. m.
   Impoverishment.
貧ニナル事°
Bimbòni narou coto.

Appel, s. m.
   Call; appeal.
告ケ上ル°
Tsoughe agherou.

Appeler, v. a.
   To call.
呼フ° 呼ビ出ス°
Yobou; yobi dasou.

  — un médecin.
   To send for a physician.
醫ヲ招ク°
Icha-o manecou.

  — et rappeler.
   To call again and again.
再々招ク°
Saï saï yobou.

  — (devant le juge).
   To summon.
招出ス°
Mechi dasou.

—, v. n. (à une juridiction supérieure).
   To appeal.
告ル° 告ケ揚ル°
Tsougherou; tsoughe agherou.

S'—, v. r.
   To be called, to be named.
唱ヤル° 何ト謂フ°
Tonayerou; nan to yoù.

Comment vous appelez-vous?
   What is your name?
汝名ヲ何ト謂フヤ°
Omayeno nawo nan-to yoùca?

Je m'appelle....
   My name is...
私ノ名ハ何ト謂フ°
Wachino nawa nan-to yoù.

Appellation, s. f.
   Calling; appealing.
唱° 字° 號°
Tonaye; azana; gô.

Appendice, s. m.
   Appendix.
添書ガキ°
Souye gaki.

Appesantir, v. a.
   To make heavy, to dull.
重クスル°
Omocou sourou.

S'appesantir, v. r.
To grow heavy, or dull.
重クナル
Omocou narou.

Appétence, s. f.
Appetency.
情慾
Giò isogou.

Appétissant, adj.
That excite appetite, relishing.
空腹ヲ發ス
Couhoucou-o oeosou.

Appétit, s. m.
Appetite; natural desire.
空腹
Couhoucou.

Avoir de l'—.
To have an —.
空腹ニナッタ
Couhoucou ni natta.

Applaudir, v. a.
To applaud; to praise.
稱ス・襃ル
Chòsou homerou.

S'—, v. r.
To applaud one's self for.
自ヲ稱ス
Mizzoucara homerou.

Applaudissement, s. m.
Applause.
美稱語
Chòchi; hòme, hòme cotoba.

Obtenir de grands —s.
To obtain great plaudits.
美稱語ヲ得ル
Hòme cotoba-o erou; hómerarerou.

Applicable, adj.
Applicable, apposite.
當合
Ate hamc.

Application, s. f.
Application, applying; care, attention.
用イラル・○糊ヲ出ス事
Motkirarourou; chei-o dasou coto.

Appliqué, adj.
Attentive, sedulous.
出糊スル者・念ヲ入ル・者
Chochei sourou mono; nen-o irerou mono.

Appliquer, v. a.
To apply; to put; to set.
用イル
Motkirou.

S'—, v. r. (s'adapter; mettre de l'application).
To take to; to apply ones's self.
出合○糊ヲ出ス・念ヲ入ル・
Dc-ao; chei-o dasou, nen-o irerou.

S'—à l'étude.
To set one's self to study.
學ニ出糊スル・勉强スル・
Gacoumonni chouchei sourou; benkiò sourou.

Appointements, s. m. pl.
Salary, wages.
俸錄
Rocou; hòrocou.

— élevés.
High salary.
高錄
Tacai hòrocou.

Appointer, v. a.
To give an allovance, a salary.
俸錄ヲ與ル
Horocou-o atayerou.

Apporter, v. a.
To bring, to convey.
持テ來ル゜
Motte courou.

— à la fois.
To bring together.
共ニ持テ來ル゜
Tomoni motte courou.

Apposer, v. a.
To set, to affix.
付ル゜樣ル゜
Tsoukerou; kimerou.

Appréciable, adj.
Appreciable.
價ヲ知ル゜
Ataino chirerou.

Appréciation, s. f.
Appreciation, valuation.
價゜
Ataï; ne otki.

Apprécier, v. a.
To appraise; to set a value upon.
尊ブ゜重ンズル゜
Tattobou; omonzourou.

Appréhender (saisir; craindre), v. a.
To apprehend, to take up; to fear.
捉ク゜恐ルル゜
Tsoucamou; osaierou.

Appréhension (crainte), s. f.
Apprehension, fear.
考思゜恐゜
Cangaie; omoi, osore.

Avec —.
Apprehensively.
恐レテ゜躇テ゜
Osorete; odoroïte.

Apprendre (étudier; entendre dire), v.a.
To learn; to hear of.
學ブ゜習フ゜聞キ及ブ゜聞゜
Manabou, narao; kiki oyobou, kicou.

— une langue.
To learn a language.
語學ベル゜
Cotoba-o keico sourou.

— par cœur.
To learn or get by heart.
空デ習フ゜覺ル゜
Sorade naró oboyerou.

Apprenti, s. m.
Prentice, apprentice.
諸生゜手習ヒ者゜
Chochei; te narai mono.

Apprentissage, s. m.
Prenticeship.
諸生ノ事゜
Chocheino coto.

Apprêt, s. m.
Preparation; dressing.
備ヒ゜支度゜
Sonaie; chitacou.

Apprêter, v. a.
To prepare, to get ready.
備ル゜支度スル゜
Sonaierou; chitacou sourou.

Apprivoiser, v. a.
To tame (animals).
慣サセル゜馴ク゜
Nare sacherou, caó.

S'—, v. r.
To grow tame.
慣ル゜
Narerou.

Approbation, s. f.
Approbation, consent.
褒ムル事°　心ノ承引°
Hòmerou coto; cocoro no chòtki.

Avec —.
Approvingly.
承引シテ°　悦ンデ°
Chòtki chite; yoroconde.

Approchant, part. prés.
Like, not unlike, near akin.
似テ有ル°　同°
Nitte arou, onaji.

Approche, s. f.
Approach; coming nigh to.
近付ク°　傍ニ來ル°
Tkicazzoucou; sobani courou.

Approcher, v. a.
To approach, to draw or bring near.
近付ケル°
Tkicazzoukerou.

S'—, v. r.
To approach; to come near.
自ヲ近付ク°
Mizzoucara tkicazzoucou.

Approfondir (examiner à fond), v. a.
To examine to the bottom.
深ク考ヘル°　考ヲ廻ラス°
Houcacou cangaierou; cangaie-o megourasou.

Appropriation, s. f.
Appropriation, arrogating to one's self.
自ヲ取リ上ル事°
Mizzoucara tori agherou coto.

Approprier, v. a.
To appropriate, to adapt.
付ケ合セル°
Tsouke awacherou.

S'—, v. r.
To appropriate, to apply to one's self.
自ヲ取リ上ル°
Mizzoucara tori agherou.

Approuver, v. a.
To approve; to like.
悦ブ°　讓ル°　褒ル°
Yorocobou; hòmerou.

Approvisionnement, s. m.
Victualling.
兵粮ヲ備ル事°
Hiòrò-o sonaierou coto.

Approvisionner, v. a.
To victual; to supply with provisions.
兵粮ヲ備ル°　貯ル°
Hiòrò-o sonaierou; tacouwaierou.

Approximatif, adj.
Approximative.
積リノ°
Tsoumorino.

Approximation, s. f.
Approximation.
積リ°
Tsoumori.

Approximativement, adv.
By approximation.
積リデ°
Tsoumoride.

Appui (propre et figuré), s. m.
Support; prop, stay; help, protection.
寄リ掛ル事°　佐ケ°
Yori cacarou coto; tasouke.

— main.
Mostic or leaning-stick.
杖°
Tsouye.

Appuyer, v. a.
  To bear up, to support; to protect.
助ケル° 押ス°
Tasoukerou; osoyerou.

  — le coude sur la table.
  To lean upon the table.
臺ニ肘ヲ掛ル°
Daini hidgi-o cakerou.

S'—, v. r.
  To lean, to rest, to ground.
寄リ掛ル°
Yori cacarou.

  — fortement.
  To lean hard.
強ク寄リ掛ル°
Tsouyocou yori cacarou.

Apre, adj.
  Rough, harsh, sharp.
荒イ° 硬イ° 六ケ敷°
Araï; cowaï; mouts'cachi.

Aprement, adv.
  Roughly; eagerly.
荒ク°
Aracoute; cowacoute.

Après, prép.
  After; next to; about.
後° 跡° 大ニ°
Notki; atoni; tsoughini.

  — dîner.
  After dinner, after noon.
晝飯後° 午飯後°
Hirou mechino notki.

  — demain, adv.
  The day after to-morrow.
明後日°
Miògò nitki.

  — que.
  After, when.
何トシテカラ°
Nan to chite cara.

D'— (selon).
  From, after, like.
依テ° 從テ°
Yoritte, chitagatte.

  Et —?
  What then?
夫カラ何°
Sorecara nani ?

Apreté (en général), s. f.
  Asperity, roughness, sharpness.
硬キ物°
Cowaki mono.

  — (au toucher).
  Roughness.
手ヲ持ハ硬°
Te-o cakeba cowaï.

  — (au goût).
  Harshness.
口ニ硬°
Coutkini cowaï.

Apte, adj.
  Apt, qualified.
出合物°
De-ao mono; kiyòna.

  — à enseigner.
  Apt to teach.
教ニ訓ル゛°
Ochiyeni narourou.

Aptitude, s. f.
  Aptitude.
自然ノ性質°
Chijenno cheichitsou.

9

Aquatique, adj.
    Aquatic, aquatile.
水ノ
Mizzouno.

Oiseau —.
    Water-fowl.
水ノ鳥
Mizzouno tori.

Aqueduc, s. m.
    Aqueduct; conduit.
溝
Mizò.

Aqueux, adj.
    Aqueous, watery, waterish.
潤ヒ
Ourouhoi.

Aquilon, s. m.
    North-wind or northerly wind.
北風
Kita caje.

Arabe, s. m.
    Arabian.
亞剌比亞人
Arabia gin.

Arabique, adj. Gomme —.
    Arabic gum.
亞剌比亞護謨
Arabia gom.

Arack, s. m.
    Arack or rack.
酒ノ名
Sakeno na.

Araignée, s. f.
    Spider.
蜘蛛
Coumo.

Toile d'—.
    Cobweb, spider's web.
蜘蛛ノ網
Coumono ami.

Araser, v. a.
    To level, to put on a level.
平面ニスル
Tairamenni sourou.

Arbalète, s. f.
    Cross-bow.
矢
Ya.

Arbalétrier, s. m.
    Cross-bowman, archer.
弓師
Youmichi.

Arbitrage, s. m.
    Arbitrage, arbitration.
訟ヲ告ケ事
Ottaie-o tsougou coto; arasoi-o kimerou coto.

Arbitraire, adj.
    Arbitrary; voluntary.
恣ニ任セル事
Yoúni macacherou coto.

Arbitrairement, adv.
    Arbitrarily.
極リナク
Kimari nacou.

Arbitre, s. m. (juge choisi par les parties).
    Arbitrator; umpire.
訟ヲ告ケ人
Ottaie-o tsougou hito.

Arbitre, s. m. (volonté). Libre —.
    Free-will.
自由
Ji yoú.

Arbitrer, v. n.
   To arbitrate; to order, to regulate.
Òttaïc-o saidan sourou.

Arborer, v. a.
   To erect, to set up; to hoist.
Taterou.

Arbre, s. m.
   Tree.
Ki.

  — fruitier.
   Fruit-tree.
Coudamono ki.

Arbrisseau, s. m.
   Small-tree; shrub; tod.
Tkisai ki.

Arbuste, s. m.
   Arbust, shrub, bush.
Kino rouï no cousa.

Arc, s. m.
   Bow.
Youmi.

  — (t. de géom.).
   Arc, section of a circle.
Youmi nari.

  — en ciel.
   Rainbow.
Niji.

Arcade, s. f.
   Arcade, arch, vault.
Rancan; tesouri.

Archange, s. m.
   Archangel.
Tattoï tenno ts'caï.

Archéologie, s. f.
   Archeology.
Moucachino dgioutsou.

Archer, s. m.
   Archer, bowman.
Y-te; youmi ie.

Archet, s. m.
   Bow (of a violin), fiddle-stick.
Chòzacou.

Archevêque, s. m.
   Archbishop.
Tenchiou kiòno chiou.

Archiduc, s. m.
   Archduke.
Ki-nin.

Architecte, s. m.
   Architect.
Fouchin iacou; tòriò.

Architecture, s. f.
   Architecture, art of building.
Tategatano hò; ts'couri cata.

Archives, s. f. pl.
Archives, records.
語文。
Chòmon.

Archiviste, s. m.
Archivist, keeper of the records.
語文役。
Chòmon iacou.

Arçon, s. m.
Saddle-bow.
馬弓。
Bakiou.

Arctique (pôle).
Arctic (pole).
北極。
Hokkiocou.

Ardemment, adv.
Ardently; fervently; intensely.
煩發ニ。
Honpatkini.

Ardent, adj. (propre et figuré).
Burning, glowing; fiery, eager.
煩發ノ。
Honpatkïno.

Ardeur, s. f.
Heat; burning heat.
氣 銳氣。
Yĕki; cocorono tsouyou.

Ardu, adj.
Arduous; hard, tough.
六カ敷。
Mouts'cachii; kitsouï.

Arec (bot.), s. m.
Areca.
檳榔子。
Bin-rò-ji.

Arène, s. f.
Sand, gravel.
沙。
Souna.

— (de l'amphithéâtre).
Arena (of the amphitheatre).
調練場。
Tkiòrenba.

Aréomètre, s. m.
Areometer.
空氣ヲ量ル道具。
Côki-o hacarou dògou.

Arète, s. f.
Fish-bone; angle or edge.
骨。角 刃。
Honc; cado, fa.

Argent, s. m.
Silver; money, coin.
銀。白銀。
Ghin; chiro cane.

— battu.
Leaf-silver.
通用銀。
Tsouyò-ghin.

Sans —.
Money less, penny less.
無銀。
Cane nachi.

Argenté, adj.
Plated, silvered over.
銀カケ。
Ghin cake.

Argenter, v. a.
To plate with silver, to silver over.
銀カケル。
Ghin cakerou.

Argenterie, s. f.
   Plate, silver-plate.
   Ghin-gou.

Argentin (son), adj.
   Argentine (sound).
   Caneno oto.

Argile, s. f.
   Clay, argil.
   Neba tsoutki.

  Pétrir l'—.
   To work clay.
   Neba tsoutki-o cònerou.

Argonaute, s. m. (t. d'hist.).
   Argonauta.
   Houchencoumi.

Argument, s. m.
   Argument, reasoning; evidence.
   Ghiron; dòri.

Argumentation, s. f.
   Arguing, reasoning.
   Ghiron.

Argumenter, v. n.
   To argue, to reason; to infer.
   Ochi hacarou; ghiron sourou.

Argutie, s. f.
   Quibble; cavil.
   Heki ron sourou.

Aride, adj.
   Arid, dry; barren.
   Sarachi; cawaitarou.

  Terre —.
   Soil dry or barren.
   Haï-tki.

Aridité, s. f.
   Aridity, dryness.
   Cawacou coto.

Aristocrate, s. m. et f.
   Aristocrat.
   Choucò.

Aristocratie, s. f.
   Aristocracy.
   Choucò gata.

Arithméticien, s. m.
   Arithmetician.
   Sandgiouts'ca.

Arithmétique, s. f.
   Arithmetic, accounts.
   San fò.

Arlequin, s. m.
   Harlequin, buffoon.
   Taico motki; yacoucha.

Armateur, s. m.
   Owner of a privateer; shipowner.
   Houna nouchi.

Armature, s. f.
Brace, fencing.
金張リ。
Canabari.

Arme, s. f.
Arm, weapon.
武器。武具。
Bouki; boughou.

Armé, adj.
Armed.
武器ヲ携テ有ル。
Boughou-o tatki saite orou.

Armée, s. f.
Army; forces, troops.
軍。
Goun; icou.

— nombreuse.
Large army.
大軍。
Tai-goun.

— de terre.
Land army.
地軍。
Tki goun.

— navale.
Armada, fleet.
海軍。水軍。
Soui goun; caï goun.

Armement, s. m.
Armament, fitting out.
武ヲ備ル。
Bou-o sonaierou.

Armer, v. a.
To arm, to furnish with arms; to raise forces.
備ル。兵ヲ袋ス。
Sonaierou; hei-o ocosou.

— un vaisseau.
To equip, to fit out a ship.
艦ヲ備ル。
Houne-o sonaierou.

— de toutes pièces.
To arm at all points.
武器ヲ携サセル。
Boutki-o tatki saï sacherou.

S'—, v. r.
To arm one's self; to take up arms.
武器ヲ取ル。
Bouki-o torou.

Armistice, s. m.
Armistice, truce.
漸時味ラガ。
Zanjini yawaragou.

Armoire, s. f.
Cupboard, chest of drawers.
箪笥。
Tansou.

Armure, s. f.
Armour.
甲冑。鎧。具足。
Catkiou; yoroï; gosoco.

Armurier, s. m.
Armourer, gunsmith.
鎧師。
Yoroïchi.

Aromatique, adj.
Aromatical.
香。
Còbachi, nioï.

Arôme, s. m.
Aroma, flavour.
香氣。
Còbachì ki, nioï ki.

Arpent, s. m.
  Acre.
  頃°
  Hò.

Arpenter, v. a.
  To survey, to measure lands.
  頃ヲ分ヲ°
  Hò-o wacatsou.

Arpenteur, s. m.
  Land-surveyor.
  頃ヲ分ク人°
  Hò-o wacotsou hito.

Arqué, adj.
  Arched; bent, crooked.
  弓形ナ°
  Youmi gatana.

Arquebuse, s. f.
  Arquebuse.
  手銃°
  Tezzoutsou.

Arquer (s'), v. r. (t. de mar.).
  To camber, to become broken-backed.
  弓形ニスル°
  Youmi gatani sourou.

Arrachement, s. m.
  Pulling or plucking out, snatching away.
  引抜ク事°
  Hiki noucou coto.

Arracher, v. a.
  To pull, to draw away, to pluck out.
  引キ抜°
  Hiki noucou.

  — la vie à quelqu'un.
  To tear out any one's life.
  命ヲ取ル°
  Inotki-o torou.

  S'—, v. r.
  To tear one's self away; to draw one's self off.
  自ヲ引抜カル°
  Onozzoucara fiki noucarou.

Arrangement, s, m.
  Ordering; scheme, plan.
  位ヲ立ル事° 矩則° 飾リ°
  Couraï-o taterou coto; kisocou; cazari.

  — à l'amiable.
  Amicable adjustment.
  睦合テ極メル°
  Outki atte kimerou.

Arranger, v. a.
  To arrange; to set in order.
  位ヲ立ル° 較ル°
  Couraï-o taterou; tacouraberou.

  — une affaire.
  To settle an affair.
  事ヲ極メル°
  Coto-o kimerou.

  S'—, v. r.
  To agree, to set one's self.
  己ヲ位タテル°
  Onore-o couraï taterou.

Arrérages, s. m.
  Arrears.
  残金°
  Zan-kin.

Arrestation, s. f.
  Arrestation; arrest.
  捕ル事°
  Toraierou coto.

Arrêt (sentence), s. m.
  Sentence, judgment; decree.
  截断° 罪ヲ極ル事°
  Saïdan; tsoumi-o kimerou coto.

Arrêts (prison libre). Mettre aux — s.
To put under arrest.

禁足スル°　閉門スル°
Kinsocou sourou; hei-mon sourou.

Arrêter (retenir; faire prisonnier), v. a.
To stop, to hold up; to detain, to arrest.

防グ°　差語ル°
Fouchegou; sachi tomerou.

— la main de quelqu'un.
To stay any one's hand.

手ヲ押イル°
Te-o osaierou.

Arrhes, s. f. pl.
Earnest-money; pledge.

手金°　前金
Te-kin; maie-kin.

Donner des —.
To give earnest.

手金ヲ典ル°
Tekin-o ataierou.

Arrière, s. m.
Stern, after part.

後ノ°
Ouchirono.

En —, adv.
Backward; behind.

後ニ°
Ouchironi.

— bouche (t. d'anat.).
Pharinx.

咽°
Nodo.

— garde.
Rear-guard (of an army or squadron).

後備°
Ato-zonaie.

— pensée.
After-thought; by wiew, by end.

約ニ違フ事°
Yacouni tagò coto.

Arriéré, adj.
Behind hand, in arrears.

後レル者°
Ocourerou mono.

Arriérer, v. a.
To delay, to throw behind hand.

延ル°　日ヲ延ル°
Noberou; hi-o ocourerou.

S'—, v. r.
To stay behind; to be in arrears.

後レル°　後ニ立°
Ocourerou; ouchironi tatsou.

Arrimage, s. m.
Stowage.

舩員ノ事°
Hounagou coto.

Arrimer, v. n.
To stow.

舩繋スル°
Houne tsounagou.

Arrivée, s. f.
Arrival.

著スル事°
Tkiacou sourou coto.

Arriver, v. n.
To arrive at, to come to, to get into.

著スル°　來ル°
Tkiacou sourou, kitarou, mairou, courou.

La nuit arriva.
Night came in.

夜中來タ°
Yaboun kita.

Arrogamment, adv.
  Arrogantly.
自ヲ誇リテ
Mizzoucara hocorite.

Arrogance, s. f.
  Arrogance, pride.
自ヲ誇ル事
Mizzoucara hocorou coto.

Arrogant, adj.
  Arrogant, proud, haughty.
自ヲ誇ル者
Mizzoucara hocorou mono.

Arroger (s'), v. r.
  To arrogate to one's self; to claim vainly.
潜テ僭フ
Fisonde tattobou.

Arrondi, adj.
  Rounded.
圓ケナッタ
Maroucou natta.

Arrondir, v. a.
  To round; to enlarge.
圓ケスル
Maroucou sourou; oôkicou sourou.

  S'—, v. r.
    To round.
圓ケナル
Maroucou narou.

Arrondissement, s. m.
  District.
郡
Cori.

Arrosement, s. m.
  Irrigation; watering.
潤ス事
Ourouwosou coto; chimesou coto.

Arroser, v. a.
  To water; to sprinkle.
潤ス
Ourouwosou; chimesou.

Arrosoir, s. m.
  Watering-pot.
手桶
Saghe ouke; te ouke.

Arsenal, s. m.
  Arsenal.
武器藏
Bouki-goura.

Arsenic, s. m.
  Arsenic.
砒石
Hicheki.

Art, s. m.
  Art, science, skill, craft.
術 業
Waza; dgioutsou.

Artère, s. f.
  Artery.
血脈
Ketsou miacou.

  Veines et —s.
    Veins and arteries.
胳脈
Racou miacou.

Artériel, adj.
  Arterial.
血脈ノ
Ketsou miacouno.

Artésien, adj.
  Artesian.
温泉
Ounchen.

10

Artichaud, s. m.
Artichoke.

石防風。
Hamabò foú.

Article, s. m.
Article, head, clause; term.

一章。
Ichchò; itki dan.

— de commerce.
Article of trade.

商賣物。
Chòbai motsoù.

— (gram.).
Article.

冠辭。
Couanchi; fouchi.

Articulation, s. f.
Articulation, juncture.

筋。
Houchi.

Articulé, adj.
Articulated.

筋ナ○明ラカナ。明白ナ。
Fouchina; akiracana, mei hacouna.

Non —.
Inarticulated.

明白ナラヌ。
Meihacou naranou.

Articuler, v. a.
To articulate, to syllabe.

明白ニスル○明ニ言フ。
Meihacouni sourou; akiracani ioù.

Artifice, s. m.
Art, industry, contrivance.

巧ミ。計事。謀。
Tacoumi; hacarigoto.

Artificiel, adj.
Artificial, artful.

細工物。
Saicou mono.

Non —.
Unartificial.

細工物ナキ。
Saicou mono naki.

Artificiellement, adv.
Artificially, artfully.

細工シタル。
Saicou chitarou.

Artificieusement, adv.
Artfully.

狡猾ニ。
Cò-couatsouni.

Artillerie, s. f.
Artillery, ordnance.

大砲。大銃。
Tai-hò; taizzoù.

Grosse —.
Heavy —.

大筒。
Oòzzoutsou.

— de campagne.
Field —.

野彈筒。
Yachenzzoutsou.

Artilleur, s. m.
Artillery-man; matross.

大砲家。
Tai hò ca.

Artimon, s. m. (t. de mar.).
Mizzen.

艕前檣。
Chen omoteno hobachira.

Artisan, s. m.
Workman, mechanic.

職人 細工人
Chocounin; saicounin.

Artiste, s. m.
Artist.

職人
Chocounin.

— peintre.
Painter.

画師
Echi, ecaki.

Artistement, adv.
Ingeniously, artfully.

工者ニナツテ 奇様ニシテ
Còchani natte; kiyòni chite.

Aruspice, s. m.
Soothsayer, aruspex.

鳥ヲ以テ占フ
Tori-o motte ouranao.

Ascendant, e, adj.
Ascending.

勢イ 権勢
Ikioui; kenchei.

Ascendant, s. m. (influence).
Ascendant, influence.

引キ出ル事
Fiki taterou coto.

Ascension, s. f.
Ascent, rising; ascension.

登ル事 登天スル事
Noborou coto; tenni noborou coto.

Asile, s. m.
Asylum; place of refuge.

育院
Icou-ien; yachinai docoro.

Sans —.
Shelterless, homeless.

浪人者
Rònin mono.

Aspect, s. m.
Aspect, sight; prospect.

容貌 形
Iò-bò; catatki.

Asperge, s. f.
Asparagus.

天門冬
Ten mondò.

Asperger, v. a.
To sprinkle.

水ヲハル
Mizzou-o harou.

Aspérité, s. f.
Asperity; roughness.

荒サ 悪僻
Arasa; acou heki.

Asphyxie, s. f.
Asphyxy.

傷冷ル 障氣ニ感ス
Chò-kini canzourou.

Asphyxié, adj.
Asphyxied.

傷冷シテ死ナ
Chò-kini cangite chinda.

Asphyxier, v. a.
To bring on asphyxy, to suffocate.

傷冷シテ殺ス
Chò-kini cangite corosou.

S'—, v. r.
To suffocate one's self.

自ヲ傷冷スル
Mizzoucara chò-kini canzourou.

Aspic, s. m. (rept.).
Aspic or asp.

蛇 惡蛇
Dgia, dodgia; acou-dgia.

Aspirant, s. m.
Candidate; midshipman.

立身ヲ望ム者
Richin-o nozomou mono.

Aspiration, s. f.
Aspiration, breathing; fervent desire.

呼吸 願ヒ
Coukioù; negai.

Aspirer, v. a. (attirer l'air, sucer).
To inhale air; to fetch breath; to suck in.

氣ヲ吸フ 氣ヲ吹ク 吸飮ム
Ki-o soú; ki-o houcou; soui nomou.

— (désirer, prétendre à).
To aspire to or after a thing.

瞄ム 貪ル
Nozomou; mousaborou.

Assaillir, v. a.
To assault; to assail.

犯ス, 罰スル 責ル
Oucasou; chei-batki sourou; chemourou.

Assainir, v. a.
To make healthy, or wholesome.

健固ニスル
Kenconi sourou.

Assainissement, s. m.
Making healthy.

健固ニスル事
Kenconi sourou coto.

Assaisonnement, s. m.
Seasoning.

揚ゲ物 汁
Aghemono; chirou.

Assaisonner, v. a.
To season, to spice.

揚ル
Agherou.

— de la viande avec des épices.
To season meat with spices.

辛ヲ以テ肉ヲ揚ル
Caraki-o motte nicou-o agherou.

Assassin, e, s. m. f.
Assassin, murderer, murderess.

人殺
Hito gorochi.

— gagé.
Hired.

傭レイテ殺ス人
Yatowarete corosou hito.

Assassinat, s. m.
Assassination, wilful murder.

人殺
Hito gorochi.

Assassiner, v. a.
To assassinate; to murder.

人ヲ殺ス
Hito-o corosou.

Assaut, s. m.
Assault, storm.

打責ル事
Outki chemerou coto.

Assemblage, s. m.
Assemblage, joining; collection.

集リ○積ム事
Atsoumari; tsoumou coto.

Assemblée, s. f.
Assembly, meeting.

詰合イ
Yori ai.

Lieu d'assemblée.
Meeting place.

嵜合場所。
Yori ai bachò.

Assembler, v. a.
To assemble; to call together.

業メル○撫ス。
Atsoumerou ; sorowasou.

S'—, .v. r.
To assemble; to meet.

業ル○揵ブ。
Atsoumarou ; soro.

Assentiment, s. m.
Assent.

承知。
Chòtki ; gatten.

Signe d'—.
A sign of assent.

承知シル徴。
Chòtki chitarou chirouchi.

Asseoir, v. a.
To set, to settle; to lay.

置ク○片メル。
Ocou ; catamerou.

S'—, v. r.
To sit down.

腰掛ル○坐ス。
Cochi cakerou ; souwarou.

Assertion, s. f.
Assertion, proposition.

言フ事。
Yoù coto.

— fausse.
False assertion.

虚言。
Ousò ; kio ghen.

Asservir, v. a.
To subject, to bring into servitude.

服サセル。
Foucou sacherou.

Asservissement, s. m.
Servitude.

捕子ニ成ル事。
Toriconi natta coto.

Assez, adv.
Enough, sufficiently.

充分○足リテ。
Dgiouboun ; tarite.

Assidu, adj.
Assiduous, constant.

勤心。
Kinchin ; tsoutomerou cocoro.

Assiduité, s. f.
Assiduity; diligence.

勤心。
Kinchin.

Assidument, adv.
Assiduously; constantly.

勤メテ○不絶。
Ts'tomete ; taiezou, itowazou.

Assiégeant, s. m.
Besieger.

村ヲ囲ム人。
Moura-o cacomou hito.

Assiéger, v. a.
To besiege, to lay siege to a town.

村ヲ取リ囲ム。
Moura-o tori cacomou.

Assiette, s. f.
Seat; site, situation.

置方。
Oki cata.

Assiette (plat).
Plate.
皿° 大皿°
Sara ; oôzara.

Assigner, v. a.
To assign, to appoint.
限リ定ム° 分ツ°
Caghiri sadamou ; wacatsou.

— (en justice).
To summon.
呼出ス°
Yobi dasou.

Assimiler, v. a.
To assimilate ; to compare.
比較ケス ル°
Couraberou.

S'—, v. r.
To liken , or compare one's self to any one.
我身ニ比ス ル°
Waga mini couraberou.

Assise, s. f.
Course or layer of stones.
吟味ケ時°
Ghinmino toki.

Assistance, s. f.
Assistance, aid, help.
助ケ° 手傳°
Tasouke ; tetsoudaï.

Assistant, s. m.
By-stander ; auditor.
助ケ ル 人° 添役°
Tasoukerou hito ; soï iacou.

Assister, v. a.
To assist, to aid.
助ケ ル°
Tasoukerou, te-o casou.

— à une leçon.
To attend a lecture.
住文ス ル°
Tkiòmon sourou.

Association, s. f.
Association, society.
交リ°
Madgiwari.

— illégale.
Unlawful association.
無浮ノ交リ° 徒黨°
Mouhòno madgiwari ; totò.

Associé, s. m.
Associated ; partner.
仲間° 朋輩°
Nacama ; hò-bai.

Associer, v. a.
To associate ; to admit as a partner.
仲間ニ人 ル°
Nacama-ni irerou.

S'—, v. r.
To associate one's self with...
相交ル°
Aï madgiwarou.

Assommer, v. a.
To knock down, to kill ; to beat unmercifully.
打殺ス°
Oulki corosou.

Assomption (de la Sainte Vierge).
Assumption.
登天ニス ル事°
Tenni noborou coto.

Assortiment, s. m.
Assortment ; matching things together.
出合フ事 ○ 誂°
De ao coto ; tacouwaï.

Assortir, v. a.
To sort, to match; to stock.
合セル ○ 貯ル
Awacherou; tacouwaierou.

Assoupi, part.
Drowsy, heavy.
睡クガル人
Nemougarou hito.

Assoupir, v. a.
To lull asleep, to make drowsy.
睡クガラス
Nemougarasou.

S'—, v. r.
To fall sleep, to grow drowsy.
睡クガル
Nemougarou.

Assoupissement, s. m.
Heaviness, drowsiness.
眠クガル事
Nemougarou coto.

Assouplir, v. a.
To supple, to render flexible
柔軟ニスル
Yawaracani sourou.

S'—, v. r.
To get suppled.
柔軟ニナル
Yawaracani narou.

Assourdir, v. a.
To deafen; to stun.
聾クスル
Mimi-o toôcou sourou.

Assouvir, v. a.
To satiate; to glut.
飽サセル
Aki sacherou.

S'—, v. n.
To be glutted; to be satiated.
飽ル
Akirou.

Assouvissement, s. m.
Satisfying, satiating.
飽ル事
Akirou coto.

Assujettir, v. a.
To subdue, to bring into subjection.
服サセル 従ガハス
Houcou sacherou; chitagawasou.

Assujettissant, part.
Subjection, slavery.
面倒 六ヶ敷
Mendò; mouts'cachî.

Assurance, s. f.
Assurance, certainty; security.
慥カ 極リ
Tachica; kimari.

— maritime.
Ship insurance.
料主
Riòsou.

Assuré, adj.
Secure, safe, sure; bold.
危カラヌ 大膽ナ
Ayao caranou; daitanna.

Assurément, adv.
Surely, assuredly.
定ッテ 決斷シテ
Sadamatte; ketsoudan chîte.

Assurer, v. a.
To assure, to assert.
事ヲ受合フ
Coto-o ouke aò.

Assurer (fixer).
To secure; to fasten.

嘖ニ入ル゜ カラゲル゜
Tachicani sourou ; caragherou.

S'—, v. n.
To assure one's self; to relay upon.

我身ヲ嘖メル゜
Waga mi-o tachicamerou.

Astérisme, s. f.
Asterism, constellation.

天台゜
Ten tai.

Asthme, s. m.
Asthma, shortness of breath.

痰咳゜
Tancheki.

Astre, s. m.
Planet; fixed star.

星゜
Hochi ; chei.

Astreindre, v. a.
To tie up, to subject.

硬ク縛ル゜
Catacou chibarou.

S'—, v. r.
To bind down one's self.

我身ヲ縮メル゜
Waga mi-o ts'zzoumerou.

Astringent, adj. (méd.).
Astringent, astrictive.

澁藥゜
Chibari gousouri.

Astrologie, s. f.
Astrology.

星學゜
Hochino gacoumon.

Astronome, s. m.
Astronomer.

天文者゜
Tenmoncha.

Astronomie, s. f.
Astronomy.

天文゜
Tenmon.

Astuce, s. f.
Craft, cunning, wile.

惡巧゜
Waroui tacoumi.

Sans —.
Craftless.

無巧゜
Mouga.

Astucieusement, adv.
Craftily; by craft.

惡工デ゜
Waroui tsoumide.

Astucieux, adj.
Crafty, wily.

惡工ヲ為ル人゜
Waroui tsoumi-o sourou hito.

Atelier, s. m.
Workshop.

細工處゜
Saicou-zò.

— de construction.
Workhouse.

普請小家゜
Houchin go-ia.

Chef d'—.
Foreman.

瞳人頭゜
Chocounin gachira.

Atermoyer, v. a.
To delay a payment.
金ヲ日延スル°
Cane-o hi nobesourou.

Athée, s. m. et f.
Atheist.
天ニ從ワヌ者°
Tenni chitagawan mono.

Athlète, s. m.
Athlete, wrestler.
角力者°
Soumô-tori.

Atlas, s. m. (recueil de cartes).
Atlas.
地圖°
Tki-dzou.

Atmosphère, s. f.
Atmosphere.
天ノ氣°
Tenno ki; cou-ki.

Atome, s. m.
Atom.
塵埃°
Tsouri.

Atonie, s. f.
Atony, debility.
力ナクナツタ°
Tkicara nacou nattarou.

Atrabilaire, adj.
Atrabilarian, splenetic.
肝癖家°
Campekina hito.

Atre, s. m.
Fire place; hearth.
竈°
Cama.

Atroce, adj.
Heinous, grievous, outrageous.
兇惡ナ°
Kiô acouna.

Atrocement, adv.
Heinously, grievously.
兇惡ニ°
Kiô acouni.

Atrocité, s. f.
Atrocity; heinousness.
兇惡°
Kiô acou.

Atrophie, s. f.
Atrophy.
手足癱瘓°
Chasocouno nan-couan.

Attachant, e, adj.
Endearing, engaging, interesting.
面白イ°
Omochiroï.

Attache, s. f.
String, band, tie.
結ビ面°
Mousoubi-tsoura.

Attachement, s. m.
Attachment, affection, inclination.
愛スル情°
Aïsourou dgiô.

Attacher, v. a.
To tie, to fasten, to make fast; to endear.
綴リ合セル°
Tsouzzouri awacherou.

— du prix à une chose.
To set a value on any thing.
重ル° 大功ニスル°
Omondzourou; taichetsouni sourou.

11

Être attaché à sa famille.
To be attached to one's family.
我家内ヲ愛スル°
Waga ca naï-o aïsourou.

S'—, v. r.
To take hold, to cling, to adhere, to stick.
自ラ掊ア値付°
Mizzoucara mousoubou; couï tsoucou.

S'— de cœur.
To be attached, to have an affection for.
恋慕ス°
Coï chitó.

Attaquable, adj.
That may be attacked.
責ム可キ°
Chemou beki; outarerou.

Attaque, s. f.
Attack, onset; assault.
責ル事°
Chemerou coto; oucasou coto.

— (d'une maladie).
A fit (of a disease).
瘧°
Ocori.

Attaquer, v. a.
To attack, to assail, to assault.
責ル° 犯ス°
Chemerou; oucasou.

S'— (l'un l'autre), v. r.
To assault one another.
相責ル° 合イ責ル°
Aï chemerou.

Atteindre, v. a.
To reach; to attain to.
及ブ° 至ル°
Oyobou; itarou.

— un but.
To attain to a end.
志ヲ得ル°
Cocorozachi-o erou.

— un endroit.
To come to a place.
處ニ致ル°
Tocoroni itarou.

Atteinte, s. f.
Blow, stroke; prejudice.
害 ○ 傷°
Gaï; itami.

Hors d'—.
Beyond reach, out of reach.
及バザル所°
Oyobazarou tocoro.

Porter — à.
To strike at, or to prejudice a thing.
害スル° 傷メル°
Gaï sourou; itamerou.

Attelage, s. m.
Team, set of horses, oxen, etc.
車牛°
Courouma ouchi.

Atteler, v. a.
To put horses to.
馬ヲ車ニ附ル°
M'ma-o couroumani tsoukerou.

Attendre, v. a.
To wait for; to expect, to look for.
待°
Matsou.

— quelqu'un.
To wait for any one.
人ヲ待°
Fito-o matsou.

S'attendre à, v. r.
To expect, to depend upon.
思フ°; 望ム事ヲ謀ル°
Omó; nozomoú coto-o hacarou.

Attendrir, v. a.
To make tender, to soften, to affect.
心ヲ動ス°
Cocoro-o ogocasou.

S'—, v. r.
To grow tender, to be moved, to pity.
悲シミ哀憐°
Canachimi awaremou.

Attendrissant, e, adj.
Moving to pity, affecting.
遁ニ思フ°
Haroucani omò; nazoucachí.

Attendrissement, s. m.
Compassion, pity.
情°内感°
Nasake, nazzoucachisa; naican.

Attentat, s. m.
Wicked attempt, outrage.
心見シ事°大罪°
Cocoro mirou coto; tai-zai.

Attente, s. f.
Waiting, expectation.
待事°
Matsou coto.

Vive —.
Sanguine expectation.
懇ニ待事°
Nengoroni matsou coto.

Attenter, v. n. et a.
To make an attempt.
心見ル°
Cocoromirou.

Attentif, ve, adj.
Attentive, mindful.
念ヲ入ルヽモノ°出精者°
Nen-o irerou mono; chei-o dasou mono.

Attention, s. f.
Attention, care, heedfulness.
氣ヲ附ル事°
Ki-o tsoukerou coto; iòjin.

— profonde.
Great attention.
考イ°謹イ°
Cangaie; tsouts'chimi.

Attentivement, adv.
Attentively, carefully.
念ヲ入テ°篤ト°
Nen-o irete; tocouto.

Atténuation, s. f.
Attenuation; debility; extenuation.
弱サ°衰イ°
Yowasa; otoroie.

Atténué, adj. et part.
Attenuated; weakened.
弱ダル°弱イ°
Yowatarou; yowai.

Atténuer, v. a.
To attenuate; to weaken.
弱メル°弱クス°
Yowamerou; yowacou sourou.

— un crime.
To extenuate, to palliate a crime.
罪ヲ輕クス°
Tsoumi-o caroucou sourou.

Atterrer, v. a.
To throw down; to overthrow.
倒ス°
Taosou, naghe taosou.

Atterrir, v. n. (t. de mar.).
To make the land.

濱ニ付ナ、ル°
Hamani ts'ki cacarou.

Atterrissement, s. m.
Alluvion, accretion.

亡地°
Bò-tki.

Attestation, s. f.
Attestation, certificate.

証據°
Chòcò.

Attester, v. a.
To attest, to certify, to aver.

証據スル°
Chòcò sourou.

Attiédir, v. n.
To cool, to make lukewarm.

冷メサス°
Hiyacasou; nouroucou sourou.

S'—, v. r.
To grow cool or careless.

志鈍ナル°
Cocoro némacou narou.

Attirail, s. m.
Train, implements, furniture.

道具°
Dògou.

Attirer, v. a.
To attract, to draw.

引キ取ル; 引キ誘フ; 引キ延ス
Fiki torou; fiki izzanò; fiki nobasou.

S'— réciproquement, v. n.
To attract each other.

合イ引ク°
Aï hicou.

Attiser, v. a.
To stir up, to put the fire together.

火ヲ起ス°
Hi-o ocosou.

Attitude, s. f.
Attitude, posture.

容° 氣量
Catatki; kiriò; sougata, arisama.

Attouchement, s. m.
Touch, feeling.

摩ル事°
Naderou coto.

Attraction, s. f.
Attraction, drawing to.

引ク事°
Hicou coto.

Force d'—.
Attractive power.

引力°
In-riocou.

Attrait, s. m.
Charm, allurement.

着飾°
Kicazari.

Attraper, v. a.
To entrap; to insnare, to catch.

摑ヘ°取リ捓°
Ts'camou; tori osoyerou.

Attrapeur, s. m.
Deceiver, deluder.

僞語者°
Damasou mono; ouso-tsouki.

Attrayant, e, adj.
Attractive, engaging.

面白イ事°
Omochiroï coto.

Attribuer, v. a.
  To attribute, to ascribe.
  戻ス゜ ヶ゜バル゜
  Caiasou; coubarou.

S'—, v. r.
  To assume, to take upon one's self.
  受合゜
  Ouke-ao.

Attribut, s. m.
  Attribute.
  持物゜
  Motki mono.

Attribution, s. f.
  Grant, privilege.
  与゜
  Ataie.

Attrister, v. a.
  To grieve, to make sad, to trouble.
  愁メル゜ 憂イサセル゜
  Canachimerou; oureï sacherou.

S'—, v. r.
  To grieve, to be sad.
  傷ム゜ 憂フ゜
  Canachimou; oureó.

Attroupement, s. m.
  Riot, mob.
  徒黨゜
  Totò.

Attrouper, v. a.
  To assemble; to gather.
  群ラサセル゜ 混雑サセル゜
  Mouragaracherou; coundgiou sacherou.

S'—, v. r.
  To assemble, to get together.
  群ル゜
  Mouragarou.

Aubade, s. f.
  Serenade.
  音樂゜
  Oungacou.

Aube, s. f.
  Dawn, day-break.
  曉゜
  Aca tsouki; hono bono.

— de moulin.
  Ladles of an undershot-wheel.
  筏゜
  Icada.

Auberge, s. f.
  Inn; tavern.
  旅宿屋゜
  Hatagoya; tkia ya.

Aubergiste, s. m. et f.
  Innkeeper.
  旅宿屋亭主゜
  Hatagoya no teî chiou.

Aubier, s. m.
  Sap-wood.
  身木゜
  Miki.

Aucun, e, subs.
  None, no one, not any.
  無キ人゜
  Naki bito; daremo nachi.

Ne prendre — soin.
  To take no care.
  少シモ拂ヌ゜
  S'cochimo camawan.

Aucunement, adv.
  Not at all, by no means.
  決テ無シ゜
  Kechitte nachi.

Audace, s. f.
Audacity, boldness; daring.
大膽° 無心°
Daitan; mou-yami.

Audacieusement, adv.
Audaciously, daringly.
難ニ°
Mou-yamini.

Audacieux, se, adj.
Audacious; bold, daring.
大膽ナ° 無心ナ°
Daitanna; mou-yamina.

Audience, s. f.
Audience; hearing.
謁ス卜事° 拜見スル事°
Mamiyourou coto; haïken sourou coto.

Auditeur, s. m.
Auditor, hearer; disciple.
聞ク人° 弟子°
Kicou hito; deichi.

Audition, s. f.
Hearing.
聞ク事°
Kicou coto.

Auditoire, s. m. (assemblée).
Auditory; company of hearers.
聞ク者°
Kicou mono.

Auge, s. f.
Trough.
水桶°
Mizzou ouke.

Augmentation, s. f.
Increase, improvement, addition.
増ス事° 加イ°
Masou coto; couwaic.

Augmenter, v. a.
To augment, to increase; to improve.
増ス° 加イル° 足ス°
Masou; couwaicrou; tassou.

S'—, v. r.
To increase, to grow.
増サル° 大ク成ル°
Masarou; oôkicou narou; tassarou.

Augure, s. m. (présage).
Augury, presage.
前兆°
Jen-tkio.

Auguste, adj.
August; venerable.
尊イ° 高イ°
Tattoï; tacaï.

Aujourd'hui, adv.
To-day, this day; at present, now.
今日°
Connitki, kiò.

D'— en huit.
This day se'n night.
今日ヲ八日目迄°
Connitki iori iòcame made.

Jusqu'—.
Till to-day.
以來° 今日迄°
Iraï; kiò made.

Aumône, s. f.
Alms; alms-giving, charity.
慈悲°
Dgihi.

Demander l'—.
To beg alms; to ask charity.
慈悲ヲ求ス°
Dgihi-o moraó.

Aumônier, s. m.
Almoner, chaplain.
慈悲ヲ分ケ与フ者゜
Dgihi-o wakeató mono.

Aune, s. m. (bot).
Alder-tree.
榿樹゜
Han no ki.

Aune, s. f.
An ell.
差尺゜日本ニ三尺ニナリ゜
Mono sachi (nipponno san dgiacou ni soun nari).

Auparavant, adv.
Before.
前ニ゜先ニ゜以前゜
Maieni; chenni, sakini; ijen.

Auprès (de), prép.
Near, by, about.
近ク゜近傍ニ゜
Tkicacou; sobani; cataharani.

—, adv.
Hard by, close to.
近イ゜
Tkicai.

Auréole, s. f.
Aureola, halo.
輝゜
Gocò.

Aurore, s. f.
Dawn, break of day.
曉゜
Aca ts'ki.

Auspice, s. m.
Auspice, presage.
氣症゜
Kichò.

Heureux —s.
Happy auspices.
同゜
Dòyò.

Aussi, conj.
Likewise, also; too; therefore.
一様ニ゜又゜モ゜
Itki yòni; mata; mo.

Et moi —.
And I too.
我モ゜
Watacouchimo.

Aussitôt, adv.
Presently, immediately.
速ニ゜直ニ゜
Sassocou; soumiyacani; dgicanni.

Austère, adj.
Austere, severe, rigorous.
狂裂゜嚴゜
Kibichì; haghechì; tadachì.

Austèrement, adv.
Austerely, severely.
嚴ク゜
Kibichicou.

Austérité, s. f.
Austerity, severity.
嚴キ事゜
Kibichiki coto.

Autant, adv.
As much; as many; as.
夫程゜成丈゜
Sono hodo; sono dake; narou dake.

Autel, s. m.
Altar.
祭壇゜
Matsouri dan.

Auteur, s. m. (cause).
Author, cause, discoverer.

發明者。
Hatsou meicha.

— d'un livre.
Writer, author.

著述者。
Tkio-dzoutsoucha.

Authentique, adj.
Authentic.

誠ナル。
Macoto narou.

Mémoire —.
Authentical memorial.

實錄。
Dgitsou rocou.

Autocrate, s. m.
Autocrat, absolute sovereign.

皇帝。
Còtei.

Autographe, s. m.
Autograph, original writing.

自筆。
Dgi hitsou.

Automate, s. m.
Automaton.

自ラ動ク者。
Mizzoucara ogocou mono.

Automatique, adj.
Automatic.

動クモノ。
Ogocou mono.

Automnal, e, adj.
Autumnal.

秋ノ。
Aki no.

Automne, s. m.
Autumn.

秋。
Aki.

Autopsie, s. f.
Autopsy, examination.

解剖。
Caì-bò.

Autorisation, s. f.
Authorization; licence.

權。許。免許。
Ken, yourouchi; gomen.

Autoriser, v. a.
To authorize; to empower.

權ヲ与イル。
Ken-o ataierou.

Être autorisé.
To be authorized.

權ヲ執ル人。
Ken-o torou hito.

Autorité, s. f.
Authority; legal power.

權柄。權勢。
Kenpei; kenchei ikioi.

Autour, adv.
About, round.

廻リニ。周リニ。
Mawarini; megourini.

— (de), prép. Tout — de.
Around, all around.

同。
Dòyò.

Autre, adj.
Other; another, different.

別。他。
Betsou; ta; cotonarou.

Aucun autre.
  No other.

別無シ゚
Betsou nachi.

Quelque —.
  Some other.

他人゚別人゚
Ta-nin; betsouno hito.

Autrefois, adv.
  Formerly; in former times.

昔゚前ニ゚
Moucachi; maieni.

Autrement, adv.
  Otherwise; else.

別ニ゚別ノ様ニ゚
Betsouni, hocani; betsouno iòni.

Autruche, s. f.
  Ostrich.

蛇鳥゚
Dgia-tkiò.

Autrui, s. m.
  Others, other people.

別ノ地人゚
Betsouno; ta-nin.

Auxiliaire, adj.
  Auxiliary, subsidiary.

助ケ人゚
Tasoukerou hito.

Avalanche, s. f.
  Avalanche.

積雪ガ発ル゚
Tsoumori ioukiga hassourou.

Avaler, v. a.
  To swallow down, to sup up.

呑ム゚
Nomi comou.

— avidement.
  To swallow greedily.

貪ツ呑ム゚
Mousaboutte nomou.

Avance, s. f.
  Start, advance, step.

間里゚
Kio-ri.

Avancé, e, adj.
  Advanced, forward.

前ニ進ヘタル゚
Sakini sousoumitarou.

Avancement, s. m.
  Advancement; improvement.

進ミ゚揚ル事゚
Sousoumi; agarou coto, acadorou coto.

Avancer, v. a.
  To put forward; to forward.

先ニ進ペ
Sakini sousoumou; sakini youcou.

— la main.
  To hold out one's hand.

手ヲ伸ル゚
Te-o noberou.

—, v. n.
  To advance, to move on, to get forward.

進ム゚
Sousoumourou.

S'—, v. r.
  To advance, to go forward, to proceed.

進ム゚
Sousoumou.

Avant, prép.
  Before.

前ニ゚先ニ゚
Maieni; sakini.

12

Avant dix heures.
Before ten o'clock.

Yotsou maie.

— tout.
First of all, before all.

ltki banni.

— de mourir.
Before one dies.

Chinourou maie.

En —.
Forward; in advance.

Maieno hòni.

Avant, s. m. (t. de mar.).
Prow, head, forepart.

Houneno maie.

Avantage, s. m.
Advantage; benefit; interest.

Riyeki; ri; tocou; tame.

Tirer —.
To take advantage of.

Ri-o crou; tocou-o mokerou.

Avantageusement, adv.
Advantageously; usefully.

Ri-o totte; tameni.

Avantageux, se, adj.
Advantageous; profitable.

Toconi narou; tameni narou.

Avant-bras, s. m.
Fore-arm.

Caina.

Avant-coureur, s. m.
Forerunner, harbinger.

Maieni hassourou hikiacou.

Avant-dernier, s. m.
Last but one.

Owarino maie.

Avant-goût, s. m.
Foretaste, prelibation.

Maieno adgiwaï.

Avant-hier, adv.
The day before yesterday.

Issacoujitsou; ototoï.

Avant-main, s. f.
First hand, forehand stroke.

Youbi.

Avant-midi, s. m.
Fore noon.

Hirou maie.

Avant-propos, s. m.
Preface, preamble.

Gioboun; han-ri.

Avare, adj.
Avaricious; niggardly.

Rinchocouna; chiwaï.

Avarice, s. f.
Avarice, niggardliness.
名啬迩°
Rinchocou.

Avaries, s. f. pl.
Damage; waste.
害イ° 損シル事°
Gaï; sonjirou coto.

Avec, prép.
With, together with.
與° ニ° ニモニ° アイ
To; tomoni, motte; (*en comp.*) aï.

Avénement, s. m.
Accession, advent.
加增° 增方°
Cazò; machi cata.

— au trône.
Enthroning.
位ニ付ク事°
Couraini tsoucou coto.

Avenir, s. m.
Future, time to come.
以來°
Irai; tsoughino io.

Aventure, s. f.
Adventure; accident, event.
風流ノ事°
Hou-riò no coto.

Heureuse —.
Happy turn, lucky accident.
仕合°
Chi awache.

Aventurer, v. a.
To adventure, to venture.
損ヲ顧リミズ°
Son-o caieri mizou.

Aventureux, se, adj.
Adventuresome, venturous.
風流ヲ好ム人°
Hou-riò-o conomou hito.

Aventurier, s. m.
Adventurer.
入路°
Hairi mitki.

Avenue, s. f.
Avenue, entrance; alley.
入口°
Iri goutki.

Averse, s. f.
Sudden and heavy shower.
驟雨°
Mourasame.

Aversion, s. f.
Aversion, antipathy, hatred.
惡ム° 嫌イ°
Nicoumi; kirai.

Avoir de l'— pour une chose.
To have aversion for any thing.
何ヲ嫌ウ°
Nani-o kiró.

Avertir, v. a.
To warn, to inform of; to give notice of.
告ル° 知ス°
Tsougherou; chirasou.

— à l'avance.
To forewarn, to give a caution beforehand.
前ニ知ラセ° 先觸ヲ送ル°
Maieni chiracherou; saki bourei-o ocourou.

Avertissement, s. m.
Advice, caution, warning.
告ケ° 知ラセ°
Tsoughe; chirache.

Avertissement préalable.
Premonition.

前ニ知ラス人事°
Maieni chirasou coto.

Aveu, s. m.
Avowal; confession; acknowledgment.

白状° 言イ開ク°
Hacoudgiò; y hiracou.

Faire un —.
To make an avowal.

白状スル°
Hacoudgiò sourou.

Aveugle, adj.
Blind, sightless.

盲目ノ°
Mecourano.

A l'—.
Blindly.

事ラ不ニ°
Hacarazouni.

Aveuglement, s. m.
Blindness.

盲目°
Mecouraı

— d'esprit.
Blindness of mind.

心ノ迷イ°
Cocorono maioi.

Aveuglément, adv.
Blindly; rashly.

心ガ迷ヒデ°
Cocoroga maióte.

Aveugler, v. a.
To blind.

盲目ニスル°
Mecourani sourou.

— l'esprit.
To blind, to cloud, to darken.

心ヲ惑ス°
Cocoro-o madowasou.

S'—, v. r.
To blind one's self.

心ガ迷フ°
Cocoroga maió.

Avide, adj.
Greedy; eager for; thirsty.

貪ル° 欲深°
Mousaborou; yocouga houcai.

Avidement, adv.
Greedily; covetously.

貪テ° 欲ガ深カテ°
Mousabotte; yocouga houcacoute.

Avidité, s. f.
Greediness; avidity.

貪リ° 欲
Mousabori; yocou.

Avilir, v. a.
To debase, to disgrace.

貶メル°
Iyachimerou.

— son nom.
To disgrace one's name.

名ヲ汚ス°
Na-o kegasou.

S'—, v. r.
To undervalue one's self; to grow contemptible.

貶クナル°
Iyachicou narou.

Avilissement, s. m.
Abasement, disgrace.

貶キ智°
Iyachiki coto.

Tomber dans l'avilissement.
To fall into contempt.
嘲ケナル°
Iyachicou narou.

Aviron, s. m.
Oar.
櫂°
Caï.

Avis, s. m. (opinion).
Opinion, mind.
考イ°思イ°
Cangaie ; omoi.

Bon —.
Right opinion.
善良ナル考イ
Yoi cangaie.

— (avertissement).
Advice, notice.
知ラセ°
Chirache.

— (conseil).
Advice, counsel.
勇メ°
Isame.

Avisé, e, adj.
Wise, prudent, discreet.
用心深イ°氣ヲ付ル者°
Yòjin boucai ; ki-o tsoukerou mono.

Aviser, v. a. (avertir).
To warn, to caution.
知ス°
Chirasou.

—, v. n. (résoudre).
To resolve, to think proper.
考テ見ル°
Cangaiete mirou.

Avitailler, v. a.
To furnish with victuals.
粮糧ヲ貯ル°
Hioro-o tacouwaierou.

Aviver, v. a.
To brisk up ; to brighten.
健固ニスル°
Kenconi sourou.

Avocat, s. m.
Lawyer, counsel at law, barrister.
健ニスル°法道者°
Sougo iacani sourou ; hodó-gacoucha.

Avoine, s. f.
Oats.
麥ノ類°
Moughï roui.

Avoir, v. a.
To have ; to get, to possess.
在ル ○ 持ヲ°
Arou ; motsou.

— raison.
To be in the right.
理ヲ持ヲ°勝ツ°
Ri-o motsou ; catsou.

— tort.
To be in the wrong.
無理テ有ル°
Mou-ri de arou.

Avoir, s. m.
Substance, possessions.
財寶°持キ°
Zaihò ; motki.

Avoisiner, v. a.
To be adjacent, to border upon.
近邊ニナル°近所ニナル°
Kingiòni narou ; kimpenni narou.

Avorté, part.
Abortive.
小産。
Chò-san.

Avortement, s. m.
Abortion; miscarriage.
流産。
Riou-zan.

Avorter, v. a.
To miscarry, to prove abortive.
流産スル。
Riou-zan sourou.

Faire —.
To procure abortion.
子ヲ下ス。
Co-o orosou.

Avorton, s. m.
Abortive child.
下々子。
Orochita co.

Avoué, s. m.
Attorney.
法道學者。
Hodò gacoucha.

Avouer, v. a.
To own, to acknowledge, to avow.
白狀スル。
Hacoudgiò sourou.

— sa faute.
To confess his fault.
罪ヲ白狀スル。
Tsoumi-o hacoudgiò sourou.

Avril, s. m.
April.
西洋四月。
Cheiyòno chigouats'.

Axe, s. m.
Axis; axle-tree.
軸。
Dgicou.

Axiome, s. m.
Axiom, maxim.
古語。
Co-go.

Azimut, s. m.
Azimuth, vertical circle.
先々輪。
Cò cò rin.

Azur, s. m.
Azure, blue.
青イ。
Aoï.

Azuré, adj.
Azured.
青イ。蒼イ。
Aoïno.

Azyme, adj.
Azymus, unleavened.
無香菓。
Còki naki couachi.

B

Babichon, s. m.; **Babiche**, s. f. *Lapdog.*	矮狗。 Tkin (inou).
Babil, s. m. *Prattle, prate.*	辨聲。 Chaberou coie.
Babillage, s. m. *Prattling, chit-chat, chatter.*	言フ事。 Chaberou coto.
Babillard, s. m. *Prattler, babbler.*	辨スル者。 Chaberou mono.
Babiller, v. n. *To prate, to prattle.*	辨スル。 Chaberou.
Babiole, s. f. *Bauble, toy, plaything*	空言。 Moudana cotoba.
Babord, s. m. *Larboard, port.*	舩左。 Founeno fidari.
Babouin, s. m. *Baboon, monkey.*	大猿。 Oô-zarou.
Bac, s. m. *Ferry-boat.*	渡舩。 Watachi-boune.
Baccalauréat, s. m. *Bachelorship.*	學問吟味。 Gacoumonno ghinmi.
Bâche, s. f. *Cart tilt.*	大籠。 Oô cago.
Bachelier, s. m. *Bachelor.*	功ニ當タ人。 Còni atatta hito.
Bâcler, v. a. *To do hastily.*	急グ。荒クスル。 Isogou; aracou sourou.
Badaud, s. m. *Silly man, simpleton, cockney.*	愚鈍ナ。 Goudonna.
Badigeon, s. m. *Liquid stone coloured, plaster.*	塗。 Dzou.

Badigeonner, v. a.
To paint with stone colour.
塗ル°
Aracou nourou.

Badin, e, adj.
Merry, playful.
戯人°
Tawamourerou hito.

Badinage, s. m.
Joke, play, jest.
戯°
Tawamoure.

Badiner, s. m.
To play, to trifle, to jeer.
戯ル°
Tawamourerou.

Bafouer, v. a.
To scout, to scoff at.
嘲ル°
Azakerou.

Bagage, s. m.
Baggage, luggage.
旅具°荷物°
Tabi-gou; nimotsou.

Gros —.
Heavy luggage.
重イ旅具°
Omoï tabi gou.

Bagatelle, s. f.
Trifles, toys, trinkets.
些少物°
Isasacana mono.

Bague, s. f.
Ring.
指輪°
Youbi gane.

Baguenauder, v. a.
To trifle.
戯ル°
Tawamourerou.

Baguette, s. f.
Little stick, rod, switch, wand.
小杖°
Tsouye; boutki.

— de tambour.
Drumsticks.
鼓槌°
Taicono batki.

Baie, s. f. (graine ou fruit).
Berry.
子實°種°
Kino mi, tame.

— (golfe).
Bay, gulf, road.
湊°港°
Minato.

Baigner, v. a.
To bathe, to water, to wash.
湯浴サセル°濡ス°
You-ami sacherou; nourasou.

Se —, v. r.
To bathe one's self.
湯浴スル°
You-ami sourou.

Baignoire, s. f.
Bath, bathing-tub.
水風呂°水鈑°
Chei hou rò; mizzouboune.

Bail, s. m.
Lease.
假約條°
Cari yacoudgio.

Bail à vie.
Lease for life.
一生涯假條約
Ichogai carirou dgiò yacou.

Bâillement, s. m.
Gaping ; yawning.
欠伸
Acoubi.

Bailler, v. a. (donner, délivrer).
To give over, to deliver.
譲ル
Youzzourou.

Bâiller, v. n.
To gape, to yawn.
欠伸スル
Acoubi sourou.

Bailleur, s. m. (légal).
Lessor.
貸人 貸主
Casou hito ; cachi mouchi.

Bâillon, s. m.
Gag.
口箝
Coutki chen.

Bâillonner, v. a.
To gag.
口箝ヲ嵌
Coutki chen-o cao.

Bain, s. m.
Bath, bath room.
浴室
You-ya ; you-dono.

—s (eaux minérales chaudes).
Hot-mineral waters.
温泉
Ounzen ; atatacana izzoumi.

Baïonnette, s. f.
Bayonet.
銃先劍
Teppòno chen ken.

Charger à la —.
To charge with bayonets.
銃劍ヲ以テ責ムル
Teppòno ken-o motte chemerou.

Baiser, v. a.
To kiss, to embrace.
吸抱ク 人ヲ吸フ
Soui idacou ; hito-o soù.

—, s. m.
Kiss, buss.
吸事
Soù coto.

Baisse, s. f. (de l'eau, d'un prix).
Going down, fall, diminution of value.
水引ク 直下ル
Mizzou hicou ; nedanno sagari.

Baisser, v. a.
To lower ; to let down.
下ル 下ス
Sagherou ; orosou.

—, v. n.
To fall, to decrease, to sink.
下ガル 減スル
Sagherou ; ghenzourou.

Se —, v. r.
To stoop.
傴ク
Catamoucou.

Bal, s. m.
Ball, dancing.
踊
Odori.

13

Balafre, s. f.
Slash, gash.
大ナル瘢
Oôïnarou kizou.

Balafrer, v. a.
To cut, to slash, to gash.
大痕ヲ付ル
Oôïnarou kizou-o ts'kerou.

Balai, s. m.
Broom, besom.
箒
Hòki.

Balance, s. f.
Scale; balance.
天秤 秤 秤
Tenbin; hacari; datchem.

Bassin de —.
Scale.
秤皿
Hacarino sara.

Balancement, s. m.
Balancing; swinging.
下ケ振
Saghè houri.

Balancer (équilibrer), v. a.
To balance, to counterbalance.
掛ケ合セル
Cake awacherou.

—, v. n. (être en suspens).
To waver, to fluctuate.
疑フ 心不定
Outagao; cocoro sadamaranou.

Se —, v. r.
To swing.
下ケ振ル
Saghè hourou.

Balancier, s. m. (artisan).
Scale-maker.
秤師
Hocarichi.

— (verge d'horloge).
Balance, pendulum.
秤
Hacari.

Balayage, s. m.
Sweeping.
掃除スル事
Soòdgi sourou coto.

Balayer, v. a.
To sweep.
掃除スル
Soòdgi sourou.

— une chambre.
To sweep a room.
室ヲ掃打スル
Heia-o soôdgi sourou.

Balbutier, v. n.
To stammer; to stutter.
唆ル
Domorou.

Balcon, s. m.
Balcony, verandah.
欄干
Rancan.

Baldaquin, s. m.
Baldachin, canopy.
腰
Cochi.

Baleine, s. f. (pisc.). Poisson, et côte du même.
Whale; whalebone.
鯨 鯨骨
Coudgira; coudgirano bone.

Baleinier, adj. (navire).
Whale-ship, whaler.
捕鯨船°
Ghe-riò-chen.

Balise, s. f. (t. de mar.).
Beacon, buoy, seamark.
目的°
Mezzourouchi, chiroube.

Baliser, v. a.
To buoy.
目的ヲ建ル°
Mezzourouchi-o taterou.

Ballade, s. f.
Ballad.
音楽°
On-ghiocou.

Auteur de —s.
Writer of ballads.
楽者°
Gacoucha.

Balle, s. f. (en général et d'armes à feu).
Ball; bullet, shot.
玉°手毬°
Tama, temari.

Ballon, s. m.
Balloon, football; air balloon.
風球°風船°
Caje-dama; houchen.

Monter en —.
To ascend in a balloon.
風船ニ乗ル°
Houchenni norou.

Ballonnement, s. m.
Swelling.
脹ル事°
Hocourerou coto.

Ballot, s. m.
Bale, pack, package.
一包°
Hito tsoutsoumi.

Ballotter, v.a. (une personne, une chose).
To toss.
動揺スル°
Dòiò sourou.

Balourdise, s. f.
Dullness, absurdity.
愚智°頭重°
Gou-tki; toù tchiò.

Balsamine, s. f. (bot.).
Balsamine.
鳳仙花°バルサみ
Hòchen-coua; balsama.

Balustrade, s. f.
Balustrade, rails.
塀°欄干°
Hei; rancan.

Bamboche, s. f.
Large puppet.
人形°
Ninghiò.

Spectacle de —s.
Puppet show.
人形遊ビ°
Ninghiò no asobi.

Bambou, s. m. (bot.).
Bamboo.
竹°
Take.

Ban, s. m. (exil).
Exile, banishment.
流罪スル事°
Chùna-o nagasou coto.

Ban (publication).
Ban, public proclamation.

鯛°
Foure.

Banal, e, adj.
Common, vulgar; socome.

只ハ°
Tadano; tsoumaranou mono.

Banalité, s. f.
Socome.

只°庶畧°
Tada; sòriacou.

Banane, s. f. (bot.).
Banana, plantain.

芭蕉°
Bachò.

Bananier, s. m. (bot.).
Banana tree, plantain tree.

芭蕉樹°
Bachò no ki.

Banc, s. m.
Bench, seat.

腰掛ケ°
Cochicake.

— de sable (mar.).
Bank, shoal, sand bank.

砂ノ堤°
Sounano dòtei.

Bancal, e, adj. et subs.
Bandy-legged.

足長イ°
Achi nagaï.

Bandage, s. m.
Bandage, ligature.

巻木綿°
Maki-momen.

Bande, s. f.
Band, fillet, strip.

帶°
Obi.

— (troupe, compagnie).
Band, set, crew, gang.

人ノ群°徒黨°
Hitono mouragari, totò.

Chef de —.
Leader of a gang.

徒黨頭°
Totòno cachiro.

Bandeau, s. m.
Headband.

額巻°
Hadgi maki.

Avoir un — sur les yeux.
Veil before one's eyes.

目隱°
Me gacouchi.

Bandelette, s. f.
Bandelet; little fillet or string.

小帶°
Tkiisai obi.

Bander, v. a.
To bind up; to tighten.

縛ル°
Chibarou.

— une blessure.
To bind up a wound.

痕ヲ縛ル°巻木綿ヲ スル°
Kizou-o chibarou; maki momen-o sourou.

— un arc.
To string a bow.

弓ヲ引ク°
Youmi-o ficou.

Bandit, s. m.
Bandit, highwayman.
賊
Zocou; oï haghi.

Bandoulière, s. f.
Bandoleer; shoulder-belt.
掛ケ帯
Cake obi.

Banlieue, s. f.
Precincts of a town, suburbs.
近在
Kin-zaï.

Banni, s. m.
Exiled; outlaw.
流罪セラレタ人
Chima-o nagasareta hito.

Bannière, s. f.
Banner, standard, flag.
旗印
Hata jirouchi.

Bannir, v. a.
To banish; to dismiss.
流罪スル 追放スル
Chima-o nagasou; tki-o sourou.

Bannissement, s. m.
Banishment.
嶋ニ流 シタ
Chima-o nagachita.

Banque, s. f.
Bank; banking business.
銀坐
Ghinza.

Banqueroute, s. f.
Bankruptcy.
廢店
Tsouboreta miche.

— frauduleuse.
Fraudulent bankruptcy.
配當スル
Haï-tò sourou.

Banquet, s. m.
Banquet, feast.
振舞
Fouroumai.

Banquette, s. f.
Raised way; little bank; stuffed and cowered bench.
小蒲團
Cobouton.

Banquier, s. m.
Banker.
銀坐ノ主
Ghinzano nouchi.

Baptême, s. m.
Baptism.
守テ三スル事
Torigoni sourou coto.

Baptiser, v. a.
To baptize.
守テ三スル
Torigoni sourou.

Baquet, s. m.
Tub, bucket; trough.
水桶
Mizzou ouke.

Baragouiner, v. n.
To jabber, to talk or speak gibberish.
喋ル
Domorou.

Baraque, s. f.
Barrack, hut; shed.
小家
Coya.

Baratter, v. a.
To churn; to cheat.
油筒ヲ使フ
Aboura dzoutsou-o ts'có.

Barbare, adj.
Barbarous; savage.
兇惡
Kiò-acou.

—, s. m.
Barbarian.
夷狄
Yebisou.

Barbarement, adv.
Barbarously.
兇惡ニ
Kiò-acouni.

Barbarie, s. f.
Barbarity; inhumanity.
惡キ事
Achiki coto.

Barbarisme, s. m.
Barbarism.
硬言
Cata coto.

Barbe, s. f.
Beard.
髭鬚
Highe.

— grise.
Gray beard.
白髭鬚
Chira highe.

Faire la — à quelqu'un.
To shave any one.
人ノ髭鬚ヲ剃ル
Hitoni highe-o sorou.

Barbotter, v. n.
To dabble; to paddle.
羽打ス
A outki sourou; habataki sourou.

Barbouillage, s. m.
Daubing; scribbling.
惡ク塗ル事
Achicou nourou coto.

Barbouiller, v. a.
To daub.
惡ク塗ル
Achicou nourou.

Se —, v. r.
To besmear, to begrime one's self.
自ラ汚ル
Mizzoucara yogoreta.

Barbu, e, adj.
Bearded.
鬚アル者
Highega arou mono.

Non —.
Beardless.
無鬚
Highe nachi.

Bardeau, s. m. (charp.).
Shingle.
柏
Masa; coba.

Barder, v. a. (un cheval).
To caparison a horse.
軍馬ヲ飾ル
Goun ba-o cazarou.

Barguigner, v. n.
To haw, to haggle.
聞惡キ語ヲ言フ
Kiki nicoui cotoba-o ts'cao.

Baril, s. m.
  Barrel, small cask.

足°
Tarou.

— de fusil.
  Barrel of a gun.

鉄炮筒°
Teppòno dzoutsou.

Bariolage, s. m.
  Odd medley.

雑物°
Zatsou boutsou.

Barioler, v. a.
  To speckle, to daub with several colours.

物ヲ混雑ス°混交ス°
Mono-o majiyerou; concò sourou.

Baromètre, s. m.
  Barometer.

晴雨器°
Chei-ou-ghi.

Baron, s. m.
  Baron.

小諸侯°
Tkisai daimiò.

Baroque, adj.
  Odd, strange.

癡ナ°
Bacana; oucachì.

Barque, s. f.
  Bark, great boat, craft.

端艇° 小舩°
Temma; co-boune.

Conduire la —.
  To steer the boat.

端艇ヲ使フ°
Temma-o tori ats'cao.

Barrage, s. m.
  Barrier.

堤° 關門°
Tsoutsoumi.

— (d'une rivière).
  Bar, dam.

水門°
Souïmon.

Barre, s. f.
  Bar.

金捧°
Canabò.

— du gouvernail (mar.).
  Helm.

舩柂°
Houneno cadgi.

— (banc de sable).
  Bar.

沙灘° 河口ノ水門°
Sa dan; cawagoutchi no soui mon.

Barreau, s. m.
  Bar.

金窓°
Cana mado.

Barrer, v. a.
  To bar, to obstruct.

禦ガ° 妨ぐル°
Houchegou; samatagherou.

Barricade, s. f.
  Barricade.

微々°
Sasaie.

Barrière, s. f.
  Barrier; rail, turnpike.

堤°
Tsoutsoumi.

Barrique, s. f.
Large barrel, cask.
樽°
Tarou; oó darou.

Bas, se, adj.
Low, inferior; mean.
卑賤陋°
Iyachiki.

Pays-Bas.
Netherlands.
和蘭國°
Oran(da) couni.

Bas, s. m.
Bottom; lower part, foot of a thing.
底° 下°.
Soco chita.

Bas, s. m. pl.
Stockings.
足袋°
Tobi.

Bas, adv.
Down, low.
下°
Chitani.

Jeter à —.
To tumble down.
下ニ捨ル°
Chitani souterou.

Parler —.
To speak low.
小聲デ話ス°
Hosoi coiede hanasou.

Basane, s. f.
Sheep's leather.
緬羊皮°
Men iòno cawa.

Bascule, s. f.
Swipe; seesaw; weighing machine.
秤°
Hacari.

Base, s. f.
Basis; foundation.
礎° 土臺°
Motozzouki; dodaï.

Baser, v. a.
To base, to ground.
土臺ヲ置ク°
Dodaï-o ocou.

Bas-fond, s. m.
Shoal, shallow, flat.
淺キ處°
Asaki tocoro.

Basilique, s. f.
Basilic.
大寺°
Oòkina tera.

Bas-relief, s. m. (sculpt.).
Bas-relief.
彫物°
Horimono.

Basse, s. f. (partie grave du chant).
Bass; base.
低樂°
Hicoui gacou.

Basse-cour, s. f.
Base-court, poultry-yard.
鷄庭°
Niwatori niwa.

Bassement, adv.
Meanly, lowly.
卑賤陋°
Iyachicou.

Bassesse, s. f.
  Meanness; lowness.
下 低
Iyachi oconai.

Bassin, s. m.
  Basin.
盥 盆
Tarai; bon.

— de port.
  Basin, wet dock.
舩 製 造 所
Foune chiou foucoudgio.

Bassine, s. f.
  Pan.
鍋
Nabe.

Bassiner, v. a.
  To warm (a bed).
温 器 ヲ 用ル
Tampò-o motkirou.

Bassinoire, s. f.
  Warming-pan.
温 器
Tampò.

Bastide, s. f.
  Country-house.
別 所
Bechcho.

Bastion, s. m.
  Bastion, bulwark.
稜 廓
Riò couacou.

Bastonnade, s. f.
  Bastinade, cudgelling.
杖 デ 打
Boutkide outsou.

Bât, s. m.
  Pack-saddle.
荷 物 鞍
Nimotsouno coura.

Cheval de —.
  Pack-horse.
荷 馬
Da m'ma; ni m'ma.

Bataille, s. f.
  Battle, fight.
戰 イ
Tatacai.

Grande —.
  Great battle.
血 戰
Kechchen.

— navale.
  Sea battle.
海 軍
Caigoun.

Champ de —.
  Field of battle.
戰 場
Chendgiò; icousaba.

Ordre de —.
  Battle-order.
軍 陳
Goundgin; icourano dgin.

Ranger en —.
  To draw up in battle-array.
軍 勢 ヲ 備 ル
Gounjei-o sonaierou.

Bataillon, s. m.
  Battalion.
一 備 テ
Hito sonaie; ic.

14

Bâtard, e, s. m. et f.
　Bastard; spurious.
　抓°
　Tete nachi co.

Bateau, s. m.
　Boat, barge.
　小艇° 端艇°
　Co-boune.

　— pêcheur.
　Fishing-boat.
　漁艇°
　Rio-chen.

　— à vapeur.
　Steamer, steam-boat.
　蒸氣舶°
　Dgiòki-chen.

Bateleur, s. m.
　Juggler, mountebank.
　戲中謀°
　Taico motkï.

Batelier, s. m.
　Boat-man; water-man.
　水夫° 船子°
　Soui hou; founaco.

Bâti, e, adj.
　Built; shaped.
　形ナル ○ 貌ナル°
　Catatki narou; miyerou.

Bâtiment, s. m.
　Building, edifice, fabric.
　建方°
　Tate gata.

　— de guerre, — marchand.
　Ship of war, — merchant vessel.
　軍舶° 商船°
　Gounchen, icousaboune; akinaiboune.

Bâtir, v. a.
　To build, to raise; to found.
　建ル°
　Taterou.

Bâtisseur, s. m.
　Builder; one that builds much.
　棟梁° 大工°
　Tòrio; daicou.

Bâton, s. m.
　Stick, staff.
　杖° 棒°
　Tsouye; bò.

　Coup de —.
　Blow with a stick.
　杖デ打事°
　Tsouyede outsou coto.

Bâtonner, v. a (battre; annuler).
　To strike out, to cancel.
　杖デ打ツ ○ 削ル° 戚ス
　Tsouyede outsou; haïssourou, kesou.

Bâtonnets, s. m. pl.
　Chop-sticks.
　箸°
　Hachi.

Bâtonnier, s. m.
　Staffman, bastonier.
　警固人°
　Kei-go-nin.

Battant (de cloche, de porte), s. m.
　Clapper (of a bell); fold (of a door).
　鐘舌 ○ 戸°
　Tsourigane no rin; tobira.

Batte, s. f.
　Churn-staff; rammer, wooden sabre.　木棒°
　Ki-bo

Battement, s. m.
   Beating, clapping.

打事。
Outsou coto.

— (de cœur).
   Pulsation, throb.

胴着。
Dò-ghi.

Batterie (de canons), s. f.
   Battery.

砲臺場。
Daiba.

— (d'arme à feu).
   Hammer.

引ガ子。
Hiki gane.

Battre, v. a.
   To beat, to strike.

打ツ。
Outsou.

— rudement.
   To beat hard.

強ク打。
Tsouyocou outsou.

—, v. n. (le cœur).
   To throb.

胴着ニスル。
Dò-ghini sourou.

Se —, v. r.
   To fight.

戰フ。
Tatacao.

Baudet, s. m.
   Ass, donkey.

驢馬。
Rò-ba.

Baudir, v. a.
   To animate the dogs with the voice.

炎ス。進メル。
Ocosou; sousoumerou.

Baudrier, s. m.
   Belt, baldrick.

帶。
Obi.

Bauge, s. f.
   Soil of a wild boar.

猪穴。
Inouchichino aua.

Baume, s. m.
   Balm, balsam.

バルサム。
Balsam.

Baumier, s. m. (bot.).
   Tacamahaca.

バルサム樹。
Balsamo no ki.

Bavard, adj. et subs.
   Babbler, prattler, talkative.

多辨ナ人。
Tabenna hito

Bavardage, s. m.
   Babbling, pertness.

多辨スル事。
Tabenna sourou coto.

Bavarder, v. n.
   To boast, to talk idly.

多辨スル。
Taben sourou.

Bave, s. f.
   Foam, slime; drivel, slaver.

唾。
Yodare.

Baver, v. n.
To foam, to drivel, to slaver.

唾流ス°ル

Yodare-o nagasou.

Baveux, se, adj. subs.
Slabbering, slabber-chops.

唾流者°

Yodare-o nagasou mono.

Béant, e, s. m. et f.
Wide, open, gaping.

開口°

Gancoutki.

Béat, e, adj.
Devout, bigot.

佛神家°

Bouchinca.

Béatifier, v. a.
To beatify.

成人ス°ル

Cheijin sourou.

Béatitude, s. f.
Beatitude, bliss.

極樂°

Gocou racou.

Beau, Belle, adj.
Fine, beautiful; fair, handsome.

美麗ナ 奇妙ナ°

Outsoucouchi; dippona; kimiòna.

Beaucoup, adv.
Much; many.

多ク○許多° 幾人°

Oôcou, tacousan, icoutari; amata.

Beau-fils, s. m.
Stepson, son-in-law.

聟

Mouco.

Beau-frère, s. m.
Stepbrother, brother-in-law.

姉聟 妹聟

Ane mouco; inoto mouco.

Beau-père, s. m.
Stepfather, father-in-law.

舅°

Chiouto.

Beaupré, s. m.
Bow-sprit.

頭桁

Yaridachi.

Beauté, s. f.
Beauty; fineness.

美婦° 美麗°

Bidgio; kirei; outs'couchi coto.

Bec, s m.
Beak, bill, snout.

嘴°

Coutki bachi.

Bécasse, s. f. (ornith.).
Woodcock.

山鳥°

Yama dori.

Bécassine, s. f. (ornith.).
Snipe.

土鳩°

Tsoutki bato.

Bec-de-grue, s. f. (bot.).
Stork-bill, crane's-bill.

鶴嘴°

Tsourouno hachi.

Béchamelle, s. f.
Cream-sauce.

誠名°

Chirouno na.

Bêche, s. f.
Spade.
鍬°
Coua.

Bêcher, v. a.
To spade; to dig.
鍬ヲ堀ル°
Couade horou.

Bedaine, s. f.
Paunch, guts.
鼓腹°
Hara boucouro.

Bégayer, v. n.
To stammer; to stutter.
吃ル° 重舌°
Domorou; tchò jet.

Bègue, s. m.
Stammerer.
吃ル人°
Domorou hito.

Bêlement, s. m.
Bleating.
緬羊ノ鳴聲°
Meniòno naki goie.

Bêler, v. n.
To bleat.
緬羊ノ鳴ク°
Meniòno nacou.

Belette, s. f.
Weasel.
鼬°
Itadgi.

Bélier, s. m.
Ram.
牡緬羊°
Men iòno osou.

Belle, s. f.
Beauty.
美女°
Bidgiò.

Belle-fille, s. m.
Stepdaughter, daughter-in-law.
嫁°
Yome.

— mère, s. f.
Stepmother, mother-in-law.
舅女°
Chioutome.

— sœur, s. f.
Stepsister, sister-in-law.
兄嫁°
Ani-yome.

Belligérant, e, adj.
Belligerent.
戰フ人°
Tatacao hito.

Belliqueux, se, adj.
Warlike.
戰フ好ム°
Tatacaï-o conomou mono.

Belvéder, s. m.
Belvidere.
欄干°
Rancan.

Bénédicité, s. m.
Grace (before meals).
食事拜°
Mechino rei-haï.

Bénédiction, s. f.
Blessing; benediction.
天幸 ○ 福°
Tencò; saïwai.

Bénéfice, s. m.
Benefit; advantage.

德利
Ri-tocou; mòketame.

Réaliser un —.
To realize a —.

利ヲ得ル
Ri-o mokerou.

Bénéficier, s. m.
Beneficed clergyman, incumbent.

寺僕
Teranago.

Bénêt, adj. subst.
Silly, simple; booby, fool.

愚ナル
Orosocanarou; goudonnarou.

Bénévole, adj.
Benignant.

懇
Nengoro.

Béni, adj.
Blessed, praised.

幸ヲ得タ人
Saïwai-o eta hito.

Bénin, gne, adj.
Gentle, kind, good natured.

温和 柔順
Ouncoua; nioudgioun.

Bénir, v. a.
To bless, to praise.

幸ヲ得ル
Saï-waï-o ataierou; yoki coto-o negao.

— (consacrer).
To consecrate.

神ニ奉ル
Camini tatematsouritorou.

Benjoin, s. m. (bot.).
Benjamin, benzoin.

安息
Ansocou.

Béquille, s. f.
Crutch, crutch-stick.

片足枝
Tkimbano tsouye.

Marcher avec des —s.
To go on crutches.

枝ヲ以テ歩ケ
Tsouie-o motte aroucou.

Bercail, s. m.
Sheepfold.

綿羊ノ小家
Meniòno coia.

Berceau, s. m.
Cradle.

小供床
Codomono nedoco.

Bercer, v. a.
To rock (a child).

俸鍼
Hòrocou.

— quelqu'un de vaines espérances.
To lull any one with vain hopes.

人ヲ偽ル
Hito-o itsouwarou.

Se —, v. r.
To feed or lull one's self.

自ラ大義ヲ考ヘル
Mizzoucara tai-ghi-o cangaierou.

Berger, s. m.
Shepherd.

牧師
Makichi.

Bergerie, s. f., v. **Bercail**.

Berner, v. a. (railler).
To laugh at.
嘲ル○笑フ○
Azakerou ; warao.

Besace, s. f.
Wallet, bag with two ponches to it.
乞食袋○
Còjikino houcouro.

Besicles, s. f. pl.
Barnacles, spectacles.
眼鏡○
Megane ; gankiò.

Besogne, s. f.
Business, work, task.
業○
Chigoto ; waza.

Besoin, s. m.
Need, want, lack, distress.
不自由○苦危○苦楚○
Houjiyoû ; nanghi.

Avoir — de.
To want, to need.
何ヲ入ル○何ヲ望ム○
Nani-o irou ; nani-o nozomou.

Au —.
At a pinch.
若肝要ナラバ○
Mochi caniò naraba.

Bestial, e, adj.
Bestial, beastly.
畜生○
Tkicouchôno.

Bestiaux, s. m. pl., v. **Bétail**.

Bétail, s. m. sing.
Cattle.
家獣○
Ca-jiou.

Bête, s. f. (animal, brute; stupide).
Beast; fool; silly fellow.
畜生獣○馬鹿ナ○愚ナ○
Tkicouchô, kedamono ; bacana.

Bétel, s. m. (bot.).
Betel-nut.
檳榔○
Binrò.

Bêtise, s. f.
Silliness, foolish, stupid thing.
痴○無道理○叶ヌ○
Baca ; dori nai ; canawanou.

Bétoine, s. f.
Betony.
鼠尾草○
Misò-haghe.

Bette, s. f. (bot.).
Beet.
火焔菜○
Coua-in sai.

Betterave, s. f. (bot.).
Beetroot; red beet.
冬菜○
Hiyouna.

Beugler, v. n.
To bellow, to low.
鳴ク○
Nacou.

Beurre, s. m.
Butter.
牛酪○
Ghiouracou.

Bévue, s. f.
Oversight, mistake, blunder.
萬 Matkigaï.

Lourde —.
Stupid blunder.
大萬 Oôkina matkigaï.

Biais, s. m.
Bevel, slope, slant.
横タリル者 Yocou tawarou mono.

Biaiser, v. n.
To slant, to slope, to shuffle.
横タル Yocou tawarou.

Biberon, s. m.
Sucking-bottle.
大飲酒 Oôzake nomi.

Bible, s. f.
Bible, holy writ, scripture.
經文 Kiomon.

Bibliographie, s. f.
Bibliography.
書籍見 Chiouken.

Bibliomane, s. m.
One mad after books, bookish.
書籍ヲ好ム事 Chomotsou-o conomou coto.

Bibliothèque, s. f.
Library; bookcase.
書函 Hon baco.

Biche, s. f.
Hind; roe.
牝鹿 Mejica.

Bichon, s. m., v. **Babichon**.

Bicoque, s. f.
Little paltry town.
小店 Co-tana.

Bidet, s. m.
Little nag; poney, donkey.
惡馬 老馬 Acou ba; rò-ba.

Bidon, s. m.
Can.
水入 Mizzou ire.

Bien, s. m.
Good, benefit, interest.
運 憐ミ On, onghei; megoumi.

—s, propriété.
Estate, means.
仕宝 Zaihò; arou tacara.

—, adv.
Well, properly, right.
能 能當ニ Yocou, sôtôni.

Il parle — et écrit —.
He speaks and writes well.
彼ハ能ク語ル又能ク書ク Carewa yocou hanasou, mata yocou cakerou.

Ce n'est pas bien de le faire.
It is not proper to do it.
大ヲ爲ス事ハ善カラズ°
Sore-o sourou coto wa yocarazou.

Très —.
Very well.
甚ダ宜シ°
Hanahada yorochi.

— que, conj.
Though, although.
尤°ケレドモ°譬バ°
Domo; keredomo; tatoyeba.

Bien-être, s. m.
Accommodation, well-being.
不自由ナキ事°
Houjiyou naki coto.

Bienfaisance, s. f.
Benevolence, bounty.
憐ミ°慈悲°
Megoumi; jenrio, jihi.

Bienfaisant, e, adj.
Beneficent; benevolent.
慈悲ヲ施ス人°
Jihi-o odocosou hito.

Bienfait, s. m.
Benefit, favour.
慈悲, onghei.

Accorder un —.
To grant a benefit.
恩惠ヲ與イル°
Onghei-o ataierou.

Rendre un —.
To repay a benefit.
慈悲ヲ謝ス°
Jihi-o chasou.

Bienheureux, se, adj.
Happy; blessed.
幸ナル人°
Saiwaï narou hito.

Bienséance, s. f.
Decency; conveniency.
正°相應°
Tadachiki; sôhô.

Bienséant, e, adj.
Proper, decent, comely, seemly.
正°相應ナ°
Tadachi; sôhôna.

Biens-fonds, s. m. pl.
Lands, ground.
地面財寶°
Dgimen dzaïhô.

Bientôt, adv.
Soon, shortly.
最早°
Mohaia, yagate.

Bienveillance, s. f.
Good-will, kindness, benevolence.
懇°
Nengoro.

Bienveillant, e, adj.
Benevolent, kind, friendly.
懇ナ°
Nengorona.

Bien-venu, e, adj.
Welcome.
善來°
Yocou kita.

Bière, s. f. (boisson).
Beer.
麥酒°
Moughi zake; bacou chiou.

15

Bière (cercueil), s. f.
Coffin.
棺 槨
Cochi; couan.

Biffer, v. a.
To cancel, to scratch.
削ル 減ス ル
Kezourou; messourou.

Bifolié, adj.
Two-leaved.
二 葉 草
Houta bano cousa.

Bifurqué, e, adj.
Bifurcate.
二 股 ノ
Houta matano.

Bifurquer (se), v. r.
To be bifurcated, to be forked.
二 股ニスル
Houta matani sourou.

Bigame, adj. et subs. m. et f.
Bigamist, once twice married.
二 妻ヲ娶ル
Jisai-o medorou.

Bigamie, s. f.
Bigamy.
二 妻ヲ娶ル事
Jisai-o medorou coto.

Bigarré, e, adj.
Variegated, motley.
混色
Congida iro.

Bigarrer, v. a.
To variegate, to checker.
混色ニスル
Congida ironi sourou.

Bigarrure, s. f.
Medley, motley piece.
混色
Congida iro.

Bigot, e, adj.; s. m. et f.
Bigotted; bigot; hypocrite.
無雅者
Mouga mono.

Bigoterie, s. f.
Bigotry, hypocrisy.
無雅
Mouga.

Bijou, s. m.
Jewel, trinket.
寶物
Tacara mono.

Bijoutier, s. m.
Jeweller.
金銀細工
Kinghin zaicou.

Bilatéral, e, adj.
Bilateral.
二方面
Nihòmen.

Bile, s. f.
Choler, bile, gall.
膽; 膽ノ汁
Tan; kimono chirou.

Bilieux, se, adj.
Bilious; choleric.
短氣ナ
Tankina.

Bilingue, adj.
Bilinguous.
重古有ル者
Jiou ghetsou arou mono.

Bill, s. m.
　Bill (*in the English parliament*).
　證文　Xòmon.

Billard, s. m.
　Billiards.
　ビラルビ　Birarou.

Bille de —.
　Billiards-ball.
　ビラルノ玉　Birarou no tama.

Billet, s. m.
　Billet, note; bill, hand-bill; ticket.
　書翰　Tegami.

— à ordre.
　Bill payable to order.
　拵金　Cawache kin.

— de banque.
　Bank-note.
　憑票　Tanomou tegami.

Billion, s. m.
　Billion.
　百千萬　Hiacou chen man.

Billon, s. m.
　Billon, copper coin.
　錢銅錢　Jeni, dòchen.

Billot, s. m.
　Block, log.
　材木　Zaimocou.

— de cuisine.
　Chopping-block.
　魚板　Mana ita.

Bimane, adj.
　Bimanous.
　兩手ノ　Rio teno.

Bimbelot, s. m.
　Child's plaything, toy.
　子供ノ遊具　Codomono asobi dògou.

Binaire, adj.
　Binary.
　倍スル者　Baïsourou mono.

Biographie, s. f.
　Biography.
　歷史　Rekichi.

Bipède, s. m.
　Biped.
　兩足ノ　Riosocouno.

Bis, adv.
　Twice, again.
　二度亦再　Houtatabi, ni do; mata.

Bisaïeul, e, s. m. f.
　Great-grandfather; great-grandmother.　Hijiji.
　曾祖父

Biscuit, s. m.
　Biscuit, sea-bread.
　菓子　Couachi.

Bise, s. f.
North or north-east wind.
北風。
Kita caje.

Biseau, s. m.
Basil.
辨。
Ben.

Biser, v. n.
To ripen, to grow brown.
褐色ニスル
Houji ironi sourou

Biset (étoffe), s. m.
Coarse gray cloth.
荒褐色ノラシャ。
Arai houji irono racha.

Bismuth, s. m.
Bismuth, tin-glass.
錫ノ類。
Souzouno roui.

Bison, s. m.
Bison, wild ox.
牛名。
Ouchino na.

Bissextil, e, adj.
Bissextile, leap-year.
閏年。
Ouro tochi.

Bissexuel, le, adj.
Bisexous.
二姓質。
Houta nari.

Bistorte, s. f. (bot.).
Bistort, snake-weed.
玄參。
Kenzoun.

Bistouri, s. m.
Bistouri.
外科道具。
Ghecoua dògou.

Bitume, s. m.
Bitume, bitumen.
石油。
Cheki you; ichi aboura.

Bivouac, s. m.
Bivouac.
軍夜守。
Icousano neghino ban.

Bivouaquer, v. n.
To bivouac.
軍夜守スル。
Icousano neghino ban sourou.

Bizarre, adj. subs.
Odd, whimsical.
我侭ノ。氣侭ノ。
Waga mamano; kimamano.

Blague, s. f.
Tabacco-bag.
煙草入。
Tabaco ire.

Blaireau, s. m.
Badger.
兎ノ類。
Ousaghino rouï.

Blâmable, adj.
Blameable, faulty, culpable.
罪科有ル; 科メラル。
Toga arou; togamerarerou.

D'une manière —.
Blameably.
科有テ。
Toga atte.

Blâme, s. m.
Blame, reproach.
科ヌ責。
Togame; cheme.

Rejeter le — sur quelqu'un.
To lay or throw the blame upon any one.
人ニ罪ヲ掛クル。
Hitoni toga-o kicherou.

Exempt de —.
Blameless.
咎ナシ。
Toga nachi.

Blâmer, v. a.
To blame, to censure; to reprimand.
咎ムル。呵ル。責ムル。
Togamerou; chicarou; chemerou.

Blanc, che, adj.
White; clean.
白。酒シタル。
Chiroï, hacou; sarachitarou.

Un cheval —.
White horse.
白毛馬。
Chiraghe m'ma.

Du linge —.
Clean linen.
酒シ木綿。
Sarachitarou momen.

Blanchâtre, adj.
Whitish.
些白色。
Osou jiro.

Blancheur, s. f.
Whiteness.
白サ。
Chirosa.

Blanchir, v. a.
To whiten; to wash.
白クスル。白ムル。
Chirocou sourou; chiromerou.

— le linge.
To wash linen, to bleach.
木綿ヲ酒ス。花布ヲ洗フ。
Momen-o sarasou; momen-o arao.

—, v. n.
To grow white.
白クナル。
Chirocou narou.

Blanchissage, s. m.
Washing.
洗濯。
Momen-o chentacou.

Blanchisseur, se, s. m. f.
Bleacher, washerman, washerwoman.
洗濯師。
Chentacouchi.

Blaser (se), v. r.
To be palled with; to impair one's health.
飽クル。痛クスル。
Akirou; taicotsou sourou.

Blason, s. m.
Heraldry, blason; arms.
家紋。
Camori.

Blasonner, v. a.
To blazon.
家紋ヲ付クル。
Camori-o ts'kerou.

Blasphématoire, adj.
Blasphemous.
飽クモノ。
Acou mono.

Blasphème, s. m.
  Blasphemy.
  惡口
  Accò; nonojiri.

Blasphémer, v. n. et a.
  To blaspheme.
  惡口
  Accò sourou.

Blé, s. m.
  Corn, wheat.
  麥
  Moughi.

— barbu.
  Gray-wheat, duck-bill wheat.
  毛麥
  Kemoughi.

— froment.
  Wheat.
  小麥
  Comoughi.

— noir (sarrasin).
  Buck-wheat.
  蕎麥,
  Soba.

Champ de —.
  Corn-field.
  麥畑
  Moughi bata.

Blême, adj.
  Pale, wan, bleak.
  淡薄
  Tampacou.

Blémir, v. n.
  To grow pale.
  青薄ル
  Aozamerou.

Blessant, e, adj.
  Offensive.
  起スモノ
  Ocousou mono.

Blesser, v. a.
  To hurt, to wound, to injure, to offend.
  氣ニ觸ヲ
  Kini sacaró; oucasou.

— grièvement.
  To wound grievously.
  深傷
  Houcade itamou.

— à mort.
  To wound mortally.
  死セ程全傷ヲ得
  Chinou dake no kizou-o oukerou.

Se —, v. r.
  To hurt one's self; to take offence.
  自ヲ傷ヲ付ル
  Mizzoucara kizou-o tsoucou.

Il s'est blessé à la main.
  He hurt himself in his hand.
  彼ハ手ヲ傷メタ
  Carewa te-o itameta.

Non blessé.
  Unhurt.
  無傷
  Mou kizou; kizou nachi.

Blessure, s. f.
  Hurt, wound, injury.
  滅 害
  Kizou; gaï.

— mortelle.
  Deadly wound
  死ル
  Chinourou.

Blette, s. f. (bot.).
  Blite, strawberry-spinage.
  草莓菜
  Ken-saï.

Bleu, e, adj.
  Blue.
  青色
  Aï iro.

Bleu, s. m.
  Blue.
  青袋
  Cheitai.

Blinder, v. a.
  To blind a trench, to cover with blinds.
  鑑ヲ垂ル
  Soudare-o tarerou.

Bloc, s. m.
  Block, log.
  艦
  Ban.

  — de bois.
  Wooden block.
  木艦
  Kino ban.

Blocus, s. m.
  Blockade.
  港ヲ禁ル事
  Minato-o kinzourou coto.

Blond, e, adj.
  Fair, light, flaxen.
  輕義
  Otsoucouchi; caroui.

Bloquer, v. a.
  To block up.
  港ヲ禁ル村ヲ囲ヘ
  Minato-o kinzourou; moura-o cacomou.

Blottir (se), v. r.
  To squat.
  潜ヲ居ル
  Hosonde orou.

Bluet, s. m. (bot.).
  Bluebottle, corn-flower.
  青草
  Aoï cousa.

Bluette, s. f.
  Spark, flake of fire.
  火焰 火花
  Hino hono; hibana.

Bluter, v. a.
  To bolt, to sift.
  篩フ
  Fouroû.

Blutoir, s. m.
  Bolter, bolting machine.
  關貫
  Couannoki.

Boa, s. m. (rept).
  Boa.
  蛇
  Jia.

Bobèche, s. f.
  Sconce, socket.
  譜檠凹
  Chocouan.

Bobine, s. f.
  Bobbin, quill.
  紐 巻絲ノ具
  Hi.

Bobiner, v. a.
  To spool; to wind on a bobbin.
  吹
  Houcou.

Bobo, s. m.
Little hurt.
搣痛 痛ミ°
Caroui kizou; itami.

Bocage, s. m.
Grove.
林°
Haiachi.

Bocal, s. m.
Glass, jug, bottle.
徳子壜°
Chòchibin.

Bœuf, s. m.
Ox; beef.
牛°
Ouchi; beco.

— bouilli.
Boiled beef.
煮牛肉°
Nita ouchino nicou.

— marin, phoque.
Seal, sea-calf, phoca.
火牛°
Soui-jiou.

Bohémien, s. m. f.
Gipsy.
山師°
Yamachi.

Boire, v. a.
To drink, to tipple.
飲ム°
Nomou.

— dans un verre.
To drink out of a glass.
杯酒盃ヲ以テ飲ム°
Coup-o motte nomou.

— et manger.
Eat and drink.
飲食スル°
Inchocou sourou; nomi couï sou.

Bois, s. m.
Wood, forest; timber.
木°
Ki.

— vert.
Green wood.
生木°
Nama-ki.

— sec.
Dry wood.
枯木°
Care ki.

— amer.
Bitter wood.
苦木°
Niga-ki.

— de construction.
Timber-wood.
材木°
Zaimocou.

Boisage, s. m.
Wainscoting; timber.
木細工°
Ki-zaicou.

Boisé, e, adj.
Woody; wainscoted.
木ノ°
Kino.

Boiser, v. a.
To wainscot.
壁ヲ立ル°
Ouie taterou.

Boisseau, s. m.
Bushel.
擂°
Masou.

Boisselier, s. m.
Turner.
桶 師°
Oke-ya.

Boisson, s. f.
Beverage, drink.
呑 物°
Nomi mono.

Boîte, s. f.
Box.
方 匣 ○ 嗅 煙草°
Haco ; caghi tabaco.

— de fer-blanc.
Tin box.
錫ノ 煙草 筬 箱°
Souzouno tabaco ; haco.

— à thé.
Tea-caddy.
茶 筬 箱°
Tkia-baco.

Boiter, v. n.
To halt, to limp, to go lame.
跛 ミ スル°
Bicou sourou.

Boiteux, se, adj. subs.
Lame, halt, hobbling.
跛°
Bicou ; tkimba.

Bol, s. m.
Bowl, basin.
盆° 戸°
Dobira.

Bolet, s. m. (bot.).
Boletus cervinus.
木 耳°
Mocouji.

Bombance, s. f.
Good cheer, feasting, junketing.
祝 イ°
Iwaï ; fouroumaï.

Faire —.
To feast, to live well.
善 良ニ 養 ス°
Ogorini courasou.

Bombardement, s. m.
Bombardment.
球 デ 責ル 事°
Tamade chemerou coto.

Bombarder, v. a.
To bombard.
球 デ 責ル°
Tamade chemerou.

Bombe, s. f.
Bomb, shell.
破 裂 球°
Haretsou dama.

Bombé, adj.
Arched, convex.
球 形ニ ナル°
Tamagatani narou.

Bomber, v. a.
To bulge, to render convex.
球 形ニ スル°
Tamagatani sourou.

Bon, ne, adj.
Good, kind, nice.
美° 麗 ナ°
Yoki ; kircina.

16

Cette viande est très-bonne.
This meat is very good.
此肉ハ旨ク美ニ有
Cono nicouwa hanahada bimi.

Le bon côté.
The right side.
表面
Omote, ouwamouki.

Trouver bon que...
To think it proper.
善ト思フ
Yoï to omô.

Bon, s. m.
Good qualities.
善良ナル性質
Yoï cheichitsou.

Bonbon, s. m.
Sweetmeats, dainties.
菓子
Couachi.

Bond, s. m.
Bound, skip.
飛上リ
Tobi agari.

Faire un —.
To make a bound, to rebound.
飛上ル
Tobi agarou.

Bonde, s. f.
Bung, dam, sluice.
桶栓
Cheme.

Bondir, v. n.
To bound, to bounce, to skip.
飛上ル
Tobi agarou.

Bondissant, **e**, adj.
Bounding, skipping.
飛上ルモノ
Tobi agarou mono.

Bondissement, s. m.
Bounding.
飛上ル事
Tobi agarou coto.

Bonheur, s. m.
Happiness, felicity.
幸
Saïwaï.

Par —.
Happily.
幸ニ
Saïwaïni.

Bonhomme, s. m.
Simple, credulous; easy man, excellent.
善良ナル人
Cocoro yoki hito.

Faux —.
One who pretends to be a simple man.
僞テ善トスル
Itsouwate yochi to sourou.

Bonifier, v. a.
To improve; to make good.
善ク為ス
Yocou sourou; yocou nasou.

— le café.
To improve coffee.
珈琲ヲ善ニスル
Cahe-o yocou sourou.

Se —, v. r.
To improve one's self.
善ニナル
Yocou narou.

Bonjour, s. m.
Good day, good morning.

良日°
Gokinghen yocou.

Dire — à quelqu'un.
To wish any one good morning.

人ノ機嫌ヲ尋ル°
Hitono kighen-o tazzounerou.

Bonne, s. f.
Servant-maid, nursery-maid.

子守°
Comori, mori.

Bonnement, adv.
Simply; plainly.

直ニ°
Sougouni.

Bonnet, s. m.
Cap, bonnet.

帽子°
Bòchi.

Bonsoir, s. m.
Good evening; good night.

良夜°
Conban.

Bonté, s. f.
Goodness; kindness.

懇° 心善キ事°
Nengoro; cocoro yoki coto.

Plein de —.
Full of goodness.

甚心善キ°
Gocou cocoro yoki.

Avec —.
Favorably, kindly.

懇ニ°
Nengoroni.

Bonze, s. m.
Bonze.

坊主°
Bòzou.

Borax, s. m. (minér.).
Borax.

硼沙°
Hocha.

Bord, s. m.
Edge; side; shore, bank, strand.

歯° 方° 川端°
Ha; cata; cawa bata.

Aller à — d'un navire.
To go on board a ship.

舩ニ乗ル°
Houneni norou.

Remplir jusqu'aux —s.
To fill up to the brim.

溢° 一盃入ル°
Miterou; ippai irerou.

Bordage, s. m. (t. de mar.).
Plank; side-plank, ship-board.

板ヲ張ル事°
Ita-o harou coto.

Bordée, s. f.
Broadside; volley.

方位ヲ替ル°
Hò-ï-o caierou.

Border, v. a.
To edge, to border, to line.

笹縁ヲ付ル°
Sasa heri-o tsoukerou.

Bordure, s. f.
Edge, border, binding.

笹縁°
Sasa heri.

Borgne, adj. subs.
Blind of an — or of one eye. 片目° Catame.

Borne, s. f.
Boundary; limit. 界石° Sacai; sacai ichi; caghiri.

Reculer les —s.
To extend the boundaries. 境界ヲ延ル° Sacai-o noberou.

Sans —s.
Unlimited. 無界° Caghiri nachi.

Borné, e, adj.
Limited, confined; contracted. 縮ミタル° Kiji mitarou.

Borner, v. a.
To set bounds to, to limit. 境界ヲ極ル° 限ル° Sacai-o kimerou; caghirou.

Se —, v. r.
To limit one's self, to keep within measure. 自ヲ極ル° Mizzoucara kimerou.

Bornoyer, v. a.
To look over with one eye. 片目ニ見ル° Catamede mirou.

Bosquet, s. m.
Grove, thicket. 林° Haiachi.

Bosse, s. f.
Deformity (in the back); hump; hunch. 鮀揹° Chemouchi.

Bosselage, s. m
Embossing. 回° Dô.

Bossu, e, adj. subs.
Crump; humpbacked. 鮀揹ノ° Chemouchino.

Botanique, s. f.
Botany. 本草摩° Honzò gacou.

Botaniste, s. m.
Botanist. 本草者° Honzòcha.

Botte (faisceau), s. f.
Bunch, bundle; truss. 一抱° Taba, itki wa.

— (chaussure).
Boot. 長履° Naga coutsou.

Cirer des —s.
To clean boots. 長履ヲ磨リ° Naga coutsou-o migacou.

Botter, v. a.
To make boots for; to help one's boots on. 長履ヲ附ル° 々ヲ鑷° Naga coutsou-o ts'courou; kicherou.

Bottier, s. m.
Bootmaker.

履師
Coutsouchi.

Bouc, s. m.
He-goat.

牡羊
Oô hitsouji.

Boucaner, v. a.
To buccan, to smoke hides.

獸ヲ糒スル
Kedamono-o cari sourou, riò sourou.

Bouche, s. f.
Mouth; lips, tongue; voice.

口 舌 聲
Coutki; chita; coie.

La — béante.
With open mouth.

開口
Hira kitarou coutki.

Bouchée, s. f.
Mouthful, morsel, bit.

一口
Hito coutki.

Boucher, v. a.
To stop; to obstruct.

御グ 塞グ
Houchegou, housagou.

Boucher, s. m.
Butcher.

穢者
Eta.

Boucherie, s. f.
Slaughter; butchery.

臺所
Couriya.

Bouchon, s. m.
Stopple; cork.

口木
Coutkighi.

Bouchonner, v. a.
To rub down (a horse).

磨ク
Migacou.

Boucle, s. f.
Buckle, ring.

鐶
Wa.

— d'oreilles.
Ear-rings.

耳鐶
Mimi gane.

Boucler, v. a.
To buckle; to ring.

輪ニスル
Wani sourou.

Bouclier, s. m.
Shield, buckler.

盾
Tate.

Bouder, v. n.
To pout; to look gruff.

僻ム
Chigamou; higamou.

Bouderie, s. f.
Pouting; angry, gruff look.

僻ム事
Higamou coto.

Boudeur, se, s. m. f.
One that looks gruff.

僻ム人
Higamou hito.

Boudoir, s. m.
  Private room.
女部屋。
Onna beya.

Boue, s. f.
  Dirt, mud, mire.
泥、坿。
Doro, aca.

— des rues.
  Street mud.
路泥。
Mitkino doro.

Couvert de —.
  Dirty all over.
泥多。
Doroga oóï.

Boueux, se, adj.
  Muddy, dirty.
多泥。
Dorono oóï.

Bouffée, s. f.
  Puff, whiff, blast (of wind, of smoke).
風一吹。
Cajeno hito houki.

Bouffer, v. a.
  To puff, to swell out.
脹ル。
Harerou.

Bouffi, e, adj.
  Swollen; bloated.
脹レタル。
Haretarou; houcouretarou.

Bouffir, v. a.
  To swell, to bloat, to puff up.
脹レル。
Houcourerou.

Bouffon, ne, adj.
  Buffoon, jester, fool.
戯引者。
Taico motki.

Bouge, s. m.
  Paltry lodging, little closet.
厠。
Cawaia, tkiòzou-ba.

Bougeoir, s. m.
  Flat-candlestick.
手燭。
Te-chocou.

Bouger, v. n.
  To budge, to stir, to move.
動ク。
Ogocou.

Bougie, s. f.
  Wax-candle; wax-light.
蠟燭。
Ròsocou.

Bouillant, e, adj.
  Boiling, hot.
沸ク。
Wacou.

Bouilli, e, adj.
  Boiled.
煮立タル。
Nittarou.

Bouillie, s. f.
  Pap (for children).
羹。
Atsoumono.

Bouillir, v. n
  To boil.
沸ク。
Wacou.

Bouillir à gros bouillons.
To boil fast.
煮立
Nitatsou.

Bouilloire, s. f.
Kettle, boiler.
茶罐
Yaccouan.

Bouillon, s. m.
Broth; bubble.
泡
Awa; chirou.

Bouillonner, v. n.
To bubble up, to spout.
煮立
Nitatsou.

Boulanger, s. m.
Baker.
蒸餅師
Pan yaki.

Boulanger, v. a.
To bake, to make bread.
蒸餅ヲ焼
Pan-o yacou.

Boule, s. f.
Bowl; ball.
球
Tama.

Boulet, s. m.
Bullet; cannon-ball.
炮玉
Taiho dama.

Boulevard, s. m.
Bulwark, rampart.
城ノ墻
Chirono sacou.

Bouleversement, s. m.
Overthrowing, overturning.
乱レ
Midare.

Bouleverser, v. a.
To overthrow; to upset.
乱ス
Midasou, cotki gaiesou.

Bouquet, s. m.
Bunch; nosegay.
咲花 立花
Houki-bana; ricoua.

Bouquin, s. m.
Old worm-eaten book.
古本
Houroui hon.

Bouquiniste, s. m.
Dealer in old books.
古本家
Hourou hon-ca.

Bourbe, s. f.
Mud; mire.
泥
Doro.

S'enfoncer dans la —.
To mire.
泥ニ流ベ
Doroni chizzoumou.

Bourbier, s. m.
Mire, slough, puddle.
淖
Doro.

Bourde, s. f.
Humbug, lie, fib.
僞
Ouso.

Bourdon, s. m.
Drone-fly; great bell.
堂奴 ○ 釣鐘
Couma batki; tsouri-gane.

Bourdonnement, s. m.
Humming; buzzing.
鳴事
Narou coto.

— d'abeilles.
Humming.
蜜蜂音
Mitsou batkino oto.

— (dans les oreilles).
Tinkling.
耳鳴
Mimi nari.

Bourdonner, v. n.
To hum; to buzz.
羽聲スル
Ha oto sourou.

Bourg, s. m.; **Bourgade,** s. f.
Borough; country market; small borough.
村
Moura.

Bourgeois, s. m.
Citizen, burgher, townsman.
町人
Tkiò- nin.

Bourgeoisement, adv.
Citizen-like.
町人樣ナ
Tkiò-ninno yòna.

Bourgeoisie, s. f.
Burghership, freedom of citizen.
町人ノ部
Tkiò-ninno bou.

Bourgeon, s. m.
Button, bud, gem; pimple.
發芽
Midori.

Bourgeonner, v. n.
To shoot, to bud.
發芽スル
Midorini sourou; midorou.

Bourgmestre, s. m.
Burgomaster.
町老役
Tkiònai, matki dochi iori.

Bourgogne (vin de).
Burgundy wine.
拂國酒名
Fransouno sakeno na.

Bourrasque, s. f.
Squall, sudden and violent storm.
颶風
Cou hou, tsoutki caje.

Bourre, s. f.
Hair of (beasts); flock.
獸毛
Kedamono no ke.

Bourreau, s. m.
Hangman, executioner.
首切役
Coubi kiri yocou.

Bourrée, s. f.
Small-fagot.
小輪
Tkisai wa.

Bourreler, v. a.
To sting; to torment.
苦スル
Courouchimerou.

Bourrelet, s. m.
Pad, cushion.

小蒲團
Co bouton.

Bourrelier, s. m.
Harness-maker, collar-maker.

馬具師
Bagouchi.

Bourrer, v. a.
To pad, to stuff, to wad.

綿入ル
Wata ire sourou.

— un fusil.
To ram.

小銃ヲ込ル
Cozzoutsou-o comerou.

Bourru, e, adj.
Peevish, cross, pettish.

悪面
Acoumen.

Bourse, s. f.
Purse.

金袋
Cane ire, cane boucouro.

— vide.
Empty purse.

空金袋
Cara cane ire.

Boursouflé, e, adj. subs.
Swollen, blown up, bloated.

張クレ夕ル
Houcouretarou.

Boursoufler, v. a.
To bloat, to blow, to puff up.

張ル 腫ル
Houcourerou, harerou.

Boursouflure, s. f.
Bloatedness, swelling.

腫物 疱物
Houcouremono; haremono.

Bousculer, v, a.
To overthrow, to overturn.

覆ス
Cotkigaiesou.

Bouse, s. f.
Cow-dung, cow-turd.

糞
Foung.

Bousillage, s. m.
Mud-wall.

睡土
Cabe dzoutki.

Bousiller, v. a.
To build with mud.

睡土ニスル
Cabe dzoutkini sourou.

Boussole, s. f.
Sea compass.

磁石 羅盤
Dgichchacou.

Bout, s. m.
End, extremity.

終リ 末
Owari, saki.

Le — de la langue.
The tip of the tongue.

舌ノ先
Chitano saki.

Bas —.
Lower end.

下ノサキ
Chi tano saki.

17

Gros bout.
Large bit.
先イ大゜
Hotoi saki.

A tout — de champ, adv.
Ever, ever and anon, at every turn.
時毎゜
Itsoudemo.

Aller jusqu'au —.
To go on to the end.
先及フ゜成就ス゜ル゜
Saki made youcou.

Boutade, s. f.
Spirit, whim, maggot.
氣耕曰ル゜
Kighen cawarou.

Boute-feu, s. m. (art. ou au figuré).
Linstock; firebrand.
附ケ水゜
Tsoukebi.

Bouteille, s. f.
Bottle; bottle-fall.
壜 ○ 水樽゜
Tocori; mitkitarou tocori.

— de grès.
Stone bottle.
土壜゜
Chetono tocori.

Boucher une —.
To cork a bottle.
壜口ヲ塞゜
Tocorino coutki-o tomerou.

Déboucher une —.
To uncork a bottle.
壜口ヲ取ル゜
Tocorino coutkighi-o torou.

Boutique, s. f.
Shop.
店゜
Miche, tana.

Commis de —.
Shopman.
店頭゜
Micheno bantô.

Boutiquier, s. m.
Shopkeeper.
店亭主゜
Micheno teichiou.

Boutoir, s. m.
Snout (of a wild boar).
猪鼻゜
Inou chichino hana.

Bouton, s. m.
Button; bud; pimple.
鈕゜扣鈕゜
Botan; cò-haje.

Boutonner, v. a. et n.
(V. a.), to button; (v. n.), to bud.
小鈕ヲ掛ル゜
Co-haje-o cakerou.

Bouvier, s. m.
Neat-herd, ox-driver.
牛使イ゜
Ouchi ts'cai.

Bouvillon, s. m.
Bullock, steer.
小牛゜
Co ouchi.

Bouvreuil, s. m.
Bullfinch.
ウソ鳥゜
Ouso-dori.

Boxer, v. n.
To box.
拍ヲ節テ打゜
Cobouchide tatacó.

Boxeur, s. m.
Boxer.
拍ヲ節テ打者゜
Cobouchide tatacó mono.

Boyau, s. m.
Gut, bowel.
腸゜
Tkio; hara wata.

Bracelet, s. m.
Bracelet.
腕輪゜
Oude gane.

Braconnage, s. m.
Poaching.
獣ヲ盗ブ゜
Kedamono-o cao.

Braillard, s. m,
Brawler, bawling.
叫ブ者゜
Sakebou mono.

Brailler, v. n.
To bawl.
大聲ヲ立ル゜ 叫ブ゜
Oògoie-o taterou ; sakebou.

Braire, v. n.
To bray.
驢ノ如ク啼ク゜
Rò-hano gotocou nacou.

Braise, s. f.
Embers, live coal.
起リ出炭゜
Ocori-zoumi.

Brancard, s. m.
Kind of litter, hand-barrow.
挑床゜
Gandaï.

Branchage, s. m.
Branches; boughs.
枝゜
Eda, yeda.

Branche, s. f.
Branch (of a tree); bough.
同゜
Dò.

Branchu, e, adj.
Full of branches.
多枝゜
Yedaga oòi.

Brandon, s. m.
Wisp of straw lighted; firebrand.
明松゜
Taimatsou.

Branlant, e, adj.
Shaking, wagging.
振事゜
Fourou coto.

Branler, v. n. et n.
To shake, to totter.
動ク゜ 振ル゜
Ogocou ; fourou.

Braquer, v. a.
To point (fire arms).
覘ブ゜
Neraó.

Bras, s. m.
Arm (of the human body); handle.
腕゜ 手゜ 柄゜
Oude; te, ts'ca, ye.

Bras droit.
Right arm.
右腕
Mighino oude.

Brasier, s. m.
Fire of live-coals.
起熾
Ocouri-zoumi.

Brasse, s. f.
Fathom (six feet).
尋 一尋
Hiro, hito hiro.

Brasser, v. a.
To stir; to brew; to brace.
勇ム 醸ハス
Isamou; haghemasou.

Brasserie, s. f.
Brewery, brewhouse.
麥酒屋
Moughi zake ya.

Bravade, s. f.
Bravado.
大言ヲ吐ク事
Taighen-o hacou coto.

Brave, adj.
Brave, valiant, gallant; courageous.
勇氣有ル人
Youkiga arou hito.

Bravement, adv.
Bravely.
勇氣有テ
Youkiga atte.

Braver, v. a.
To brave, to set at defiance.
嘲ル
Azakerou.

Bravo, adv.
Bravo.
妙ナ 奇ナ
Miòna.

Bravoure, s. f.
Bravery, courage; valour.
勇氣
Youki.

Brebis, s. f.
Sheep.
綿羊
Men-iò.

— galeuse.
Black sheep.
病綿羊
Casacaki men-iò.

Brèche, s. f.
Breach, flaw, rupture; gap.
嗇ヲ破ル事
Caki-o yabourou coto.

Faire — à un traité.
To infringe a treaty.
約ニ違フ
Yocouni tagó.

Bredouillement, s. f.
Stuttering.
吃言
Domori.

Bredouiller, v. n.
To stutter.
吃言フル
Domorou.

Bref, ève, adj.
Brief, short, quick; prompt.
短イ 速ナ
Mijicai; soumiyàcana.

Bref, adv.
In short, to be short.

略ニシテ°手短ニシテ°
Riacouni chite; te mijicani chite.

Brelle (radeau), s. f.
Raft.

筏°
Icada.

Brème, s. f. (pisc.).
Bream; brama saxatilis.

䲜鱼°
Carei.

Brésil (bois de).
Brasil wood.

蘇木°
Chi ô.

Bretelle, s. f.
Strap, brace band.

襷帯°
Tachighi obi.

Brette, s. f.
Long sword.

剣°
Ken.

Breuvage, s. m.
Drink, beverage.

呑物°
Nomi mono.

Brevet, s. m.
Patent; letters patent, warrant.

家部ニナル°
Cabouni narou.

— d'invention.
Patent for invention.

發明ノ業ニナル事°
Hatsoumeino cabouni narou coto.

Breveter, v. a.
To patent, to grant a patent.

家普ニスル°
Cabouni sourou.

Bréviaire, s. m.
Breviary.

經文°
Kiòmon.

Bribe, s. f.
Lump of bread.

蒸餅ノ一片°
Panno hito kire.

Brick, s. m. (t. de mar.).
Brig.

二本檣ノ舟°
Ni hon bachirano houne.

Bricole, s. f.
Breast-collar.

衣服ノ名°
I-houcouno na.

Bride, s. f.
Bridle, reins.

手綱°
Tazouna.

Brider, v. a.
To bridle; to curb, to keep in.

手綱ヲ掛ル°
Tazouna-o cakerou.

Brièvement, adv.
Briefly.

略ニシテ°手短ニシテ°
Riyacouchite, te mijicani chite.

Brièveté, s. f.
Brevity; shortness.

短サ°
Mijicasa.

Brigade, s. f.
Brigade.
軍｜備°
Icousano hito sonaie.

Brigadier, s. m.
Brigadier.
官°
Co boucouan.

Brigand, s. m.
Robber, highwayman.
賊° 盗賊°
Ooi haghi; tò-zocounin.

Brigandage, s. m.
Robbery; plundering.
同°
Dô.

Brigander, v. n.
To rob, to plunder.
賊スル°
Tò-zocou sourou.

Brigantin, s. m. (nav.).
Brigantine.
小艇°
Co bourïe.

Brigue, s. f.
Cabal; faction.
徒黨°
Toto.

Briguer, v. a.
To put in for, to canvass, to solicit.
役ヲ望ム°
Yacou-o nozomou.

Brillamment, adv.
Brilliantly, in a brilliant manner.
明白ニ°
Kirabiyacani.

Brillant, e, adj.
Bright; brilliant.
明白ナル°
Kirabiyacanarou.

—, s. m.
Brightness, brilliancy.
明白°
Kirabiyaca.

Briller, v. n.
To shine, to be bright.
光ル° 輝ク° 昭°
Hicarou, cagayacou; terou.

Brin, s. m.
Bit, piece.
｜氣°
Ippon.

— d'herbe.
Blade, slip.
草ノ｜葉°
Cousano hito ha.

Brique, s. f.
Brick.
瓦°
Cawara.

Construction en —s.
Brick laying.
瓦築スル°
Cawarade kizoucou.

Briquet, s. m.
Steel (for striking a light).
火打金°
Hi ouki gane.

Pierre à —.
Flint.
火石°
Hi ichi.

Briquetier, s. m.
 Brickmaker.
 茂家。
 Cawaraya.

Bris, s. m.
 Breaking open (of doors, seals); wreck.
 封ヲ破ル事。
 Houji-o yabourou coto.

Brisants, s. m. pl.
 Rocks, shelves; breakers.
 浪ウケ。
 Nami ouke.

Brise, s. f.
 Breeze; fresh gale of wind.
 涼風。
 Souzouchi caje.

 — de terre.
 Land breeze.
 陸風。
 Tsoutki caje.

Brisé, e, adj.
 Broken; bruised.
 破レタル。
 Yabouretarou.

Brise-glace, s. m.
 Ice-breaker; starlings.
 水ヲ破ル事。
 Coôri-o yabourou coto.

Brisement, s. m.
 Breaking.
 破ル事。
 Yabourou coto.

Briser, v. a.
 To break to pieces, to shatter.
 砕ク。打破ル。
 Coudacou; outki yabourou.

 — du verre.
 To break glass.
 硝子ヲ破ル。
 Bidoro-o warou.

 Se —, v. r.
 To break; to fold up.
 破ル。
 Yaborerou.

Brise-vent, s. m.
 Screen, shelter.
 屏風。
 Biôbou.

Brisure, s. f.
 Part broken, break, flaw.
 破所。
 Yaboureta tocoro.

Britannique, adj.
 British.
 狚里太兒亞ノ。
 Britaniano.

Broc, s. m.
 Large jug.
 小壺。
 Co game.

Brocanter, v. n.
 To deal in second hand goods.
 小賣スル。
 Co akinai sourou.

Brocart, s. m.
 Brocade.
 錦。
 Nichiki.

Broche, s. f.
 Spit (kitchen ustensile).
 燒鐵。
 Yaki gane.

Broche d'arrêt.
Steadying pin.
留針 鼓頭針
Tome bari.

Brocher, v. a.
To work with gold, silk, etc.
縫箔スル
Nouï hacou sourou.

Brochet, s. m. (pisc.).
Pike, jack.
竹鐵魚 カラカイ
Cara-caï.

Brochure, s. f.
Pamphlet; stitched-book.
小本
Cohon.

Brodé, e, adj.
Embroidered.
縫箔シタル
Nouï hacochitarou.

Brodequin, s. m.
Brodkin, buskin.
鞾
Coutsou.

Broder, v. a.
To embroider.
縫箔スル
Nouï hacou sourou.

Broderie, s. f.
Embroidery.
縫薄
Nouï hacou.

Brodeur, s. m.
Embroiderer.
縫物匠
Nouï hacouya.

Broiement, s. m.
Grinding, powdering.
粉ニスル事
Coi sourou coto.

Brome, s. m. (chim.).
Brome.
ブロム
Bromou.

Broncher, v. n.
To stumble, to trip.
膝ヲル
Hiza orou.

— (se tromper).
To err, to fail.
違フ
Matkigao.

Bronches, s. f.
Bronchia.
肺
Haï.

Bronze, s. m.
Brass, bronze.
古銅
Caragane.

Bronzé, e, adj.
Bronzed.
古銅ヲ覆スル
Caragane-o oôtarou.

Bronzer, v. a.
To bronze.
古銅ヲ覆フ
Caragane-o oô.

Brosse, s. f.
Brush.
刷毛
Hake.

Brosser, v. a.
To brush.

刷毛デ塵ヲ拂フ。
Hakede gomi-o araó.

Brouée, s. f.
Fog, mist.

塵。
Tkiri.

Brouet, s. m.
Black broth.

羹
Atsoumono.

Brouette, s. m.
Wheelbarrow.

手車
Te gourouma.

Brouetter, v. a.
To draw in a hand-chaise.

手車デ運上スル
Tegouroumade onsô sourou.

Brouillard, s. m.
Fog, mist, haze.

塵。
Tkiri, coumo.

Papier —.
Blotting paper.

吸墨紙。
Soumi-o soù cami.

Brouille, s. f.
Quarrel, falling out.

外。思イ違フ。
Houcoua, omoi tagai.

Brouiller, v. a.
To mingle; to mix together; to confuse.

混雑スル。雑ル
Conzatsou sourou, majiyerou.

Brouillon, s. m.
Blunder-head, marplot.

公事同。
Coji-chi.

Brout, s. m.
Browse wood.

葉ヲ喰事。
Ha-o coù coto.

Brouter, v. n.
To browse.

羊食ノ事。
Hitsoujino coù coto.

Broyer, v. a.
To grind; to bruize.

砕り。
Coni coudacou, coni sourou.

Broyeur, s. m.
Pounder; grinder.

砕粉者。
Coni coudacou hito.

Bru, s. f.
Daughter-in-law.

娘嫁。
Yome.

Brugnon, s. m. (bot.).
Nectarine, brunion.

天酒。
Mitsou.

Bruire, v. n.
To rustle; to roar; to rattle.

響り。
Hibicou.

Bruissement, s. m.
Rustling.

響キ。
Hibiki.

18

Bruit, s. m.
 Noise; disturbance.
音°　響°
Oto ; sawaghi.

— de la guerre.
 The din of war.
軍音°
Icousano oto.

— étourdissant.
 Stunning noise.
耳聾ス/音°
Mimi toôcou nasou oto ; mimi zawarini narou.

Brûlant, e, adj.
 Burning; fervid.
焼ヵモ/°
Yacou mono.

Zèle —.
 An ardent zeal.
燃ル如ヶ/ヘメル°
Moierou yòni tsoutomerou.

Brûler, v. a.
 To burn; to parch.
燃ル,
Moicrou ; yacou.

— (consumer).
 To burn away.
燃終ル°
Yaite chimao.

—, v. n.
 To burn, to be on fire, to be inflamed.
燃ヶル°
Yakerou.

Brûlot, s. m.
 Fire-ship.
焼キ舟°
Yaki foune.

Brûlure, s. f.
 Burn, burning.
火傷°
Yakedo.

Brume, s. f.
 Thick fog, haze.
霜°　塵°
Chimo ; tkiri.

Brumeux, se, adj.
 Foggy, hazy.
塵立°
Tkiriga tatsou.

Brun, e, adj.
 Brown, dark, dun, dusky.
紺°
Con.

Couleur —e.
 Brownish.
紺色°
Con iro.

Brune, s. f.
 Dusk of the evening.
塵°
Tkiri.

Brunet, adj.
 Brown man.
花色/°
Hana irono.

Brunir, v. a.
 To burnish, to brighten.
磨ヶ°
Migacou.

Brunissage, s. m.
 Burnishing, polishing.
磨キ°
Migaki.

Brusque, adj.
  Blunt, abrupt; sudden.
大嚴イ°卒爾ナ°
Kibichii; niwacana.

Brusquement, adv.
  Abruptly, bluntly.
卒尓ニ°
Niwacani.

Brusquer, v. a.
  To be abrupt with; to be sharp with.
卒尓ニスル°
Niwacani sourou.

Brusquerie, s. f.
  Bluntness; abruptness.
卒尓°
Niwaca.

Brut, e, adj.
  Rough; unwrought; awkward.
生ノ°荒イ°
Namano; araï.

Brutal, e, adj.
  Brutal, brutish, fierce.
糟心°
Kedamono no cocoro.

Brutalement, adv.
  Brutally, beastly.
糟ノ如キ°
Kedamonono iòni.

Brutalité, s. f.
  Brutality, beastliness; rudeness.
糟心°
Kedamonono cocoro.

Brute, s. f.
  Brute, beast.
糟°
Kedamono.

Bruyamment, adv.
  Noisily.
騷テ°
Sawaide.

  Très —.
    Very noisily.
騷動°
Gocou sawaide.

Bruyant, e, adj.
  Noisy; obstreperous.
聲響モノ°
Gocou otosourou mono.

Bruyère, s. f.
  Heath; sweet broom.
闕所°
Chekicho.

Buanderie, s. f.
  Wash-house.
洗濯屋°
Chentacou ya.

Bube, s. f.
  Pimple, blister.
小腫物°
Co dekimono.

Bubon, s. m.
  Bubo, botch, pestilential sore.
楊梅瘡°
Yobaï sò.

Bûche, s. f.
  Log of wood.
薪一本°
Takighi ippon.

Bûcher, s. m.
  Wood shed.
薪小屋°
Ki-goia.

Bûcheron, s. m.
Woodcutter; seller of wood.

柴刈
Chiba cari.

Budget, s. m.
. *Budget.*

包ミ金
Tkitkimi gane.

Présenter le —.
To open the —.

包金ヲ改ル
Tkitkimi gane-o aratamerou.

Buffet, s. m.
Buffet, cup-board.

戸タナ
Todana.

Buffle, s. m.
Buffalo, wild ox.

水牛
Souighio.

Buglose, s. f. (bot.).
Bugloss, anchusa.

益母草
Yacou mòsò.

Buis, s. m.
Box-tree.

柳ノ類
Yanaghino ruï.

Buisson, s. m.
Bush, thicket grove.

群ル
Mouragarou.

Buissonneux, se, adj.
Bushy, woody.

叢
Cousa moura.

Bulbe, s. f.
Bulb, bulbous root.

鱗頭
Kei-tò.

Bulbeux, se, adj.
Bulbous, bulbaceous.

草根
Cousano ne.

Bulle, s. f.
Bubble

水泡
Mizzouno awa.

Bulletin, s. m.
Ticket; ballot.

名扎
Na houda.

Bureau, s. m.
Board; scrutoire; office.

文筆
Boundaï; ts'couie.

Burette, s. f.
Cruet.

小壜
Co tocori.

Burin, s. m.
Burin, graving tool.

ホリノミ
Hori nomi.

Buriner, v. a.
To engrave.

鏨刻ム
Horou, kizamou.

Burlesque, adj. subs.
Burlesque, comical.

笑イ物
Waraï mono; oucachi.

Buse, s. f. (ornith.).
Buzzard.

鷽°
Camo.

Buste, s. m.
Bust.

牛身ノ形°
Hanchinno catatki.

But, s. m.
But; aim; mark; goal.

目的°
Mató; cocoro date.

Sans —.
Aimless.

無目的°
Mou-medo.

Butin, s. m.
Booty, spoils.

分取°
Boundori.

Butiner, v. a.
To get a booty, to spoil.

分取スル°
Boundori sourou.

Butor, s. m. (orn.).
Bittern.

鸕°
Chimazzoudori.

— (au figuré).
Looby, dull fellow, lob.

愚鈍ナ°
Goudonna.

Butte, s. f.
Knoll, small rising ground.

小山°
Co yama; mori yama.

Être en — à la calomnie.
To be exposed to slander.

人ニ讒謗セラレル°
Hitoni sochirarerou.

Buvable, adj.
Drinkable, potable.

飮メル°
Nomerou.

Buveur, s. m.
Drinker.

大酒者°
Oòzake nomi.

Çà, adv.
Here, hither.
茲。
Coco.

Çà et là.
Here and there, to and fro.
彼此。
Atki cotki ; care core.

Cabale, s. f.
Cabal, faction.
徒黨。
Toto.

Cabaler, v. n.
To cabal, to conspire together.
徒黨スル。
Toto sourou.

Cabaleur, s. m.
Caballer, intriguer.
徒黨スル人。
Toto sourou hito.

Cabane, s. f.
Cottage, hut.
小家。
Coia.

Cabaret, s. m.
Wine-shop, tavern ; tea-table.
旅人宿。
Hata-goia.

Bouchon de —.
Bush, tavern-bush.
旅宿印。
Hatagoiano canban.

Garçon de —.
Tavern-waiter.
旅宿僕。
Hatagoiano keraï.

Cabas, s. m.
Frail, sort of basket.
竿。
Cago.

Cabestan, s. m. (mar.).
Capstan, capstern.
轆轤。
Rocouro

Cabillaud, s. m. (icht.)
Cabiliau, cod-fish ; haddock.
海魚。
Oumi ouwo.

Cabine, s. f.
Cabin.
舟部屋。
Houneno heia.

Cabinet, s. m.
Closet, study.
内ノ部屋。
Oukino heia.

— de lecture.
Reading room.
書室。
Chochitki.

Cabinet de toilette.
Dressing room.

髜粧部屋
Kecho beia.

— (conseil de gouvernement).
Cabinet-council.

政府
Cheihou.

Câble, s. m. (t. de mar.).
Cable.

大綱
Oô dzouna.

Cableau, s. m. (petit câble) (t. de mar.).
Boat-rope, small cable.

端舟綱
Tema dzouna.

Cabot, s. m. (pisc.).
Bull-head; mullet.

大頭
Atama oôki.

Cabotage, s. m.
Coasting; coasting-trade.

岸ヲ運送スル
Kichi-o ounsò sourou.

Caboteur, s. m.
Coaster.

岸ヲ運送スル舟
Kichi-o ounsò sourou houne.

Cabrer (se), v. n.
To prance, to rear up.

縮ヲ掛ル
Soucoume-o cakerou.

Cabri, s. m.
Kid.

山羊
Yamano hitsouji.

Cabriole, s. f.
Cabriole, caper leap.

山羊踊
Hitsoujino odori.

Cacao, s. m.
Cocoa nut.

カヽヲ
Cacao.

Cacaoyer, s. m. (bot.).
Cocoa-tree.

カヽヲ木
Cacaò no ki.

Cachalot, s. m. (pisc.).
Cachalot.

鯨ノ類
Coujirano rouï.

Cacher, v. a.
To hide, to conceal.

隠ス
Cacousou.

Se —, v. n.
To conceal one's self.

隠ル
Cacourerou.

Cachet, s. m.
Seal, stamp, signet.

印形
Inghio.

Rompre un —.
To break a seal.

印形ヲ破ル
Inghio-o yabourou.

Cacheter, v. a.
To seal, to seal up.

蠟封スル
Rò de houjirou.

Cire à cacheter.
Sealing wax.
封蠟。
Fouji-rò.

Cachette, s. f.
Hiding-place.
隱レ處。
Cacoure docoro.

En —.
Secretly, by stealth.
忍ニ゜私ニ゜
Chinobini; hisocani.

Cachot, s. m.
Dungeon.
牢。
Ròia.

Cacochyme (méd.).
Cacochymic, having the humours corrupted.
何仙業
Achen yacou.

Cacophonie, s. f.
Cacophony; harshness of sound.
不樂調。
Ongacouno chirabega awanou.

Cadastre, s. m.
Register of lands, terrier.
時代書記゜
Dgidai kirocou.

Cadavéreux, se, adj.
Cadaverous.
腐敗物。
Cousareta mono.

Cadavre, s. m.
Corpse, dead body.
死骸。
Chigai; chicabane.

Cadeau, s. m.
Gift, present.
送物゜ 進物゜
Ocori mono; chindgiò mouo.

Cadenas, s. m.
Padlock.
錠。
Dgiò.

Cadenasser, v. a.
To padlock.
錠ヲ下ス゜
Dgiò-o orosou.

Cadence, s. f.
Cadence, trill; time (in dancing).
符節ヲ合セル事゜
Houchitsou-o awacherou coto.

Cadencer, v. a.
To give a cadence.
符節ヲ合セル゜
Houchitsou-o awacherou.

Cadet, te, adj.
Cadet, younger son or brother.
弟。
Ototo.

Fils —.
Younger son.
稚子゜ 末男゜
Souieno co; batsou nan.

Frère —.
Younger brother.
若兄弟。
Ototo kiòdai.

Fille —te.
Younger daughter.
稚女子゜
Souieno onnago.

Sœur cadette.
Younger sister.
妹。
Imoto.

Cadran, s. m.
Dial.
日時儀。
Hidokei.

Cadre, s. m.
Frame.
額。當テハメ。
Cacou, ate hame.

Cadrer, v. n.
To quadrate, to agree, to suit.
合フ。由合叶。
Ao, deao; canao.

Caduc, que, adj.
Decayed, frail.
衰イル。惡クナル。
Otoroicrou; waroucou narou.

Caducité, s. f.
Decayed; weakness, crazy state.
衰イ。
Otoroie.

Café, s. m.
Coffee.
珈豆茶。
Cahe.

Caféier, s. m. (bot.).
Coffee-tree.
珈豆茶樹。
Caheno ki.

Cafetier, s. m.
Coffee house keeper.
珈豆茶師。珈豆茶屋。
Cahe-o dasou hito; cahe-ia.

Cafetière, s. f.
Coffee-pot.
珈琲壺。
Cahe tsoubo.

Cage, s. f.
Cage, bird-cage.
籠篭。
Cago.

— à poules.
Hen-coop.
鳥籠。
Toricago.

Cagneux, se, adj.
Crook-kneed; bow-legged.
跧跛。
Tkimba, bicou.

Cahier, s. m.
Quire; copy-book.
草稿。
Chitagaki.

Cahoter, v. a.
To jolt, to toss about.
振轉ス。
Houri mawasou.

Caille, s. f.
Quail.
鶉。
Ouzoura.

Caillou, s. m.
Flint-stone, pebble.
胡臟形石。
Mi caghe ichi.

Caïman, s. m. (pisc.).
Alligator, caiman.
鰐。
Wani.

19

Caisse, s. f.
Box, chest.
箱°
Haco.

Caissier, s. m.
Cashier, cash-keeper.
封物師°
Foujimono chi.

Cajoler, v. a.
To cajole; to flatter, to wheedle.
諂フ°
Hetsourao.

Cajolerie, s. f.
Cajoling; coaxing.
諂イ°
Hetsouraï.

Cal, s. m.
Callosity; callus.
瘤°
Mame.

Calaison, s. f. (mar.).
Depth (of a ship).
水際°
Mizzou kiwa.

Calamité, s. f.
Calamity; misfortune.
災°
Wazawaï; cannau.

Calamiteux, se, adj.
Calamitous; wretched.
災ノ°
Wazawaino.

Calandre, s. f. (entom.).
Calandra, weevil.
虫ノ名°
Mouchino na.

Calcaire, adj.
Calcareous.
石ノ° 岩ノ°
Ichino; iwano.

Calcination, s. f.
Calcination.
火ニ燒イタル°
Hide yaitarou.

Calciner, v. a.
To calcinate, to calcine.
火ニ燒イスル°
Hide yaisourou.

Calcul, s. m.
Calculation, reckoning.
勘定°
Candgiò.

Erreur de —.
A mistake in calculation.
算違イ°
Candgiò tkigai.

Calculateur, s. m.
Calculator.
算者°
Candgiòcha.

Calculer, v. a.
To calculate, to compute; to find.
算用スル° 數イル°
Candgiò sourou; cazoierou.

— bien.
To reckon well.
善良算スル°
Yocou candgiò sourou.

Cale, s. f. (mar.).
Hold (of a ship); cove, creek.
舩底° 入江°
Houneno soco; iriye.

Calebasse, s. f. (bot.).
Calabash, gourd bottle.
瓢タン゜
Hiòtan.

Calèche, s. f.
Calash.
乗車゜
Nori gourouma.

Caleçons, s. m. pl.
Drawers.
股引゜
Momo hiki.

Calembour, s. m.
Pun; quibble.
謎イ゜
Nazoraï.

Faire un —.
To make a pun.
謎ア゜
Nazoró.

Calendes, s. f.
Calends.
朔日゜
Tsouitatki.

Calendrier, s. m.
Calendar, almanack.
暦゜
Coiomi; reki.

Calepin, s. m.
Scrap-book.
草稿゜
Sòcò.

Caler, v. a. et n. (mar.) (abaisser, être abaissé).
To lower, to strike, to submit; to sink.
下ゲル ○ 下ル゜
Sagherou; sagarou.

— (étayer pour mettre d'aplomb).
To wedge up, to support.
押スル゜
Ochi sourou.

Calfat, s. m.
Calker.
火縄ヲ打夫゜
Hiwata-o outsoughi.

Calfatage, s. m.
Calking.
火縄ヲ打事゜
Hiwata-o outsou coto.

Calfater, v. a.
To calk.
火縄ヲ打゜
Hiwata-o outsou.

Calfeutrer, v. a.
To stop the chinks.
扎隙ヲ塞グ゜
Soukima-o housagou.

Calibre, s. m. (d'une arme à feu).
Caliber, bore (of a gun).
玉ノ重サ゜
Tamano omosa.

— (grandeur).
Size.
大サ゜
Oòkisa.

Calice, s. m.
Chalice, cup.
盃゜杯゜柘゜
Sacazzouki.

Calicot, s. m.
Calico.
木綿゜
Momen.

Califourchon, adv. A —.
Astraddle.
双女°
Matacata.

Câlin, e, adj.
Flattering, wheedling.
媚ル者°
Cobirou mono.

Calligraphie, s. f.
Caligraphy, penmanship.
手顔°
Te naraï.

Callosité, s. f.
Callosity.
足疣出°
Mamega dekitarou.

Calmant, s. m.
Anodyne, calming.
鎮痛剤°
Tkintkizaï.

Calme, adj.
Calm, still, quiet.
静ナ°
Chizzoucana, yawaracana.

Calme, s. m.
Calmness, tranquillity; (nav.), *calm.*
大平° 大丰°
Taifei; naghi.

Calmer, v. a.
To calm; to quiet.
静ニスル° 柔グル°
Chizzoucani sourou; yawaragherou.

Se —, v. r.
To grow calm.
静ニナル°
Chizzoucani narou.

Calomel, s. m. (méd.).
Calomel.
カロメル°
Caromerou.

Calomnie, s. f.
Calumny, slander.
讒言°
Zan-ghen.

Calomnier, v. a.
To calumniate, to slander.
讒言スル°
Zanghen sourou, sochirou.

Calomnieux, se, adj.
Calumnious, slanderous.
讒言ノ°
Zanghenno.

Calorifère, s. m.
Large house stove.
温メル器°
Atatamerou outsouwa.

Calotte, s. f.
Calotte, cap, coif.
雑巾°
Dzoukin.

Calquer, v. a.
*To chalk, to trace an outline, to coun-
ter-draw.*
摸写セル°
Mòchasourou.

Calumet, s. m.
Calumet.
煙管°
Couda.

Calus, s. m.
Callus.
疣疱°
Mame.

Camarade, s. m.
   Comrade, companion ; fellow.

明友 仲間
Hobaï ; nacama.

  — de bouteille.
    Bottle-companion.

飲仲間
Nomi nacama.

  — de classe.
    School-fellow.

學問仲間
Gacoumon nacama.

Camard, e, adj.
   Flat-nosed.

愚鈍
Goudon.

Cambré, e, adj.
   Arched, cambering.

彎木
Magarou (ki).

Cambrure, s. f.
   Bend, crooking.

拂イ
Haraï.

Cambuse, s. f.
   Store-room.

糧米場
Ròmai ba.

Caméléon, s. m.
   Chameleon.

蜥
Tocaghe.

Camelot, s. m.
   Camelot, camlet.

吳良服林
Goro houcou rin.

Camomille, s. f. (bot.).
   Camomile.

カモミル
Camomirou.

Camp, s. m.
   Camp.

陣家
Dgin-ia.

  — retranché.
    Intrenched quarters.

台陣家
Torideno dgin-ia.

Campagnard, e, adj. et subs. m.
   Rustic, country man.

田舍人
Zaïnin ; inaca bito.

Campagne, s. f.
   Country.

田舍
Zaï, inaca.

  — (mar.) voyage.
    Voyage at sea, cruise.

船路
Founaji.

Campanule, s. f. (bot.).
   Campanula, bell-flower

鈴鐺
Rin.

Campement, s. m.
   Encampment.

陣屋
Dgin-ia.

Camper, v. n.
   To encamp.

陣屋ヲ建ル
Dgin-ia-o taterou.

Camphre, s. m. (pharm.).
Camphire.
樟腦
Chónó.

Camphrier, s. m.
Camphor-tree.
樟樹
Chónó ki.

Camus, se, adj.
Flat-nosed.
平鼻
Hirahana.

Canaille, s. f.
Mob, rabble.
惡人
Acounin.

Canal, s. m.
Canal, channel; pipe; gutter.
堀河
Horigawa.

Canalisation, s. f.
Canalization.
河ヲ堀ル事
Cawa-o horou coto.

Canaliser, v. a.
To canalize.
河ヲ堀ル
Cawa-o horou.

Canapé, s. m.
Sofa, couch.
鈴鐘臺
Rin-daï.

Canard, s. m.
Duck.
鶩鴨
Afirou.

— **sauvage.**
Wild duck.
鴨
Camo.

Canari, s. m. (ornith.).
Canary-bird.
カナリヤメ
Canariya.

Cancan, s. m.
Tittle-tattle, scandal.
僑者
Ousoubouki.

Cancanier, ère, adj.
Lover of tittle-tattles.
僑人
Ousoubouki jin.

Cancer, s. m. (médecine).
Cancer.
古痕 瘡毒
Cochitki; sò docou.

Cancéreux, se, adj.
Cancerous.
古痕ノル
Cochilkiga arou.

Candélabre, s. m.
Great branched candlestick.
燭臺
Chocoudaï.

Candeur, s. f.
Integrity; candour.
正直
Tadachiki; chojiki.

Canne s. f.
Cane, stick.
杖
Tsouie.

Cannelle, s. f.
Cinnamon.
肉桂
Nikkei.

Cannellier, s. m (bot.).
Cinnamon-tree.
桂
Catsoura.

Cannibale, s. m.
Cannibal.
人食人
Ninghen-o coù hito.

Canon, s. m.
Cannon; gun.
大砲
Taihò.

— rayé.
Rifle-gun.
砲中ノ溝
Taihò no cheki.

Affût de —.
Gun carriage.
大砲車
Taihòno courouma.

Canonique, adj.
Canonical.
法則ノ
Okiteno, hòno.

Canoniser, v. a.
To canonize.
尊敬スル
Sonkio sourou.

Canonner, v. a.
To cannonade.
打砕ケ
Oòtki coudacou.

Canonnier, s. m.
Cannoneer, gunner.
砲術家
Hòjits'ca.

Canonnière, s. f. (mar.)
Gun-boat.
小軍舶
Co-gouncan.

Canot, s. m.
Canoe, ship's boat.
小艐
Co-boune, temma.

Canotier, s. m.
Boat-keeper, rower.
小艐頭
Temmano chendó.

Cantate, s. f. (mus.).
Cantata.
歌
Outa.

Cantatrice, s. f.
Public singer.
歌妓
Ghego.

Cantharide, s. f.
Cantharide, spanish fly.
斑猫
Hanmiò.

Cantine, s. f.
Bottle-case, canteen.
墫絎
Tocoribaco.

Cantique, s. m.
Canticle, song.
歌
Outa.

Canton, s. m.
   Canton, district.
Còri.

Cantonnement, s. m.
   Cantonment.
Dgin ia-o itonamou coto.

Cantonnier, s. m.
   Roadman.
Mitki-o naosou mono.

Canule, s. f.
   Clyster-pipe.
Couantkiò.

Cap, s. m.
   Cape, head land, point; head (of a ship).
Saki.

Capable, adj.
   Able, capable.
Nò arou; ikioï arou.

Capacité, s. f.
   Capacity.
Nò arou coto; ikioï arou coto.

Caparaçonner, v. a.
   To caparison.
Bagou-o sonaierou.

Cape, s. f,
   Cape.
M'ma gappa.

Capillaire, adj.
   Capillary; maiden-hair.
Camino iòno hosoï.

Capitaine, s. m.; — d'un bâtiment de guerre.
   Captain.
Chenchó.

   — d'un bâtiment marchand.
   Captain or master.
Chendó.

Capital, e, adj.
   Capital, main, chief, leading.
Dai itki, cachirano.

Capitale, s. f.
   Capital.
Miyaco.

Capitaliste, s. m.
   Capitalist, moneyed-man.
Tkiòza.

Capitation, s. f.
   Capitation, poll-tax.
Couariò-kin.

Capitulation, s. f.
   Capitulation.
Cò sancho.

Capituler, v. n.
   To capitulate.
Cò sau sourou.

Capon, s. m.
Coward, pigeon ; sneak.
臆病ナ
Ocoubiòna.

Caponner, v. n.
To cheat, to trick; to cat (an anchor).
欺ク ; 嘲ル
Damasou; azakerou.

Caporal, s. m.
Corporal.
常田坐記録
Tòza kirocou.

Capote, s. f.
Capote; large coat.
合羽
Cappa.

Câpre, s. m. (bot.).
Caper.
蔓荊子
Mankeichi.

Caprice, s. m.
Caprice, whim, humour.
我ガ儘
Waga mama.

Capricieux, se, adj.
Capricious, freakish.
我ガ儘ノ
Waga mamano.

Capricorne, s. m. (astron.).
Capricorn.
降事宮
Gheichi.

Câprier, s. m. (bot.).
Caper-bush, capparis.
蔓荊子樹
Mankeichino ki.

Capsule, s. f. (bot.).
Capsule, pod.
甲豆
Cabouto mame.

— pour arme à feu.
Percussion-cap.
雷田管
Rai-couan.

Capter, v. a.
To try, to gain over.
機嫌ヲ取ル
Kighen-o torou.

Captieux, se, adj.
Captious.
好辯イ
Coutkigachi coï.

Captif, ve, adj., subs.
Captive.
取子
Tori co.

Captiver, v. a.
To captivate; to enslave.
機嫌ヲ取ル
Kighen-o torou.

Captivité, s. f.
Captivity, bondage.
取子ニ成ル
Toriconi nattarou.

Capture, s. f.
Capture, arrest.
取ル事
Torou coto.

Capturer, v. a.
To apprehend, to arrest.
捉ム
Tsoucamou.

20

Capuchon, s. m.
  Capouch, hood.
頭巾°
Dzoukin.

Capucine, s. f. (bot.).
  Capucine; nasturtium indicum.
遇°
Hasou.

Caquet, s. m.; **Caquetage**, s. m.
  Prattle, cackling, tittle-tattle.
多辧ナル事°
Chaberou coto.

Caqueter, v. n.
  To prattle, to cackle.
多辧スル°
Chaberou; taben sourou.

Carabine, s. f.
  Rifle.
鉄炮°
Teppò.

Carabinier, s. m.
  Carabineer; rifle-man.
炮術家
Hozzoutsouca.

Caracoler, v. n.
  To caracol, to wheel about.
奔馬ノ事
M'mano cakerou coto.

Caractère, s. m. — d'écriture.
  Character; letter; hand-writing.
性質、模様°
Cheichitsou; moiò.

  — d'imprimerie.
  Type, print.
活字° 銅版
Couatsouji; canaban.

  — (au moral). — égal.
  Even temper.
静ナ性質
Chizzoucana cheichitsou.

Personne d'un bon —.
  Good-tempered man.
善良ナル性質°
Cheichitsouno yorochiki mono.

Caractériser, v. a.
  To characterize.
著クスル°
Itkijirouchicou sourou.

Caractéristique, adj.
  Characteristic.
著キ°
Itkijirouchiki.

Carafe, s. f.
  Decanter.
硝子壜°
Bidoro-bin.

Caramel, s. m.
  Burnt sugar, caramel.
カラメル°
Caramerou.

Carat, s. m.
  Carat.
金銀ノ部°
Kinghinno bou.

Caravane, s. f. (troupe de voyageurs dans l'Orient).
  Caravan, convoy.
道中仲間°
Dòtkiou nacama.

Caravansérail, s. m.
  Caravansary.
館°
Tate.

Carbonate, s. m. (chim.).
Carbonate.
Mocouji.

Carbonisation, s. f.
Carbonization.
Yakitarou.

Carboniser, v. a.
To carbonize.
Yacou.

Carcasse, s. f.
Carcass; skeleton.
Chicabanc.

Cardamine, cresson des prés; s. f. (bot.).
Cardamine, land-cress.
Yacou-tki.

Carde (peigne à carder), s. f.
Card.
Ara gouchi.

Carder, v. a.
To card.
Hiki sabacou.

Cardinal, s. m.
Cardinal.
Tkiòdgio.

Cardinalat, s. m.
Cardinalat, cardinalship.
Chiou tkiò.

Carême, s. m.
Lent.
Mono imi; danjiki.

La mi —.
Mid-lent.
Mono imi no, nacagoro.

Carène, s. f. (nav.).
Keel and sides of a ship that lies under water.
Houna souki; houna soco.

Caréner, v. a.
To careen.
Houna soco-o housagou.

Caressant, te, adj.
Caressing, fawning, winning.
Naderou coto.

Caresse, s. f.
Caress, endearment.
Aïcobirou.

Caresser, v. a.
To caress, to stroke.
Naderou.

Cargaison, s. f. (mar.)
Cargo, freight, lading of a ship.
Nimotsou; ountkin.

Carguer, v. a. (mar.).
To reef, to brail up.
Hò-o macou.

Caricature, s. f.
Caricature.
岬雙紙
Cousazòchi.

Carie, s. f.
Caries, cariosity.
腐ヒ骨
Cousare hone.

Carier, v. a.
To make carious, to rot.
骨ガ腐サル、
Honega cousarou.

Carillon, s. m.
Chime, peal of bells.
撞鐘ヲ打ツ事
Tsourigane-o outsou coto.

Carillonner, v. n.
To chime.
撞鐘ヲ打ツ
Tsourigane-o outsou.

Carmin, s. m.
Carmine.
紅
Beni.

Carminatif, ve, adj.
Carminative.
紅ノ
Benino.

Carnage, s. m.
Carnage, slaughter.
仕置場
Chi okiba.

Carnassier, ère, adj.
Carnivorous, voracious.
肉食ウ獸
Nicouchocouno kemono.

Carnation, s. f.
Carnation, natural flesh-colour.
肉色
Nicouno iro.

Carnet, s. m.
Memorandum-book.
日記 日課
Nikki; niccoua.

Carnivore, adj.
Carnivorous.
肉食ウ獸
Nicouchocouno kemono.

Carotte, s. f. (bot.)
Carrot.
胡蘿蔔
Ninjin.

Carpe, s. f. (icht.)
Carp.
鯉
Coï.

Carquois, s. m.
Quiver.
鎗筒
Yari dzoutsou.

Carré, s. m.
Square.
四角
Chicacou.

Figure —e.
Square figure.
四方面
Chihòmen.

Carreau, s. m.
Square tile.
敷瓦
Chiki cawara.

Carrefour, s. m.
Cross-way, cross-road.
横半ル道
Yocoghirou mitki.

Carreler, v. a.
To pave with tiles.
瓦ヲ敷ヶ
Cawara-o chicou.

Carrelet, s. m. (icht.).
Flounder.
小鰈
Co-garei.

Carrer, v. a.
To square.
四角ニスル
Chicacouni sourou.

Carrière, s. f.
Career; race, course.
道 手業 見廻リ
Mitki; tewaza; mimawari.

Suivre une —.
To run a career.
一ツノ道ヲ得ル
Hitotsouno mitki-o erou.

Carosse, s. m.
Coach.
乗車
Nori gourouma.

Carossier, s. m.
Coachmaker.
車ヲ造ル人
Courouma-o tsoucourou nin.

Carte, s. f.
Card.
花扎
Carta.

Jouer aux —s.
To play at cards.
花扎ヲ弄ヘ
Carta-o outsou.

— de visite.
Visiting card.
名帖
Nafouda.

— géographique.
Map, chart.
地圖
Tki dzou.

— marine, — hydrographique.
Sea, nautical, hydrographical chart.
海圖
Oumi dzou.

Cartel, s. m.
Challenge, cartel.
手拼ヲ見ル事
Te nami-o mirou coto.

Cartilage, s. m.
Cartilage, gristle.
腸膜
Houcou macou.

Carton, s. m.
Pasteboard; pasteboard case.
張絅
Hari baco.

Cartouche, s. f.
Cartouch; cartridge.
ヘメグ
Aiago.

Cas, s. m. (accident, fait).
Case.
事
Coto.

Cas douteux.
Doubtful case.

價
A taï.

— (estime).
Esteem, value.

疑敷事
Outogawachiki coto.

Faire peu de — de...
To make light of, to slight.

大切ニセヌ
Taichetsouni chenou ; ochimanou.

— (gram.).
Case.

格
Cacou.

Casaque, s. f.
Wide coat, surtout.

衣裳
Ichchò.

Cascade, s. f.
Cascade, water-fall.

瀧
Taki.

Case, s. f.
Mean house, cottage ; hut.

小家
Coia.

Patron de la —.
Landlord, master of the house.

小家主
Coiano teichiou.

Caser, v. a.
To find a place for one, to put away.

置ク 納ル
Ocou, osamerou.

Caserne, s. f.
Barrack.

片付ル
Catazzoukerou.

Casque, s. m.
Helmet, casque.

兜
Cabouto.

Casquette, s. f.
Cap.

帽
Bòchi.

Casser, v. a.
To break, to crack ; to annul.

破ル 捨ル
Yabourou ; souterou.

— du verre.
To break glass.

硝子ヲ破ル
Bidoro-o yabourou.

Se —, v. n.
To break ; to break down.

破ル
Yaborerou, warerou.

Il s'est cassé le bras.
He has broken his arm.

人ハ臂ヲ破タ
Hitowa oude-o yabouta.

Casserole, s. f.
Saucepan.

鍋
Nabe.

Cassette, s. f.
Casket, cash-box.

金箱
Cane-baco.

Cassis, s. m. (bot.).
Cassis, black currant-tree.
覆盆子。
Coma itkigo.

Cassolette, s. f.
Perfuming-pan, scent-box.
香爐。
Còrò.

Castagnettes, s. f. pl.
Castanets.
四ツ竹。
Yotsou dake.

Castor, s. m. (zool.).
Castor, beaver.
獵虎。
Raccò.

Castration, s. f.
Castration, gelding.
睾丸ヲ取ル。
Kin-o torou.

Casuel, le, adj.
Casual, precarious.
風意ノ。
Houïno; houïtono.

Cataclysme, s. m.
Cataclysm.
禍ヒ。
Wazawaï.

Catacombes, s. m. pl.
Catacombs.
靈堂。
Tamaia.

Catafalque, s. m.
Catafalco.
柏、輿。
Couan, cochi.

Catalepsie, s. f.
Catalepsis.
癲癇。
Tencan.

Catalogue, s. m.
Catalogue.
目錄。
Mocourocou.

Dresser un —.
To draw out a catalogue.
目錄ヲ書ク。
Mocourocou-o cacou.

Cataplasme, s. m.
Cataplasm, poultice.
良藥。
Rò iacou.

Cataracte, s. f.
Cataract; waterfall.
瀧。
Taki.

Catarrhe, s. m.
Catarrh.
傷葉咳嗽。
Chòcan; caïsò.

Catarrheux, se, adj.
Catarrhous.
傷葉ノ。
Chocanno.

Catastrophe, s. f.
Catastrophe.
災ヒ。
Wazawaï.

Catéchiser, v. a.
To catechise; to teach.
問答スル。
Mondò sourou.

Catéchisme, s. m.
   Catechism.
Mondò.

Catégorie, s. f.
   Category.
Chidai, dgioun; tagouï.

Catégorique, adj.
   Categorical, explicit.
Chidai no.

Cathédrale, s. f.
   Cathedral.
Tenchiou-dò.

Catholique, adj.
   Catholic.
Amanechi; soubeteno.

Cauchemar, s. m.
   Nightmare.
Atki-biò.

Causatif, ve, adj.
   Causative, causal.
Ocori; wake.

Cause, s. f.
   Cause, motive, ground.
Ocori; moto.

   — cachée.
   Latent cause.
Mitsouno moto.

   Sans —.
   Without a reason.
Wake naki.

Causer, v. a.
   To cause, to be the cause of.
Sourou; oconawasou.

   —. v. n.
   To chat, to talk.
Mono-o catarou.

Causerie, s. f.
   Talking, prattling.
Monogataki.

Causeur, s. m.
   Talkative, talker.
Tabenna hito.

Caustique, adj.
   Caustic, biting.
Yocou yakerou mono.

Cauteleux, se, adj.
   Cautelous, crafty.
Ricòna; hacarigotoga.

Cautère, s. m.
   Cautery.
Appòco.

Cautérisation, s. f.
   Cauterization.
Racou tetsouzzoutsou.

Cautériser, v. a.
  To cauterize, to sear, to burn.
  Racou tetsou-o oconô.

Caution, s. f.
  Security, bail; bondsman.
  Oukenin; chô-nin.

  Fournir —.
  To furnish surety.
  Oukenin-o taterou.

Cautionnement, s. m.
  Bailing, security.
  Ouke aï.

Cautionner, v. a.
  To bail one, to be for bound; to gua-
  rantee.
  Ouke ao.

Cavale, s. f.
  Mare.
  Me m'ma.

Cavalerie, s. f.
  Cavalry, horse.
  Kiba icousa.

Cavalier, s. m.
  Horseman, rider.
  Kiba; m'ma nori.

  —, ère, adj.
  Cavalier, easy, free.
  Taïda narou hito.

Cave, s. f.
  Cellar.
  Sake goura.

  —, adj.
  Hollow.
  Coubomitarou.

Caveau, s. m.
  Small cellar.
  Co-sakegoura.

Caver, v. a.
  To make hollow; to undermine.
  Horou; nouke mizzou sourou.

Caverne, s. f.
  Cavern, cave; den.
  Hora; ana.

Caverneux, se, adj.
  Full of caverns; cavernous.
  Horano.

Cavité, s. f.
  Cavity.
  Côna tocoro.

Ce, cet, cette, ces, pron.
  This, these; that, those.
  Core, sore.

Ceci, pron.
  This.
  Core, cocono mono.

Cécité, s. f.
Blindness, cecity.
垣血゜
Mecoura.

Céder, v. a. et n.
To yield; to sell; to give way.
讓ル ○ 承知スル゜
Youzzourou; chòtki sourou

Cèdre, s. m. (bot.).
Cedar, cedar tree.
樟木゜
Cousouno ki.

Ceindre, v. a.
To enclose, to encompass, to fence; to bind.
回゜輪ヲ付ル゜
Cacomou; wa-o tsoukerou.

Se —, v. r.
To gird one's self.
帯ヲ結ブ゜
Obi-o mousoubou.

Ceinture, s. f.
Girdle, belt, sash.
帯゜
Obi.

Ceinturon, s. m.
Belt, sword-belt.
腹帯゜
Hara obi.

Cela, pron.
That.
彼レ゜
Care.

Comme —.
Like that, so so.
其ノ通リ゜左様゜
Sono toòri, saiò.

Comment — peut-il être?
How it is so?
夫ハ何如ヤ゜
Sorewa dòchita.

Célébration, s. m.
Celebration.
祭リ゜
Matsouri.

Célèbre, adj.
Celebrated, famous.
名高キ゜秀タル゜
Na dacaì; hiyede tarou.

Célébrer, v. a.
To celebrate, to solemnize.
言イ称ス゜賞ブ゜
Y chò sou, homerou; tattobou.

Célébrité, s. f.
Celebrity, fame.
名高サ゜賞サ゜
Nadacasa; tattosa.

Céler, v. a.
To conceal, to hide.
隠ス゜覆ブ゜
Cacousou; ouoù.

Céleri, s. m.
Celery.
芹゜
Cheri.

Célérité, s. f.
Celerity; speed, dispatch.
早サ゜速カ゜
Haiasa, soumiyaca.

Avec —.
Speedily.
速ニ゜
Soumiyacani.

Céleste, adj.
Celestial; heavenly.
Tenno.

Célibat, s. m.
Celibacy, celibate.
Doco-chin.

— perpétuel.
Perpetual celibacy.
Chiou-chin metorazou.

Femme qui vit dans le —.
Single woman.
Teidgiò-o taterou.

Célibataire, s. m. et adj.
Bachelor, single man.
Doco-chin.

Celle, celles, pron.
She, that, those.
Cano onna; cano onna domo.

Cellule, s. f.
Cell.
Gancoutsou.

Celui, ceux, pron.
He, him, they, them.
Mono, hito, wa, core.

Cément, s. m.
Cement.
Ichibai.

Cémenter, v. a.
To cement.
Ichibai-o nourou.

Cendre, s. f.
Ashes.
Haï.

— des morts.
Ashes of the dead.
Yakibai.

Cendré, e, adj.
Ashy, ash coloured.
Haï iro.

Cendreux, se, adj.
Ashy, full of ashes.
Haïno oói.

Cens, s. m.
Cense; census.
Nimbetsou, fito cazou.

Censure, s. f.
Censure, criticism.
Chemourou cotoba.

Censurer, v. a.
To censure.
Togamerou.

Cent (num.).
Hundred, cent.
Hiacou.

Centaine, s. f., v. **Cent.**

Centenaire, adj.
 Centenarian.

百歳°
Ippiacou sai.

Centième, adj.
 Hundredth.

第百°
Dai hiacou.

Central, e, adj.
 Central.

中央ノ°
Manacano.

Centre, s. m.
 Centre, center.

中°
Naca.

Centuple, s. m.
 Centuple, a hundred-fold.

百倍°
Hiacou bai.,

Centupler, v. a.
 To increase a hundred-fold.

百倍ニ增ス°
Hiacou baïni masou.

Centurie, s. f.
 Century, a hundred.

百年°
Hiacou nen.

Cep, s. m.
 Vine-plant.

葡萄蔓
Boudò tsourou.

Cependant, adv. et conj.
 In the mean time; yet, nevertheless.

然いど併ナガラ°
Chicaredomo, keredomo ; chicachi nagara.

Céphalalgie, s. f.
 Cephalalgy, head-ache.

頭痛°
Dzoutsou.

Ceps, s. m. pl. (pour les mains, pour
les pieds).
 Fetters, stocks.

手カセ° 足カセ°
Tegache; achigache.

Cérat, s. m.
 Cerate.

軟膏°
Nan-cò.

Cercle, s. m.
 Circle.

全徑° 輪°
Jenkei ; wa.

Demi —.
 Semicircle.

半徑° 半輪°
Hankei, hanwa.

Quart de —.
 Quadrant.

全徑ノ四分一°
Marouimono chibouno itki.

Cercueil, s. m.
 Coffin.

柩 輿°
Couan ; cochi.

Fabricant de —s.
 Coffin-maker.

柩屋°
Couanya.

Céréales, s. f. pl.
Corn, grain.
殼物。
Cocoumotsou.

Commerce des —.
Corn-trade.
殼物ノ商賣。
Cocoumotsouno akinaï.

Cérébral, e, adj.
Cerebral, belonging to the brain.
頭腦。
Dzounó.

Cérèmonial, s. m.
Ceremonial.
禮儀。
Reighi.

Cérémonie, s. f.
Ceremony, rite.
禮儀。
Reighi.

Habit de —.
Formality.
官服。
Couampoucou.

Avec —.
With ceremony.
禮儀ヲ以テ。
Reighi-o motte.

Sans —.
Without ceremony.
禮儀無シ。
Reighi nachi.

Cérémonieux, se, adj.
Ceremonious, formal, precise.
禮儀ノ。
Reighino.

Cerf, s. m.
Stag, hart.
鹿。
Chica.

Cerfeuil, s. m. (bot.).
Chervil.
黃連草。
Orensò.

Cerf-volant, s. m. (machine de papier).
Kite, paper-kite.
天鷄。
Tacò.

Cerise, s. f.
Cherry.
櫻。
Sacoura.

Cerisier, s. m. (bot.).
Cherry-tree.
櫻樹。
Sacourano ki.

Cerneau, s. m.
Half a green walnut kernel.
種。
Tane.

Cerner, v. a.
To encircle; to surround.
取リ圍ム。
Tori cacomou.

Certain, e, adj.
Certain, sure, positive.
慥ナ。極リタル。
Tachicana ; kimattarou.

Être — d'une chose.
To be certain of any thing.
慥ニ何ヲ爲テ居ル。
Tachicani nani-o chitte orou.

Un certain (dans un sens vague et général).
Certain, some.
或ル°
Arou.

Certainement, adv.
Certainly, indeed, surely.
慥ニ°
Tachicani.

Certificat, s. m.
Certificate.
書付°
Cakitsouke.

Certifier, v. a.
To certify, to attest.
證據スル慥メル°
Chòcò sourou ; tachicamerou.

Certitude, s. f.
Certainty, certitude.
慥カ°
Tachica.

Céruse, s. f.
Ceruse, white lead.
白粉 官粉°
Ochiroï.

Cerveau, s. m.
Brain, mind.
腦° 頭°
Nò, dzoù.

— brûlé.
Desordered mind.
氣違イ°
Kitkigai.

Cervelle, s. f.
Brains ; mind, intelligence.
頭° 怜 悧°
Dzoù, rico.

Cessation, s. f., **cesse** (ce dernier mot ne s'emploie qu'avec *sans*).
Cessation, discontinuance.
廢スル事°
Yamerou coto.

Sans cesse.
Without ceasing, incessantly.
絶ぜズ° 止ム事無ク°
Taiezou, yamou coto nacou.

Cesser, v. a. et n.
To cease ; to discontinue.
止ム°
Yamerou.

Il ne cesse pas de travailler.
He does not cease from labour.
彼ノ人ハ絶ヘズ働ク°
Ano hito taiezou hataracou.

Cessible, adj.
Cessible, transferable.
讓ル可キ°
Youzzourou beki.

Cession, s. f.
Cession, yelding up.
讓リ° 渡ス事°
Youzzouri ; watasou coto.

— volontaire.
Voluntary cession.
自ラ讓ル°
Mizzoucara youzzourou.

Cessionnaire, s. m.
Cessionary, grantee.
讓ル者°
Youzzourou mono.

Geste, s. m.
Cestus.
角力°
Soumotori.

Cétacé, e, adj.
Cetaceous.
鯨鯢ノ。
Coujira no rouï no.

Chabot, s. m. (pisc.).
Bull-head, cottus.
考イ魲イ人。
Cangaie dzouyoki hito.

Chacal, s. m. (zool.).
Jackall.
野犬。狼。
No inou; oô cami.

Chacun, e, pron.
Each; every one; every body.
名々。誰モ。名口。
Mei mei; daremo; ono ono.

Chagrin, s. m.
Grief; sorrow; trouble.
憂イ。哀シ。
Ourei; canachimi.

Sans —.
Sorrowless, carelessly.
憂無シ。
Ourei nachi.

Accabler de —.
To overwhelm with sorrow.
憂ニ溺イサセル。
Oureini obore sacherou.

Chagrin, e, adj.
Gloomy, sad, fretful.
哀シ。憂ル。
Canachi; ouriórou.

Chagriner, v. a.
To grieve, to afflict.
哀ム。憂ル。
Canachimou; ouriórou.

Se —, v. r.
To fret, to grieve, to take on.
回。
Dô.

Chaîne, s. f.
Chain; range; bondage.
結ビ。鎖。
Mousoubi; cousari.

Attacher avec une —.
To chain, to tie with a chain.
鎖デ以テ縛ル。
Cousaride caragherou.

Chaînette, s. f.
Little chain.
小鎖。
Cogousari.

Chair, s. f.
Flesh, skin; meat.
肉。
Nicou.

Couleur de —.
Carnation, flesh-colour.
肉色。
Nicou iro.

Chaire, s. f.
Pulpit.
曲録。
Kiocou rocou.

Chaise, s. f.
Chair, seat.
腰掛ケ。
Cochi cake.

— percée.
Close-stool.
厠。
Cawa-ya.

Chaise à porteurs.
Sedan-chair.

乗物 鶴籠
Norimono; cago.

Chaland, s. m. (mar.).
Customer; lighter, barge.

買客 ○ 端舟
Baï kiacou; tadachiboune.

Chaleur, s. f.
Heat, warm; warmth, fervency.

厚サ
Atsousa.

— brûlante.
Burning heat.

百倍ノ厚サ
Yacou baieno atsousa.

Chaloupe, s. f.
Long-boat, tender-boat.

端船
Temma.

Chalumeau, s. m.
Corn-pipe; reed.

管
Couda.

Chamailler, v. n. et r.
To bicker, to scuffle.

騒々シク敷スル
Sawagachicou sourou.

Chamarrer, v. a.
To lace, to trim with lace.

模様ヲ付ル
Mò iò ts'kerou.

Chambellan, s. m.
Chamberlain.

出入官
Chitso niou couan.

Chambre, s. f.
Chamber; room, bed-room.

部屋
Heia.

— voisine.
Next room.

隣ノ部屋
Tonarino heia.

Chambrée, s. f.
Mess.

會客
Couaï kiacou.

Chambrette, s. f.
Small room, cabin.

小部屋
Co-beia.

Chameau, s. m. (zool.).
Camel.

駱駝
Racouda.

Chamelier, s. m.
Camel-driver.

駱駝師
Racoudachi.

Chamois, s. m. (zool.).
Chamois, wild-goat.

山羊
Yama hits'ji.

Champ, s. m.
Field, ground, country; career.

田地 畑 野 ○ 路
Dendgi, bata, nò; mitki.

— de bataille.
Field of battle.

戦場
Chen-dgio.

Champagne province de France (vin de).
Champaign.
サンパン酒
Champan chiou.

Champêtre, adj.
Rural, country-like.
田舎ノ; 在ノ
Inacano; dzaino.

Champignon, s. m. (bot.).
Mushroom, champignon.
茸
Kino co, take.

Champion, s. m.
Champion, combatant.
猛烈ナル人
Take souki hito.

Chance, s. f.
Chance, fortune, luck.
仕合
Chiawache.

Bonne —.
Good chance, good luck.
好キ仕合セ
Yoi chiawache.

Chancelant, e, adj.
Tottering, reeling.
虚弱
Kiò zacou.

Chanceler, v. n.
To totter, to stagger.
虚弱ナル
Kiò zacou narou.

Chancelier, s. m.
Chancellor.
證文役
Chòmon yacou.

Chancellerie, s. f.
Chancery.
證法スル所
Chetsou fò sourou cho.

Chanceux, se, adj.
Lucky.
仕合ノ
Chiawachenò.

Chancre, s. m.
Shanker.
脛攣
Kei-ren, renkioù.

Chandelier, s. m.
Candlestick.
燭臺
Chocoudaï.

Chandelle, s. f.
Candle; light.
臘燭
Ròsocou.

Moucher une —.
To snuff a candle.
臘燭ノ芯ヲ取ル
Ròsocouno chin-o torou.

Change, s. m.
Exchange, change.
取替ル事
Tori caierou coto.

— des monnaies.
Money-exchange.
金ヲ取リ替ル
Cane-o tori caierou coto.

Changeant, e, adj.
Variable, unsteady.
變ル物
Cawarou mono.

22

Personne changeante.
Changeable, inconstant man.
常ナキ人。
Tsoune naki hito.

Changement, s. m.
Change, alteration, variation.
變リ゜變化゜
Cawari, hencoua.

— de couleur.
Change of colour.
色ノ變ル事゜
Irono cawarou coto.

Sujet au —.
Subject to change.
變リ安イ゜
Cawari yasoui.

Changer, v. a. et n.
To change, to alter; to barter.
攺ル 直ス゜
Cawasou, aratamerou; naosou.

Se —, v. r.
To be changed, converted, turned.
變ル 化ス゜
Cawarou, otoroicrou, couasou.

Changeur, s. m.
Money-changer.
兩替屋゜
Riò-gai-ia

Chanson, s. f.
Song, ballad.
歌゜詩゜
Outa; chi.

Chanter une —.
To sing a song.
歌ヲ歌フ゜
Outa-o outó.

— d'amour.
Love-song.
戀ノ歌゜
Coïno outa.

Chansonnier, s. m.
Ballad-maker.
歌ヲ歌フ人゜
Outa-o outò hito.

Chant, s. m.
Singing, song; air.
謠゜歌゜
Outa.

Chantant, e adj.
Easy tune, harmonious, tunable.
歌イ安イ゜
Outaï iasoui.

Chanter, v. a.
To sing, to chant; to carol.
歌フ゜
Outó.

— faux.
To sing false, to sing out of tune.
惡ク歌フ゜
Achicou outó.

Chanteur, s. m., **se**, s. f.
Singer; chantress.
歌ヲ歌フ人 ○ 藝者゜
Outa-o outó hito; gheicò, gheicha.

Chantier, s. m.
Wood-yard; dockyard; stand, stocks.
材木場 木場゜
Saimocou ba, ki-ba.

Chantonner, v. a. et n.
To hum.
小聲デ歌フ゜
Co goicde outó.

Chantre, s. m.
Songster; singer, chorister.
Outa-o outò hito.

Chanvre, s. m.
Hemp.
Asa.

Chape, s. f.
Cope, pluvial (church vestment).
Terano couampoucou.

Chapeau, s. m.
Hat, bonnet, cap.
Casa.

— de paille.
Straw-bonnet.
Waracasa.

Mettre son —.
To put on one's hat.
Casa-o cabourou.

Oter son —.
To pull off one's hat.
Casa-o torou.

Chapelain, s. m.
Chaplain.
Hòchi.

Chapelet, s. m.
Chapelet, rosary, string of beads.
Youzzou.

Chapelier, s. m.
Hatter.
Casachi.

Chapelle, s. f.
Chapel.
Co-dera.

— particulière.
Private chapel.
Outki-gami.

Chaperon, s. m.
Chaperon, hood.
Youki bochi.

Chapiteau, s. m.
Top of a pillar; head; crest.
Itadaki.

Chapitre, s. m. (d'un livre).
Chapter.
Hen, amou.

Chapon, s. m.
Capon.
Niwatori.

— (croûte de pain).
Crust of bread, brewis.
Panno cawa.

Chaque, adj.
Each, every.
Ono ono; mei mei.

Char, s. m.
  Car, chariot.
車。
Courouma.

Charade, s. f.
  Charade.
内ノ辞之屋。
Outkino chibaia.

Charançon, s. m (insect.).
  Weevil.
米牛。
Kira.

Charbon, s. m.
  Coal, charcoal; embers.
炭。
Soumi, tan.

— allumé.
  Live ember.
燒々炭。
Yaita soumi.

Charbonnier, s. m. (mar.).
  Charcoal-burner, charcoal seller; collier.
炭燒牛 ○ 炭舩。
Soumi yaki.

Charcuter, v. a.
  To haggle; to hack.
肉ヲ斷ツ。
Nicou-o tatsou.

Charcutier, s. m.
  Pork-butcher, porkman.
屠者。
Eta.

Chardonneret, s. m. (ornith.).
  Gold-finch.
カナリヤノ類。
Canariano roui.

— métis.
  Canary.
カナリヤ。
Canaria.

Charge, s. f. (fardeau).
  Load, burthen; lading.
荷。荷物。
Ni; nimotsou.

Lourde —.
  Heavy burden.
重イ荷物。
Omoï nimotsou.

Faible —.
  Light burden.
輕イ荷物。
Caroui nimotsou.

Être à —.
  To be a burden upon one.
荷ナル。
Ni narou.

— (imposition).
  Tax, expense.
貢。
Nengou.

Exempt de —.
  Untaxed.
無貢人。
Mou nengou nin.

— (emploi).
  Office, employment.
役。勤メ。
Yacou, ts'tome.

Chargé, e, adj.
  Loaded, burdened.
荷物ヲ積ム。
Nimotsou-o tsoumarou.

Non chargé.
Unloaded.
Imada tsoumanou.

Chargement, s. m.
Cargo, lading, freight.
Houna ni.

Charger, v. a.
To load, to burthen; to charge, to burden.
Nimotsou-o tsoumou.

— un navire.
To lade, to freight a ship.
Houna ni-o tsoumou.

— à l'excès.
To overload.
Coua ni-o sourou.

Se —, v. r.
To take charge of, to undertake.
Chicacourou; couadatsourou.

Chargeur, s. m.
Loader; owner.
Houneni tsoumou.

Chariot, s. m.
Wagon, cart.
Nori gourouma.

Charitable, adj.
Charitable; merciful.
Genriò narou hito.

Charitablement, adv.
Charitably, kindly.
Genriò ni.

Charité, s. f.
Charity; alms.
Genriò.

Sans —.
Without charity.
Genriò nachi.

Charivari, s. m.
Paltry music; lowbelling.
Kiòghen.

Charlatan, s. m.
Mountebank, quack.
Yabou ï.

Charlatanerie, s. f.
Quackery, juggling.
Yabou ichano coto.

Charmant, e, adj.
Charming, delightful.
Conomou beki.

D'une manière —.
Charmingly.
Conomou becou.

Charme, s. m.
Charm, spell.
Aïsoubeki coto.

Sans charme.
Without a charm.

愛ス可キ事無キ。
Aïsou beki coto naki.

Charmer, v. a.
To charm, to enchant, to fascinate.

極カ心ニ叶フ。
Gocou cocoroni canó.

Charmille, s. f.
A plot of young hornbeams.

並木。
Nami ki.

Charnel, le, adj.
Carnal, sensual.

色欲ノ。
Iro yocouno.

Charnier, s. m. (mar.).
Charnel-house; scuttled cask.

骨堂 ○ 水桶。
Cotsoudò; souï oke.

Charnière, s. f.
Hinge, joint.

蝶違イ。
Tkiòtkigai.

Charnu, e, adj.
Fleshy, plump.

肉ノ多キ。
Nicouno oôki.

Charogne, s. f.
Carrion, carcass.

腐々ル尸。
Coutkitarou chicabanc.

Charpente, s. f.
Timber-work; frame-work.

建揚ゲ。
Tate aghc.

Charpenterie, s. f.
Carpentry; timber-work.

建方。
Tatc gata.

Charpentier, s. m.
Carpenter.

大工。
Daicou.

Charpie, s. f.
Lint.

血止帯。
Tkidome obi.

Charretier, s. m.
Carman, carter.

車夫。
Ghiocha.

Charrette, s. f.
Cart.

炮隊車。
Houtaie gourouma.

— à bras.
Hand-cart.

手車。
Te-gourouma.

Charrier, v. a.
To cart, to bring in a cart.

車テ運送スル。
Couroumade onsò sourou.

Charron, s. m.
Wheelwright, ploughwright.

車師。
Couroumachi.

Charrue, s. f.
Plough.

鋤。
S'ki.

Tirer la charrue.
To drag the plough.

鋤ヲ引キ°

S'ki-o hicou.

Charte, s. f.
Charter, title.

掟書°

Okite gaki.

Châsse, s. f.
Reliquary, shrine.

神籠°

Cotsou baco.

Chasse, s. f.
Chase, pursuit; hunting.

追出ス事 ○ 狩°

Oï dasou coto ; cari.

Chien de —.
Hound.

狩犬°

Cari inou.

Chasse-marée, s. f.
Fish-cart; fish-boat.

魚車 ○ 魚船°

Sacana gourouma ; sacana boune.

Chasser, v. a. et n.
To drive away, to expel; to hunt.

追出ス° 退ル ○ 狩ル°

Oï dasou, noukerou ; carou.

Chasseur, s. m.
Hunter; huntsman.

狩人 猫師°

Cari bito, cari oûdo.

Chassie, s. f.
Rheum, bleardness.

目粕°

Me yori.

Chassieux, se, adj.
Bleared, blear-eyed.

目粕有ル人°

Me yoriga arou hito.

Châssis, s. m.
Window-sash, window-frame.

窓格°

Wacou.

Chaste, adj.
Chaste, continent, pure.

操°

Misao.

Chastement, adv.
Chastely, honestly.

操ニ°

Misaoni.

Chasteté, s. f.
Chastity, continence.

操°

Misao.

Chasuble, s. f.
Chasuble.

僧官服°

Sò-couampoucou.

Chat, s. m., **Chatte**, s. f.
Cat, she-cat.

猫° 牝猫°

Neco ; me neco.

— musqué.
Musk-cat.

麝猫°

Giaco-neco.

Châtaigne, s f.
Chestnut.

栗°

Couri.

Châtaignier, s. m. (bot.).
Chestnut-tree.
栗樹°
Couri no ki.

Châtain, adj.
Chestnut colour, nut-brown.
栗色°
Couri iro.

Château, s. m.
Castle, fort; mansion, palace.
城°
Chiro; ò chiro.

Chat-huant, s. m. (ornith.).
Owl, screech-owl.
山猫°
Yama neco.

Châtier, v. a.
To chastise, to correct, to scourge.
呵ル°
Chicarou.

Châtiment, s. m.
Chastisement, punishment.
罰°
Batchi.

Chatouillement, s. m.
Tickling; titillation.
發癢°
Cochigoutaï.

Châtré, s. m.
Castrated, eunuch.
金無シ°
Kin nachi.

Châtrer, v. a.
To castrate, to geld.
金ヲ取ル°
Kin-o torou.

Chaud, e, adj.
Hot; warm; ardent.
熱イ°温カ°
Atsouï; ataca.

Le feu est —.
The fire is hot.
火カ熱イ°
Higa atsoui.

—, s. m.
Heat.
火氣°熱氣°
Cakki, nekki.

Avoir —.
To be hot.
温和ニ覚ル°
Atatacani oboierou.

Il commence à faire —.
It begins to get warm.
段々温和ナ°
Dandanni atatacani narou.

Chaudement, adv.
Warmly; briskly; hastily.
温々カニ°
Atatacani.

Chaudière, s. f.
Large kettle; boiler.
大鍋°
Oô nabe.

Chaudron, s. m.
Kettle; caldron.
鍋°藥鑵°
Nabe, yacouan.

Chaudronnier, s. m.
Brazier, coppersmith.
銅物師°
Acaganeno mono chi.

Chauffage, s. m.
Firing, fuel, firewood.
薪。
Takighi.

Chauffe, s. f.
Furnace.
燒場。
Yaki-ba.

Chauffe-lit, s. m.
Warming pan.
温温器。
Tampò.

Chauffer, v. a.
To heat, to warm.
温メル。
Atatamerou.

Non chauffé.
Unwarmed.
温メヌ。
Atatamenou.

Se —, v. r.
To warm one's self.
我ガ身ヲ温ル。
Waga mi-o atatamerou.

` —, v. n. (devenir chaud).
To be heating, to grow warm.
温マル。
Atatamarou.

Chaufferette, s. f.
Foot-warmer.
足炬燵。
Achigo tatki.

Chauffeur, s. m.
Fireman, stoker.
火燃役。
Hi taki yacou.

Chauler, v. a.
To lime seed-corn.
石灰水ヲ付ル。
Ichibaï mizzou-o ts'kerou.

Chaumage, s. m.
Cutting of the stubble.
休ミ。
Yasoumi.

Chaume, s. m.
Stubble; thatch.
茅。
Caia.

Couvrir de —.
To thatch.
茅デ履フ。
Caiade houcou.

Chaumière, s. f.
Cottage, thatched-house.
小家。
Co-ia.

Chaussée, s. f.
Causeway; embankment.
土壘。
Dotei.

Ponts et —s.
Roads and bridges.
道ト壘ワ。
Mitkito hachi wa.

Chausse-pied, s. m.
Shoe-horn.
直スべラ。
Naosoubera.

Chausser, v. a.
To put on shoes or stockings.
履ク。
Hacou.

23

Se chausser, v. r.
To put one's stockings and shoes.

足袋ト皮履ヲ履ク。
Tabi to coutsou-o hacou.

—, v. n.
To make shoes or boots.

皮履ヲ作ル。
Coutsou-o ts'courou.

Chausson, s. m.
Sock.

短足袋。
Midgicai tabi.

Chaussure, s. f.
Hose, stockings, shoes.

足袋。
Tabi.

Chauve, adj.
Bald.

毛髪無シ。
Camighe nachi.

Tête —.
Bald head.

光頭。
Haghe atama.

Chaux, s. f.
Lime.

石灰。
Ichibaï.

Chavirer, v. n.
To capsize.

衣覆ス。
Cotsougaiasou; caierou.

Chef, s. m.
Chief, head.

頭ラ。
Cachira, cami.

Chef-d'œuvre, s. m.
Trial-piece; master-piece.

奇ナル業。
Ki narou chigoto.

Chef-lieu, s. m.
Chief town; head quarters.

城下。
Dgiòca.

Chélidoine, s. f. (bot.).
Celandine.

白屈菜。
Hacoutki saï.

Chemin, s. m.
Way, road, path, track.

道。
Miïki; dòro.

— battu.
Beaten road.

道路。
Dòro.

Grand —.
Highway, high-road.

東海道。
Tò caïdó.

Cheminée, s. f.
Chimney; fire-place.

煙出シ。
Kemouri dachi.

Cheminer, v. n.
To walk, to go.

步行 步ム。
Aroucou, aioumou.

Chemise, s. f.
Shirt (of a man), shift (of a woman); linen.

襦袢。
Dgiban.

Chemise blanche.
Clean shirt or shift.
酒ジタル襦袢。
Sarachitarou dgiban.

Chemisette, s. f.
Light under-waistcoat.
牛蒡。
Han-ten.

Chênaie, s. f.
Oak-grove.
檪林。
Cachi baiachi.

Chenal, s. m.
Channel.
深ミ。
Houcachi.

Chêne, s. m.
Oak.
檪樹。
Cachi.

— liège.
Cork-tree.
大檪。
Oô cachi.

Pomme de —.
Oak apple.
檪實。
Cachino mí.

Chêneau, s. m.
Young oak.
若檪。
Wacai cachi.

Chéneau, s. m.
Leaden pipe, gutter.
底通。
Socou hi.

Chènevière, s. f.
Hemp-field.
麻畑。
Asano hatake.

Chènevis, s. m.
Hemp-seed.
麻種。
Asa tane.

Chenille, s. f.
Caterpillar, palmer-worm.
菜ノ虫。
Nano mouchi.

Cheptel, s. m.
Lease of cattle for half the profit.
牛馬ノ貸借。
Ghioubano caritkin.

Cher, ère, adj. et subs.
Dear, beloved; high priced, costly.
支度 愛スベキ ○ 高イ。
Chitacou, aïsou beki; tacai.

Rendre —.
To endear.
支度スル。
Chitacou sourou.

Chercher, v. a.
To seek, to search.
見付ル。見出ス。
Mi ts'kerou; mi dasou.

— un mot dans le dictionnaire.
To look for a word in the dictionary.
字典ヲ引出ス。
Dgibiki-o hiki ts'kerou.

Envoyer —.
To send for.
人ヲ呼バス。
Hito-o iobasou.

Chère, s. f.
Cheer, fare.

食物。
Chocou motsou.

Ami de la bonne —.
A man who loves nice eating.

美食ヲ好ム者。
Yoi couimono-o conomou monô.

Chèrement, adv.
Dearly; dear, at a high price.

支度シテ○高クテ。
Chitacou chite; tacacoute.

Chérir, v. a.
To cherish, to love dearly.

養フ○愍ム○惜ム
Chitaó; itsoucouchimou; ochimou

Être chéri.
To be cherished; beloved.

愛サル、。
Aïsarourou.

Cherté, s. f.
Dearness, high price.

價が高イ。
Nega tacai.

Chétif, ve, adj.
Mean, sorry, wretched; vile, pitiful.

陋キ。
Iyachiki.

Chétivement, adv.
Meanly, sorrily.

陋ク。
Iyachicou.

Cheval, s. m.
Horse.

馬。
M'ma.

— de selle.
Saddle-horse.

乗馬。
Nori m'ma.

— de charge.
Pack-horse.

荷馬。
Ni m'ma.

— léger.
Fast horse.

早馬。
Haia m'ma.

Monter à —.
To ride, to get on horseback.

馬ニ乗ル。
M'mani norou.

— marin.
Sea-horse, hippopotamus.

水馬。
Souï-ba.

Chevaucher, v. n.
To ride.

馬ヲ駆ケル。
M'ma-o cakerou.

Chevau-léger, s. m.
Light horse.

輕イ騎馬。
Caroui kiba.

Chevelu, e, adj.
Hairy, long-haired.

毛カ多イ。
Kega oôi.

Chevelure, s. f.
Hair, head of hair.

髪毛。
Camighe.

Chevet, s. m.
  Pillow, bolster.
    枕ヲ°
    Macoura.

Cheveu, s. m.
  Hair; the hair of the head.
    髪毛°
    Camighe.

  Faux —x.
  False hair.
    頭ヲ°
    Catsoura.

  S'arracher les —x.
  To tear one's hair.
    髪毛ヲ引拔ヲ°
    Camighe-o hiki noucou.

  Se faire couper les —x.
  To have one's hair cut.
    髪毛ヲ剃ラス°
    Camighe-o sorasou.

Cheville, s. f.
  Pin, peg; bolt.
    竹釘°
    Tacacoughi.

Cheviller, v. a.
  To pin, to peg; to bolt (a ship).
    竹釘ヲ打ツ°
    Tacacoughi-o outsou.

Chèvre, s. f.
  She-goat, nanny-goat.
    女羊°
    Me hits'ji.

  — sauvage.
  Wild goat.
    山羊°
    Yamano hits'ji.

Chevreau, s. m.
  Kid.
    小羊°
    Go hits'ji.

Chèvre-feuille, s. m. (bot.).
  Honey-suckle.
    金銀花°
    Kinghin-coua.

Chevreuil, s. m.
  Roebuck.
    羊°
    O hits'ji.

Chevron, s. m.
  Rafter.
    様木°
    Tarouki.

Chevroter, v. n.
  To quiver, to sing in a tremulous voice.
    羊ノ様ニ吼ヲ°
    Hits'jino yòni nacou.

Chez, prép.
  At, to, in (one's house).
    內ニ°
    Outkini.

  — vous.
  At your house.
    汝ノ內ニ°
    Anatano outkini.

  — soi.
  At one's own house.
    我ガ內ノ°
    Waga outkini.

Chicane, s. f.
  Chicane, cavil.
    悪キ爭ヒ°
    Iyachi orosoï.

Chicaner, v. n.
To chicane, to quibble.
Iyachicou orosoù.

Chicaneur, s. m.
Chicaner, caviller.
Hekina mono.

Chiche, adj.
Niggardly, sordid, parsimonious.
Rinchocou narou.

Chicorée, s. f.
Succory, endive.
Coucò.

— sauvage.
Wild succory.
Yamano sai.

Chicot, s. m.
Stump, stub.
Kino hito soughi.

Chien, ne, s. m. et f.
Dog, bitch.
Inou; me inou.

— de chasse.
Hound.
Cari inou.

Chiffon, s. m.
Rag; trinket.
Yaboure ghimono.

— de papier.
Scrap of paper.
Momigami; coutsougami.

Chiffonner, v. a.
To rumple, to crumple.
Chiwani sourou.

Chiffonné, adj.
Rumpled.
Chiwani natta.

Chiffonnier, s. m.
Rag-picker.
Cami couji saraï.

Chiffre, s. m.
Figure, number; cipher.
Cazou.

Chiffrer, v. a.
To cipher; to compute.
Cazoierou.

Chiffreur, s. m.
Accountant.
Cazoierou mono.

Chignon, s. m.
Nape (of the neck).
Ouchino cò.

Chimérique, adj.
Chimerical, fanciful.
Moudana, itazzounarou.

Chimie, s. f.
Chemistry.
舍密°
Chemi.

Chimique, adj.
Chemical.
舍密ノ°
Chemino.

Chimiste, s. m.
Chemist.
舍密家°
Chemica.

Chine, s. f.
China.
支那° 唐土° 唐°
China, Morocochi, Tò, Cara.

Chinois, s. m.
Chinese.
唐人°
Morocochi jin, tò jin.

Empire —.
Chinese empire.
大清國° 淸國°
Taicheicocou, tkiougocou.

Chinoiserie, s. f.
Chinese ornaments or trinkets; folly.
唐國ノ産 ○ 愚ナル事°
Morocochino san; bacana coto.

Chipoter, v. n.
To dally, to trifle.
戯ル°
Tawamourerou.

Chique, s. f.
Chique; quid (of tobacco).
煉煙草°
Neri tabaco.

Chiquer, v. n. et a.
To chew tobacco.
煙草ヲ噢ム°
Tobaco-o camou.

Chiromancie, s. f.
Chiromancy, palmistry.
卜筮學°
Bocoujei-gacou.

Chirurgical, e, adj.
Surgical, chirurgical.
外科ノ°
Ghecouano.

Chirurgie, s. f.
Surgery, chirurgery.
外科學°
Gouariò gacou.

Chirurgien, s. m.
Surgeon.
外科°
Ghecoua.

Chloroforme, s. m.
Chloroform.
摩睡藥°
Machei iacou.

Chlorose, s. f.
Chlorosis, green sickness.
小腸病°
Chòtkiò-biò.

Choc, s. m.
Shock; collision, conflict.
打付ル事°
Boutsc'carou coto.

Chocolat, s. m.
Chocolate.
彼處ヲ°
Chocolate.

Chœur, s. m.
Choir, chorus; band.
應對仲間°
Outai nacama.

Enfant de —.
Chorister.
音樂師°
Ongacou chei.

Choir, v. n.
To fall.
落ル° 躓倒スル°
Otkirou, taorerou.

Choisir, v. a.
To choose, to make choice of.
選ぶ° 選び出ス°
Eramou; erabi dasou.

Faculté de —.
Liberty of choosing.
勝手ニ選ぶ°
Catteini eramou.

Choix, s. m.
Choice, choosing, option.
選ミ, 選ぶ事°
Erami; eramou coto.

— bien fait.
Select choice.
善ク選ぶ事°
Yocou eramou coto.

Choléra-morbus.
Cholera-morbus.
癨亂°
Couacou ran.

Cholérique, adj.
Choleric, bilious temperament.
癨亂ノ°
Couacou ranno.

Chômage, s. m.
Respite, rest.
休ミ° 休事°
Yasoumi, yamerou coto.

Chômer, v. n.
To stand still, to want work.
休ム° 止メル°
Yasoumou, yamerou.

Choquant, e, adj.
Rude, unpleasant, shocking.
惡ム可キ°
Nicoumou beki.

Choquer, v. a.
To strike; to shock, to offend.
惡ラシクスル°
Nicourachicou sourou.

Se —, v, n.
To take offence; to come in contact with.
打付ル°
Boutki ts'carou.

Chose, s. f.
Thing; deed, matter, business.
物° 品°
Mono, china.

Autre —.
Another thing.
別物°
Betsouno mono.

Quelque —.
Something.
有ル事°
Arou coto.

Chou, s. m.
Cabbage, colewort.
菜° 青菜°
Na, ao na.

Choucroûte, s. f.
Choucroute.
揩温漬柔°
Chiho dzouke na.

Chouette, s. f. (ornith.).
Screech-owl.
羊痴°
Houcouro.

Chou-fleur, s. m. (bot.).
Cauliflower.
柔°
Souiò sai.

Chou-rave, s. m. (bot.).
Turnip-cabbage.
蘿蔔°
Cabou.

Choyer, v. a.
To pamper, to take great care of.
普育ス ル° 大切ニスル°
M'macou soudaterou ; taichetsouni sourou.

Chrétien, ne, adj. subs.
Christian.
切支丹°
Cristan.

Non —.
Unchristian.
切支丹無シ°
Cristan nachi.

Chrétienté, s. f.
Christendom.
切支丹属國°
Cristanno dzococou.

Christianisme, s. m.
Christianity.
切支丹ノ教°
Cristanno ochiye.

Ennemi du —.
Antichristian.
切支丹嫌イ°
Cristan kiraï.

Chronique, s. f.
Chronicle, history.
記錄°
Denki.

Chroniqueur, s. m.
Chronicler.
記者°
Ki-cha.

Chronologie, s. f.
Chronology.
曆術°
Coiomi nori.

Chronomètre, s. m.
Chronometer.
公時儀°
Houna dokei.

Chrysalide, s. f. (insect.).
Chrysalis, nympha.
脫ノ中°
Moukegarano mouchi.

Chrysanthème, s. m. (bot.).
Chrysanthemum.
菊花°
Ki-coua.

Chrysolithe, s. m. (minér.).
Chrysolite.
驗靈°
Kin-rei.

Chuchotement, s. m.
Whispering.
潛テ言フ事°
Hosonde yoú coto.

24

Chuchoter, v. n.
To whisper.
潜テ言フ。
Hosonde yoú.

Chute, s. f.
Fall; falling, tumble.
落ル事。
Otkirou coto.

Lourde —.
Heavy fall.
强ク落ル。
Tsouiocou otkirou.

Chylifère, adj.
Chyliferous, lacteal.
養液。乳糜。
Niou-bi; yò yeki.

Ci adv. (abrév. d'*Ici*).
Here.
玆ニ。
Coconi.

Cet homme-ci.
This man.
此人。
Cono hito.

Ci-après.
Hereafter, afterwards.
其後。
Cono notkini.

Ci-dessous.
Underneath.
下ニ。
Chitani.

Ci-dessus.
Above, aforesaid.
上ニ。右ニ。
Ouyeni; mighini.

Ci-devant.
Before, heretofore.
前ニ。
Mayeni.

Cible, s. f.
Target.
的。
Mato.

Tirer à la —.
To shoot at a target.
的ニ當ル。
Matoni aterou.

Ciboule, s. f.
Scallion, green onion.
小葱。
Co ninnicou.

Cicatrice, s. f.
Cicatrice, scar.
痕。疵跡。
Kizou ato.

Couvert de —s.
Covered with scars.
疵跡多ク有ル。
Kizou atowa tacousan arou.

Cicatriser (se), v. r.
To cicatrize, to scar.
疵癒ル。
Kizouga iyourou.

Cicéro, s. m. (caract. d'imprim.).
Pica.
活字。
Kasaghi.

Cidre, s. m.
Cider.
菓酒。
Coudamonono sake.

Ciel, s. m. s., **Cieux**, s. m. pl.
Heaven, heavens; climate.
天　雨
Ten, ame.

— azuré.
Sky, firmament.
空
Sora.

— de lit.
Tester or top of a bed.
臥床霞ヒ物
Nedocorono wovoi mono.

S'élever jusqu'aux cieux.
To praise, to exalt one's self to the skies.
天ニ迫容登ル
Tenni made noborou.

Cierge, s. m.
Wax-taper.
油蠟
Aboura-rò.

Cigale, s. f.
Grasshopper, cicada.
蟬
Chemi.

Cigare, s. m.
Cigar.
卷煙草
Maki tabaco.

Cigogne, s. f.
Stork.
白鷺
Chira saghi.

Ciguë, s. f. (bot.).
Hemlock.
獸蘿蔔
No cabou.

Cil, s. m.
Eye-lashes.
瞼毛
Ken ghe.

Cilice, s. m.
Haircloth.
毛衣服
Keno ichò.

Ciller, v. a.
To wink, to twinkle.
目瞬スル
Me batki sourou.

Cime, s. f.
Summit, top.
峯　巓
Mine, take.

Ciment, s. m.
Cement.
煉石灰
Neri ichibai.

Cimenter, v. a.
To cement.
煉石灰ニテ塗付ケル
Neri ichibai nite nouri ts'kerou.

Cimeterre, s. m.
Cimeter, scimitar.
劍
Ken.

Cimetière, s. m.
Cemetery, burying ground.
墓所
Hacacho.

Cinabre, s. m. (minér.).
Cinnabar, vermilion, red-lead.
辰砂
Chincha.

Cinnamome, s. m. (bot.).
Cinnamom.
肉桂
Nikkei.

Cinq, adj. numér.
Five.
五ツ
Itsoutsou, go.

Cinquantaine, s. f.
The number of fifty.
五十
Go jiou.

Cinquante, adj. numér.
Fifty.
同
Dô.

Cinquantième, adj.
Fiftieth.
弟五十　五十番
Dai go jiou, go jiou ban.

Cinquième, adj. subs.
Fifth; fifth part.
弟五　五番 ○ 五分一
Dai go, go ban; go bou itki.

Cinquièmement, adv.
Fifthly.
五番ニ
Go banni.

Cintre, s. m.
Arch.
中央
Tkiou ô.

Cintrer, v. a.
To arch.
中央ニスル
Tkiou ôni sourou.

Cirage, s. m.
Blacking, waxing.
磨ケ事
Migacou coto.

Circoncire, v. a.
To circumcise.
皮ヲ切ル列
Cawa-o kirou rei.

Circoncision, s. f.
Circumcision.
皮ヲ切ル列事
Cawa-o kirou rei coto.

Circonférence, s. f.
Circumference, circle, compass.
全徑
Gen kei.

Circonscrire, v. a.
To circumscribe, to encircle.
圍ヘ
Cacomou.

Circonspect, e, adj.
Circumspect, cautious.
用心深イ　謹ミナ人
Yòjin boucai; tsoutsouchimina hito.

Circonspection, s. f.
Circumspection, discretion.
用心　謹ミ
Yòjin; tsouts'chimi.

Avec —.
Cautiously, discreetly.
謹ンデ
Tsoutsouchinde.

Circonstance, s. f.
Circumstance.
治定
Dgidgiò.

Selon les circonstances.
According to circumstances.
泊定ニ依テ
Dgidgiòni iotte.

— aggravante.
Aggravation.
罪ヲ重クスル泊定゜
Tsoumi-o omocou sourou dgidgiò.

Circonstancier, v. a.
To circumstantiate.
委ク言フ゜
Couachicou yoù.

Circonvenir, v. a.
To circumvent, to over reach.
瞞ク゜偽゜
Azamoucou; damasou.

Circonvolution, s. f.
Circumvolution.
回ル゜廻リ゜
Cacami, megouri.

Circuit, s. m.
Circuit, compass; round about road.
廻リ道゜
Megouri mitki.

Circulaire, adj.
Circular, orbicular, round.
圏ノ様ナル゜
Wano gotocou narou.

Circulation, s. f.
Circulation, currency.
通用゜
Tsoùiò.

Circuler, v. n.
To circulate, to walk about; to be current.
廻ル゜
Megourou.

Faire —.
To put in circulation.
廻ラス゜
Megourasou.

Circumnavigation, s. f.
Circumnavigation.
廻リテ航海スル゜
Mawarite cò caï sourou.

Cire, s. f.
Bee's wax.
蜂臘゜
Hatkino rò.

— à sceller.
Sealing wax.
封臘゜
Fòji rò.

Ouvrage de —.
Wax work.
臘細工゜
Rò-zaicou.

Cirer, v. a.
To wax.
臘デ磨ク゜
Ròde migacou.

Ciron, s. m. (insect.).
Flesh-worm.
肉虫゜
Nicouno mouchi.

Ciseau, s. m.
Chisel.
鑿゜
Sacou.

—-x, s. m. pl.
Scissors.
鉄ハ゜
Hasami.

Paire de ciseaux.
Pair of scissors.
Hasami itkiò.

Ciseler, v. a.
To carve, to chase.
Kizamou, horou.

Ciselé, e, adj.
Carved.
Kizandarou.

Ciseleur, s. m.
Carver, chaser.
Ichi kiri, kizami chi.

Ciselure, s. f.
Carving, chasing.
Kizamou coto,

Citadelle, s. f.
Citadel.
Chiro, daiba.

Citadin, s. m.
Citizen, citadine, burgess.
Tkiònin; matkinin.

Citation, s. f.
Quotation, citation.
Cotoba-o hicou coto.

Fausse —.
False citation, misquotation.
Itsouwarou cotoba.

— à comparaître.
Summons, citation.
Yobidasou coto.

Cité, s. f.
City.
Matki.

Droit de —.
Citizenship, freedom (of a city).
Tôjò no chinboun.

Citer, v. a. (alléguer).
To cite, to quote, to name.
Hiki yosourou.

— à comparaître.
To cite, to summon.
Yobi dasou.

Citerne, s. f.
Cistern.
Ido.

Citoyen, s, m.
Citizen, freeman of a city.
Tkiònin.

Citron, s. m.
Citron, lemon.
Yòzi.

Couleur de —.
Lemon coloured.
Catki iro.

Citronnelle, s. f. (bot.).
Balm-mint, garden-mint.

香薄荷
Còbachiki haca.

Citronnier, s. m.
Lemon-tree.

楊枝樹
Yòzi no ki.

Citrouille, s. f. (bot.).
Pumpkin, gourd.

南爪
Caboutkia.

Civière, s. f.
Hand-barrow.

手車
Te gourouma.

Civil, e, adj.
Civil; polite, courteous.

丁寧ナ
Teimeina.

Civilement, adv.
Civilly.

丁寧ニ
Teimeini.

Civilisateur, adj.
Civilizing.

敎ル人
Ochiyerou hito.

Civilisation, s. f.
Civilization.

敎イ開ケ事
Ochiye hiracou coto.

Civiliser, v. a.
To civilize, to soften manners.

敎イ開ケ
Ochii hiracou.

Se —, v. n.
To become civilized.

開ラカル
Hiracarou.

Civilité, s. f.
Civility, politeness.

丁寧 禮儀
Teini ; reighi.

Claie, s. f.
Hurdle, wattle.

簾
Soú, soudare.

Clair, e, adj.
Clear, bright; light.

明カナ
Akiracana.

— comme le jour.
As clear as the day.

日ノ如ク明カナ
Hino gotocou akiracana.

Eau —e.
Clear water.

淸水
Isaghioi souï.

Personne qui a l'esprit —.
Person having a clear understanding.

能ク悟ル者
Yocou satorou mono.

Clairement, adv.
Clearly.

明カニ
Akiracani.

Claire-voie, s. f. (mar.).
Sky-light.

上窓
Ouwa mado.

CLAI — 192 — CLAS

Clairon, s. m.
Clarion.
軍器
Gounkei.

Clairvoyance, s. f.
Sharpness (of mind), perspicacity.
善ク悟ル事
Yocou satorou coto.

Clairvoyant, s. m.
Clear-sighted, perspicacious.
善ク悟者
Yocou satorou mono.

Clameur, s. f.
Clamour, shout, outcry.
叫ブ事
Sakebou coto.

Avec de grandes —s.
Clamorously.
大聲デ
Oô goiede.

Clandestin, e, adj.
Clandestine, secret.
内所ノ; 私ナ
Naichono; hisocana.

Clandestinement, adv.
Clandestinely, privately.
私ニ
Chinobini, hisocani.

Clapoter, v. n.
To chop, to ripple.
截ヲ切ル
Tatsou; kirou.

Claque, s. f.
Flap, slap, smack.
一ヌ、キ
Hito tataki.

Claquemurer, v. a.
To shut up, to immure.
錠ヲ閉ル; 錠ヲ下ス
Dgiò chimerou; dgiò-o orosou.

Claquer, v. n.
To crack, to clack, to snap.
響ク
Hibicou.

Claquette, s. f.
Clapper.
風鈴玉
Rin dama.

Clarifier, v. a.
To clarify, to purify, to settle.
清メル
Kiyomerou; soumasou.

Clarinette, s. f.
Clarinet.
風意
Houie.

Clarté, s. f.
Light, clearness, brightness.
明ラカ
Akiraca.

La — du jour.
The light of day.
日ノ明ラカ
Hino akiraca.

Classe, s. t.
Class, rank, order; kind; family, tribe.
部; 位
Bou; couraï.

— élevée, moyenne, inférieure.
Higher, middle, lower class.
上ト; 中ト; 下部ノ人
Dgio to, tkiou to, ghe bouno hito.

Classe d'école.
Class, school-room.
摩字室。
Gacoudò.

Classer, v. a.
To class.
分ケ置ク。
Wakete ocou.

Classique, adj. Livres — s.
Classic, classical books.
極リノ書籍。
Kimarino chòzacou.

Clause, s. f.
Clause, condition, article.
格段ナ極メ。
Cacoudanna kime.

Clavecin, s. m.
Harpsichord.
琴。
Coto.

Clavier (de clés), s. m.
Key-ring.
琴爪。
Coto-ji.

Clef, s. f.
Key.
鍵。
Caghi.

Mettre sous —.
To lock up.
錠ヲ閉ル。
Dgiò-o chimerou.

Clémence, s. f.
Clemency, mercy.
田愍覚。
Tai-rió.

Avec —.
Clemently.
善良ニシテ。
Jeuriòni chite.

Clément, e, adj.
Clement, gracious, merciful.
憐愍アル。
Renbin arou.

Clerc, s. m.
Clerk, clergyman.
祐筆。
Yoù hitsou.

Clergé, s, m.
Clergy, churchmen.
教牧。
Hòchi gata.

Cléricature, s. f.
Clerkship, state of a clergyman.
法師ノ事。
Hòchi no coto.

Clichage, s. m.
Stereotyping.
活字。
Couatsouji.

Clicher, v. a.
To stereotype.
活字スル。
Couatsouji sourou.

Client, e, s. m. f.
Client.
入手スル人。
Niouji sourou hito.

Clientèle, s. f.
Clients, clientship; patronage.
同。入手スル。
Dò; niouji sourou.

25

Clignement (d'yeux), s. m.
  Wink, winking, twinkling.
瞬瞬。
Me bataki.

Cligner, v. n.
  To wink, to twinkle.
瞬キスル。
Me bataki sourou.

Climat, s. m.
  Climate, clime.
時候。
Jicò.

Clin (d'œil), s. m. — (mar.).
  Twinkling; clincher-work.
瞬間 ○ 抓ヲ合セラレタレタ板。
Me bataki no aida; cakete awacherareta heghi ita.

Clinquant, s. m.
  Orichalch, tinsel, dutch gold.
和蘭陀金。
Oranda kin.

Clique, s. f.
  Gang, clan, party.
同族。同姓。
Dôjocou; dôjei.

Cliquetis, s. m.
  Clashing, clang, rattling.
武器ノ音。
Boukino oto.

Cliver (un diamant), v. a.
  To cleave a diamond.
割リ開ク。
Wari hiracou.

Cloaque, s. m.
  Sink; cloaca.
塵場。
Mocou souteba.

Cloche, s. f.
  Bell.
釣鐘。
Tsouri gane.

  — funèbre.
  Death-bell.
死禮鐘。
Sòreino cane.

  Fondeur de —.
  Founder.
釣鐘師。
Tsourigane chi.

Clochement, s. m.
  Hobbling, halting.
留ル事。
Tomarou coto.

Clocher, s. m.
  Steeple; bell-tower.
釣鐘堂。
Tsourigane dò.

  —, v. n.
  To limp, to halt, to hobble.
跛走ニスル。
Bicouni sourou.

Cloison, s. f.
  Partition (in houses).
挟メ。隔テ。
Hame, hedate.

Cloisonné, e, adj.
  Partitioned, chambered.
隔テ有ル。
Hedate arou.

Cloître, s. m.
  Cloister.
尼寺。
Ama dera.

Cloîtrer, v. a.
  To cloister, to immure.
尼官ニスル°
Niccouanni sourou.

Clore, v. a.
  To close, to shut; to enclose, to fence.
塞ル° 閉ル°
Chimerou; todgirou.

Clôture, s. f.
  Enclosure; fence.
屏墻°
Heigaki.

  Mettre une —.
  To enclose.
屏墻ヲ建ル°
Heigaki-o taterou.

Clôturer, v. a.
  To close.
塞ル°
Chimerou.

Clou, s. m.
  Nail; stud; boil; clove; rivets.
釘°
Coughi.

  — à tête plate.
  Clout nail, shoe nail.
錨°
Biò.

  Arracher un —.
  To take out a nail.
釘ヲ抜ク°
Coughi-o noucou.

Clouer, v. a.
  To nail.
釘ヲ抜ッ°
Coughi-o outsou.

Clouterie, s. f.
  Nail manufactory.
釘家°
Coughiya.

Cloutier, s. m.
  Nailer, nail-maker.
同°
Dò.

Club, s. m.
  Club.
組合°
Coumi aï.

Clystère, s. m.
  Clyster.
灌腸°
Couantkiò.

Coadjuteur, s. m.
  Coadjutor, assistant.
代人°
Dai-bito.

Coaguler, v. a.
  To coagulate, to congeal.
凅ゝル° 凝ゝル°
Cagamarou; caiamarou.

Coaliser (se), v. n.
  To coalesce.
合苹シテ縛ル°
Gachchiouchite chimerou.

Coalition, s. f.
  Coalition.
集合°
Atsoumari.

Coasser, v. n.
  To croak.
蛙聲°
Cawazzouno naki coie.

Cocarde, s. f.
Cockade.
印
Chirouchi.

Coccinelle, s. f. (insect.).
Coccinella, lady-bird.
虫ノ名
Mouchino na.

Cochenille, s. f. (bot.).
Cochineal.
讕
Ran.

Cocher, s. m.
Coach-man.
御車
Ghiocha.

Cochon, s. m.
Hog; pig; swine.
家猪 家
Bouta.

Jeune —.
Porket, young pig.
小家猪
Co bouta.

Coco, s. m. (bot.).
Cocoa, cocoa-nut.
椰子
Yachi.

Cocon, s. m.
Cod, cocoon, ball.
蚕
Caico; mayou.

Cocotier, s. m. (bot.).
Cocoa-tree.
椰子樹
Yachino ki.

Code, s. m.
Code; laws.
法道書
Hòdò gaki.

— militaire.
Martial law.
調練場
Tkiòren-hò.

Codicille, s. m.
Codicil.
小書物
Co-hon.

Coercitif, ve, adj.
Coercive, restraining.
力賣スル
Tkicarade chemarou.

Coéternel, le, adj.
Coeternal.
長等
Nagacou hito chei.

Cœur, s. m.
Heart; soul, mind.
心 〇 魂魄
Cocoro ; tamachi.

— brisé.
Broken heart.
懷い心
Yaboure gocoro.

— d'airain.
Heart of flint.
硬イ心
Catai cocoro.

— sincère.
True heart.
本心
Honchi.

De grand cœur.
Willingly.
心 ⼆ 　Ichchinni.

Coexistant, e, adj.
Co-existent.
共 ⼆ 有 事 　Tomoni arou coto.

Coexister, v. n.
To co-exist.
共 ⼆ 有 ル 　Tomoni arou.

Coffre, s. m.
Trunk; chest; box.
箪 笥 　Tansou.

— fort.
Strong-box.
金 蔵 　Cane goura.

Cognée, s. f.
Axe, felling-axe.
斧 ノ 柄 　Masacarino ie.

Aller au bois sans —.
(To go to sea without biscuit).
斧 ノ 柄 無 ⼆ 山 行 ス ル 　Masacarino ie nachi yamani icou.

Cogner, v. a.
To knock or drive in.
打 蒦 ル 　Outki chimcrou.

Cohabitation, s. f.
Cohabitation.
共 ⼆ 仕 舞 フ 事 　Tomoni soumó coto.

Cohabiter, v. n.
To cohabit.
共 ⼆ 仕 舞 フ 　Tomoni soumó.

Cohérent, e, adj.
Coherent, connected.
付 合 フ モ ノ 　Ts'ki aó mono.

Cohéritier, s. m.
Coheir, joint-heir.
接 物 ヲ 取 ル 　Youï motsou-o torou.

Cohésion, s. f.
Cohesion.
付 合 フ 事 　Ts'ki aó coto.

Cohorte, s. f.
Cohort; company, band, crew.
一 族 　Itki zocou.

Coiffe, s. f.
Hood, coif, head-dress.
女 頭 巾 　Onna dzoukin.

Coiffer, v. a.
To ornament the head; to dress the hair.
頭 巾 ヲ 被 ス 。 髪 ヲ 結 　Dzoukin-o oô; cami-o yoú.

Coiffure, s. f.
Head-dress.
帽 子 　Bòchi.

Coin, s. m.
Coin, corner, angle, wedge; stamp.
角 。 印 　Soumi, cado; in.

Au coin de la cheminée.
In the chimney corner.

煙筒ノ角ニ。
Kemouri cachino cadoni.

Coincident, e, adj.
Coincident, coinciding.

合躰ノ。
Gattaïno.

Coincider, v. n.
To coincide.

合躰ニスル。
Gattaïni sourou.

Coing, s. m. (bot.).
Quince, melocotone.

萬壽菓。
Couarin.

Col, s. m. (cou).
Neck.

頸。
Coubi.

— (passage étroit).
Narrow passage, defile.

陝イ處。
Chebai tocoro.

Colère, s. f.
Anger, wrath, passion.

怒。短氣。立腹。
Icari, tanki, haratatki.

Mouvement de —.
Fit of anger.

怒氣。
Icarino ki.

Avec —.
Angrily.

立腹シテ。
Haratatte.

Enflammer de —.
To incense, to put in passion.

大カ腹立。
Oôcou haratatsou.

Colérique, adj.
Choleric, irascible.

短氣ナ。
Tankina.

Colifichet, s. m.
Trifle, trinket, toy.

髮飾リ。
Cami cazari.

Colin-maillard, s. m.
Blindman's buff.

眼隱シ遊ビ。
Manaco o cacouchi asobi.

Colique, s. f.
Colic, gripes.

腹痛。
Houcou tsou ; hara itami.

Colis, s. m.
Bale, package.

包ミ。把。
Tsoutsoumi, nimotsou.

Collaborateur, s. m.
Fellow labourer, assistant.

合助ル人。
Aï tasoukerou hito.

Collaboration, s. f.
Assistance, collaboration.

助ケ。
Aï tasouke.

Collage, s. m.
Pasting, gluing ; paper hanging.

糊付スル事。
Norizzoukeni sourou coto.

Collatéral, e, adj.
Collateral.
連ル°
Tsoura narou.

Collation, s. f. (comparaison).
Collation, comparing.
比較スル事°
Couraberou coto.

— (repas).
Collation, lunch.
間食°
Aidano chocomotsou.

Colle, s. f.
Paste.
糊°
Nori.

— forte.
Glue.
膠°
Nicawa.

Collecteur, s. m.
Collector, tax-gatherer.
年貢ヲ納ル役°
Nengo-o osamerou yacou.

Collection, s. f.
Collection.
納ル事°
Osamerou coto.

Collectivement, adv.
Collectively.
集テ°
Soròtte, atsoumatte.

Collége, s. m.
College, school, hall.
學問所°
Gacoumonjo.

Aller au —.
To go to school.
學校ニ行ク°
Gacoumondgiòni icou.

Collègue, s. m.
Colleague.
朋友°朋輩°
Hòbai; hò iou.

Coller, v. a.
To glue, to paste.
糊付ル°
Norizzoukerou.

Être collé.
To adhere, to stick together.
糊付タル°
Norizzouketarou.

Se —, v. r.
To lie close, to pore over.
糊付°
Norizzoucou.

Collet, s. m.
Collar (of a coat), cape.
襟巻°
Eri maki.

Colleur, s. m.
Pasteboard-maker; paperhanger.
張師°經師°
Kioghiya; harichi.

Collier, s. m. (de femme).
Necklace.
首飾°
Coubi cazari.

— (d'animal).
Collar.
金輪°
Cana wa.

Colline, s. f.
  Hill, hillock.
  Yama, saca.

Collision, s. f.
  Collision.
  Ts'ki atarou chei.

Collocation, s. f.
  Collocation, investment.
  Bouni wakerou coto.

Colloque, s. m.
  Colloquy, dialogue.
  Monogatari, mon-dô.

Colloquer, v. a.
  To collocate, to place in order.
  Ocou.

Colluder, v. n.
  To collude; to plead by covin.
  Hacari' azamoucou.

Collusion, s. f.
  Collusion, juggling.
  Aïtagaini azamoucou.

Collyre, s. m.
  Collyrium, eye-salve.
  Me gousouri.

Colombe, s. ı.
  Dove.
  Iye bato, sato bato.

  — de mer.
  Sea-turtle.
  Oumi bato.

Colombier, s. m.
  Pigeon-house.
  Hato goia.

Colon, s. m.
  Farmer, husbandman; planter.
  Hiacouchò.

Colonel, s. m.
  Colonel.
  Houcouchò.

Colonie, s. f.
  Colony.
  Chin-tki.

Colonisation, s. f.
  Colonization.
  Chin-tki-o hiracou coto.

Coloniser, v. a.
  To colonize.
  Chin-tki-o hiracou.

Colonne, s. f.
  Column; round pillar; pillar, supporter.
  Hachira.

  — cannelée.
  Fluted column.
  Kizami bachira.

Coloquinte, s. f.
Colocynth, bitter-apple.
野 胡 瓜
Nono kiouri.

Colorer, v. a.
To colour, to tinge, to dye.
色 取 染ル
Iro dorou, somerou.

— légèrement.
To colour lightly.
薄 色ヲ 出ス
Ousoui iro-o dorou.

Colorier, v. a.
To colour.
彩ル 色ヲスル
Irotorou; iro-o sourou.

Coloris, s. m.
Colouring; tint.
薄 色
Ousoui iro.

Coloriste, s. m. f.
Colourist.
采 色 師
Saichikichi.

Colossal, e, adj.
Colossal, giant-like.
巨 人ノ 様ナ 人
Daininno yôna hito.

Colosse, s. m.
Colosse, colossus.
大 高
Chei-taca.

Colporter, v. a.
To hawk about, to peddle.
小 商 賣ル
Comono-o ourou.

Colporteur, s. m.
Hawker, peddler.
小 商 人
Co akindo.

Colza, s. m. (bot.).
Colewort.
菜 種
Na-tane.

Huile de —.
Coleseed oil.
種 油
Tane aboura.

Combat, s. m.
Combat, fight, battle, struggle.
戰 イ
Tatacaï; chen.

— opiniâtre.
Obstinate combat.
强 戰
Haghechï tatacaï.

— à outrance.
Desperate, mortal combat.
血 戰
Kechchen.

Combattant, s. m.
Combatant, fighting-man.
戰 フ 人
Tatacao hito.

Combattre, v. a.
To combat; to make war against.
戰 フ
Tatacao.

— une opinion.
To contest an opinion.
仔 命ニ 揩カ
Dzonrìoni somoucou.

26

Se combattre, v. n.
To fight.
相戰フ。
Ai tatacao.

Combien, adv.
How much, how many, what?
何程。
Icoura; nani hodo.

— de temps?
How long?
幾日。
Icca.

— y a-t-il (de distance)?
How far is it.
何里。幾里。
Nan ri, icou ri.

Combinaison, s. f.
Combination.
工夫。
Cou-hou.

— nouvelle.
New combination.
新工夫。
Aratana cou-hou.

Combiner, v. a.
To combine, to join together.
工夫スル。
Cou-hou sourou.

Se —, v. r.
To combine.
工夫ニナル。
Cou-houni narou.

Comble, s. m. (sommet).
Top, roof.
頂上。
Itadaki.

— (dans la mesure).
Heaping of a measure.
重々。
Casane gasane.

Arriver au —.
To arrive at one's utmost.
終リ迄來ル。
Owari made kitarou.

Combler, v. a.
To heap up, to fill up.
重ル。積ム。
Casanerou; tsoumou.

— (fig.).
To complete; to crown.
強壯ニスル。
Dgioubounni sourou.

Combustible, s. m.
Fuel, firing.
薪。
Takighi.

Combustion, s. f.
Combustion.
火燒。
Hiyake.

Comédie, s. f.
Comedy, play, sport; play house, theatre.
笑談戲 ○ 笑談戲場。
Warai kiòghen; warai kiòghen ba

Comédien, s. m.
Comedian, actor, player.
戲場者。
Kiòghencha, yacoucha.

Comestibles, s. m. pl.
Eatables, victuals, provisions.
食物。
Chocomotsou.

Comète, s. f.
   Comet, blazing-star.
彗星°
Havaki bochi.

Comique, adj.
   Comic; comical, ludicrous.
戯苦°
Oucachi; warawachiki.

Comité, s. m.
   Committee; meeting, club.
組合°
Coumi aï.

Commandant, s. m. (dans l'armée).
   Commandant.
大將°
Taichò.

   — de navire.
   Commander; commodore.
舟將°
Chenchò.

Commande, s. f.
   Order (of purchase).
注文°
Tkioumon.

Commandement, s. m.
   Command, order.
言付°
Y tsouke.

   — fonction, autorité.
   Command.
威勢°
Ichei.

Commander, v. a.
   To command, to order, to govern.
言付ル°
Y tsoukerou.

   — une chose à quelqu'un.
   To command any one to do any thing.
何ヲ言付ル°
Nani-o y ts'kerou.

   —, v. n.
   To command, to rule.
指向フ°
Sachi moucò

   Se —, v. r.
   To master one's self.
我身ヲ取メル°
Wagami-o osamerou.

Comme, adv.
   As, like; almost.
通リ° 好似° 如ク°
Toòri; yòni; gotocou.

   Froid — la glace.
   As cold as ice.
氷ノ如ク寒イ°
Cuôrino gotocou samoui.

   —, conj.
   As (because).
故° 依テ° カラ°
Youie; ioritte; cara.

   — je l'ai connu et aimé, je chéris sa mémoire.
我ハ其人ヲ既知又可愛ガル
Wachiwa sono hito-o michiri mata cawaïgarou

   As I have known and loved him, I cherish his memory.
故其霊ヲ樂ベ°
youïe sono oboie-o tanochimou.

Commençant, s. m.
   Beginner, novice.
手習°
Tenaraï.

Commencement, s. m.
Beginning, commencement.
始メ 始マリ
Hajime, hajimari.

Au —.
In the beginning, at first, erst.
始マリニ
Hajimarini.

Commencer, v. a. et n.
To begin.
始メル 手初メル
Hajimerou; to-o cakerou.

Commensal, adj. subs.
Commensal, messmate.
客人
Kiacoujin.

Commensurable, adj.
Commensurable.
計ニ足ル
Hacarouni tarou.

Comment, adv. subs.
How; what, in what manner; why.
何如
Dòchita, ícaga.

Le pourquoi et le —.
The why and wherefore.
何如シテ又何如シテ
Najeni mata dòchita.

— cela?
How is that?
夫ハ何如シタ
Sorewa dòchita.

Commentaire, s. m.
Commentary, comment.
註
Tkiou.

Commentateur, s. m.
Commentator, annotator.
註者
Tkiou-cha.

Commenter, v. a.
To comment, to explain.
講釈スル
Còchacou sourou.

Commerçant, s. m.
Trader, dealer, merchant.
商人
Akioúdo, akinaï hito.

Commerce, s. m.
Commerce, trade, traffic.
商買
Akinaï, chòbai.

— (relation).
Intercourse, communication.
交リ
Majiwari.

Commercer, v. a.
To trade.
商買スル 交易スル
Akinaï sourou; cò yeki sourou.

Commercial, e, adj.
Commercial.
商イノ
Akinaino.

Commère, adj.
Godmother, gossip.
寺受女 多語老婆
Tera ouke onna; tabenno baba.

Commettant, s. m.
Constituent, employer.
使イモノ
Ts'caïmono.

Commettre, v. a.
　To commit.
　託ス
　Oucasou.

—, confier.
　To entrust.
　任セル
　Macacherou.

— une chose aux soins d'une personne.
　To commit any thing to any one's care.
　人ニ世語ニ任セル
　Hitono chewani macacherou.

Commis, s. m.
　Clerk.
　番頭
　Bantò.

— de magasin.
　Shopman.
　店頭
　Micheno bantò.

Commisération, s. f.
　Commiseration, pity.
　憐愍
　Awaremi.

Commissaire, s. m.
　Commissary, commissioner, manager.
　欽差
　Kincba.

Commissariat, s. m.
　Commissaryship.
　勘定方
　Candgiò cata.

Commission, s. f.
　Commission; trust, charge; errand.
　任セル事　命令
　Macacherou coto; mei-rei.

Commissionnaire, s. m.
　Factor, commissionner.
　目代
　Me cawari.

Commissionner, v. a.
　To commission.
　使ウ　遣使ケル
　Ts'cao, y ts'kerou.

Commodat, s. m.
　Gratuitous loan (to be repaid in kind).
　認ム
　Chitatame.

Commode, adj.
　Commodious, convenient, comfortable.
　便利ナ
　Benrina.

Commode, s. f.
　Chest of drawers, commode.
　箪笥
　Tansou.

Commodément, adv.
　Comfortably, commodiously.
　便利ニ　都合ヨク
　Benrini; tsougo yocou.

Commodité, s. f.
　Convenience, accommodation.
　便利
　Benri.

Commodore, s. m.
　Naval commandant.
　軍将官
　Commodore couan.

Commotion, s. f.
　Commotion, shock.
　乱　騒動
　Ran; sòdò.

Commuer, v. a.
To commute.
Aratamerou; tori caierou.

Commun, e, adj.
Common, usual; general.
Heijei; tsouneno.

Peu —.
Uncommon.
Tada nachi.

Commun, s. m. Le — des hommes.
The generality of men, or most people, the common people.
Chó-min; cho-nin.

Communauté, s. f,
Community, society; corporation.
Sou-jin.

Commune, s. f.
Community, inhabitants; commune.
Danca.

Communément, adv.
Commonly, generally.
Tsouneni; tada.

Communicable, adj.
Communicable.
Watachi yasoui, outsouri yasoui.

Communicatif, ve, adj.
Communicative.
Cononde hodocochi.

Communication, s. f.
Communication, intercourse.
Majiwari.

Communier, v. n.
To communicate.
Majiwarou.

Communion, s. f.
Communion; fellowship.
Tomoni erou coto.

Communiquer, v. a.
To communicate, to impart, to acquaint.
Chirasou, tsougherou.

Se —, v. n.
To be communicative.
Otki tokerou.

Commutation, s. f.
Commutation of punishment.
Tori caierou coto.

Compacte, adj.
Compact, dense, solid.
Catai; chigheki.

Compagne, s. f.
Companion(female),fellow servant,mate.
Onna tomodatki.

Compagnie, s. f.
Company, society.
Coumi aï.

Compagnon, s. m.
Companion, fellow, mate, partner.
明輩° 明友° 仲間°
Hòbai, hòiou, nacama.

— d'armes.
Companion in arms.
軍仲間°
Icousa nacama.

— de bouteille.
Bottle companion, pot-companion.
飲ニ仲間°
Nomi nacama.

Compagnonnage, s. m.
Trade's-union.
商人仲間。
Akinaï nacama.

Comparable, adj.
Comparable, to be compared.
比較セラル、°
Couraberarerou.

Comparaison, s. f.
Comparison, similitude.
比較スル事°
Couraberou coto.

En — de.
In comparison with, in respect of.
夫ト比較セバ°
Sore to courabeba.

Comparaître, v. n.
To appear.
見ル° 出ル°
Miyerou; derou.

— devant le tribunal.
To appear before the tribunal.
白沙ニ出ル°
Chirasouni derou.

Comparatif, s. m.
Comparative.
比較スル物°
Couraberou mono.

Comparativement, adv.
Comparatively.
比較セバ°
Courabeba.

Comparer, v. a.
To compare, to make a comparison.
比較スル°
Couraberou.

Compartiment, s. m.
Compartment; division.
一部屋°
Hito heia.

Comparution, s. f.
Appearance, forthcoming.
搭ハル事°
Arawarerou coto.

Non —.
Non appearance.
見エヌ事°
Miyenou coto.

Compas, s. m.
Compass.
周回°
Megouri.

— (boussole).
Compass.
羅鍼盤°
Jichacou.

Compasser, v. a.
To measure with a compass.
羅鍼盤ヲ以テ測ル°
Jichacou-o motte hacarou.

Compassion, s. f.
Compassion, pity.
憐イ° 情ハ心°
Awaremi ; nasakeno cocoro.

Sans —.
Without compassion.
情ケ無シ°
Nasake nachi.

Exciter la —.
To excite compassion, to move to pity.
情心ヲ起ス°
Nasake gocoro-o ocosou.

Compatible, adj.
Compatible, consistent.
的當スル°
Tekitò sourou.

Compatir, v. n.
To compassionnate, to bear with.
愍ベ° 憐ヲ掛ケル°
Awaremou, awaremi-o cakerou.

Compatissant, e, adj.
Compassionate, feeling.
情深イ心°
Nasake boucai cocoro.

Compatriote, s. m.
Fellow, countryman.
同國人
Dòcocou-jin.

Compendium, s. m.
Compendium, abridgment.
略文°
Riyacou-boun.

Compensation, s. f.
Compensation, amends.
補ヒ°
Oghinaï.

En — de.
As a compensation for.
補フ爲メ°
Oghinao tame.

Compenser, v. a.
To counter-balance, to set against; to compensate, to make up for.
補フ°
Oghinao.

Compère, s. m.
Godfather.
寺受人° ○ 傍口人
Tera oukenin; tabenno nin.

Compétence, s. f.
Competency; competition.
衣食ニ足ル°
Ichchocouni torou.

Compétent, e, adj.
Sufficient, suitable, requisite.
用ルニ足ル°
Motkiyourouni tarou.

Compétiteur, s. m.
Competitor.
法役ハ人°
Hò iacouno hito.

Compilation, s. f.
Compilation, collection.
集ル事°
Atsoumerou coto.

Compiler, v. a.
To compile, to collect.
扁集スル°
Hensou sourou.

Complainte, s. f.
Complaint, lament.
歎キ°
Nagheki.

Complaire, v. n.
  To please, to humour.
  悦ブス。
  Yorocobasou.

  Se —, v. r.
  To delight in a thing.
  悦ブ。樂ム。
  Yorocobou; tanochimou.

Complaisance, s. f.
  Compliance; complacency.
  禮法。
  Rei-hò.

Complaisant, e, adj.
  Complaisant, obliging.
  禮儀有ル。手数キ。
  Reighi arou; taiasouki.

Complément, s. m.
  Complement, completion.
  全數。
  Mattaki cazou.

Complète, adj.
  Full, complete; total, entire.
  全キ。充分。總高。
  Mattaki, jiouboun, sòtaca.

Complétement, adv.
  Completely, thoroughly.
  全ク。充分ニ。不残。
  Mattacou, jioubounni, nococinacou.

Compléter, v. a.
  To complete, to perfect, to fill up.
  充分ニスル。滿ル。
  Jioubounni sourou, miterou.

Complétif, ve, adj.
  Completive.
  滿ル數。
  Miterou cazou.

Complexe, adj.
  Complex.
  交ル物。
  Majiyerou mono.

Complexion, s. f.
  Constitution; disposition, humour.
  容積。性質。
  Yobò; cheichitsou.

Complication, s. f.
  Complication, intricacy.
  混雜。
  Conzatsou.

Complice, s. m.
  Accomplice, abettor.
  罪人。仲間。
  Toganin, nacama.

Compliment, s. m.
  Compliment, congratulation, condolence.
  禮儀。
  Reighi; iwao rei.

  —s affectueux.
  Kind compliments.
  懇ノ禮儀。
  Nengorono reighi.

Complimenter, v. a.
  To compliment, to congratulate.
  祝フ。禮儀スル。
  Iwao; reighi sourou.

Compliquer, v. a.
  To complicate; to render intricate.
  雜ル。混雜ス ル。
  Majiyerou, conzourou.

  Se —, v. r.
  To become complicated.
  自ラ混スル。雜儀ナル。
  Mizzoucara conzourou, sòghi narou.

27

Complot, s. m.
Plot, conspiracy.
徒黨°
Totò.

Comploter, v. a. et n.
To plot, to conspire.
徒黨ヲ結ブ°
Totò-o mousoubou.

Componction, s. f.
Compunction, contrition.
後悔° 悔ミ°
Còccouaï; couiami.

Comporter, v. a.
To permit, to allow.
堪忍スル°
Canjin sourou.

Se —, v. r.
To behave, to behave one's self.
行フ°
Oconó.

Se — mal.
To misbehave.
惡ク行フ°
Achicou oconó.

Composé, e, adj., subs.
Composed, complicate; compound.
混イタル° 混イタル物°
Majiyetarou; majiyetarou mono.

Composer, v. a. et n.
To compose; to compromise, to adjust.
合セル°
Awacherou.

— un livre.
To compose, to write a book.
書ヲ著ス°
Hon-o arawasou.

— des médicaments.
To compound drugs.
藥ヲ調合スル°
Cousouri-o tkiògo sourou.

Se —, v. r.
To be composed.
混イル°
Majiirou.

Compositeur (d'imprimerie), s. m.
Composer; compositor.
活字師°
Couatsouji chi.

Composition, s. f.
Composition, composing.
活合シタル物°
Nagare awachitarou coto.

— littéraire.
Composition.
文章°
Bounchò.

Compote, s. f.
Stewed fruit, compote.
砂糖漬菓物°
Satòzzouke coudamono.

Compréhensible, adj.
Comprehensible, conceivable.
知リ得ル物°
Chiri ourou mono.

Compréhension, s. f.
Comprehension, understanding.
見識°
Kenchiki.

Comprendre, v. a.
To contain. to include; to understand.
合ム ○ 悟ル°
Houcoumou; satorou.

Comprendre mal.
To misunderstand, to mistake.
悟リ違フ。
Satori tagao.

Se — réciproquement.
To understand each other.
互三悟ル。
Tagaini satorou.

Compression, s. f.
Compression, squeezing; condensation.
押降ス事。
Ochi coudasou coto.

Comprimé, e, part.
Compressed; flat.
挫ケタル物。
Hisoghetarou mono.

Comprimer, v. a.
To compress; to condense; to quell, to keep down.
押降ル。
Ochi sagherou.

Compromettre, v. a.
To compromise, to put to arbitration.
互三譲ル。相従フ。
Tagaini youzzourou; ai chita ó.

—, v. a.
To expose, to commit, to compromise.
仲入ル。
Nacaïrerou.

Compromis, s. m.
Compromise.
相譲ル役。
Aï youzzourou yacou.

Comptabilité, s. f.
Responsability; accounts.
算方役。
Candgiò gata.

Comptable, s. m.
Accountable, responsible.
約條合。
Yacouji aï.

Comptant, adj. v. Argent —.
Ready money, money in hand.
現金。
Ghenkin.

Acheter au —.
To buy with ready money.
現金デ買フ。
Ghenkinde cao.

Payer —.
To pay in cash.
現金デ拂フ。
Ghenkinde araó.

Compte, s. m.
Account, reckoning, report, profit.
勘定。
Candgiò.

—, rapport.
Statement, reason.
道理。
Dòri; wake.

Faire un — rendu.
To make a statement, a return.
委細ヲ述ル。
Yssai-o noberou.

Compter, v. a.
To count, to reckon, to number, to calculate.
勘定スル。数イル。
Candgiò sourou; cazoierou.

Compter une somme à quelqu'un.
To pay any one a sum of money.

人ニ釘ヲ拂フ。
Hitoni cane-o harao.

—, v. n. (se proposer, présumer).
To purpose, to think, to expect.

望ム。
Nozomou.

Cela compte pour quelque chose.
That goes for something.

夫ハ數字ニナラヌ。
Sorewa cazoieneba naranou.

Cela ne compte (n'est compté) pour rien.
That goes or stands for nothing.

夫ハ何モナラヌ。
Sorewa nanimo naran.

Comptoir, s. m.
Counter, office; factory; bar.

勘定所 ○ 茶店。
Candgiòno yacoucho tchaia.

Compulser, v. a.
To compel; to examine, to ransack.

調ル。
Chiraberou.

Comput, s. m., **Computation**, s. f.
Computation.

勘定。
Candgiò.

Comte, s. m.
Count, earl.

伯。
Hacou.

Comté, s. m.
County, earldom.

伯ノ地面。
Hacouno dgimen.

Comtesse, s. f.
Countess.

伯ノ妻。
Hacouno tsouma.

Concasser, v. a.
To pound, to bruise.

打碎ク。
Outki coudacou.

Concave, adj.
Concave.

凹ナル物。
Nacacoubò narou mono.

Concéder, v. a.
To grant; to yield.

讓ル。承知スル。
Youzzourou; chòtki sourou.

Concentré, e, part.
Concentrated, interior.

縮リタル。
Tkidgimattarou.

Concentrer, v. a.
To concentrate, to concentre.

縮メル 中央ニ縮メル。
Tkidgimerou; nacani tkidgimerou.

Conception, s. f. — physique.
Conception.

懷胎。
Couïtaï.

— intellectuelle.
Apprehension.

悟ル事。
Satorou coto.

Concernant, prép.
Concerning, relating to, about.

付テ。依テ。
Ts'kite; yòritte.

Concerner, v. a.
   To concern.
腐スル○
Zocou sourou.

Concert, s. m.
   Concert, union; concert (of music).
互三合フ事○音樂
Tagaini ao coto; ongacou.

Concerter, v. a.
   To concert, to contrive.
考ヘ出ス○
Cangaie dasou.

  Se —, v. r.
   To concert matters with one, to plan.
談判スル○ 極ル○
Dampan sourou; kimerou.

Concession, s. f.
   Concession, grant.
讓ル事○
Youzzourou coto.

  Faire des —s.
   To make concessions to.
讓ル○
Youzzourou.

Concevable, adj.
   Conceivable, comprehensible.
悟ラルヽ○
Satararourou.

Concevoir, v. a.
   To conceive, to become pregnant.
懷姙スル○
Couaitaï sourou.

  — (au figuré).
   To conceive, to perceive, to understand.
悟ル○
Satorou.

  — une idée.
   To conceive an idea.
考フ出ス○
Cangaie-o dasou.

Concierge, s. m.
   Porter, door-keeper.
門番○
Mon ban.

Concile, s. m.
   Council.
會合○
Yori aï.

  — œcuménique.
   General council.
天下ノ會合○ 諸邦ノ會合○
Tencano yòri aï; chouchino yòri aï.

Conciliabule, s. m.
   Conventicle; cabal.
會所○
Couaïcho.

Conciliant, e, adj.
   Conciliating.
平和ニスル○
Heiwani sourou.

Conciliation, s. f.
   Conciliation, reconciling.
和睦○
Wabocou.

Concilier, v. a.
   To reconcile, to conciliate, to accord.
和睦スル○
Wabocou sourou.

Concis, e, adj.
   Concise.
略シタル○
Riacouchitarou.

Concision, s. f.
Conciseness.
略ヵ゜
Riacou.

Concitoyen, s. m.
Fellow-citizen.
同國人゜
Dòcocoujin.

Concluant, e, adj. verb.
Conclusive.
付定メル物゜
Ts'ki sadamerou mono.

Conclure, v. a. et n.
To conclude, to finish; to infer, to move.
終ル○付定メル゜
Kiwamarou; ts'ki sadamerou

— un discours.
To conclude a discourse.
口上ヲ定メル゜
Còjiò-o ts'ki sadamerou.

Conclusif, ve, adj.
Conclusive.
終ノ゜
Chiwaïno; òwarino.

Conclusion, s. f.
Conclusion, end; inference.
終ヮ○付ヶ定メ゜
Chimaï, owari; ts'ki sadame.

Concombre, s. m. (bot.).
Cucumber.
黄瓜 胡瓜
Ki ouri.

Concomitance, s. f.
Concomitance.
相從フ゜
Aïchitagò.

Concordance, s. f.
Concordance, agreement.
條約゜
Dgiò iacou.

Concorde, s. f.
Concord, good understanding.
和睦゜
Wabocou.

Concorder, v. n.
To agree.
和睦スル゜
Wabocou sourou.

Concourir, v. a.
To concur, to cooperate; to meet.
相和ス○相谷ル゜相働ヵ゜
Aï couasou; aï yorou, aï hataracou.

—, v. n. (être en concurrence).
To compete with.
爭フ゜
Arasó.

Concours, s. m.
Cooperation, concourse; meeting; competition.
大會゜
Taicouai.

Concret, ète, adj.
Concrete.
凝結スル物゜
Ghiòketsou sourou mono.

Concrétion, s. f.
Concretion.
凝結゜
Ghiòketsou.

Concubine, s. f.
Concubine.
妾゜
Me cake, te cake.

Concurremment, adv.
Concurrently, in competition.
合倍テ
Ai iorite.

Concurrence, s. f.
Competition, concurrence.
争ヒ
Arasoï.

—, assistance.
Cooperation, competition.
手傳ヶ事
Te dzoucou coto.

Concurrent, e, s. m. et f.
Competitor; rival.
事ヲ論スル者
Coto-o ronzourou mono.

Concussion, s. f.
Extortion, peculation.
私ニ公銀ヲ藏ム事
Hisocani còghin-o osamou coto.

Concussionnaire, s. m.
Extortioner, depredator.
非常ニ利ヲ取ル者
Hijiòni ri-o torou mono.

Condamnable, adj.
Condemnable, blamable.
罪スベキ
Tsoumicherasou beki.

Condamnation, s. f.
Condemnation, judgment.
罪ヲ定ム事
Tsoumi-o sadamou coto.

Condamner, v. a.
To condemn, to sentence; to blame.
罪ヲ定ム
Tsoumi-o sadamou.

— des doctrines.
To condemn, to censure opinions.
邪法ヲ譏ル
Giahò-o sochirou.

Condensation, s. f.
Condensation.
縮マル事
Tkidgimarou coto.

Condenser, v. a.
To condense.
縮ム
Tkidgimou.

Se —, v. r.
To grow thicker.
縮メル
Tkidgimerou.

Condescendance, s. f.
Compliance, condescension.
自ヲ屈スル事
Mizzoucara coussourou coto.

Condescendre, v. n.
To condescend, to comply, to yield.
自ヲ屈スル
Mizzoucara coussourou.

Condiment, s. m.
Condiment.
汁ノ出
Chirouno dachi.

Condisciple, s. m.
Condisciple, school-fellow.
學問仲間
Gacoumonno nacama.

Condition, s. f.
Condition, circumstances, state; quality, rank.
容子; 形
Yòsou; catatki.

Condition (clause, obligation).
Condition, terms.
朋盟 約°
Mei yacou.

Condoléance, s. f.
Condolence.
吊イ
Tomourai.

Conducteur, s. m.
Leader, conductor, guide.
道ク人°道ク者°
Mitki bicou hito ; mitki bicou mono.

— (d'une voiture).
Driver.
車夫°
Kiocha.

Conduire, v. a.
To conduct, to lead, to convey.
道ク°
Mitkibicou.

— (gouverner).
To govern, to manage, to rule.
司ル°
Ts'casadorou.

— un troupeau.
To drive a flock.
群集ヲ司ル°
Mouragari-o ts'casadorou.

Se —, v. r.
To behave.
行フ°
Oconó.

Conduit, s. m.
Conduit, duct, pipe.
溝°水道°
Mizo, soui-dò.

Conduite, s. f.
Leading ; behaviour, deportment.
引道 ○ 行イ 道°
Mitkibicou ; oconai, mitki.

— déréglée.
Misconduct.
悪キ行イ°
Achiki oconai.

Cône, s. m.
Cone.
圓錐形°
Maroui kiri catatki.

Confection, s. f.
Confection, execution, completion.
造ル事°行フ事°
Cochiraicrou coto ; oconò coto.

Confectionner, v. a.
To make.
造ル°
Cochiraierou ; ts'courou.

Confédération, s. f.
Confederation.
條約·
Dgiò yacou.

Confédéré, e, adj.
Confederate, federate.
條約ヲ結フ者°
Dgiò yacou-o mousoubou mono.

Confédérer (se), v. r.
To confederate, to unite in confederacy.
一處ニ入ル°
Ichchòni sourou.

Conférence, s. f.
Comparison ; conference.
寄合 ○ 談判 講譯°
Yori aï ; dampan, còyacou.

Conférer, v. a.
To compare, to collate.
比較ス ル。
Couraberou.

—, v. n. (délibérer).
To confer.
談判スル。
Dampan sourou.

Confesser, v. a.
To confess, to acknowledge, to avow.
白出スル。
Hacoudgiò sourou.

Se —, v. r.
To confess one's sins.
罪ヲ出口解ク。
Tsoumi-o tsougouri tocou.

Confesseur, s. m.
Confessor.
善道ニ渡ク人。
Jendòni mitkibicou hito.

Confession, s. f.
Confession, acknowledgment.
罪ヲ解ク。
Tsoumi-o otkitocou.

Confiance, s. f.
Confidence, reliance, dependance.
任セ。恃掴ル事。
Macache; yori cacarou coto.

— entière.
Entire confidence.
全ク任ル事。
Mattacou macacherou coto.

Digne de —.
Trust-worthy.
任セラレル。
Macacherarerou.

Abus de —.
Breach of trust.
任ヲ破ル。
Macache-o yabourou.

—, liberté d'action.
Confidence, boldness, self-conceit.
高慢。
Tacacou anadorou.

Confiant, e, adj. v.
Confident, sanguine, self-conceited.
疑イ無キ。
Outagaï naki.

Confidence, s. f.
Confidence ; secret, disclosure.
内分。
Naiboun.

Fausse —.
False confidence; pretended disclosure.
誤ノ任セ。
Aiamarino macache.

Confidentiel, le, adj.
Confidential.
任セ可キ者。
Macache beki mono.

Confier, v. a.
To confide, to intrust, to commit to.
任セル。
Macacherou; azzoukerou.

— une chose à quelqu'un.
To trust any thing to any one.
人ニ事ヲ任セル。
Hitoni coto-o azzoukerou.

Se —, v. r.
To trust in or to, to rely on.
任セル。頼ベ。恃リ頼ベ。
Macacherou; tanomou, yori tanomou.

28

Confiner, v. n.
To border upon.
限ル゜ 止ル゜
Caghirou; tomerou.

— (reléguer), v. a.
To confine, to imprison.
捕ヘ置ク゜
Woie wocou.

Confins, s. m. pl.
Confines, borders, boundaries.
民゜
Sacaï.

Confire, s. m.
To preserve; to confect, to comfit.
砂糖漬ル゜
Satò dzoukerou.

— au vinaigre.
To pickle.
酸漬ル゜
Sou dzoukerou.

Confirmation, s. f.
Confirmation.
安定゜
Sadamari.

— (sacrement).
Confirmation.
魂魄ヲ強メル禮゜
Tamachi-o tsouiomerou rei.

Confirmer, v. a.
To consolidate; to confirm, to sanction.
硬メル゜
Catamerou.

Confiscable, adj.
Confiscable, liable to forfeiture.
物ヲ取リ上ル可キ゜
Mono-o tori agherou beki.

Confiscation, s. f.
Confiscation.
物ヲ取上ル事゜
Mono-o tori agherou coto.

Confisquer, v. a.
To confiscate.
物ヲ取リ上ル゜
Mono-o tori agherou.

— au profit de l'État.
To forfeit to the public treasury.
政府ニ取リ上ル゜
Cheihouni tori agherou.

Confiture, s. f.
Sweatmeat, confection, comfit.
砂糖漬゜
Satò dzouke.

Conflagration, s. f.
Conflagration.
大水゜ 水難゜
Tai-coua; couanan.

Conflit, s. m.
Conflict.
戰フ事゜
Tatacò coto.

Confluer, v. n.
To meet, to join (two rivers).
流レ合フ゜
Nagare ao.

Confondre, v. a.
To confound, to mingle, to mix.
混ル゜ 混雑スル゜
Conzourou, conzatsou sourou.

— (humilier).
To confound.
恥ル゜
Hazzourou.

Se confondre, v. n.
To be confounded; to coalesce.
混雑ナル。
Conzatsou narou.

Conformation, s. f.
Conformation.
形。
Catatki.

Conforme, adj.
Comformable.
従フ者。
Chitagao mono.

Conformément, adv.
Conformably.
従テ。
Chitagatte.

Conformer (se), v. n.
To conform one's self, to comply with.
従フ。
Chitagao.

Conformité, s. f.
Conformity.
従フ事。
Chitagao coto.

En —.
Conformably, accordingly.
一致シテ 夫レ故ニ。
Itchichite, sore youeni.

Confraternité, s. f.
Brotherhood, fraternity.
朋友。
Hòiou.

Confrère, s. m.
Brother, fellow, member.
同。朋輩。
Dô; hobaï; nacama.

Confrérie, s. f.
Brotherhood, confraternity.
類役。
Rouï iacou.

Confrontation, s. f.
Confronting; collation.
比較スル事。調ル事。
Couraberou coto; chiraberou coto.

Confronter, v. a.
To confront; to compare.
對面スル ○ 比シテ謝スル。
Taïmen sourou; courabete sasourou.

Confus, e, adj.
Confused.
紛乱スル。
Honran sourou.

Confusément, adv.
Confusedly.
混乱ニ。頻リニ。
Couranni; midarini.

Confusion, s. f.
Confusion, disorder; abundance.
混乱。混雑。
Conran; conzatsou.

—, honte.
Shame.
恥辱。
Hadgi.

Congé, s. m.
Leave, permission; furlough; dismission.
暇ヤ。
Itoma, hima.

— absolu.
Discharge.
暇ニナル。
Himani narou.

Jour de congé.
Holiday.
腰日 休日
Itoma bi; kioú jitsou.

Congédier, v. a.
To discharge; to dismiss.
腰ヲ達ス
Itoma-o ts'cawasou.

Congélation, s. f.
Congelation, congealing.
凍ル事
Coôrou coto.

Congeler, v. n.
To congeal.
凍ル
Coôrou.

Congénère, adj.
Congenerous.
仝元
Onaji motono.

Congestion, s. f. — cérébrale.
Cerebral congestion.
上厚
Ouye atsouï.

Conglomération, s. f.
Conglomeration.
集ル事
Atsoumarou coto.

Conglomérer, v. a.
To conglomerate.
集ル
Atsoumarou; maroumarou.

Conglutiner, v. a.
To conglutinate.
粘ル
Nebarou.

Congratulation, s. f.
Congratulation.
賀祝イ
Ganno iwaï.

Congratuler, v. a.
To congratulate, to felicitate.
祝フ 禮儀ヲス
Iwao; reighi-o sourou.

Congrégation, s. f.
Fraternity, congregation.
會
Couaï.

Congrès, s. m.
Congress.
國會
Counino couaï.

Congru, e, adj.
Proper, congruous.
合フ物 相當ナ
De ao mono; sótóna.

Conique, adj.
Conic, conical.
尖ル形
Togarou catatki.

Conjecture, s. f.
Conjecture.
疑惑
Ghicocou.

Conjecturer, v. a.
To conjecture, to guess.
測ル 疑惑ス
Hacarou; ghicocou sourou.

Conjoindre, v. a.
To conjoin, to join together.
連ネル 合セル
Tsouranerou; awacherou.

Conjoint, e, adj.
Conjoined, conjunct.
合セル ○ 夫
Awacherou; otto.

Conjointement, adv.
Jointly, conjointly.
供ニ
Tomoni.

Conjonction, s. f. (gram.).
Conjunction.
接屬詞
Tsoughi cotoba.

Conjoncture, s. f.
Conjuncture.
時運
Ji oun.

Conjugaison, s. f. (gram.).
Conjugation.
動詞ノ變化
Dôjino ohoinarou cawari.

Conjugal, e, adj.
Conjugal.
夫婦ノ
Houfouno.

Conjuration, s. f.
Conspiracy, plot.
徒黨
Totó.

Conjuré, s. m.
Conspirator.
徒黨人
Totó nin.

Connaissance, s. f. (faculté, idée).
Knowledge, notion, notice.
知ル事 心得
Chirou coto; cocoro ie.

— (science).
Learning.
學問
Gacoumon.

Perdre —.
To become senseless.
氣ヲ失フ 氣絕スル
Ki-o ouchinó; kizetsou sourou.

— (liaison).
Acquaintance, familiarity.
知リ人
Chiri bito.

— intime.
Intimate acquaintance.
懇意
Con ï.

Connaissement, s. m.
Bill of lading.
送リ狀
Ocourijiò.

Connaître, v. a.
To know, to perceive; to understand.
知ル
Chirou.

— une langue.
To know a language.
語ヲ覺ル
Cotoba-o oboierou.

— quelqu'un.
To be acquainted with.
人ヲ知テ居ル
Hito-o chitte orou.

— de nom.
To know by name.
人名ヲ知テ居ル
Hitono na-o chitte orou.

Se connaître en une chose.
To understand a thing, to have skill in it.
事ヲ理會スル°
Coto-o riccou sourou.

Connexion, s. f.
Connexion, affinity.
連ル事°連接°
Tsouranarou coto; tsouzzouki.

Défaut de —.
Want of connexion.
連接無シ°
Tsouzzouki nachi.

Connivence, s f.
Connivance, conniving.
惡キヲ愛ル事°
Achiki-o oukerou coto.

Conniver, v. n.
To connive.
惡キニ隨フ°
Achikini chitagó.

Connu, e, part.
Known, public, understood.
會リタル°
Chiritarou.

Conquérant, s. m.
Conqueror.
勝利ヲ得ル者°
Chôri-o ourou mono.

Conquérir, v. a.
To conquer, to subdue.
勝°
Catsou.

Conquête, s. f.
Conquest.
敵ニ勝事°
Tekini catsou coto.

Consacrer, v. a.
*To consecrate, to devote; to hallow;
to sanction.*
献納スル°祭ル°
Kennô sourou; matsourou.

— son temps.
To devote one's time.
暇ヲ費ス°
Hima-o tsouiasou.

Consanguin, e, adj.
Consanguineous.
親類ノ人°
Chinrouïno hito.

Consanguinité, s. f.
Consanguinity.
親類°
Chinroui.

Conscience, s. f.
Conscience, perception; consciousness.
自ヲ知ル心°
Mizzoucara chiróu cocoro.

Délicatesse de —.
Conscientiousness, qualm of conscience.
躰多イ心°
Taï iowaï cocoro.

Consciencieusement, adv.
Conscientiously.
善キ志ヲ持テ°
Yoï cocorozachi-o motkite.

Consécrateur, s. m.
Consecrator.
祭ル人°
Matsourou hito.

Consécration, s. f.
Consecration, dedication.
祭ル事°
Matsourou coto.

Consécutif, ve, adj.
Consecutive.
繼グ物。
Tsougou mono; tsouzzoucou mono.

Consécutivement, adv.
Consecutively, successively.
繼イデ。
Tsouzzouite.

Conseil, s. m.
Counsel, advice.
勸メ。
Izame.

Prendre —.
To take advice.
人ノ知恵ヲ借ルル。
Hitono tkiie-o carirou.

—, assemblée.
Council.
會合。
Couaïcó.

— municipal.
Town counsel.
町寄合。
Matki iori aï.

Conseiller, v. a.
To advise, to counsel.
人ヲ勸メル。
Hito-o isamerou.

— mal.
To misadvise.
惡ク勸メル。
Achicou isamerou.

—, s. m.
Counsellor; adviser.
勸メル人。
Isamerou hito.

Consentant, e, adj.
Consenting, willing.
承引スル者。
Chòtki sourou mono.

Consentement, s. m.
Consent, assent.
承知。
Chòtki.

Consentir, v. n.
To consent, to agree, to acquiesce.
承知スル。
Chòtki sourou.

Conséquemment, adv.
Consequently; consistently.
夫ニ依テ。然ラバ。
Soreni iotte; chicaraba.

Conséquence, s. f.
Consequence, inference.
關係。
Couan kei.

Sans —.
Of no consequence.
殊ナラヌ。
Coto naranou.

Conservateur, s. m.
*Preserver, guardian, keeper; conser-
vator.*
守ル者。
Mamorou mono.

Conservation, s. f.
Preservation.
守リ。持ツ事。
Mamori; tamotsou coto.

Conserve, s. f.
Conserve.
砂糖漬。
Satòzzouke.

Conserve au vinaigre
Pickle.

Souzzouke mono.

—, compagnie (mar.).
Consort, convoy.

Tomoni watarou boune.

Conserver, v. a.
To preserve, to keep; to maintain.

Mamorou, tamotsou.

— des meubles.
To preserve furniture.

Cazaï-o mamorou.

—, confire.
To preserve fruits.

Satòzzoukerou.

Se —, v. r.
To be preserved.

Yocou tamotsou.

Considérable, adj.
Considerable, important.

Oôki ; omoi.

Considérablement, adv.
Considerably.

Oôkini.

Considération, s. f.
Consideration; regard; esteem.

Caierimirou coto.

Prendre en —.
To take into consideration.

Omonbacarou.

Considérer, v. a.
To consider; to behold; to contemplate.

Cangaierou ; chi-rio sourou.

Consignataire, s. m.
Trustee; consignee.

Its'kerarerou hito.

Consignation, s. f.
Consignment; deposit.

Its'kerarerou mono.

Consigne, s. f.
Orders; regulation.

I ts'ke.

Consigner, v. a.
To deposit; to consign; to record, to state.

I ts'kerou.

Consistance, s. f.
Consistence; stability; credit.

Catatki ; taï.

Consister, v. n.
To consist in.

Sono outkini arou.

La perfection consiste dans la sagesse.
The perfection consists in the wisdom.

Jensou wa dorini chitagó.

Consistoire, s. m.
Consistory.
教會合゜
Ouchïyeno iori aï.

Consolant, e, adj. v.
Consoling; comfortable.
慰サメル者゜
Nagousamerou mono.

Consolateur, s. m.
Consoler, comforter.
心ヲ慰メル人゜
Cocoro-o nagousamerou hito.

Consolation, s. f.
Consolation, comfort.
慰サメ゜
Nagousame.

Donner des —s.
To give comfort.
慰ヲ与イル゜
Nagousame-o ataïerou.

Sans —.
Comfortless.
慰メナキ゜
Nagousame naki.

Consoler, v. a.
To consol, to comfort.
慰メル゜
Nagousamerou.

Se —, v. r.
To console one's self.
心ヲ安゜
Cocoro-o yasoundzou.

Consolidation, s. f.
Consolidation, healing.
硬メル事゜
Catamerou coto.

Consolider, v. a.
To consolidate, to strengthen.
硬メル゜強メル゜凝結スル゜
Catamerou, tsouïomerou, ghióketsou sourou.

Consommateur, s. m. (qui perfectionne).
Finisher, perfecter.
使フ者゜
Ts'eao mono.

— (qui consomme).
Consumer.
費メス人゜
Tsouyasou nin.

Consommation, s. f.
Consummation, perfection, end.
終リ゜
Owari; chimaï.

—, emploi privatif.
Consumption.
費メス事゜
Tsouyasou coto.

Consommer, v. a.
To consummate, to perfect, to finish.
成就スル゜
Dgiògioùsourou; chimao.

—, épuiser.
To consume, to use.
用ル゜
Motkiiourou.

Consomption, s. f.
Consumption, decline.
消イ盡ル゜癆゜
Kiie tsoucourou; tsoucareyamaï.

Consonnance, s. f.
Consonance, concord; consonancy.
同韻゜同音゜
Dò-in; dò-on.

29

Consonant, adj. (terme de musique).
Consonant.
五音°
Go-in.

Consonne, s. f. (gram.).
Consonant.
齒音°
Ha-ien.

Consorts, s. m. pl.
Associates; co-suitors.
明輩° 仲間°
Hòbaï; nacama.

Conspirateur, s. m.
Conspirator; conspirer.
一味徒黨ノ人°
Its'bi totò no nin.

Conspiration, s. f.
Conspiration, conspiracy, plot.
徒黨° 乱黨°
Totò; rambò.

Conspirer, v. n.
To conspire, to concur; to plot.
乱ヲ謀ル°
Ran-o hácarou.

Constable, s. m.
Constable.
町ノ宜°
Matkino couan.

Constamment, adv.
Constantly; steadily; certainly.
常々°
Tsounedzoune.

Constance, s. f.
Constancy, fortitude; perseverance.
常ノ心°
Tsouneno cocoro.

Avec —.
With constancy.
常ニ°
Tsouneni.

Constant, e, adj.
Constant, unshaken; steadfast; certain.
常ノ°
Tsouneno; cataï, cawarazou.

Constater, v. a.
To ascertain; to verify; to state.
能々探シテ調ル°
Chòcochite chiraberou.

Constellation, s. f.
Constellation.
宿星°
Chocouchei.

Consternation, s. f.
Amazement, consternation, dread.
驚惶°
Odoroki ourei.

Consterner, v. a.
To dismay, to astound, to amaze.
極ク驚カス°
Gocou odorocasou.

Constipation, s. .
Constipation, costiveness.
痎癖° 閉結°
Gampeki; tozzoure mousoubou.

Constiper, v. a.
To constipate, to bind.
痎癖スル°
Tampeki sourou.

Constituant, e, adj.
Constituent; constitutive.
組立ル° 形ヲ成ス°
Mousoubi tatcrou; catatki-o nasou.

Constituer, v. a.
To constitute; to appoint; to assign. 設ケ立ル極ムル Mòke taterou, kimerou.

Se —, v. r.
To constitute one's self. 自ラ立ツ Mizzoucara tatsou.

Constitution, s. f. (établissement).
Constitution, creation. 作リ立ツ Tsoucouri tatsou.

— (tempérament).
Temperament, temper. 氣質 元氣 Kichchitsou, ghenki.

— (forme de gouvernement).
Fundamental law. 政事 Matsourigoto ; cheiji.

Constructeur, s. m.
Builder. 棟梁 Tò-riò.

Construction, s. f.
Construction, building ; edifice. 建方 Tategata, iie.

Construire, v. a.
To build, to construct, to frame. 建ル 築ク Taterou, kizzoucou.

Construit, e, adj. v.
Built. 建タル 築キタル Tatetarou, kizzouitarou.

Consubstantiation, s. f.
Consubstantiation. 同躰 Dò-taï.

Consul, s. m.
Consul. 領事官 Riò-ji couan.

Consulat, s. m.
Consulate, consulship. 領事官館 領事官職 Riò-ji iacoucho ; riò-ji couanchocou.

Consultant, adj. s. Avocat, médecin —.
Counsel ; consulting physician. 吟味スル者 Ghinmi sourou mono.

Consultation, s. f.
Consultation ; advice. 吟味 Ghinmi.

Consulter, v. a.
To consult, to advise with ; to confer. 吟味スル Ghinmi sourou.

Consumer, v. a.
To consume, to destroy ; to waste ; to wear out. 燒キ批スル Yaki couasou.

Le feu consume le bois.
Fire consumes wood. 火ハ薪ヲ滅スル Hiwa takighi-o messourou.

Se —, v. r.
To decay, to waste away, to undermine one's healt. 自ラ滅スル Mizzoucara messourou.

Contact, s. m.
Contact, connexion.
接キ合
Tsouzzouki aï.

Être en —.
To be in contact.
交リ合フ
Majiwari ao.

Contagieux, se, adj.
Contagious, pestilential.
傳染スベキ
Ouchen sourou beki.

Contagion, s. f.
Contagion, infection.
傳染病
Ouchen biò.

Conte, s. m.
Story, tale; fib, joke.
小說
Co banachi.

Contemplatif, ve, adj. subs.
Contemplative, deep musing.
默テ想ト 想ト スベ
Monde cangaierou; cangaierou hito.

Contemplation, s. f.
Contemplation, meditation.
觀テ察
Mite sachche.

Contempler, v. a.
To contemplate.
眺 觀テ察ル
Nagamerou, mite sassourou.

Contemporain, e, adj. subs.
Contemporary, cotemporary.
仝時ノ人
Onaji tokino nin.

Contenance, s. f. (capacité).
Capacity; contents.
廣闊
Coúcouatsou.

— (maintien).
Countenance, posture, behaviour, air.
顏 貌
Cavo, catatki.

Contenir, v. a.
To contain, to comprise, to hold.
含ム 容ル
Houcoumou; oucourou.

—, maintenir, réprimer.
To keep in, to restrain.
束子ル
Tsoucanerou.

Se —, v. r.
To refrain, to forbear; to contain one's self.
自ヲ守ル
Mizzoucara mamorou.

Content, e, adj.
Content, satisfied, pleased.
喜ブ
Yorocobou.

Contentement, s. m.
Contentment, satisfaction; comfort, pleasure.
樂ミ 喜ビ 滿足
Tanochimi; yorocobi; manzocou.

Contenter, v. a.
To content, to satisfy; to please, to gratify.
喜バス
Yorocobasou.

Se contenter, v. n.
　To gratify one'self; to be satisfied with.
自願ニ適フ。
Onoreno negaini canó.

Contentieux, se, adj.
　Contested, contestable, litigious.
爭イ。
Arasoi.

Contenu, s. m.
　Contents.
內ニ合者
Outkini foucoumou mono.

Conter, v. a.
　To tell, to relate.
物語リスル。
Monogatari sourou.

Contestable, adj.
　Contestable, controvertible.
爭論スベキ。
Sóron soubeki.

Contestation, s. f.
　Contestation, dispute.
爭論。
Sóron.

Contester, v. a.
　To contest, to dispute.
爭論スル。
Sóron sourou.

Conteur, s. m.
　A storyteller, narrator, teller.
物語リスル人。
Monogatari sourou nin.

Contigu, e, adj.
　Contiguous, adjacent, adjoining.
近隣ノ。
Kinrin no.

Continence, s. f.
　Continence, chastity.
己ヲ守ル事。
Onore-o mamourou coto.

Continent, e, adj.
　Continent.
己ヲ守ル者。
Onore-o mamorou mono.

—, s. m.
　Continent, mainland.
陸地。大原。洲。
Tairacana iki; daï ghen, sou.

Continu, e, adj.
　Continuous; continued.
接キ次ル。不斷。
Tsouzzoukitarou; taiezou.

Continuation, s. f.
　Continuation; continuance.
接キ。不絕事。
Tsouzzouki; taiezarou coto.

Continuel, le, adj.
　Continual.
不斷。常ノ。
Taiezarou; tsouneno.

Continuellement, adv.
　Continually.
常ニ。不絕。
Tsouneni; taiezou.

Continuer, v. a. et n.
　To continue; to proceed, to go on.
續ガ。
Tsougou; tsouzzoukou.

Contour, s. m.
　Contour, outline, circuit.
表面。外廻リ。
Womote; soto mawari.

Dessiner les contours.
To outline.

外廻ヲ囲ク°
Soto mawari-o cacou.

Contourner, v. a.
To give the proper contour.

加減善ク廻ス°
Caghen iocou mawasou.

—, déformer.
To distort, to twist.

曲ル° 彎ル°
Magherou.

Se —, v. r.
To grow crooked, to become bent.

彎ガル°
Magarou.

Contractant, s. m.
Contracting party.

條約ヲ結ブ人
Dgiò iacou-o mousoubou hito.

Contracter, v. a.
To contract.

條約ヲ結ブ°
Dgiò iacou-o mousoubou.

Se — (les muscles), v. r.
To contract, to shrink up; to shorten.

筋ヲ縮メル°
Soudgi-o tkidgimerou.

Contractile, adj.
Contractile.

縮ム可キ°
Tkidgimou beki.

Contraction, s. f.
Contraction, shrinking.

縮メル事°
Tkidgimerou coto.

Contradicteur, s. m.
Contradictor, opposer.

言イ逆ア者°
Y sacaró mono.

Contradiction, s. f.
Contradiction; discrepancy.

逆ア語°
Sacaró cotoba.

Contradictoire, adj.
Contradictory, contradictious.

両節符ヲ合ハズ°
Riòchetsou bou-o awazou.

Contradictoirement, adv.
Contradictorily.

符合セズル°
Hougóchezouni.

Contraindre, v. a.
To constrain, to compel; to squeeze.

誣ル°
Chiiourou.

Se —, v. r.
To constrain one's self; to refrain.

堪忍スル° 堪ル°
Cannin sourou, coraierou.

Contrainte, s. f.
Compulsion, coercion, constraint.

誣ル事°
Chiiourou coto.

Par —.
By compulsion.

誣テ° 無理ニ誣テ°
Chiite; mourini chiite.

Contraire, adj.
Contrary, adverse.

相對ス者°
Aï taïsou mono.

Contraire, (défavorable).
Hurtful, prejudicial.
敵スル者。
Teki sourou mono.

Contrairement, adv.
In a contrary manner.
向テ。背テ。
Moucatte; somouite.

Contrariant, e, adj.
Contradictious; provoking.
不都合ナ。
Houtsougò na.

Contrarier, v. a.
To contradict; to thwart, to annoy.
矛盾フ。背ク。
Sacaró, somocou.

Contrariété, s. f.
Contrariety, disagreement; vexation.
背ク形。
Somocou catatki.

Contraste, s. m.
Contrast.
對スル。向フ者。
Taï-sourou, moucò mono.

En —.
In contra distinction.
對シテ。向テ。
Taïchite, moucatte.

Contraster, v. a. et n.
To contrast, to make a contrast.
反對スル。
Hantaï sourou.

Contrat, s. m.
Contract, deed, indenture.
約束。條約。
Yacou sòcou, dgiò iocou.

Rendre exècutoire un —.
To enforce a contract.
條約ヲ守ラス。
Dgiò yacou-o mamorasou.

Contravention, s. f.
Contravention, infraction.
背ク事。違フ事。
Somocou coto; tagò coto.

Contre, prép.
Against; by, near, close.
向テ 。側ニ。
Moucatte; sobani.

Par —.
As a set-off.
補フ樣ニ。
Oghinao iòni.

Contre-amiral, s. m.
Rear-admiral.
水師提督。
Souisou tcitocou.

Contre-balancer, v. a.
To counterbalance, to counterpoise.
掛ケ合セル。
Cake awacherou.

Contrebande, s. f.
Contraband goods; smuggling.
密買。
Mitsougai.

Faire la —.
To smuggle, to run prohibited goods.
密荷ヲ入レル。
Mitsouni ni-o irerou.

Contrebandier, s. m.
Smuggler.
密買人。
Mitsougai bito.

Contrecarrer, v. a.
To thwart, to oppose.
御妨ケ留ル。
Houchegou; tomerou.

Contre-coup, s. m.
Rebound; counter-blow.
打戻ル事。
Outki modorou coto.

Contredanse, s. f.
Country-dance.
踊ノ名。
Odorino na.

Contredire, v. a.
To contradict; to be contradictory.
言ヒ回ア言ヒ違ア。
Y moucao; ï tagao.

Se —, v. r.
To contradict one's self.
回ヲ言ヒ違ア。
Mizzoucara ï tagao.

Contrée, s. f.
Country.
國。
Couni, cocou.

Une — fertile.
A fertile country.
佃ル國。
Youtacana couni.

Contre-épreuve, s. f.
Counter-proof.
二度験スル事。
Houtatabi cocomirou coto.

Contrefaçon, s. f.
Counterfeiting, pirating.
僑物。
Michemono.

En —
Counterfeitly.
僑シテ。
Nichite.

Contrefacteur, s. m.
Forger, counterfeiter.
僑物者。
Nichemonochi.

Contrefaire, v. a.
To counterfeit, to imitate, to mimic.
疑例スル例セル。
Mane-o itasou; icherou.

Se —, v. r.
To dissemble one's character, to play the counterfeit.
我ガ身ヲ吹ル。
Waga mi-o caierou.

Contre-maître, s. m.
Boatswain, master's mate; overseer.
水夫ノ頭 ○ 職人箱。
Souino cachira; chocounin ban.

Contremander, v. a.
To countermand.
告ヲ過終各スル。
Y tsouke-o hentò sourou.

Contre-ordre, s. m.
Counterorder, countermand.
達捐。
Haï ï.

Contre-pied, s. m.
The reverse.
反對。
Hen taï.

Contre-poids, s. m.
Counterpoise, counterbalance.
兩方平均スル重サ。
Rio fò-o tairacani sourou omosa.

Contre-poison, s. m.
Antidote, counterpoison.
解毒剤
Docou kechi.

Contre-sens, s. m.
Wrong sense, wrong or *false reading.*
無道理
Dòri nachi.

Contre-temps, s. m.
A cross, an accident, a mischance.
不仕合
Hou chiawache.

A —.
Unseasonably, at a wrong time.
不時ニ
Houjini.

Contrevenir, v. n.
To infringe, to act contrary to.
違ヒ来ア
Tagai sacó.

Contribuable, s. m.
Tax-payer.
民間
Mincan.

Contribuer, v. n.
To contribute, to conduce, to help on.
補助スル
Ho chosourou.

—, payer des contributions.
To contribute, to pay contribution.
貢ヲ拂フ
Nengou-o haró.

Contribution, s. f.
Contribution; average, share.
貢° 部分°
Nengou; wakeboun.

Percevoir les —s.
To collect taxes.
貢ヲ納ル
Nengou-o osamerou.

Contrister, v. a.
To grieve, to make sorry, to give trouble.
悲ムル° 哀ル°
Canachimerou; ourei sacherou.

Contrition, s. f.
Contrition, compunction.
後悔°
Còccouai.

Contrôle, s. m.
Control; verification; roll, list.
瞰° ○ 權柄 ○ 目錄°
Chocou; kempei; mocourocou.

Contrôler, v. a.
To verify, to control; to censure.
權柄スル°
Kempei sourou.

Contrôleur, s. m.
Comptroller, superintendant; censurer.
主人°
Tsoucasadorou hito.

Controuver, v. a.
To forge, to contrive falsely, to feign.
似ル° 偽ル°
Nicherou; itsouwarou.

Controverse, s. f.
Controversy, dispute.
議論°
Ghiron.

Hors de —.
Beyond dispute.
論ニ及バズ
Ronzourouni oiobanou.

30

Contumace, s. f.
Contumacy, default.
指ヲ事° Somocou coto.

Condamner par —.
To outlaw, to judge by default.
指ヲ訓スル° Somouki-o bassourou.

Contusion, s. f.
Contusion, bruise.
打砕ケ事° Outki coudacou coto.

Convaincre, v. a.
To convince; to persuade; to convict.
理ニ勝° 辨破ル° Rini catsou; benji yabourou.

Convalescence, s. f.
Convalescence, recovery.
回復スル事° Couaï foucou sourou coto.

Convenable, adj.
Convenient, proper, fit, congruous.
相當ノ 相應ナ° Sòtóno; sò oúna.

Convenablement, adv.
Properly, fitly, accordingly.
相當ニ° 相應ニ° Sòtóni; sòoúni.

Convenance, s. f.
Fitness; decency; convenience.
相當° 相應° Sòto; sòoú.

Convenir, v. n. (être d'accord).
To admit; to agree.
約スル° 條約スル° Yacousocou sourou; dgiò yacou sourou.

— (être conforme, convenable).
To agree, to suit; to fit, to please.
相應ル° Aï atarou.

Se —, v. n.
To suit each other; to agree.
合躰スル° Gattai sourou.

Ne pas se —.
To disagree; to differ.
相違ナ° Aï tago.

Conventicule, s. m.
Conventicle; secret meeting.
語合° 會合° Yori aï.

Convention, s. f.
Convention, agreement; articles.
約束° 條約° Yacousocou; dgiò yacou.

Conventionnel, le, adj.
Conventional, by compact or agreement.
約束ノ° 條約ノ° Yacousocouno; dgiò yacouno.

Converger, v. n.
To converge.
中央ニ向フ° Naca hodoni moucó.

Conversation, s. f.
Conversation, talk, discourse.
物語リ° Monogatari.

— calme.
Mild conversation.
靜話° Chizzoucana hanachi.

Converser, v. n.
To converse; to discourse; to commune. 物語°
Mono catarou.

Conversion, s. f.
Converting; change, conversion. 改變メル事° 教イ北ス事°
Aratamerou coto; ochiie couasarerou coto.

— (manœuvre militaire).
Wheeling about or round. 廻旋スル事°
Couaï chen sourou coto.

Converti, e, part.
Converted, turned, changed. 教イ北タル°
Ochiie couachitarou.

Convertible, adj.
Convertible, susceptible of change. 變ル可キ°
Cawarou beki.

Convertir, v. a.
To convert; to transmute; to make a convert. 改變メル° 教イ化ス°
Aratamerou, ochiie couasou.

Se —, v. r.
To be converted, to be made a convert. 改變マル° 自ラ化ス°
Aratamarou, mizzoucara couasou.

Convertissable, adj.
Convertible. 化ス可キ°
Couasou beki.

Convexe, adj.
Convex. 凸°
Nacadaca.

Corps —.
Convex body. 凸ナ形°
Nacadacana catatki.

Conviction, s. f.
Conviction. 心得°
Cocoro ie.

Pièces de —.
Articles tending to prove criminality. 罪ノ語據°
Tsoumino chòcò.

Convié, s. m.
Guest, one invited to a feast. 客人°
Kiacoujin.

Convier, v. a.
To invite, to bid, to request the company of any one. 客ヲ呼ブ°
Kiacou-o yobou.

Convive, s. m.
Guest; table-companion. 客人°
Kiacoujin.

Convocation, s. f.
Convocation, calling together; summons. 呼出ス事°
Yobi dasou coto.

Convoi, s. m.
Funeral procession. 葬禮°
Sòrei.

Convoi, escorte.
Convoy, escort.
運送
Sò oun.

Convoiter, v. a.
To covet, to lust after.
貪ル
Mousaborou.

Convoitise, s. f.
Covetousness, cupidity; concupis-cence, lust.
貪ル事
Mousaborou coto.

Convoler, v. n.
To marry again.
再縁スル
Sai-ien sourou.

Convoquer, v. a.
To convoke, to convocate, to summon.
呼ヒ集ムル
Yobi atsoumerou.

Convoyer, v. a.
To convoy; to escort.
送ル
Ocourou.

Convulsif, ve, adj.
Convulsive.
倒ルル
Taorerou.

Convulsion, s. f.
Convulsion, convulsive fit, spasm.
拘攣ルル事
Todome atsoumarerou coto.

Convulsivement, adv.
Convulsively.
倒レテ
Taorete.

Coopérateur, s. m.
Cooperator, fellow-labourer.
力ニ叶フ者
Tkicarani canó mono.

Coopération, s. f.
Co-operation.
助ケ
Tasouke.

Coopérer, v. n.
To co-operate.
共ニスル 佐ケル
Tomoni sourou, tasoukerou.

Coordonner, v. a.
To arrange, to dispose, to make or render co-ordinate.
片付ル 並ル
Catazzoukerou; naraberou.

Copartageant, s. m. et adj.
Co-partner, associated.
共ニ分ル物
Tomoni wakerou mono.

Copeau, s. m.
Chip, shaving.
剥破木
Sakiyabouri mocou.

Copie, s. f.
Copy, transcript; imitation.
写者
Outsouchimono.

Copier, v. a.
To copy, to transcribe; to imitate; to mimic.
写ス 書キ写ス ○ 疑似スル
Outsoutsou, caki outsoutsou; mane-o sourou.

Copieusement, adv.
Copiously, plentifully.

鼈ヲ川
Youtacani.

Copieux, se, adj.
Copious, plentiful.

鼈ヲ川ナ
Youtacana.

Copiste, s. m.
Copier, copyist; imitator.

寫ス人
Outsousou hito.

Copulatif, ve, adj.
Copulative.

次ヲ合セル
Majiwari awacherou.

Coq, s. m.
Cock.

雄鷄
Niwadorino osou.

Coque, s. f.
Shell; egg-shell; cocoon, cod.

殻 卵ノ殻 ○ 繭
Cara; tamagono cara; caico.

— d'un navire.
Body, hull of a ship.

裸船
Hadacaboune.

Coqueluche, s. f.
Hooping-cough, chincough.

咳嗽
Cai só.

Coquet, te, adj. et subst. m. et f.
A beau; a coquette.

形ヲ譜ル ○ 粧面ヘ人 又女
Catatki-o cazarou; iro meno nin, mata onna.

Coqueter, v. n.
To coquet, to flirt, to jilt.

樣ニスル
Yóni sourou.

—, (mar.).
To paddle a boat.

水ヲバタバタ打ツ
Soui-o batabata outsou.

Coquetterie, s. f.
Coquetry, affectation.

形ヲ譜ル事
Catatki-o cazarou coto.

Coquillage, s. m.
Shell-fish, shell.

貝
Caï.

Coquille, s. f.
Shell; husk.

貝 殻
Cai; cara.

Coquin, e, s. m. et f.
Knave, rogue, rascal.

惡人
Acounin.

Cor, s. m. — de chasse.
Horn, hunting-horn.

角喇叭
Tsounono coutkibaya.

— aux pieds.
Corn.

足癪
Achino taco.

Corail, s. m.
Coral.

珊瑚
Sango.

Corbeau, s. m.
   Raven.
鳥鴉。
Carasou.

Corbeille, s. f.
   A flat or wide basket.
箕函。
Cago.

  — de fleurs.
   A basket of flowers.
花籠函。
Hana cago.

  — découverte.
   Open basket.
無蓋籠函。
Houta naki cago.

Corbillard, s. m.
   Hearse.
死道車。
Chi-dó gourouma.

Corbillon, s. m.
   Small-basket.
小籠函。
Co cago.

Cordage, s. m.
   Cordage, cord, rope; rigging.
船ノ綱具。
Foune no cógou.

Corde, s. f.
   Cord, line, rope, twist, twine.
綱。
Tsouna.

  — d'arc.
   String, bowstring.
弓ノ弦。
Youmizzourou.

  Amarrer une —
   To make a rope fast.
綱ヲ繋グ。
Tsouna-o tsounagou.

Cordeau, s. m.
   Line, cord.
弦。
Tsourou.

Cordelette, s. f.
   Small cord; lines.
小弦。
Co tsouron.

Corder, v. a.
   To make cords or ropes; to cord, to bind with a cord.
綱ヲ造ル。○綱ヲ繋グ。
Tsouna-o naó; tsounade tsounagou.

Corderie, s. f.
   A rope-yard, rope-walk.
綱屋。
Tsouna-ia.

Cordial, e, adj. et s. m.
   Cordial, hearty; good for the stomach.
補ヒ。○補藥。
Oghinai; hò íacou, oghinai cousouri.

Cordialement, adv.
   Cordially, heartily.
心ヨリ。
Cocoro iori.

Cordialité, s. f.
   Cordiality; heartiness.
一心ヲ籠メタル事。
Fitotsouno cocoro-o cometarou coto.

Cordier, s. m.
   Ropemaker.
繩師。
Tsounachi.

Cordiforme, adj.
Cordiform, heartshaped.
心形
Cocorono catatki.

Cordon, s. m.
Twist, string; fillet, riband.
縄
Nawa.

— bleu.
Blue riband.
青縄 青紐
Aoi hibo.

— rouge.
Red riband.
紅縄 紅紐
Acai hibo.

Cordonnier, s. m.
Shoe-maker.
履師 鞴師
Coutsouchi.

Corée (la), presqu'île d'Asie.
Corea.
高麗
Cao ri.

Coréligionnaire, s. m. et f.
Co-religionist.
同宗
Dò-chioú.

Coriace, adj.
Tough.
筋味 儚薄
Sounaï.

Coriandre, s. f. (bot.).
Coriander.
莞荽
Couan soui.

Cormier, s. m. (bot.).
Service-tree, quick-tree.
梅もトキ 銀木
Me motoki; ghin motoki.

Cormoran, s. m. (ornith.).
Cormorant, water-raven.
鵜鷺
No-saghi.

Cornac, s. m.
Elephant-driver, cornac.
象使イ
Zò ts'cai.

Cornaline, s. f. (minér.).
Cornelian stone.
瑪瑙
Menò.

Corne, s. f.
Horn.
角
Tsouno.

— du cheval, etc.
Hoof.
馬爪
Me tsoume.

— pointe, angle saillant.
Corner, horn.
角
Tsouno.

— d'amorce (mar.).
Priming-horn.
角口藥入ル
Tsounono coutki cousouri irerou.

Corné, e, adj.
Horny, corneous.
角有ル者
Tsouno arou mono.

Corneille, s. f. (ornith.).
Crow, rook.
鳥
Carasou.

Cornemuse, s. f.
Cornemuse, bagpipe.
法螺
Hóra.

Corner, v. n.
To blow, to wind a horn.
法螺ヲ吹ク
Hòra-o houcou.

Cornet, s. m. (petit cor).
Hornet.
小角
Cotsouno.

— acoustique.
Ear-trumpet.
耳管
Mimino couda.

Corniche, s. f.
Cornice.
鴨居作リ
Camoie dzoucori.

Cornichon, s. m.
Gherkin, small cucumber.
小甜瓜
Co amanaï ouri.

Cornouiller, s. m. (bot.).
Corneltree, dog-berry-tree.
山茱萸
Sanchoú yoú.

Cornu, e, adj.
Horned, cornered, angular.
角ガ多イ
Tsounoga oôi.

Corporation, s. f.
Corporation.
交代
Cò-tai.

Corporel, le, adj.
Corporeal; corporal.
貌有ル
Catatki arou.

Corporellement, adv.
Corporally, bodily.
形有テ
Catatki atte.

Corps, s. m.
Body, frame; substance.
形體 身 容子
Catatki, mi, iòsou.

— société de gens.
Body, company.
合體
Gattai.

— d'armée.
Body, corps.
軍兵
Goun hei.

— de garde.
Guard-house, watch-house.
番家
Ban ya.

— d'un vaisseau.
The hull of a ship.
船体
Chen hon.

— mort (au propre).
Dead body, corpse.
死躰
Chintai; chigai.

Corps morts (mar.), câbles fixes.
Moorings, bollards (in a dock-yard).
綟綱。 Ichi oôzzouna.

Corpulence, s. f.
Corpulence, corpulency.
肥大 Coie oôsa.

Corpulent, e, adj.
Corpulent.
肥々ル。 Houtotarou.

Corpuscule, s. m.
Corpuscule, small body, atom.
分子。 Bounji.

Correct, e, adj.
Correct ; pure, neat.
慥カ。 精シ。 Tachica, couachi.

Correctement, adv.
Correctly, accurately.
精ク。 Couachicou.

Correcteur, s. m.
Corrector, reformer; reader in a printing-house.
改正スル人 ○ 文南役。 Cai chei sourou nin; chinan iacou.

Correctif, ve, adj.
Corrective.
改正スル。 Cai chei sourou.

Correction, s. f.
Accuracy, correctness; correction.
改ムル事。 細密。 Aratamerou coto, sai mitsou.

-- punition.
Punishment, castigation; reprimand.
直諫 ○ 刑罰。 Tkiocoucan; keibatsou.

Corrélatif, ve, adj.
Correlative.
眛互ノ Ai tagaino.

Corrélation, s. f.
Correlation, correlativeness.
相互ィ。 Aï tagai.

Correspondance, s. f.
Conformity, agreement, correspondance.
互對スル。 Tagaïni taisourou.

— par lettres.
Correspondence, intercourse.
書面ヲ綴ル。 Tegami-o tsouzzourou.

Correspondant, e, adj.
Corresponding, suitable, answerable.
出合フ者。 De ao mono.

— s. m.
Correspondent.
文信者。 Taiori-o courou hito.

Correspondre, v. n.
To correspond, to answer.
符合。 出合。 Hougò; de ao.

Se correspondre, v. r.

   To correspond, to communicate with one another.

交ル° 合イ申ウ°

Majiwarou; ai canó.

Corridor, s. m.

   Corridor, gallery, passage.

間道°

Aidamitki.

Corriger, v. a.

   To correct, to rectify; to repair, to redress.

改メル° 直ス°

Aratamerou, naosou.

— reprendre, punir.

   To reprove, to castigate, to reprehend.

罸ス°

Battsourou.

Se —, v. r.

   To correct one's self; to amend, to reform.

自改正ス° 善クナル°

Onore-o aratamerou; yocou narou.

Corrigible, adj.

   Corrigible.

改スベキ°

Aratamerou beki.

Corroborer, v. a.

   To corroborate; to strengthen.

強メル° 言イ壮メル°

Tsouyomerou; ï catamerou.

Corroder, v. a.

   To corrode, to cat away, to canker.

漸壊ス°

Sabi dzoucou; chencouai sourou.

Corroi, s. m.

   Currying or dressing (of leather).

革ヲ消ス°

Cawa-o tsoucousou.

Corrompre, v. a.

   To corrupt, to spoil, to taint.

腐敗ス° 壊ク° 汚ス°

Houpai sourou, cousarou; soconò; kegasou.

Se —, v. r.

   To grow corrupt, to putrefy.

娯壊ス°

Soconerou.

Corrompu, e, part.

   Corrupted, putrid; dissolute, libertine.

悪キ°

Achiki.

Corrosif, ve, adj.

   Corrosive, caustic.

鑐デ壊ル者°

Sabide iabourou mono.

Corroyer, v. a.

   To curry leather.

皮ヲモム°

Cawa-o momou.

Corroyeur, s. m.

   Currier, leather-dresser.

革ヲ消ス人°

Cawa-o namesou jin.

Corrupteur, trice, adj.

   Corruptive, corrupt.

腐ル°

Cousarerou.

— s. m. et f.

   Corrupter misleader; falsifier.

賄略ス人° 迷ス人°

Wairo sourou nin; mayovasou nin.

Corruptible, adj.
Corruptible.
可壞者°
Soconò beki mono.

Corruption, s. f.
Corruption, putrescence; infection.
腐敗 ○ 惡クスル事°
Houpai ; achicou sourou coto.

— dépravation, séduction.
Bribery; depravity, perversity; immorality.
賄賂°
Wairo.

Corsage, s. m.
Shape; chest; waist, bodice.
形容° 姿 ○ 胸當°
Keiyò, sougata ; mouncate, obichi.

Corsaire, s. m.
Corsair, privateer, pirat, rover.
海賊° 賊舩公°
Caizocou ; zocouchen.

Corselet, s. m.
Corcelet.
前鉀°
Jencò.

Corset, s. m. Voir **Corsage**.

Cortège, s. m.
Retinue, train, cortege.
備イ°
Sonaie.

Cortical, e, adj.
Cortical.
皮ノ°
Cawano.

Corvée, s. f.
Statute-labour; extra-duty; drudgery.
定付夫°
Dgiò-giki.

Corvette, s. f.
Sloop of war.
軍舩°
Gounchen.

Coryphée, s. m.
Leader of the dance; chief, principal man.
頭°
Cachira.

Coryza, s. m.
Coryza, cold in the head.
風ヲ引ク事°
Caje-o hicou coto.

Cosmétique, adj. et s. m.
Cosmetic.
香水° 香紅°
Nioï gousouri ; beni.

Cosmogonie, s. f.
Cosmogony.
天地開闢ノ論°
Tentki caibiacouno ron.

Cosmographie, s. f.
Cosmography.
地理°
Tkiri.

Cosse, s. f.
Cod, husk, hull, pod; bull's-eye.
殻° 糠°
Cara, nouca.

Costume, s. m.
Costume, characteristic dress.
將束°
Chòzocou.

Grand costume.
Full dress.
禮服
Rei-houcou; couanpoucou.

Costumer, v. a.
To dress.
將束スル
Chòzocou sourou.

Se —, v. r.
To dress one's self.
着ル
Kirou.

Cote, s. f.
Letter, number, figure; quotation.
記ス事
Chimcsou coto.

— ou quote part.
Share, quota.
文
Boun.

Côte, s. f , os pectoral.
Rib.
肋骨
Wakibone; abarabone.

— déclivité.
Side, declivity of a hill, hill.
登リ道
Noborimitki.

— rivage.
Shore, sea coast.
海岸濱
Caigan; hama.

— basse.
Shallow coast, low shore.
低地濱
Hicoui caigan.

Se mettre à la —.
To run ashore or aground.
岸ニ掛ル
Kichini cacarou.

Côté, s. m., flanc, partie latérale.
Side.
側面横方
Soba; omote, tsoura; ioco; hò.

— d'un navire.
Side, broadside.
側
Soba.

— (au figuré).
Way, manner; part.
方
Fó, cata.

Mauvais —.
Wrong way.
裏
Oura.

Du — paternel.
By the father's side.
父方ノ
Tkitkigatano.

Du — maternel.
By the mother's side.
母方ノ
Hahagatano.

A — de.
By, near; aside; on one side.
横ニ傍ニ
Yoconi; cataharani.

Laisser de —
To leave aside.
横ニ置ク
Yoconi ocou.

De tous côtés.
On all sides.
雙方ニ
Chió-hóni.

Coteau, s. m.
Slope, hill, rising ground.
丘陵
Tsouca, oca.

Côtelette, s. f.
Chop, cutlet.
肉ノ小サキ切レ
Nicouno tchiisai kire.

Coter, v. a.
To number, to quote.
示ス
Chimasou.

Coterie, s. f.
Coterie, club, set, gang.
回輩
Dò-haï.

Faire —.
To club with.
回輩ニスル
Dò-haini sourou.

Cotier, ère, adj. subst.
Coasting (adj.), coaster (subs.).
海岸ヲ渡ル；海岸ヲ渡ル船
Caigan-o norou; caigan-o norou chen.

Cotillon, s. m.
Under-petticoat; cotillon.
下裳 下君
Yomoji; kedachi.

Cotisation, s. f.
Assessment, cess; quota.
寄進
Kichin.

Cotiser (se), v. r.
To club, to join.
寄進スル
Kichin sourou.

Coton, s. m.
Cotton.
木綿
Momen, kiwata.

— brut ou en laine.
Raw cotton; cotton wool.
生木綿
Ki momen.

— filé.
Cotton-yarn, spun cotton.
木綿糸
Momen ito.

Soie de —.
Cotton staple.
真綿
Mawata.

Toile de —.
Cotton cloth; calico.
木綿地
Momenji.

Cotonner (se), v. r.
To rise with a nap, to become cottony.
漣浪立
Sazanami tatsou.

Cotonneux, se, adj.
Spongy; mealy; downy.
木綿ノ
Momenno.

Cotonnier, s. m. (bot.).
Cotton-tree.
木綿樹
Momennoki.

Côtoyer, v. n.
To go by the side, to coast along.
岸ヲ廻ル°
Kichi-o mawarou.

Cotret, s. m.
Cotret, small fagot.
小把°
Co taba.

Cotte, s. f.
Petticoat.
婦人ノ上着°
Foujinno ousaghi.

— de mailles.
A coat of mail.
鎧°
Yoroi.

Cou. Voir **col.**

Couard, e, adj.
Coward, dastard.
臆病ナ°
Ocoubiòna.

Couardise, s. f.
Cowardice, dastardliness.
臆病°
Ocoubiò.

Couchant, adj. Soleil —.
Sunset, setting sun.
日ノ入リ°
Hino iri.

— s. m., occident.
West, occident.
西°
Nichi.

Couche, s. f.
Bed, couch, bedstead.
臥床°
Nedai; nedocoro.

— (géol.).
Layer, stratum, row.
層リ°
Casanari.

— (en peinture).
Coat (of varnish, of colours).
匠°
Dò.

—s, s. f. pl.
Confinement, lying-in.
子ヲ産ム°
Co-o oumou.

Coucher, v. a.
To put to bed, to lay down.
臥サス° 休マス°
Necasou; iasoumasou.

— v. n.
To lie, to sleep.
臥ル° 臥テ居ル°
Nerou; nete orou.

Se —, v. r.
To go to bed, to lay down.
寝ル°
Nerou.

Le soleil se couche.
The sun set off.
日ガ入ル゛°
Higa irourou.

Coucher, s. m.
Going to bed, lying down; bedding.
寝ニ行°
Neni icou.

Couchette, s. f.
Couch ; sea-bed frame.
床°
Youca.

Coucou, s. m. (ornith.).
Cuckoo.
杜鵑°
Caccò dori ; to ken.

Coude, s. m.
Elbow.
臂頭°
Hidgi chiri.

— d'un chemin, etc.
Elbow, bend, angle.
路ノ斜目°
Mitkino magari me.

Coudée, s. f.
Arm's length ; cubit.
| 肘°
Hito irou.

Couder, v. a.
To bend, to make an elbow.
凹形ニスル°
Youmigatani sourou.

Coudoyer (se), v. r.
To elbow each other.
押合フ°
Ochi ao.

Coudre, v. a. et n.
To sew, to stitch ; to tack.
縫フ°
Noú.

— ensemble (deux choses).
To sew together.
共ニ縫フ°
Tomoni noú.

Coudrier, s. m. (bot.).
Nut, hazel-tree.
榛°
Asoubami.

Couenne, s. f.
Sward or rind of bacon.
豚ノ塩肉ノ皮°
Tonno cheinicouno cawa.

Couets, s. m. pl. (mar.).
Tacks of the main and foresail.
帆ノ綱°
Hóno tsouna.

Coulant, e, adj.
Flowing ; easy, fluent.
流ルル°
Nagarerou.

Nœud —.
Noose, running-knot, slip-knot.
係蹄°
Wana.

Coulée, s. f.
Running-hand.
書キ走リ°
Caki hassouri.

Couler, v. n.
To flow, to run ; to glide, to slip.
流ルル° 滑ル°
Nagarerou, souberou.

— à fond, v. n. et a.
To sink.
沈ム° ○ 沈マセル°
Chizzoumou ; chizzoumacherou.

—, passer un liquide.
To strain, to percolate.
水ガ流ルル°
Mizzouga nagarerou.

Couler, v. n. (T. de fonderie).
To melt, to cast, to run.

金ヲ鑄ル。
Caneo irou.

Couleur, s. f.
Colour, colouring.

色。色采。
Iro; irodori.

— dominante.
Prevailing colour.

重タル色。
Omò tatki iro.

— qui passe.
Fading colour.

色ノ褪ル。
Irono soutarou.

Changer de —.
To change one's colour.

色變ル。
Iroga cawarou.

Couleuvre, s. f.
Snake, adder.

蛇。
Orotki, hebi.

Coulis (vent), adj.
Draught of air.

扨隙ノ風。
Soukimano caje.

Coulisse, s. f.
Groove.

幕ノ内。
Macou no outki.

Couloir, s. m.
Strainer, filter; lobby, gangway.

物ヲ漉ス器 ○ 寄リ付キ。
Mono-o cosou outsouwamono; yori ts'ki.

Coulure, s. f.
Running, dropping.

流ス事。
Nagasou coto.

Coup, s. m.
Blow; stroke, knock; stab; cut, box, kick.

打ツ、タ、キ。
Outki; tataki.

— (figuré).
Stroke, blow.

鞭。
Boutki.

— de bâton.
A blow with a stick.

杖打事。
Tsouiede tatacou coto

— violent.
Heavy blow.

重杖。
Omoï tsouie.

— de tonnerre.
Clap of thunder, thunderstroke.

雷田洛スル事。
Raï racou sourou coto.

Tirer un — de fusil.
To fire a shot.

鐵砲ヲ放。
Teppò-o hanatsou.

Coupable, adj. subst.
Culpable, guilty, sinful.

罪有ル。罪人。
Toga arou, toganin.

Coupant, e, adj.
Cutting.

齒モノ。
Hamono.

Coupe, s. f.
Cutting; cut; section.
切ル事。
Kirou coto.

— (à boire).
Cup.
盃。 盞。
Sacazzouki.

— d'argent.
Silver cup.
銀ノ盃。
Ghinno sacazzouki.

Coupe-gorge, s. m.
Cut-throat place.
危キ處。
Abounaï tocoro.

Couper, v. a.
To cut; to cut off or down; to fell; to carve.
切ル。
Kirou; tatsou, sacou; kizamou.

— en abattant.
To cut down.
切リ堕ス。
Kiri otosou.

— du pain.
To cut bread.
飯ヲ切ル。
Pan-o kirou.

—, traverser, interrompre.
To cross, to interrupt, to divide.
横ニ有ル。
Yoconi arou.

— quelqu'un (le traverser).
To cross one, to impede, to get before one.
停ル。 休ム。
Yamerou; yasoumou.

Se —, (au figuré), v. r.
To cut one's self; to contradict one's self.
我身ヲ切ル。
Waga mi-o kirou.

Couperet, s. m.
Chopper, cleaver.
庖丁。
Hotkió; nagatana.

Couperose, s. f.
Copperas.
録青。 銅青。
Rocochiò; tóchiò.

Couple, s. m.
A couple.
一柔。
Hito tsougaï.

— de pigeons.
A pair of pigeons.
鳩ノ一柔。
Hatono hito tsougaï.

Couplet, s. m.
Couplet, verse.
詩。
Outai.

Coupoir, s. m.
Cutter.
庖丁。
Hòtkiò.

Coupon, s. m.
A remnant.
殘リ切レ。
Nocori kire.

32

Coupure, s. f.
   Cut, slit, incision, slash.
切ル事° 切リ目°
Kirou coto, kirime.

Cour, s. f.
   Yard, court-yard.
庭°
Niwa.

  Basse —.
   Poultry-yard, back yard.
鳥ノ庭
Torino niwa.

  — du souverain.
   Court.
朝延°.
Tkiótei.

  — de justice.
   Court.
官署°
Couan cho.

Courage, s. m.
   Courage; daring, spirit.
勇氣° 強ミ°
Youki, 'tsouyomi.

  Défaut de —.
   Spiritless, heartless.
勇氣無シ°
Youki nachi.

Courageusement, adv.
   Courageously, gallantly.
勇氣ガ有テ°
Youkiga atte.

Courageux, se, adj.
   Courageous, gallant.
勇氣ガ有ル° 強者°
Youkiga arou; tsouyoki mono.

Couramment, adv.
   Readily, fluently.
自由ニ°
Djiyouni.

Courant, e, adj.
   Running, current, flowing.
流ル°
Nagarou.

  Prix —.
   Current price, price of market.
相場°
Sòba.

Courant (d'eau), s. m.
   Current, stream, tide.
流レ° 水ノ流レ°
Nagare, mizzouno nagare.

  — sous-marin.
   Underset current.
逆潮°
Ghiacou tchoú.

  Aller contre le —.
   To go against the current.
流ニ溯ル°
Nagareni sacanoborou.

  Être au — de.
   To be acquainted with.
心得居ル° 知リ居°
Cocoroete orou; chitte orou.

Courbature, s. f.
   Extreme lassitude with pain in the limbs.
腰ノ痛ミ°
Cochino ïtami.

Courbe, adj.
   Curved, bent.
曲線° 斜線°
Magari soudgi.

Courbes, s. f. pl. (mar.).
  Hanging-knees.
  舩ノ肋° Foune no wakibono.

Courber, v. a.
  To bend, to curve, to bow down.
  曲ゲル° Magherou.

Se —, v. r.
  To bow, to bend.
  曲ガル° Magarou.

Courbette, s. f.
  Curvet, cringing.
  會釋° Echacou.

Faire des —s.
  To creep and cringe.
  會釋スル° Echacou sourou.

Courbure, s. f.
  Curvature, bending, bent.
  曲リ° Magari.

Coureur, s. m.
  Runner, racer; rover.
  飛脚° Hikiacou.

Courge, s. f. (bot.).
  Pumpkin, gourd.
  南瓜° Caboutkia.

Courir, v. n.
  To run, to pursue.
  走ル° 追付° Hachirou; oï tsoucou.

(Activement), — les rues.
  To haunt bawdy-houses, to gad up and down.
  町ヲ歩行スル° Matki-o aroucou.

— pour ses affaires.
  To run about on business.
  用事ノ爲走ル° Yójino tame hachirou.

Faire —.
  To run, to gallop a horse.
  走スル° Hassourou.

Couronne, s. f.
  Crown; coronet; garland, wreath.
  冠リ° Cammori.

— (monnaie).
  English crown.
  金ノ名° Caneno na.

Couronné, e, part.
  Crowned; encompassed.
  位ニ付タル ○ 取リ卷タル° Couraini tsouitarou; mawari maketarou.

Couronnement, s. m.
  Coronation; crowning.
  冠スル事° Cammori sourou coto.

Couronner, v. a.
  To crown, to wreath; to finish.
  冠ラスル ○ 終ヲラセル° Cammori sourou; tsoucouracherou.

Courrier, s. m.
  Courier, express, messenger.
  飛脚° Hikiacou.

Courroie, s. f.
Leather strap, thong.
皮 繩°
Cawa dzouna.

Courroucé, e, part.
Wroth, wrathful.
怒ラス°
Icarasou.

Courroucer, v. a.
To provoke to anger, to anger.
怒ル°
Icarou.

Se —, v. r.
To be angry, to rage.
腹立タル°
Haratattarou.

Courroux, s. m.
Wrath, passion, anger, rage.
怒リ°; 立腹
Icari; hara tatki.

Cours, s. m.
Course, stream, current, running; progress, flow; term, space.
流レ°
Nagare.

— prix courant.
Run, current price.
通用ノ直°
Tsoúiòno nedan.

Avoir —.
To be current; to be in vogue.
通用ナル°
Tsoúiòni narou.

—, suite de leçons.
Course of lectures, treatise.
學校°
Gaccò.

Suivre un —.
To follow or attend a course.
學校ニ行ク°
Gaccòni youcou.

Voyage de long —.
A distant voyage.
遠キ路°
Towoi boune mitki.

Course, s. f.
Race, running; career; track; journey.
走ル事°
Hachirou coto.

— à cheval.
Ride.
馬デ駈ケル事°
M'made cakerou coto.

— de chevaux.
Horse-race.
曲馬スル事°
Kiocou ba sourou coto.

— (maritime contre l'ennemi).
Cruise; privateering.
船ニテ往来スル事°
Founenite wósai sourou coto

Coursier, s. m.
Charger, steed.
乗馬°
Nori m'ma.

Court, e, adj.
Short, brief, limited.
短イ°; 限リ有ル°
Midgicaï; caghiri arou.

Le chemin le plus —.
The shortest way.
一番近イ°
Itkiban teiasoui.

Tout court.
Only, short, suddenly.

直ニ゜
Sougouni.

Courtage, s. m.
Brokerage, commission.

ベタイ゜
Souwai.

Courte-pointe, s. f.
Counter-pane, counterpoint.

單物゜
Hitoïmono.

Courtier, s. m.
Broker.

中買商人゜贇眼゜
Nacagaï akioudo ; baicai.

— de change.
Exchange-broker, stock-broker.

兩替商人゜
Rìdgaï akioudo.

— de mariage.
Matrimonial agent.

姻姻ノ中謀゜
Conreino nacadaïki.

Courtisan, s. m.
Courtier.

侫人゜
Neijin.

Courtisane, s f.
Courtesan.

妾゜
Mecake.

Courtiser, v. a.
To court, to flatter.

媚゜
Ietsourao.

Courtois, e, adj.
Courteous.

丁寧ナ゜
Teineina.

Courtoisie, s. f.
Courtesy, courteousness. .

丁寧゜禮儀゜
Teinei ; reighí.

Cousin, e, s. m. et f.
Cousin.

從弟○甥○姻゜
Itoco ; oï ; mei.

— germain.
Second cousin.

親堂生兄弟゜
Chindòno keì tei.

— (insecte), s. m.
Gnat, midge.

蚊゜
Ca.

Coussin, s. m.
Cushion; bolster.

枕゜
Macoura.

Coussinet, s. m.
Pad, cushion, small cushion; coussinet.

膝蒲團゜ 小蒲團゜
Hiza-bouton ; cobouton.

Coût, s. m.
Cost, charge.

價゜
Atai.

Couteau, s. m.
Knife.

庖丁゜ 小刀゜
Hotkió, cogatana.

Couteau affilé.
Sharp knife.
尖刀。
Togattarou cogatana.

— à découper.
Carving-knife.
庖丁。
Hotkiò.

Coutelas, s. m.
Cutlass, hanger.
腰刀。
Wobigatana.

Coutellerie, s. f.
Cutlery.
小刀家
Cotagana ia.

Coûter, v. n.
To cost, to be expensive.
價有。
Atai arou.

— cher.
To cost dear.
高價スル。
Tacai nedan sourou.

Qui ne coûte rien.
Costless.
無價
Ataï nachi, nedan nachi.

Coûteux, se, adj.
Expensive, costly.
有價。高イ。
Ataiga arou; tacai.

Coutume, s. f.
Custom, habit, practice, use; duty.
通例。風儀。○習慣。規則。
Tsoúrei, foúghi; nara wache; kizocou.

Avoir —.
To be wont, to be accustomed to do.
用付ル。慣ルヽ。
Motki tsoucourou; narourou.

Comme de —.
As usual.
常ノ如ク。
Tsouneno gotocou.

Coutumier, ère, adj.
Common, ordinary; accustomed.
常ニスル。
Tsouneni sourou.

Couture, s. f.
Seam, sewing; suture (chirurg.).
縫目。
Nouime.

Couturière, s. f.
Seamstress, work-woman.
縫ス女。
Noú onna.

Couvée, s. f.
Setting (of eggs); *brood, covey; breed.*
孵卵シタル物。
Caigo chitarou mono.

Couvent, s. m.
Convent, monastery, cloister.
尼寺。
Amadera.

Couver, v. a.
To hatch, to brood; to incubate.
蓋フ。抱ク。
Oó; idacou.

Couvercle, s. m.
Cover, lid.
蓋イ。蓋。
Cai; ooï, outki ooï; houta.

Couvert, abri, s. m.
  Shelter.
避難所°   Cacouchi docoro.

Couverture, s. f., en général.
  Cover, covering.
覆イ物°   Ooi mono.

  — de lit.
  Coverlet, bed-cover, blanket.
敷物°   Chikimono.

  — de cheval.
  Horse-cloth; saddle-cloth.
馬詫°   Bachen, oumahada.

Couvre-feu, s. m.
  Curfew, fireplate.
火蓋°   Hi bouta.

Couvreur, s. m.
  Tiler, slater, thatcher.
瓦師°   Cawarachi.

Couvrir, v. a.
  To cover, to envelop; to overflow; to protect; to disguise.
覆フ°   Oô.

  — une maison.
  To tile a house.
瓦ヲ葺ク°   Cawara o chicou.

  Se —, v. r.
  To cover one's self; to be covered.
笠ヲ頂ク°   Casa-o itadacou.

  Se — la tête.
  To cover one's head; to put on one's hat.
頭ヲ蓋フ°   Atama-o oô.

Crabe, s. m. (icht.)
  Crab, crab-fish.
蟹°   Cani.

Crachat, s. m.
  Spittle; sputter.
唾°   Tsoubaki.

Crachement, s. m.
  Spitting, expectoration.
同°   Dô.

Cracher, v. a.
  To spit, to spit out, to expectorate.
唾ヲスル°   Tsoubaki-o sourou.

Craie, s. f.
  Chalk.
火石ノ粉°   Hi outki ichino co.

Craindre, v. a. et n.
  To fear, to apprehend; to be afraid.
懼ク° 恐ルル°   Odorocou; osorerou.

Crainte, s. f.
  Fear, dread, apprehension.
懼キ° 恐レ°   Odoroki; osore.

Craintif, **ve**, adj.
  Fearful, timorous.
心弱キ°   Cocoro iowaki.

Cramoisi, e, adj.
   Crimson, grain colour.
   社鵑色。
   Benitobi iro.

Crampe, s. f.
   Cramp.
   綠ガ引ケ事。
   Soudgiga hicou coto.

Éprouver des —.
   To be seized with cramps.
   筋引ケ。
   Soudgiga hicou, soubicou.

Crampon, s. m.
   Cramp-iron, cramp-hook.
   万力鋏。
   Manriki hasami.

Cramponner, v. a.
   To cramp, to fasten with a cramp-iron.
   万力デ鋏ム。
   Manrikide hasamou.

Se —, v. r.
   To cling, to fasten to any thing.
   接ス、
   Sasou.

Cran, s. m.
   Notch.
   刻ミ。
   Kizami.

Crâne, s. m.
   Skull, cranium.
   腦袋。
   Nò can.

Crapaud, s. m.
   Toad, paddock.
   蛙。
   Cavazzou.

Crapule, s. f.
   Low debauchery; drunkenness.
   色慾ニフケル事。
   Souki iocouni houkerou coto.

Crapuleux, se, adj.
   Crapulous, intemperate.
   色慾ニフケル者。
   Souki iocouni houkerou mono.

Craquement, s. m.
   Cracking noise; crepitation, creaking.
   破裂。破裂ノ音。
   Sakeyaboure; sakerou oto.

Craquer, v. n.
   To crack, to crackle; to screak.
   破ル。
   Sakerou oto sourou.

Crasse, s. f.
   Dirt; filth; scurf; niggardliness.
   垢。塵。
   Aca, gomi.

Crasser (se), v. r.
   To become foul.
   汚ジル。
   Yogorerou; kegarerou.

Crasseux, se, adj. et subs.
   Dirty, filthy, greasy; sordid, niggardly wretch.
   垢多イ。汚。
   Acaga oöï; kitanaï.

Cratère (de volcan), s. m.
   Crater.
   火山ノ口。
   Couasanno coutki.

Cravache, s. f.
   Hand-whip.
   鞭。
   M'ma boutki ; moutki.

Cravate, s. f.
Cravat, neck-cloth, neckerchief.
Eri maki.

Crayon, s. m.
Chalk, blacklead; pencil.
Cheki hitsou.

Crayonner, v. a.
To draw with a pencil; to chalk, to sketch.
Cheki hitsou de egacou.

Créance, s. f.
Trust, credit, belief.
Macoto to chinzourou.

—, dette active.
Money owing, debt.
Cachimono.

Créancier, s. m.
Creditor.
Cachi nouchi.

Créateur, s. m.
Creator, maker; author.
Dzòboutsoucha.

Création, s. f.
Creation, invention.
Dzóboutsou.

Créature, s. f.
Creature; dependant.
Bammotsou; couchchite orou nin.

Crécelle, s. f.
Rattle.
Narouco.

Crêche, s. f.
Manger, crib.
Oumaboune.

Crédit, s. m.
Credit, trust, tick.
Macache.

Acheter à —.
To buy upon trust.
Carite ocou.

Vendre à —.
To trust one.
Coioide ourou.

Lettre de —.
Letter of credit.
Yacouno chòcògaki.

— influence.
Credit, power, influence.
Ikioï.

Credo, s. m. s.
Creed, belief.
Chinyó, chinzourou coto.

Crédule, adj.
Credulous, easy of belief.
Taiasoucou chinzourou.

33

Crédulité, s. f.
Credulity, credulousness.
手安ク信ル事。
Taiasoucou chinzourou coto.

Créer, v. a.
To create, to invent; to produce.
創造スル。造ル。
Sósó sourou ; tsoucourou.

Crémaillère, s. m.
Pot-hanger, pot-hook.
竈ノカギ。懸鉤。
Cake caghi.

Crème, s. f.
Cream.
乳油。
Tkitki aboura.

Crémer, v. n.
To cream, to gather cream.
乳油ニナル。
Tkitki abourani narou.

Créneau, s. m.
Battlement.
城墻。
Chirono caki.

Crénelé, e, part. et adj.
Embattled; crenated.
臺場有ル。
Daïba arou.

Créneler, v. a.
To embattle; to indent.
城墻ヲ建ル。
Chirono caki-o taterou.

Crêpe, s. m.
Crape.
縮緬。
Tkidgimerou ito, chijira.

Crêper, v. a.
To crisp, to crape, to frizzle.
縮メル。
Tkidgimerou.

Crépi, s. m.
Parget, pargeting.
墻壁ヲ塗生煉石灰。
Caki-o kitainerou ichibai.

Crépir, v. a.
To parget, to rough-cast.
煉石灰ヲ塗生ル。
Ncrou ichibai-o nourou.

Crépu, e, adj.
Crisped, crispy.
捲縮メル。
Makitkidgimerou.

Crépuscule, s. m.
Crepuscule, twilight.
黄昏。
Couregata.

— du matin.
Crepuscule.
晨昏。
Acatsoukigata.

— du soir.
Owl-light.
黄昏。
Couregata.

Cresson, s. m. (bot.).
Cress, water-cress.
捍菜。
Can saï, nejeri.

Crête (de coq), s. f.
Crest, tuft, comb of a cock.
鷄冠。
Niwatorino tosaca.

Crête de montagne.
Ridge of a mountain.
山脊。 巓。
Yamano chenaca; itadaki.

Creuser, v. a.
To dig, to delve; to hollow, to deepen.
堀ル。 堀リ出ス。 凹ツル。
Horou; hori dasou; coubotsourou.

— la terre.
To dig the ground.
土ヲ堀ル。
Tsoutki-o horou.

Creuset, s. m.
Crucible, melting-pot.
坩堝。
Cancoua, routsoubo.

Creux, s. m.
Hollow, cavity; pit, hole.
窪ミ。
Coubomi.

Creux, se, adj.
Hollow, cavernous, deep.
凹イ。 凹ンダル。 深イ。
Couboï; coubondarou; houcaï.

Crevasse, s. f.
Crevice, chink, cranny; gap.
裂ケ目。
Sake me, soukima.

Crevasser, v. a.
To split, to crack; to chap.
裂ケル。
Sakerou.

Se —, v. r.
To crack, to gape, to split.
割ルヽ。
Kirourou.

Crève-cœur, s. m.
Heart-breaking, heart-burning.
氣ヲ傷メル。
Ki-o itamerou.

Crever, v. a.
To burst, to break, to split.
裂ケル。
Sakerou.

— v. n.
To burst.
割ルヽ。
Tsoubourourou, abarourou, kirourou.

— (les animaux) v. n.
To die.
死ヌル。
Chinourou.

Crevette, s. f. (conchyl.).
Prawn.
小海老。
Yebi; ami.

Cri, s. m.
Cry; yell; shout, shriek, scream, roar.
聲。 叫ブ聲。
Coie; sakebou coie.

— perçant.
Shrill cry.
尖リタル音。
Togattarou hibiki.

Criailler, v. n.
To bawl, to clamour; to chide.
泣キ叫ブ。
Naki sakebou.

Criaillerie, s. f.
Clamouring, scolding.
叫ブ聲。
Sakebou coie.

Criard, e, adj. et subst.
Scolding, a scold.
叫フ者 ○ 叫フ人
Sakebou mono; sakebou hito.

Crible, s. m.
Sieve, riddle.
簁 ; 篩イ
Mi; fouroui.

Cribler, v. a.
To sift, to riddle; to scan.
簁吹スル; 篩フ
Mi bouki sourou; fouroú.

Cric, s. m.
A jack, a hand-screw.
万力
Manriki.

Crier, v. n.
To cry, to shout, ta bawl, to scream.
叫フ; 聲ヲ立テル; 吼ル
Sakebou; coie-o taterou; hoyourou.

—, v. a.
To proclaim; to publish.
觸ル、
Fourourou.

Crieur, s. m.
Crier; bawler; hawker.
觸レ廻ル人
Foure megourou nin.

Crime, s. m.
Crime, sin, guilt.
罪; 過
Tsoumi; toga.

— capital.
Capital crime.
大罪
Taï-zaï.

Commettre un —.
To commit a crime.
罪ヲ犯ル
Tsoumi-o fourourou.

Criminel, le, adj. et subst.
Criminal, guilty; criminal, offender.
罪ノ ○ 罪人
Tsoumino; tsoumi bito.

Criminellement, adv.
Criminally, guiltily.
罪ヲ犯シテ
Tsoumi-o oucachite.

Crin, s. m.
Horse-hair.
馬毛
M'mano ke.

Crinière, s. f.
(Lion's or horse's) mane.
馬又獅子ノ鬣
M'ma mata chichino tatecami.

Crique, s. f.
Creek, cove.
入江; 小湊
Iriye; co minato.

Crise, s. f.
Crisis.
危キ處
Aiaoki tocoro.

Crispation, s. f.
Crispation; shrivelling.
捲縮
Makitkidgime.

Crisper, v. a.
To shrivel, to contract; to thrill.
捲縮スル
M l tkidgimourou.

Se crisper, v. r.
To shrivel, to be contracted.

脆弱ナル

Moroi narou.

Cristal, s. m.
Crystal.

水晶 白玉

Souichò ; chiratama.

Cristallin, e, adj. Eau — e.
Crystalline water.

玉水

Tamamizzou.

Cristalliser, v. a., n. et r.
To crystallize.

結ビスル

Ketsoubò sourou.

Criterium, s. m.
Criterion.

印シ

Chirouchi.

Critique, adj.
Critical; alarming.

危キ

Aiaoki.

Dans un moment —.
In a critical moment.

危キ時ニ

Aiaoki tokini.

Critique, s. f.
Criticism; critique; censure.

批評

Outki bacari.

Critiquer, v. a.
To criticise; to censure.

批評スル

Outkibacarou.

Croasser, v. n.
To croak, to caw.

鴉鳴ク事

Carasouga nacou coto.

Croc, s. m.
Hook, crook.

大鉤

Oô caghi.

—s, crochets, défenses.
Fangs, tusks, canine teeths.

爪牙 牙

Tsoume ha ; kiba.

Crocher, v. a. (mar.).
To hook, to catch, to grapple.

取扱フ 握ル

Tori ats'cao ; nighirou.

Crochet, s. m.
Hook, hasp; tenter-hook.

鉤

Caghi.

Crocheter, v. a.
To pick a lock.

鉤デ掛ル

Caghide cakerou.

Crochu, e, adj.
Crooked, hooked.

曲折スル 撓メル

Kiocouchet sourou ; cagamerou.

Crocodile, s. m.
Crocodile.

鰐鮫

Wanizame.

Croire, v. a.
To believe; to credit; to trust to.

信用スル

Hontò sourou ; chindgirou ; chinzourou.

Croire en Dieu.
To believe in God.

天主ヲ信用スル事。
Tenchiou-o chindgirou coto.

— présumer.
To think, to presume.

思フ。
Omó.

Croisée, s. f.
Window.

窓。
Mado.

Croiser, v. a.
To cross, to set across; to mix.

横ニ置ク。
Yoconi ocou.

— faire croisière.
To cruise.

航海スル。
Cò caï souróu.

Se —, v. r.
To cross each other, to be crossed.

横ギル。
Yoco ghiróu.

Croiseur, s. m.
Cruiser.

航海船。
Cò caï sourou houne.

Croisière, s. f.
Cruise.

航海。
Cò caï.

Croissance, s. f.
Growth.

勢長シタル事。
Chei-tkiò; oukicou natta coto.

— complète.
Full growth.

全ク勢長シタル事。
Mattacou cheitkio chita coto.

Croissant, e, adj.
Growing, increasing.

勢長シタル。
Cheitkió chitarou.

— s. m.
Crescent.

盈テル月。
Miterou tsouki.

Croître, v. n.
To grow up, to increase; to spring up.

勢長スル。成長スル。成ル。
Cheitkio sourou, owarou.

Croix, s. f.
Cross.

十文字。十字架。
Dgiou mondgi, chidgica, battsouke.

— affliction.
Affliction.

艱難。
Cannan.

Croquer, v. a.
To craunch.

咬破スル。
Có ha sourou.

Croquis, s. m.
Sketch.

草稿。
Sò cò.

Crosse (d'évêque), s. f.
Crosier.

主教ノ標柄。
Chou kió no ghen hei.

Crosse de fusil.
   But-end.
   Chómi.

Crotte, s. f.
   Dirt; mud; mire.
   Gomi; aca; doro

Crotter, v. a.
   To dirt, to bemire.
   Yogosou; gomiga cacarou.

  Se —, v. r.
   To dirt one's self.
   Yogorerou.

Crottin, s. m.
   Dung.
   Hegachi.

Crouler, v. n.
   To sink, to give way, to go to ruin.
   Taorerou; coudzourou.

Croupe, s. f.
   Croup, rump.
   Kedamonono cochi.

Croupière, s. f.
   Crupper.
   Chirigaï.

Croupir, v. n.
   To stagnate.
   Yasoumarou.

Croûte, s. f.
   Crust; scurf.
   Catai cawa.

Crouton, s. m.
   Small crust.
   Panno cawa.

Croyable, adj.
   Credible, to be believed; like, likely.
   Hontorachï; macoto rachï.

Croyance, s. f.
   Belief, creed, persuasion; credit.
   Chinyó.

Croyant, s. m.
   Believer.
   Chinzourou hito.

Cru, s. m.
   Growth.
   Cheitkiò.

  —, e, part. de *croire.*
   Believed, thought.
   Chinyó chita.

  —, e, adj. Non cuit.
   Raw; crude; unconcocted.
   Namano; namachii, namana; niienou.

  Viande —e.
   Raw meat.
   Nama nicou.

Cruauté, s. f.
Cruelty; barbarity, outrage.
無垢衣事° 猛惡°.
Mougoki coto; móacou.

Cruche, s. f.
Pitcher, jar.
壷°
Tsoubo.

Cruchon, s. m.
Little pitcher.
小壷°
Co tsoubo.

Crucifier, v. a.
To crucify.
釘十字架磔°
Haritsoukeni sourou; hatsoukeni agourou.

Cruciforme, adj.
Cruciform.
十字形°
Dgioumonjino catatki.

Crudité, s. f.
Crudity; rawness.
生ナル事° 不熟°
Namano coto; niienou coto.

Crue, s. f.
Rise, growth, raising, swelling.
成長° 溢レ水°
Cheitchó; afoure mizzou.

Cruel, le, adj.
Cruel, merciless, grievous.
無垢衣 情無キ 狂イ°
Mogoï; nasake naki; arai.

Cruellement, adv.
Cruelly, barbarously; unmercifully.
情ケナク°
Nasake nacou.

Crûment, adv.
Bluntly, coarsely.
粗ニ°
Aracou.

Crustacés, s. m. pl.
Crustacea, crustata.
殼ノアル°
Carano arou.

Cubage, s. m.
Cubature; cubic contents.
大凡ヲ測ル事°
Taï taï-o hacarou coto.

Cube, s. m.
Cube.
立方°
Rioú fó.

Cuber, v. a.
To measure the solid contents.
淺深ヲ測ル°
Chenchin-o hacarou.

Cubique, adj.
Cubic, cubical.
立方ノ°
Rioú fó no.

Cueillette, s. f.
Gathering.
納メ高°
Osame daca.

Cueillir, v. a.
To crop, to gather, to pluck, to pick.
納ル° 集ル°
Osamerou; atsoumarou.

Cuiller, s. f.
Spoon, table-spoon.
匕°
Saji; chacouchi.

Grande cuiller.
Large spoon.

大匙°

Oó saji; chacouchi.

— à café.
Tea-spoon.

搽匙°

Cahe saji.

Cuillerée, s. f.
Spoonfull, ladlefull.

一匙°

Hito saji.

Cuir, s. m.
Hide, skin; leather.

皮°

Cawa.

— préparé.
Dressed leather.

揉皮°

Momigawa.

Cuirasse, s. f.
Cuirass, hauberk.

具足°

Gosoco; yoroï.

Cuirasser, v. a.
To cuirass, to mail.

具足ヲ著ル°

Yoroï-o kirou.

Navire cuirassé.
Cuirassed man of war.

鐵鉛°

Techchen.

Cuire, v. a. et n.
To cook, to dress, to prepare.

煮ル° 煮メス°

Nirou; niyasou.

— à l'eau.
To boil.

煮ル° 湯煮ヲスル°

Nirou; youni-o sourou.

— à la vapeur.
To stew.

蒸ス°

Mousou.

— dans le jus.
To stew.

煮イ砕ク°

Niie coudacou.

— au four.
To bake.

燒ク°

Yacou.

Non cuit.
Uncooked.

煮イヌ°

Niienou.

— v. n., démanger.
To smart, to burn.

痛ム°

Itamou.

Cuisant, e, adj.
Smarting, sharp.

痛イ°

Itaï.

Cuisine, s. f.
Kitchen.

廚房°

Daïdocoro.

Ustensiles de —.
Kitchen utensils.

廚房具°

Daidocorono dògou.

Faire la cuisine.
To cook, to dress victuals.

煮ル○
Nïrou.

Cuisinier, ère, s. m. et f.
Cook; cook-maid.

料理人○煮炊者女○
Riòrinin; mechi taki onna.

Cuisse, s. f.
Thigh; leg.

股○膵○
Momo.

Cuisson, s. f.
Cooking; dressing; baking; stewing.

煮ル事○燒ケ事○蒸ス事○
Mirou coto; yacou coto; mousou coto.

Cuivre, s. m.
Copper.

銅○
Acagane.

— jaune.
Brass.

青銅 黃銅○
Cheitkioú; 'chintkíou.

— en feuille.
Copper-plate.

銅枚○
Acagane ita.

— en barre.
Copper in bars.

銅棒○
Acagane bò.

Cuivrer, v. a.
To copper.

銅ヲ張ル○
Acagane-o harou.

Culasse, s. f.
Breech.

皿口○尻○
Sara goutki; chiri.

Culbuter, v. n.
To throw down heels over head; to overthrow.

倒ス○落ス○
Taosou; otosou.

Culée, s. f.
Culee, the abutment of a bridge.

隅ノ壁○
Cadono caki.

Culer, v. n. (mar.)
To go astern, to fall astern.

艫ヲ落ル○
Otkirou; tomo-o otkirou.

Culinaire, adj.
Culinary.

料理ノ○
Riórino.

Culminant, e, adj.
Culminating.

峯○
Mine; tacaï.

Culotte, s. f.
Breeches.

股引○
Momo biki.

Culpabilité, s. f.
Culpability; guilt.

罪○科○
Tsoumi; toga.

Culte, s. m.
Worship; worshipping.

拜禮○
Hai-rei.

Ministre du culte.
Minister of the religion.
拜禮官
Hairei couan.

Rendre un —.
To worship.
拜禮スル
Haï-rei sourou.

Cultivable, adj.
Cultivable, arable.
可耕
Tagaiasou beki.

Cultivateur, s. m.
Husbandman; farmer, agriculturist.
百姓 農夫
Fiacouchò; nò hou.

Cultiver, v. a.
To cultivate, to till; to improve.
耕ス ○ 改ムル
Tagaiasou; aratamerou.

Culture, s. f.
Culture, cultivation.
農業
Tsoucouri; nòghiò.

Cumin, s. m. (bot.)
Cumin.
馬芹
M'macheri.

Cumuler, v. a.
To accumulate, to heap up or together.
車子ル 積ム
Casanerou; tsoumou.

Cupide, adj.
Covetous, greedy.
吝嗇人
Rinchocouno hito.

Cupidité, s. f.
Cupidity, covetousness.
吝嗇 貪ル心
Rinchocou; mousaborou cocoro.

Curable, adj.
Curable.
直ル可キ
Naorou beki.

Curage, s. m.
Cleansing.
掃除スル事
Sòdgi sourou coto.

Curateur, s. m.
Curator, trustee; master.
守ル人
Mamorou hito.

Curatif, ve, adj.
Curative, healing.
痊スス
Iyasou.

Cure, s. f.
Cure, healing, sanation.
全快
Jencouaï.

Curé, s. m.
Rector, parson.
宗旨ノ師
Chiouchino chenchei.

Cure-dent, s. m.
Tooth-pick.
楊技
Yòji.

Curée, s. f.
Quarry, the hound's fee.
山色
Yama iro.

Cure-oreille, s. m.
Ear-pick.
耳拂° 耳爬°
Mimi coujiri ; mimicaki.

Curer, v. a.
To cleanse, to clear out.
掃除スル° 清メル°
Sòdgisourou ; kiomerou.

Curieusement, adv.
Curiously ; carefully.
知リ好メデ°
Chiri cononde.

Curieux, se, adj., désireux de connaître.
Curious, inquisitive.
知好者°
Chiri conomou mono.

—, rare.
Curious, rare, dainty.
奇妙ナル°
Kimió narou.

Curiosité, s. f.
Curiosity ; rarity.
知好ム事 ○ 奇妙ナル事
Chiri conomou coto ; kimió narou coto.

Cursif, ve, adj.
Running.
流ル°
Nagarerou.

Écriture japonaise cursive.
Japanese running hand.
平假字°
Hiragana.

Écriture chinoise cursive.
Chinese running hand.
草字°
Sóji.

Cutané, e, adj. Maladie —e.
Cutaneous disorder.
皮膚病°
Hihou biò.

Cuve, s. f.
Vat, tub.
大桶°
Oò woke.

Cuver, v. n.
To ferment, to work.
醱酵ノ沸ク°
Hatsoucó no wacou.

Cuvette, s. f.
Basin, wash-hand.
洗手盆°
Te araï daraï.

Cuvier, s. m.
Lie-tub.
水桶°
Mizzoudarou.

Cycle, s. m.
Cycle.
年號°
Nengou.

Cygne, s. m.
Swan.
白鷺° 鵠°
Chiro saghi ; hacoute.

Cylindre, s. m.
Cylinder ; roller ; barrel.
丸木
Marouki.

Cylindrique, adj.
Cylindrical.
丸木ノ°
Marou kino.

Cymbale, s. f.
Cymbal.
銅鈸°
Acaganeno ban.

Cynique, adj.
Cynic, snappish, satirical.
恥ヲ知ラズ°無メル°ナ人°
Hadgi-o chiranou; mouyamina hito.

Cyniquement, adv.
Cynically.
恥ヲ知ラズニ°
Hadgi-o chirazouni.

Cynisme, s. m.
Impudence, bare-faced, wickędness.
恥ヲ知ラヌ事°
Hadgi-o chiranou coto.

Cyprès, s. m. (bot.).
Cypress.
羅漢松°
Racan maki.

Czar, s. m.
Czar.
魯国帝ノ名°
Rouchiano cotcino na.

D

Dague, s. f.
   Dagger, dirk, poniard.
脇劍°
Wakizachi ; wakigatana.

Daguer, v. a.
   To stab ; to rut.
衝キトホス°
Ôugoki tovosou.

Daguet, s. m.
   Brocket or pricket, spitter.
子鹿° 鹿ノ子°
Wacaï chica, canoco.

Daigner, v. n.
   To deign, to be pleased.
成サル下サル°
Nasarou, coudasarou.

Daim, s. m., **daine**, s. f.
   Deer, doe.
鹿°
Chica.

Dais, s. m.
   Canopy.
幔幕° 天蓋°
Mammacou ; tengai.

Dalle, s. f.
   Slab, flag-stone.
敷石磚°
Chiki rocheki.

Daller, v. a.
   To flag.
石磚スル°
Rocheki-o chicou.

Dalot, s. m. (mar.).
   Scupper-hole or scupper.
水漏ス孔°
Mizzou-o morasou ana.

Damas, s. m.
   Damask.
金糸°
Kinchi.

Damasquiner, v. a.
   To damaskene.
刀ノ胼ヲ附ル°
Catanano hi-o ts'kerou.

Dame, s. f.
   Lady ; dame.
婦人 女子°
Foujin ; niochi.

Damier, s. m.
   Draught-board, chess-board.
雙六°
Chigoroco.

Damnation, s. f.
   Damnation.
地極ニ墮ル事°
Dgigocouni otkirou coto.

Damner, v. a.
   To damn.
地極ニ墮ス°
Dgigocouni otosou.

Se damner, v. r.
To damn one's self.
地極ニ堕ル゜
Dgigocouni otkirou.

Dandiner (se), v. r.
To walk like a noddy.
惰楽ニスル゜
Daracouni sourou.

Danger, s. m.
Danger; peril.
危キ゜危サ゜
Aiaoki, abounasa.

Courir un —.
To run a danger.
危キニ臨ム゜
Aiaokini nozomou.

Dangereusement, adv.
Dangerously.
危ク゜
Abounacou; aiaocou.

Dangereux, se, adj.
Dangerous.
危キ事゜
Abounai coto.

Danois, e, adj. et subst.
Danish, Dane.
ダニマルカ人゜
Danemarca jin.

Dans, prép.
In, within, into; according to.
内ニ゜中ニ゜
Outkini; nacani.

Danse, s. f.
Dancing, dance.
踊リ゜舞イ゜
Odori; maï.

Salle de —.
Dancing room.
踊リ部家゜
Odori beia.

Danser, v. n.
To dance.
踊ル゜舞フ゜
Odorou, maó.

Danseur, se, s. m. et f.
Dancer.
舞イ人ヤオトメ女゜
Maibito, otome.

Dard, s. m.
Dart, javelin; harpoon.
手箭゜
Teno ia.

Darder, v. a.
To dart, to hurl.
手箭ヲ射ル゜
Teno ia-o irou.

Dartre, s. f.
Tetter, ring-worm.
皮病゜
Cawano iamaï.

Date, s. f.
Date.
年ノ日゜日付゜
Tochino hi; hizzouke.

— erronée.
Wrong date.
日ヲ数イ違フ事゜
Hi-o cazoie tagó coto.

Dater, v. n. et a.
To date; to reckon.
年月ヲ算イル゜
Nenjitsou-o cazoierou.

Datte, s. f. (bot.)
Date.
棗°
Najime.

Daube, s. f.
Meat stewed à-la-daube.
善煮ダ肉°
Nita nicou.

Dauphin (cétac.), s. m.
Dolphin.
海豚°
Hougou.

Davantage, adv.
More; longer.
又°モ°多ヶ°
Mata, mo; oôcou.

De, prép.
Of, from, by.
ハ ヨリ° カラ° ニ° ヨッテ° エ°
No; iori, cara; ni; iotte; ie.

Les lois — Dieu.
The laws of God.
神ノ命°
Tenchióuno mei.

Aller — Paris à Londres.
To go from Paris to London.
法里斯ヲリ龍動ニ行ヶ°
Paris iori Londonni icou.

Dé (à jouer), s. m.
Die (pl. dice.).
簀°
Sai.

Points des —.
Points in the dice.
簀ノ目°
Sainome.

— à coudre.
Thimble.
指輪°
Youbi hame.

Débâcher, v. a.
To uncover, to take of the cover.
車ヲ抜ヶ事°
Couroumawo noucou coto.

Débâcle, s. f.
Breaking of the ice; downfall.
崩レ°
Taore; couzoure.

Déballer, v. a.
To unpack.
包ミヲ開ヶ°
Tsoutsoumi-o hiracou.

Débandade (à la), s. f.
In confusion, helter-skelter.
乱レニ°混雑ニ°
Midareni; conzatsouni.

Débandement, s. m.
Disbanding.
緩カニスル緩ス事°
Yourouiacani sourou; youroumerou coto.

Débander, v. a.
To unbend, to untie, to loosen.
緩クスル°解ヶ°眼遺ル°
Youroucou sourou; tocou; itoma-o yarou.

Se —, v. r.
To grow loose; to disband.
緩ナル°軍後ヲ去ル°
Youroucou narou; gouncó-o sarou.

Débarbouiller, v. a.
To clean, to wash the face.
面ヲ洗フ°
Cao-o aró.

Se débarbouiller, v. r.
To wash one's face.
Cao-o aró coto.

Débarcadère, s. m.
Landing-place; wharf.
Dgiòricou ba; agariba.

Débarquement, s. m.
Landing, discharging.
Dgiòricou; agari.

Débarquer, v. a. et n.
To land; to disembark, to unship.
Dgiòricou sourou; dgiòricou sacherou.

Débarras, s. m.
Riddance.
Yourousou coto.

Débarrasser, v. a.
To clear away, to rid.
Tocoro-o akerou.

Se —, v. r.
To disentangle, to get clear of, to get rid of.
Mitki-o akerou.

Débat, s. m.
Contest, quarrel, strife.
Arasoi.

Débattre, v. a.
To debate, to discuss, to argue.
Ghiron sourou; arasó.

Se —, v. r.
To struggle, to strive, to flounder.
Haghechicou; hataraeou.

Débauche, s. f.
Debauch.
Inran; irogonomi.

— de table.
Debauch.
Bò-in.

—, luxure.
Debauchery, lechery, lewdness.
Inran.

Débauché, e, adj. subst.
Debauched; a debauchee, lewd fellow.
Inranno fito.

Débaucher, v. a.
To debauch; to entice away.
Fikiirerou.

Se —, v. n.
To become debauched.
Inranni narou.

Débile, adj.
Weakly, feeble, debile.
Yowai.

Débilitant, e, part. et adj.
Debiliting; debilitant.
Yowacou sourou mono.

35

Débilité, s. f.
Debility, weakness.
微弱° Yowasa.

Débiliter, v. a.
To debilitate, to enfeeble.
弱メル° Yowamerou.

Débit, s. m.
Sale; market.
賣拂イ° Ouri haraï.

Débiter, v. a.
To sell, to retail; to recite.
小賣スル ○ 話ス° Co ouri sourou; hanasou.

Débiteur, s. m.
Debtor.
借金ガアル人° Carigancno arou nin.

Déblai, s. m.
Excavating, digging; earth, rubbish.
掘出ス事° Hori daśou coto.

Enlever les —.
To clear away the rubbish.
取拂ニスル° Tori haraïni sourou.

Déblayer, v. a. et n.
To clear away; to clear.
取拂フ° Tori haró.

Déboire, s. m.
Twang, after-taste; sting.
後味惡キ° Notki adgiwaiga warouï.

Déboiter, v. a.
To dislocate, to put out of joint.
引キ違イル° Hiki tkigaierou.

Se —, v. r.
To be dislocated.
引キ違フ° Hiki tkigó.

Débonder, v. a.
To unbung; to loosen.
口塞ヲ拔ク° Coutkighi-o noucou.

Débonnaire, adj.
Meek, compliant, easy-tempered.
懇ナ° Nengorona.

Débordé, e, adj.
Overflowed; dissolute, debauched.
溢レタ ○ 邪ナ人° 亂レモノ° Afoureta; yocochimano hito; abaremono.

Débordement, s. m.
Overflowing, inundation; torrent, flood; debauchery.
溢ル事 ○ 淫亂° Afourcrou coto; inran.

Déborder, v. n.
To overflow, to run over; to jut out.
溢ル° Afourerou.

—, ôter le bord.
To unborder.
緣ヲ取ル° Heri-o torou.

Débouché, s. m.
Outlet, expedient; market, vent.
湧口° 弘所° Waki coutki; hirome docoro.

Déboucher, v. a.
To open, to clear, to uncork.
開ク。 開ル。
Hiracou; akerou.

—, v. n., sortir.
To pass, to clear; to fall into.
通リ行ク。
Towori youcou.

Débouquer, v. n. (mar.).
To clear a channel, to disembogue.
流レ出ル。
Nagare dasou.

Débourber, v. a.
To cleanse.
泥ヲケ救フ。
Doro iori soucoú.

Débourrer, v. a.
To unstop.
開ク。
Hiracou.

Débours, s. m. **Déboursé**, s. m.
Disbursement, sum laid out.
拂ヒ替エノ金。
Harai otoroyeno canc.

Déboursement, s. m.
Disbursement, disbursing.
拂フ事。 金使イ。
Harò coto; canezzoucai.

Débourser, v. a. et n.
To disburse, to lay out money.
金ヲ使フ。
Canc-o ts'cao.

Debout, adv.
Upright, on end; standing.
真直ナ。
Massougouna.

Être —.
To stand.
立テ居ル。
Tatte irou.

Vent — (mar.).
Wind ahead.
先越風。
Saki coyourou caje.

Débouter, v. a.
To cast, to reject.
去ル。
Soutsourou.

Déboutonner, v. a.
To unbutton.
小爪ヲ開ク。
Co haje-o hiracou.

Débrider, v. a.
To unbridle; to dispatch, to hurry.
手綱ヲ取ル。 遲ル。
Tazzouna-o torou; ocorerou.

Débris, s. m.
Remains, wreck, ruins; rubbish.
殘物。
Dzamboutsou.

Débrouillement, s. m.
Disentanglement, unraveling.
緩メル事。
Youroumerou coto.

Débrouiller, v. a.
To disentangle; to unravel, to clear up.
緩メル。
Youroumcrou.

Se —, v. r.
To clear up one's ideas.
緩マル。
Youroumarou.

Débrutir, v. a.
To clear off the rough, to polish.
荒サシテ磨ク
Aracou chite migacou.

Débusquer, v. a.
To drive, to beat out; to turn out.
追イ出ス
Oï dasou.

Début, s. m.
Lead, first throw; beginning, outset.
最初 初メ
Saïchô; hajime.

Débuter, v. n.
To lead, to play first, to begin.
初メル 先立ツ
Hajimerou; saki datsou.

Deçà, adv.
On this side.
此方
Conata; cotkirano hò.

Décacheter, v. a.
To unseal; to break the seal of a letter.
緘破ス ル
Hikensourou; tegami-o hirocou.

Décade, s. f.
Decade.
十日
Tôca.

Décadence, s. f.
Decay; decline, wane.
衰 衰微
Otorote; soie bi.

Tomber en —.
To fall to decay.
衰微スル
Soiebi sourou; otoroierou.

Décagone, s. m. et adj.
Decagon; decagonal.
十角ノ
Dgiccacouno.

Décalitre, s. m.
Decaliter (610, 28 cubic inches).
滴ルル塲十本入
Tocori dgipon ire.

Décalogue, s. m.
Decalogue.
十戒
Dgicaï.

Décampement, s. m.
Decampment.
陣屋ヲ取ル事
Dgin ia-o torou coto.

Décamper, v. n.
To decamp; to move off.
陣屋ヲ取ル
Dgin ia-o torou.

Décanter, v. a.
To decant, to pour off gently.
塲ヨリ塲ニ移ス
Tocori cara tocorini outsoutsou.

Décaper, v. a.
To scrape metals; to take off the oxyde.
雑物ヲ取ル
Zatsouboutsou-o torou.

Décapiter, v. a.
To behead, to decapitate.
頁ヲ取ル
Coubi-o torou.

Décatir, v. a.
To take off the gloss.
膠ヲ溶解スル
Nicawa-o yoúgai sourou.

Décédé, e, adj.
Deceased.
死亡。
Chibo.

Décéder, v. n.
To decease.
死ヌル。
Chinourou.

Décèlement, s. m.
Disclosing.
顯ス事。
Arawasou coto.

Déceler, v. n.
To disclose, to betray.
顯ス。
Arawasou.

Décembre, s. m.
December.
十二月。
Dgioú ni gouatsou.

Décemment, adv.
Decently.
正シク。相當ニ。
Tadachicou; sótóni.

Décence, s. f.
Decency.
正シキ。相當。
Tadachiki; sótó.

Garder la —.
To observe decency.
相當ニ行フ。
Sótóni chite oconò.

Décennal, e, adj.
Decennial.
十年每ニ。
Dgiou nen gotoni.

Décent, e, adj.
Decent, becoming, proper.
正シ。相當ナ。
Tadachi; sótóna.

Déception, s. f.
Deception, deceitfulness.
僞ス事。
Damasou coto.

Décerner, v. a.
To decree, to award, to bestow; to issue.
極ル。與フル。
Kimerou; ataïerou.

Décès, s. m.
Decease; death.
死亡。
Chibò.

Acte de —.
Certificate of registry of death.
人別ヲ去ル。
Nimbetsou-o sarou.

Décevant, e, adj.
Deceitful, fallacious.
僞スモノ。
Damasou mono.

Décevoir, v. a.
To deceive.
僞ス。
Damasou; damacasou.

Déchaînement, v. a.
Railing, abuse, outrageous words.
緩ル事。
Youroumerou coto.

Déchaîner, v. a.
To unchain, to let loose; to exasperate.
錨ヲ解ク ○ 緩ル。
Cousari-o tocou; youroumerou.

Se déchaîner, v. n.
To get loose; to inveigh.
冤ラカセル ○ 緩マル。
Yameracacherou; youroumarou.

Décharge, s. f.
Unloading, unlading.
荷ヲ下ス事。
Ni-o orosou coto.

— d'arme à feu.
Discharge.
銃ヲ放ス事。
Teppó-o hanatsou coto.

—, soulagement.
Relief, ease.
慰メ。
Nagousame.

— d'une obligation, d'une accusation.
Discharge.
許ス。
Yourousou.

Déchargement, voir **Décharge**.

Décharger, v. a.
To unload, to unlade, to unburden. Ni-o orosou.
荷ヲ下ス。

— une arme.
To discharge.
銃ヲ放ス。
Teppó-o hanatsou.

— moralement.
To discharge, to release, to set free. Yourousou.
許ス。

— d'un office.
To discharge.
役ヲ兎ズル。
Yacou-o menzzourou.

Se — (une rivière).
To discharge or empty itself, to disembogue.
流レ出ル。
Nagare dzourou.

Décharné, e, adj.
Emaciated, lean.
肌ヲハグ。
Hada-o hagou.

Décharner, v. a.
To strip off the flesh; to emaciate.
肌ヲハギタル。
Hada-o haghitarou.

Déchausser, v. a.
To take off the shoes; to undermine. Coutsou-o nougou; ouzzoumou.
履ヲ脱グ ○ 埋ム。

Déchéance, s. f.
Loss, forfeiture.
代ヲ出ス。
Courai-o dasou.

Déchet, s. m.
Waste, loss, diminution.
減ス事。
Herasou coto.

Décheviller, v. a.
To unpeg.
木釘ヲ拔グ。
Ki coughi-o nougou.

Déchiffrable, adj.
That can be read; legible.
打鮮可キ。
Otki tocou beki.

Déchiffrer, v. a.
 To decipher; to unravel; to find one out. 打餅ク° Otki tocou.

Déchiqueter, v. a.
 To cut, to slash, to pink. 細ニ切ル° Comacani kirou.

Déchirement, s. m.
 Tearing, rending, laceration. 割事° Sacou coto.

Déchirer, v. a.
 To tear, to rend; to defame. 裂ク° 取ル ○ 誣ル° Sacou; torou; sochirou.

 — en deux.
 To tear asunder. 二ニ裂ニ裂ク° Houtatsouni sacou.

 Avoir ses habits tout déchirés.
 To have one's clothes all torn. 破裂シタル° Haretki chitarou.

Déchirure, s. f.
 Tear, rent. 破裂° Haretki.

Déchoir, v. n.
 To fall, to sink; to decline. 衰微スル° Soiebi sourou; otoroierou.

Déchu, e, adj.
 Decayed, sunk, fallen. 衰イタル° Otoroietarou.

Décidé, e, adj.
 Decided, determined. 極リタル° Kimattarou.

Décidément, adv.
 Decidedly; positively. 定テ° 必定テ° Sadamatte.

Décider, v. a. et n.
 To decide; to determine, to induce. 定ムル° Sadamerou; kimerou.

 Se —, v. r.
 To come to a decision. 決定スル° Sadamerou.

Décime, s. m.
 Tenth part of a frank, decime. 十分一° Dgiou-bou itki.

Décimer, v. a.
 To decimate. 十分一ヲ取ル° Dgiou-bouno itki-o torou.

Décisif, ve, adj.
 Decisive; peremptory. 慥ナ° 決斷ナ° Tachicana; ketsoudanna.

Décision, s. f.
 Decision. 決斷° 截斷° Ketsoudan; saïdan.

Déclamation, s. f.
 Art of reciting, declamation. 講談° Cò dan.

Déclamer, v. a. et n.
To recite, to declaim; to inveigh.
講談スル ○ 惡口スル
Cò dan sourou; accó sourou.

Déclaration, s. f.
Declaration.
乱ス事
Midasou coto.

Déclarer, v. a.
To declare, to make known; to certify.
告ル 証擔スル
Tsougherou; chò cò sourou.

Se —, v. r.
To declare one's self; to speak one's mind.
自ヲ知ラセル
Onore-o chiracherou.

Déclasser, v. a.
To unclass.
商賣替スル
Tochei gai sourou.

Déclin, s. m.
Decline, close; decay.
衰イ、下ル事
Otoroie; sagarou coto.

Déclinaison, s. f.
Declension.
テニヲハヲ付ル事
Teni-o ha-o ts'kerou coto.

—, en astronomie.
Declination.
曲リ
Magari.

Décliner, v. n.
To decline; to fall off.
衰イル
Otoroierou; otkirou.

—, v. a. (gram.).
To decline.
テニヲハヲ付ル
Teni-o ha-o ts'kerou.

— son nom.
To send up one's name.
我名ヲ知ラス
Waga na-o chirasou.

Déclivité, s. f.
Declivity.
坂
Saca.

Déclore, v. a.
To unclose, to throw open.
裏ケ
Hiracou.

Déclouer, v. a.
To unnail.
釘ヲ拔ケ
Coughi-o noucou.

Décocher, v. a.
To discharge, to let fly.
射ル
Youmi irou.

Décoction, s. f.
Decoction.
煎ル事
Chenzourou coto.

Décoiffer, v. a.
To uncoif, to pull off the head-dress.
頭巾ヲ取ル
Dzoukin-o torou.

Décoller, v. a.
To unglue, to make to come off.
糊ヲ取ル
Nori-o torou.

Décoller, décapiter.
To behead.
首ヲ取ル。
Coubi-o torou.

Décolleter, v. a. et n.
To uncover the breast.
首ヲ顯ス。
Coubi-o arawasou.

Décolorer, v. a.
To discolour, to take away the colour.
色ヲ薄ス。
Iro-o samasou.

Se —, v. n.
To lose one's colour; to fade.
色ガ散ル。
Iroga samerou.

Décombres, s. m. pl.
Rubbish.
破物。
Zamboutsou.

Décomposable, adj.
Decompoundable.
滑化ス可キ。
Chòcouasou bechi.

Décomposer, v. a.
To decompose; to distort.
滑化ス ル。
Chòcouasourou.

Se —, v. n.
To become distorted.
滑化ナル。
Chòcoua narou.

Décomposition, s. f.
Decomposition.
解体。
Wacatchi wotorou.

Décompte, s. m.
Discount, deduction.
引ク事。
Hicou coto.

Faire le —.
To deduct.
減スル。
Ghenzourou.

Décompter, v. a.
To discount, to deduct.
減スル。引ク。
Ghenzourou; hicou.

Déconcerter, v. a.
To disconcert, to discompose; to baffle.
滑化スル。○嘲ル。
Chòcoua sourou; azakerou.

Se —, v. n.
To be out of countenance, or at a loss.
恥ヅル。
Hazzourou.

Déconfiture, s. f.
Discomfiture; ruin; havock.
敗ル。○倒ル。○零落スル。
Yaboure; taore; reiracou sourou.

Déconseiller, v. a.
To dissuade, to advise to the contrary.
禁ス ル。
Imachimerou.

Déconsidération, s. f.
Disrepute, disesteem.
名廢ル。
Naga chitarou.

Déconsidéré, e, adj.
Sunk into disrepute, discredited.
人名ヲ捨ル。
Hitono na-o souterou.

36

Déconsidérer, v. a. 名ガ墜ルモノ。
To discredit; to disesteem. Naga chitarou mono.

Décontenancer, v. a. 恥サセル。
To abash, to put out of countenance. Hadgi sacherou.

Décor, s. m. 飾リ。
Decoration. Cazari.

Décorateur, s. m. 飾ル人。
Decorator. Cazarou hito.

Décoration, s. f. 飾ル事 ○ 印シ。
Decoration, embellishment; badge. Cazarou coto; jirouchi.

Décorer, v. a. 飾ル ○ 印シヲ与ル。
To decorate; to ornament; to honour. Cazarou; jirouchi-o ataierou.

Décortiquer, v. a. 皮ヲ剝ク。
To decorticate. Cawa-o moucou.

Décorum, s. m. (mot latin). 相應。
Decorum, decency, seemliness. Sówó.

Découcher, v. n. 他ニ睡ル。
To lie out, to lie abroad. Tani nerou.

Découdre, v. a. 解ク。
To unsew, to unstitch, to rip. Hodocou.

Se —, v. r. 解ル。
To be unsewed, to unrip. Hodokerou.

Découler, v. n. 流レル。
To flow, to run down. Nagarerou.

Découpé, e, adj. 細切タル。
Cut out. Comacani kittarou.

Découper, v. a. 細切ル。
To cut into pieces, to carve; to pink. Comacani kirou.

Découpler, v. a. 片身ニスル。
To uncouple, to let loose. Catawani sourou.

Découragement, s. m. 勇氣ヲ落ス事。
Depression, dejection. Yoúki-o otosou coto.

Décourager, v. a. 勇氣ヲ落ス。
To discourage, to dishearten, to daunt. Yoúki-o otosou.

Se —, v. r. 心ヲ失フ。
To be discouraged, to lose courage. Cocoro-o ouchinó.

Décours, s. m.
  Wane, decrease.
  Soukenacou narou.

Décousu, e, adj.
  Unsewed, ript.
  Hodoita.

Conversation —e.
  Desultory conversation.
  Yomo yàma-o hanasou.

Découvert, e, adj.
  Bare, open.
  Aretki.

Découverte, s. f.
  Discovery; detection.
  Hatsoumei.

Auteur d'une —.
  Author of a discovery.
  Hatsoumeicha.

Découvrir, v. a.
  To uncover; to lay bare; to expose;
  to disclose.
  Arawasou.

—, apercevoir un pays inconnu.
  To discover an unknown country.
  Couni-o mi idasou.

Se —, v. r.
  To uncover one's self; to take off
  one's cap.
  Cammouri-o torou.

Décrasser, v. a.
  To get the dirt off; to clean.
  Aca-o otosou.

Se —, v. r.
  To get the dirt off.
  Acaga otkirou.

Décréditer, v. a.
  To discredit; to disgrace.
  Na-o souterou.

Se —, v. r.
  To sink in one's credit.
  Naga chitarou.

Décrépit, e, adj.
  Decrepit, crazy, worn out.
  Ròchei chitarou.

Décrépitude, s. f,
  Decrepitude, decay.
  Ròchei.

Décret, s. m.
  Decree; warrant.
  Meirei.

Rendre un —.
  To issue a decree.
  Meirei-o dasou.

Décréter, v. a.
  To issue a decree; to decree.
  Kimerou; sadamerou.

Décrier, v. a.
To decry, to abuse, to discredit.
喉メ°
Iyachimou.

Décrire, v. a.
To describe.
明白ニ語 フ°
Mei hacouni yoú.

— une ligne.
To describe a line.
筋ヲ引ク°
Soudgi-o hicou.

Décrocher, v. a.
To unhook, to take down.
下ル°
Sagherou.

Décroître, v. n.
To decrease; to diminish.
不足スル° 不足ナル°
Hosocou sourou ; soukenacou narou

Décrotter, v. a.
To brush off, to clean.
塵ヲ拂 フ°
Gomi-o haró.

Décrue, s. f.
Decrease; fall.
瀾落°
Hikichiwo.

Décuple, s. m,
Decuple, tenfold.
十倍° 十重°
Dgioúbai ; toie.

Décupler, v, a.
To increase ten times as much, to make ten-fold.
十倍ニスル°
Dgioúbaini sourou.

Décurie, s. f.
Decury, band of ten soldiers.
十人組°
Dgioúnin goumi.

Dédaigner, v. a. et n.
To disdain, to scorn.
慢ル° 侮ル°
Anadorou.

Dédaigneusement, adv.
Scornfully, disdainfully.
慢テ° 侮テ°
Anadotte.

Dédaigneux, se, adj.
Disdainful, scornful.
侮ル者°
Anadorou mono.

Dédain, s. m.
Disdain, scorn.
侮リ°
Anadori.

Dédale, s. m.
Labyrinth, maze.
山道°
Yama mitki.

Dedans, adv.
Within, in, inside.
内°
Outki.

—, s. m.
The inside.
内ノ方°
Outkino fó.

Du —.
From within.
内ヲリ°
Outki iori.

Au, en dedans de.
Inward, at home, within; inside of. Outkini.

Dédicace, s. f.
·*Dedication, consecration.* Camini chasou coto.

Dédier, v. a.
To dedicate; to inscribe. Camini chasou.

Dédire, v. a.
To gainsay, to contradict. Iy somocou.

Se —, v. r.
To recant, to retract; to unsay. Iy naosou.

Dédit, s. m.
Forfeit, forfeiture; unsaying. Chitkimono; iy tchirasou.

Dédommagement, s. m.
Damage, indemnification. Oghinaï.

Dédommager, v. a.
To indemnify; to make amends (for a loss). Oghinó.

Se —, v. r.
To indemnify one's self. Waga mi-o oghinó.

Dédoubler, v. a.
To unline, to take off the lining. Oura-o hagou.

Déduction, s. f.
Deduction; enumeration. Hicou coto; cazoie taterou coto.

— faite de ...
Being deducted. Hiite cara.

Déduire, v. a.
To deduct; to state; to deduce. Hicou; ghenzourou; cazoie taterou.

Déesse, s. f.
. *Goddess, divinity.* Niò-jin.

Défaillance, s. f.
Fainting fit, exhaustion; swoon. Kizetsou.

Tomber en —.
To swoon, to faint away. Kizetsou sourou.

Défaillant, e, adj.
Decaying. Yowaï; otoroierou mono.

Défaillir, v. n.
To fail; to decay; to faint away. Kizetsou sourou.

Défaire, v. a.
To undo; to take asunder.
破ル゜
Yabourou.

— un marché.
To break a bargain.
約ヲ破ル゜
Yacousocou-o yabourou.

— les ennemis.
To defeat.
打勝ツ゜
Outkicatsou.

Se —, v. r.
To get rid, to leave off.
免サセル゜
Yourousacherou.

Défait, e, adj.
Undone; lean, wasted.
整テ居ラヌ゜虚羸シタル゜
Totonoyete oranou; yachetarou.

Défaite, s. f.
Defeat, overthrow.
敗レ゜敗軍゜
Yaboure; haïgoun.

— honteuse.
Foul defeat.
下部ナキ敗軍゜
Tsoutanaki haïgoun.

Défalcation, s. f.
Deduction, abatement.
引ク事゜
Hicou coto.

Défalquer, v. a.
To take off, to deduct.
減ル゜
Hicou; ghenzourou.

Défaut, s. m.
Defect; want; fault.
瑕゜疾゜罪゜
Kizou, yamai; toga.

Exempt de —.
Free from defect.
無罪゜
Toga nachi.

N'avoir pas de —.
To be faultless.
科無キ゜
Toga naki.

Trouver en —.
To catch any one at fault.
尤メル゜
Togamerou.

Défaveur, s. f.
Disfavour, disgrace.
廃スル゜
Haï sourou.

Défavorable, adj.
Unfavourable.
逆ナ゜
Ghiacouna.

Défectif, ve, adj.
Defective, imperfect.
瑕有ル゜
Kizou arou.

Défection, s. f.
Defection, falling off.
廃スル事゜
Souterou coto.

Défectueux, se, adj.
Defective; deficient.
書キタタキモノ゜
Cakitarou mono.

Défectuosité, s. f.
Defect, imperfection.
欠乏
Cake.

Défendable, adj.
Defensible.
防ガ可キ
Houchegou beki

Défendeur, s. m.
Defendant.
禦ガモノ
Houchegou mono.

Défendre, v. a.
To defend, to protect ; to shelter.
禦ガ 守ル 立ル
Houchegou ; mamorou ; laterou.

—, interdire.
To forbid, to prohibit.
禁制スル
Kinjei sourou.

Se —, v. r.
To defend one's self; to shield one's self.
我身ヲ守ル
Waga mi-o mamorou.

Défense, s. f.
Defence.
守リ
Mamori.

—, prohibition.
Prohibition, ward.
法度
Hatto.

—, justification.
Apology, justification.
免ス事
Yourousou coto.

—, rempart.
Defence, outwork.
城郭ノ外構
Chirono focagamaye.

—, de sanglier.
Tusk.
牙
Kiba.

Défenseur, s. m.
Defender, advocate.
守ルモノ
Mamorou mono.

Défensif, ve, adj.
Defensive.
防禦ニスル
Imachime nitarou.

Déférence, s. f.
Deference.
敬イ 恐レ
Ouiamaï ; osore.

Témoigner de la —.
To have a deference.
敬フ
Ouiamao.

Déférer, v. a.
To confer, to bestow.
施ス
Hodocosou.

— en justice.
To impeach.
白沙ニ出
Chirasouni idasou.

—, témoigner de la déférence.
To defer, to pay deference.
敬フ
Ouiamao.

Déferler, v. a. (mar.).
To unfurl, to loose the sail.
廣ゲル゜
Firogherou.

— v. n. (en parlant des lames de la mer).
To break, to burst into foam.
泡立ツ゜
Awaga tatsou.

Déferrer, v. a.
To unshoe a horse.
鉄ヲ拔
Tetsou-o nougou.

Défeuiller, v. a.
To take off the leaves.
木ノ葉ヲ取ル゜
Kino ha-o torou.

éī, s. m.
Defiance, challenge.
掛ケ合゜
Cake aï.

Défiance, s. f.
Distrust, mistrust.
疑イ゜
Outagai.

— de soi-même.
Diffidence.
自ヲ疑フ゜
Mizzoucara outagao.

Défiant, e, adj.
Distrustful, suspicious.
疑フモノ゜
Outagao mono.

Déficit, s. m.
Deficit, deficiency.
掛事゜
Cakerou coto.

Défier, v. a.
To defy, to challenge.
敵ヲ睨ク゜
Teki-o azamoucou.

Se — réciproquement, v. r.
To defy each other.
互ニ睨ク゜
Tagaïni azamoucou.

Se —, v. n. (ne pas se fier).
To mistrust; to suspect.
不信゜
Chinzouranou.

Défigurer, v. a.
To disfigure.
形ヲ敗ル゜ 容顔ヲ損フ
Catatki-o yabourou; iò bò-o soconó.

Se —, v. r.
To disfigure one's self.
我身ヲ破ル゜
Waga mi-o yabourou.

Défilé, s. m.
Defile; strait; long narrow pass.
谷間 ○ 狹道゜
Tani aï; chemai mitki.

Défiler, v. a.
To unstring; to untwist.
拔ク゜
Noucou.

—, v. n.
To defile, to file off.
逐烈ス゜
Souiretsou sourou.

Défini, e, part.
Defined; definite.
極リタル゜
Kimattarou.

Définir, v. a.
To appoint, to define; to determine. Kimerou; ketsoudan sourou.

Définitif, ve, adj.
Definitive, decretory. Kimattarou.

Définition, s. f.
Definition; decision. Kimari; sadamari.

Définitivement, adv.
Definitively, peremptorily. Kimatte; sadamatte.

Défleurir, v. n.
To strip off blossoms. Ha-o iabourou.

Déflorer, v. a.
To deflower. Gò-in sourou.

Défoncement, s. m.
Staving (of casks). Oukeno soco-o iabourou.

Défoncer, v. a.
To stave (a cask), to dig; to shove. Dô.

Se —, v. n.
To give away at the bottom. Mizzoucara iabourerou.

Déformer, v. a.
To put out of shape. Catatki-o iabourou.

Se —, v. n.
To lose the proper shape. Cotonari catatki narou.

Défrayer, v. a.
To defray. Te ate sourou.

Défrichement, s. m.
Clearing, grubbing up. Hori idasou coto.

Défricher, v. a.
To clear, to grub up. Tagaiasou.

Défroncer, v. a.
To undo plaits. Chiwa-o nobasou.

Défunt, e, adj. s.
Deceased, late. Chibò.

Dégagé, e, adj.
Desengaged, free, easy. Youroumetarou.

Dégagement, s. m.
Redeeming, redemption. Migaï sourou.

37

Dègagemenl (escrime).
Disengagement.
稽古スル。
Cheicò sourou.

Dégager, v. a.
To redeem, to fetch out of pawn.
身救 スル。
Migaï sourou.

—, débarrasser.
To extricate, to withdraw, to disengage.
緩メル。
Youroumerou.

— un passage.
To clear a passage.
路掃除スル。
Mitki sòdgi sourou.

— d'une obligation.
To free any one from an obligation.
人ニ絶交スル。
Hitoni dgeiccò sourou.

Se —, v. r.
To get clear off, to disengage one's self.
己ヲ救フ。
Onore-o soucoú.

Dégaîner, v. a.
To unsheath one's sword; to draw.
刀ヲ抜。
Catana-o noucou.

Dégarnir, v. a.
To disgarnish, to unfurnish; to strip.
家財ヲ取ル。
Cazai-o torou.

Se —, v. r.
To become thin.
薄クナル。
Ousoucou narou.

Dégât, s. m.
Damage, depredation; waste.
乱妨。
Ranchei.

Dégel, s. m.
Thaw.
雪氷解事。
Youkiga tokerou coto.

Dégeler, v. n.
To thaw, to unfreeze.
雪氷解スル。
Youkiga tokerou.

Dégénération, **Dégénérescence**, s. f.
Degeneration, degeneracy.
衰イ。
Otoroie.

Dégénéré, e, adj.
Degenerate.
衰イタル。
Otoroietarou.

Dégénérer, v. n.
To degenerate.
衰イル。
Otoroierou.

Déglutition, s. f.
Deglutition.
呑入ム事。
Nomicomou coto.

Dégommer, v. a.
To wash out the gum.
糊ヲ取ル。
Nori-o torou.

Dégonfler, v. a.
To cause a thing to collapse.
散ラス。
Tkirasou.

Se dégonfler, v. n.
To be reduced (a swelling).
腫物散ル。
Haremono kiierou.

Dégorgement, s. m.
Breaking out, overflowing.
溢レ流レル事。
Afoure nagarerou coto.

Dégorger, v. a.
To clear, to open.
溢レル。
Afourerou.

Se —, v. n.
To discharge, to empty itself.
溢レ流レル。
Afoure nagarerou.

Dégourdi, e, adj.
Enlivened, sharp, shrewd.
氣早イモノ。
Kibaiaï mono.

Dégourdir, v. a.
To quicken, to revive; to polish.
活カス。
Ougocasou.

Dégourdissement, s. m.
Quickening, reviving.
活カス事。
Ougocasou coto.

Dégoût, s. m.
Disgust; dislike; mortification.
嫌イ。惡ミ。
Kiraï; nicouni.

Dégoûtant, e, adj.
Disgusting; disheartening; nauseous.
汚レタル。味ノ惡シイ。
Kegaretarou; adgiwaino achii.

Dégoûter, v. a.
To disgust, to make disgusted.
飽キスル。
Acou sourou.

Se —, v. n.
To get disgusted with.
飽キ。
Acou.

Dégoutter, v. n.
To drop, to trickle, to drip.
滴ル。
Chitadarou.

Dégradant, e, adj.
Degrading.
聰辱ヲ與イル。
Tkidgiocou-o ataierou.

Dégradation (destitution), s. f.
Dismissal, degradation.
位ヲ取ル事。
Courai-o torou coto.

—, avilissement.
Degradation.
聰辱。
Tkidgiocou.

— dommage.
Damage.
損傷。
Son; sonmot.

Dégrader, v. n.
To degrade; to deprive of rank.
位ヲ取ル。
Courai-o torou.

—, gâter.
To damage, to dilapidate.
損ス。
Herasou.

Se dégrader, v. r.
To degrade one's self.
血ヲ汚シレ°
Mizzoucara kegarerou.

Dégrafer, v. a.
To unclasp.
鉤ヲハゞ゙ス°
Caghi-o hazzousou.

Dégraisser, v. a., ôter la partie grasse.
To skim the fat off.
油ヲ取ル°
Aboura-o torou.

—, ôter les taches.
To scour.
塵ヲ落ス°
Gomi-o otosou.

Degré, s. m., marche d'escalier.
Step, stair.
段°
Dan.

—, dignité.
Step, degree.
位°
Courai.

—, période.
Degree, stage.
段°
Dan.

— (géom., géog.).
Degree.
度°　度數°
Dò; dòchi.

Par —s.
By degrees, gradually.
段々ニ°
Dandanni.

Dégréer, v. a.
To dismantle; to unring, to strip.
艫ニナス°
Acafadacani nasou.

Dégréver, v. a.
To diminish, to reduce a tax.
貢ヲ減ズル°
Mitsoughi-o ghenzourou.

Dégringoler, v. a. et n.
To tumble down; to run down stairs.
落ル°
Taorerou.

Dégriser, v. a.
To sober, to cool.
酒ガ消ル°
Sakega samerou.

Dégrossir, v. a.
To rough; to rough down; to chip off.
荒ガシタル°　勝負ニスル°
Aracou chitarou; sòbòni sourou.

Déguenillé, e, adj.
Ragged, in rags.
破裂シタル°
Haretki chitarou.

Déguerpir, v. a. et n.
To pack off; to give over, to quit.
捨ル°
Souterou.

Déguisement, s. m.
Disguise, disguisement.
我身ヲ隱ス°
Waga mi-o cacousou.

Sans —.
Openly, sincerely, without disguise.
隱サズニ°
Cacousazouni.

Déguiser, v. a.
To disguise, to misrepresent, to conceal. 隱ス゜
Cacousou.

Se —, v. r.
To disguise one's self. 我身ヲ隱ス゜
Waga mi-o cacousou.

Dégustateur, s. m.
Taster. 味ヲ見ル人゜
Adgiwai-o mirou hito.

Déguster, v. a.
To degust, to taste (wines). 味ヲ見ル゜
Adgiwai-o mirou.

Déhanché, e, adj.
Hipped, hip-shot. 臀ノ皿ヲ挫ケタ
Fizano sara-o coujiketa.

Déhonté, e, adj.
Shameless. 聰度シラズ゜
Hadgi-o chirazou.

Dehors, adv. et prép.
Out, without, abroad, externally. 外ニ゜
Hocani; sotoni.

De —.
Outer, outward. 外ヨリ゜
Soto iori.

En —, par —.
Without, outward, outwardly. 外ニ゜外デ゜
Hocani; hocade.

Au —.
Out, outside, abroad. 外ニ゜
Hocani.

Aller —.
To go out. 外ニ出ル゜
Sotoni derou.

Mettre —.
To turn out. 外ニ出ス゜
Sotoni dasou.

Dehors, s. m.
The outside; appearance, show. 外ノ゜
Sotono; hocano.

Déifier, v. a.
To deify. 神ヲ敬フ゜
Cami-o ouiamó.

Déité (fausse divinité), s. f.
Deity, god, goddess. 神゜
Cami sama.

Déjà, adv.
Already, ready; before. 既ニ゜既早
Soudeni; mohaia, imahaia.

Déjection, s. f. (méd.).
Dejection. 大便゜
Dai-ben.

Déjeter (se), v. r.
To warp, to distort. 曲ガル゜
Magarou.

Déjeûner, v. n.
To breakfast.
朝飯ヲ食スル。
Asa han-o taberou.

—, s. m.
Breakfast.
朝食。
Asa mechi.

Déjoindre, v. a.
To disjoin, to start, to part asunder.
分ケル。
Wakerou.

Se —, v. n.
To part, to start.
分カツ。
Wacatsou.

Déjouer, v. a.
To counteract, to baffle.
謀ヲ破ル。
Hacarigoto-o iabourou.

Delà (au), adv.
Beyond, on that side; more than above.
アマリ。
Amari.

Délabrement, s. m.
Ruined, shattered, wretched state.
崩シ。
Couzzouchi.

Délabré, e, adj.
Broken, shattered; in rags.
破裂然シタル。
Haretki chitarou.

Délabrer, v. a.
To tatter, to shatter; to tear to rags.
崩ス。
Couzzousou.

Se —, v. n.
To wreck, to fall to rags.
破裂然ナル。
Haretkini narou.

Délacer, v. a.
To unlace.
紐ヲ解ク。
Hibo-o hiracou.

Délai, s. m.
Delay, respite.
日ヲ延ル事。
Hi-o noberou coto.

A bref —.
At short notice.
少日ヲ延ル。
S'cochi hi-o noberou.

Causer du —.
To cause delay.
日遅スル。
Hi ocore sourou.

Délaissement, s. m.
Destitution, helplessness.
廃ル事。
Souterou coto.

— (mar.).
Act of making over cargo.
同。
Dô.

Délaisser, v. a.
To abandon, to forsake; to relinquish.
見捨ル。
Souterou; mi souterou.

Délassement, s. m.
Relaxation.
休ミ。
Yasoumi.

Délasser, v. a. et n.
To refresh, to relax, to recruit.
休マセル。
Yasoumacherou.

Se —, v. r.
To refresh one's self.
休ム。
Yasoumou.

Délateur, s. m.
Delator, informer, accuser.
告ル人。
Tsougherou hito.

Délation, s. f,
Delation, information, accusation.
告ル事。
Tsougherou coto.

Délayant, e, adj.
Diluent, diluter.
水ニ化シ。
Mizzouni couachi.

Délayer, v. a.
To dilute, to temper.
水ニ化ス。
Mizzouni couasou.

Délectable, adj.
Delectable, delightful.
美味。
Bïmi.

Délectation, s. f.
Delectation, delight.
樂ミ。
Tanochimi.

Délecter, v. a.
To delight.
樂マセル。
Tanochimacherou.

Se —, v. n.
To delight in, to take delight.
樂ム。
Tanochimou.

Délégation, s. f.
Delegation, commission.
使イ。 使節。
Ts'cai; chichetsou.

Délégué, s. m.
Delegate, deputy.
使イ。 使者。
Ts'caï; chicha.

Déléguer, v. a.
To delegate, to commit; to assign.
使フ。
Ts'có.

Délester, v. a. (mar.).
To unballast.
舩アシヲ出ス。
Houna achi-o dasou.

Délétère, adj.
Deleterious.
害ニナル。
Gaini narou.

Délibération, s. f.
Deliberation; resolution.
勘考。 勘メ。
Dancó; sadame.

Délibérer, v. n.
To deliberate; to resolve.
勘考スル。 勘ムル。
Dancó sourou; sadamourou.

Délicat, e, adj.
Delicate, dainty; nice; tender.
弱イ ○ 旨イ。
Yowai; adgiwai.

Délicatement, adv.
Nicely, gently, daintily.
Yawaracani.

Délicatesse, s. f.
Delicacy.
Yoi adgiwaino mono; yowai narou coto.

Délice, s. f.
Pleasure, delight.
Tanome.

Délicieux, se, adj.
Delicious, delightful.
Tsoummi.

Délié, e, adj.
Untied, loose.
Youroumetarou.

—, menu, grêle.
Fine, thin, slender, small.
Ousoui.

Délier, v. a.
To unbind; to untie; to unfasten.
Youroumerou.

— d'une obligation.
To release, to absolve.
Yourousou.

Délimitation, s. f.
Settling of the limits, or *boundaries.*
Sacai-o kimerou coto.

Délimiter, v. a.
To settle the limits.
Sacai-o kimerou.

Délinquant, s. m.
Delinquent, offender.
Toga nin.

Déliquescence, s. f.
Deliquescence.
Nagare fodokerou.

Délire, s. m.
Delirium, frenzy or *phrenzy.*
Mòzò.

Avoir le —.
To rave.
Mòzòde orou.

Délirer, v. n.
To rave, to talk wildly.
Mòzò-o yoú.

Délit, s. m.
Delinquency, offence.
Toga, tsoumi.

Délivrance, s. f.
Delivery, deliverance.
Soucoú coto.

— d'une femme en couches.
Delivery.
Oumou.

Délivrer, v. a.
To deliver, to free from.
救ブ° 救ケル°
Soucoú; tasoukerou.

—, remettre, voir **Livrer**.

Se —, v. r.
To deliver one's self.
自ラ救ケル°
Mizzoucara tasoukerou.

Déloger, v. a. et n.
To remove, to go away; to turn out.
移サセル° ○ 移ル°
Outki sacherou; outsourou.

Déloyal, e, adj.
Disloyal, false; unfair.
不正直ナル°
Bouchòdgiki narou.

Déloyalement, adv.
Disloyally, treacherously.
不正直ニシテ°
Bouchòdgikini chite.

Déloyauté, s. f.
Dishonesty, treachery.
不正直°
Bouchòdgiki.

Déluge, s. m.
Deluge, flood.
洪水°
Cò-zouï.

Délustrer, v. a.
To take off the lustre.
磨キ落ス°
Migaki-o otosou.

Démagogie, s. f.
Demagogy.
民間ニ悪氣ヲコハタル°
Mincanni iki-o cowataterou.

Demain, adv.
To-morrow.
明日° 朝°
Miònitki; asou, achita.

— matin.
To-morrow morning.
明朝°
Miòtkiò; miònitki asa.

Après —.
The day after to-morrow.
明後日° 朝ヲ°
Miògonitki; asatte.

Démancher, v. a.
To unhaft, to take off the handle.
柄ヲ取ル°
Tegata-o torou.

Demande, s. f.
Request, petition; question; demand.
問° 尋ヅ子° 願ヒ
Toï; tazzoune; negai.

Accéder à une —.
To comply with a request.
願ニ叶ブ°
Negaïni canó.

Personne qui fait une —.
Requester.
問イ願ヲ者°
Toï negó mono.

Demander, v. a.
To ask, to beg, to request; to call for.
問ブ° 尋子ル°
Toó; tazzounerou.

38

Demander à quelqu'un de faire une chose.
To wish any one to do any thing.
何ヲ為ト人ニ頼ベ°
Nani-o cheio to hitoni tanomou.

— avec instance.
To entreat, to ask earnestly.
願リニ頼ベ°
Chikirini tanomou.

—, interroger.
To ask.
譯子ル°
Tazzounerou.

Démangeaison, s. f.
Itch, itching.
痒サ° 痒キ事°
Caiousa, caiouki coto.

Démanger, v. n.
To itch.
痒ク°
Cacou.

Démanteler, v. a.
To dismantle, to pull down.
村ノ墻ヲ破ル°
Mourano caki-o iabourou.

Démarcation, s. f. Ligne de —.
Line of demarcation.
分ル筋°
Wakerou soudgi.

Démarche, s. f.
Gait, port, walk.
慢歩スル事°
Youcou coto.

—, manière d'agir, de se conduire.
Step; proceeding.
手業°
Chicata.

Démarrer, v. a. (mar.).
To unmoor; to set sail; to move.
綱ヲ緩メル°
Tsouna-o iouroumerou

Démasquer, v. a.
To unmask, to pull off the mask.
面ヲ洛ス°
Men-o otosou.

Démâter, v. a. (mar.).
To dismast, to unmast.
檣ヲ破ル°
Hobachira-o iabourou.

Démêlé, s. m.
Strife, contest; quarrel.
喧嘩° 争イ°
Kencoua; arasoi.

Démêler, v. a.
To disentangle, to part, to separate.
選ビ分ケル°
Erabi wakerou.

—, reconnaître.
To distinguish, to perceive.
掏佛°
Wakimaierou.

Se —, v. n.
To unravel, to get clear.
自ヲ分ケル°
Onozzoucara wakerou.

Démêloir, s. m.
Large hair comb.
荒櫛° 髪分°
Aragouchi; camiwake.

Démembrement, s. m.
Dismembering, pulling to pieces.
人別°
Nimbetsou.

Démembrer, v. a.
To dismember, to disjoint.
Wake hanasou.

Déménagement, s. m.
Removal, removing.
Iye-o outsousou coto.

Déménager, v. a. et n.
To remove; to change one's residence.
Iye-o outsousou.

Démence, s. f.
Insanity; lunacy; madness.
Kitkigaï.

Personne en —.
Insane; mad.
Kitkigaï mono.

Démener (se), v. r.
To struggle, to exert one's self.
Sacouran sourou.

Démenti, s. m.
Lie; contradiction.
Ousò.

Avoir le — (ne pas réussir).
Balk, disappointement, to be balked.
Y sacaró coto.

Démentir, v. a.
To give the lie, to contradict.
Ousò-o arawasou.

Se —, v. r.
To contradict one's self; to fail.
Iy tagó.

Démérite, s. m.
Demerit.
Tsoumi.

Démériter, v. n.
To demerit, to forfeit one's esteem.
Tsoumini otkirou.

Démesuré, e, adj.
Huge, immoderate; excessive.
Caghen naki; soughirou.

Démesurément, adv.
Immoderately, exceedingly.
Caghen nacou; soughite.

Démettre, v. a.
To put out of joint, to dislocate (bones).
Hiki soutsourou.

Se — un membre, v. r.
To be dislocated.
Hiki tkigaierou.

Se — d'un emploi.
To resign one's office; to abdicate.
Yacou-o sarou.

Démeubler, v. a.
To unfurnish.
Cazai-o torou.

Demeure, s. f.
Abode, dwelling, residence.
宅 住家 住所
Tacou; soumica; soumidocoro.

— éternelle.
Eternal abode.
永世ノ住家。
Iyekiouno soumica.

Fixer sa —.
To fixe one's abode.
住家ヲ極メル。
Soumica-o kimerou.

Demeurer, v. n. (habiter).
To reside, to live, to lodge, to dwell.
住ル 住ブ。
Soumirou; soumaó.

—, être permanent.
To continue, to remain, to rest.
止ル。
Todomarou.

Demi, e, adj.
Half.
半。 半分
Han; hanboun.

Une heure et —e.
An hour and a half.
一時半。
Ittoki han.

A —.
Half, almost.
半分迄。
Hanboun made.

Démission, s. f.
Resignation.
役ヲ去ル。 隠居スル。
Yacou-o sarou; inkió sourou.

Démissionnaire, s. et adj.
Resignee, resigned.
隠居ナツタ。
Inkiò natta.

Démocratie, s. f.
Democracy.
合衆国。
Gachchioucocou.

Demoiselle, s. f.
Young lady; girl.
小女。
Chodgio.

Démolir, v. a.
To demolish, to pull down.
崩ス。 破ル。
Couzzousou; yabourou.

Démolisseur, s. m.
Demolisher; destructive.
解スモノ。
Hogosou mono.

Démolition, s. f.
Demolishing; rubbish.
解ス事。
Hogosou coto.

Démon, s. m.
Devil, fiend.
惡魔。
Acouma.

Démonétiser, v. a.
To cancel or annul currency.
通用ヲ刮ル。
Tóyó-o kezzourou.

Démoniaque, adj.
Demoniacal.
惡魔ノ。
Acoumano.

Démonstratif, ve, adj.
Demonstrative; that makes a show. 明白ニ云ス°
Meihacouni sourou.

Démonstration, s. f.
Demonstration, clear proof. 証據スル事°
Chòcò sourou coto.

Démonstrativement, adv.
Demonstratively. 証據シテ° 明カニ°
Chòcò chite; akiracani.

Démonter, v. a.
To dismount. 下ス°
Orosou.

— un cavalier.
To unhorse a horseman. 馬上ヲ下ス°
. M'manori-o orosou.

— une machine.
To take to pieces, to undo. 器械ヲ分ケル°
Tkikaï-o wakerou.

Se —, v. r.
To become confounded, to nonplus. 自ヲ解ク°
Onozzoucara tocou.

Démontrer, v. a.
To demonstrate; to evince, to prove. 証據スル° 顯ス°
Chòcò sourou; arawasou.

Démoraliser, v. a.
To demoralize. 心ヲヤメナル°
Cocoro-o yabourou.

Démordre, v. n.
To let go one's hold; to depart. 振リハナス°
Houri hanasou.

Démunir, v. a.
To strip a place of munitions of war. 兵粮ヲ取ル°
Fiórò-o torou.

Se —, v. n.
To part with. 打棄ス°
Outkinocosou.

Démuseler, v. a.
To unmuzzle. 病犬ノ口ヲトク°
Biòkenno coutki-o tocou.

Dénaire, adj.
Denary. 十ノ°
Dgioúno.

Dénaturé, e, adj. Enfant —.
Unnatural child. 不孝ナ子° 不孝臣°
Houcòno co; houcò chin.

Dénaturer, v. a.
To deface, to disfigure, to distort. 疑似スル° 謬リ顯ハス°
Nicherou; ayamari arawasou.

Dénégation, s. f.
Denial, denying. 打消ス事°
Outki tsoucousou coto.

Dénicher, v. a.
To take out of one's nest; to dislodge. 鳥ノ巣ヲ取ル°
Torino sou-o torou.

Denier (japonais), s. m.
Japanese cash.
Jeni.

—s, somme d'argent.
Denier; money.
Jencoua; tacara.

Dénier, v. a.
To deny, to disallow.
Chinzourou; ourabou.

Dénigrement, s. m.
Denigration, disparagement.
Iyachimou; zanghen sourou.

Dénigrer, v. a.
To disparage, to denigrate.
. Sochiri.

Dénombrement, s. m.
Enumeration; census, catalogue.
Cazoierou coto.

Dénombrer, v. a.
To number, to take a census of.
Cazoicrou.

Dénominateur, s. m.
Denominator.
Honchi.

Dénomination, s. f.
Appellation, denomination; name.
Na; namaie; tonaicrou coto.

Dénommer, v. a.
To name, to mention by name.
Nazzoukerou.

Dénoncer, v. a.
To denounce; to inform; to give notice of.
Tsougherou; arawasou.

Dénonciateur, s. m.
Denunciator.
Chirasou hito.

Dénonciation, s. f.
Denunciation.
Tsougherou coto.

Dénoter, v. a.
To point out, to describe; to denote.
Sachi chimesou.

Dénoûment, s. m.
Winding up; event, issue.
Chirouchi; owari.

Dénouer, v. a.
To untie; to loose; to unravel.
Youroumerou.

Se —, v. r.
To come untied.
Youroumarou.

Denrée, s. f.
Provision, food.
Chocomotsou.

Dense, adj.
Dense.
鬱キ°
Chigheki.

Densité, s. f.
Density.
鬱サ°
Chighesa.

Dent, s. f.
Tooth.
齒°
Ha.

— canine ou œillère.
Canine or eye-tooth.
糸切リ齒°
Itokiri ba.

— incisive.
Incisor or cutting tooth.
前齒°
Maieba.

Mal de —s.
Tooth-ach.
齒痛°
Hano itami.

Arracher une —.
To draw a tooth.
齒ヲ拔ク°
Ha-o noucou.

Poudre pour les —s.
Tooth powder.
齒磨キ°
Ha-migaki.

Dental, e, adj.
Dental.
齒ノ°
Hano.

Son —.
Dental sound.
子韻°
Chi-in.

Dent-de-lion, s. m. (bot.).
Dandelion, piss-a-bed.
蒲公英°
Ho có yei.

Denté, e, adj. (mécan.).
Toothed.
齒ノ附テ居ル°
Hano tsoukete orou.

— (bot.).
Denticulated.
鋸齒°
Nocoghiri ba.

Dentelé, e, adj.
Notched, jagged, denticulated.
(Voir *Denté*, les deux acceptions).

Dentelle, s. f.
Lace; lace-work.
紗°
Cha, chaori.

Dentiste, s. m.
Dentist.
口科°齒醫師°
Cò coua; ha icha.

Dentition, s. f.
Dentition, toothing.
齒ノ生ヒル事°
Hano oumarerou coto.

Dénuder, v. a.
To denude, to lay bare.
裸ニスル°
Hadacani sourou.

Dénuer, v. a.
To bereave, to deprive; to strip of. 取籠ブ゜ Tori oubó.

Dénué de tout.
Bereft of every thing. 困窮ナ゜ Conkioúna.

Dénûment, s. m.
Bereavement, destitution. 困窮゜ Conkioú.

Dans un entier —.
Absolutely destitute. 困窮シテ゜ Conkioúchite.

Dépaqueter, v. a.
To unpack, to undo a bundle. 包ヲ解ク゜ Tsoutsoumi-o tocou.

Dépareillé, e, adj.
Incomplete, odd. 片品ニナッタ゜ Hagouni natta.

Dépareiller, v. a.
To unmatch, to dispair. 牛分ニスル゜ Hagouni sourou.

Déparer, v. a.
To strip, to undress; to disfigure. 形ヲ破ル゜ Catatki-o yabourou.

Déparier, v. a.
To unmatch, to dispair. 牛分ニスル゜ Hagouni sourou.

Départ, s. m.
Departure, starting, setting out. 出立゜ Chioutatki.

Hâter son —.
To hasten one's departure. 急テ出立スル゜ Isoïde chioutatki sourou.

Être sur son —.
To be on the point of one's departure. 出立スル處゜ Chioutatki sourou tocoro.

Départager, v. a.
To give the casting vote. 分ケル゜ Wakerou.

Département, s. m.
Allotment; department, district. 領分 ○ 國゜ Rioboun; cocou.

Départir, v. a.
To divide, to distribute, to share. 分ケ遣ル゜ Wakete iarou.

Se —, v. r.
To desist; to depart; to swerve. 止ル゜ Yamerou.

Dépasser, v. a.
To go beyond; to get beyond; to rise above. 過ル゜越ル゜ Soughirou; coierou.

Dépaver, v. a.
To unpave. 敷石ヲ取ル゜ Chiki ichi-o torou.

Dépayser, v. a.
To send from home, to remove.
國籍ヌル゜
Counigaiesourou.

Dépècement, s. m.
Cutting up, carving.
切ル事゜
Kirou coto.

Dépecer, v. a.
To cut up, to carve.
切ル゜
Kirou.

Dépêche, s. f.
Dispatch, express.
書翰゜手紙゜
Chocan; tegami.

Dépêcher, v. a.
To dispatch, to expedite.
書ヲ送ル ○ 殺ス゜
Tegami-o ocorerou; corosou.

Se —, v. r.
To make haste.
急グ゜
Isogou.

Dépeindre, v. a.
To depict; to paint.
言延ル゜形ヲカク゜
Iy noberou; catatki-o cacou.

Dépendance, s. f.
Dependency, dependence.
奇ル事゜隨フ事゜
Yorou coto; chitagó coto.

Dépendant, e, adj.
Dependent.
奇ルモノ゜
Yorou mono.

Dépendre, v. a.
To take down.
下ス゜
Orosou.

—, v. n.
To depend upon, to be subject to.
奇ル゜隨フ゜
Yorou; chitagao.

—, résulter.
To depend on, to result.
統ル゜
Sougourou.

Dépens, s. m. pl.
Expense; cost, charge.
入費゜
Iricoua, tsouie.

Aux — de...
At the expense of, with the loss of.
誰ノ損ノ爲゜
Dareno sonno tame.

Dépense, s. f.
Expense; expenditure, outlay.
入費゜
Iricoua.

Aimer la —.
To be fond of spending.
金ヲ費ス゜
Cane-o tsouiasou.

Dépenser, v. a.
To expend, to spend.
金ヲ使フ゜
Cane-o ts'cao.

Dépensier, ère, adj. subs.
Spendthrift; expensive.
尤然ニ費メスル人゜
Mouiacouni tsouiasou nin.

39

Dépérir, v. n.
To decline; to pine away; to moulder. 衰イル゜
Otoroierou.

Dépérissement, s. m
Wasting, decay. 衰イ゜
Otoroie.

Dépêtrer, v. a.
To disentangle; to disengage. 綴メル゜綴ス゜
Youroumerou; yourousou.

Se —, v. r.
To get out, to rid one's self of. 免カル゜
Manoucarou.

Dépeupler, v. n.
To depopulate, to unpeople. 人數ヲ減ス゜ル゜
Ninji-o soukenó sourou.

Se —, v. n.
To become depopulated. 人數不足ナル゜
Ninjiga soukenó narou.

Dépister, v. a.
To track. 獸ヲ狩逃ス゜
Kedamono-o cari nigasou.

Dépit, s. m.
Vexation, ill humour, spite. 恨ミ゜
Ourami.

Dépiter (se), v. r.
To be vexed, to fret. 氣モミスル゜
Kimomi sourou.

Déplacé, e, adj.
Displaced, misplaced. 處ヲ移タル゜ナマシイナ゜
Tocoro-o outsouchitarou; namachiina.

Déplacement, s. m.
Displacing, removing. 所ヲ移ス事゜
Tocoro-o outsousou coto.

Déplacer, v. a.
To displace; to remove. 所ヲ移ス゜
Tocoro-o outsousou.

Se —, v. r.
To leave one's place; to remove. 所替スル゜
Tocoro gaicsouróu.

Déplaire, v. n.
To displease, to offend. 氣ニ叶ヌ゜
Kini canawanou.

— à quelqu'un.
To displease any one. 人氣ニ叶ヌ゜
Hitono kini canawanou.

Se —, v. n.
To dislike, to be displeased with. 嫌フ゜
Kiraó.

Déplaisant, e, adj.
Unpleasant. 悦バシク無シ゜心善カラズ゜
Yorocobachicou nachi, cocoro yocarazou.

Déplaisir, s. m.
Grief, sorrow; displeasure. 嫌イ゜忌ミ゜
Kirai; imi.

Déplanter, v. a.
To displant, to pluck up by the root.
植カイル
Ouie caierou.

Déplier, v. a.
To unfold, to open.
疊ヲ解ク
Tatami-o tocou.

Déplisser, v. a.
To unplait, to undo the plaits.
皺ヲ延ス
Chiwa-o naosou.

Déplorable, adj.
Deplorable.
歎ク可キ
Naghecoubeki.

Déplorer, v. a.
To deplore, to bewail.
歎ク° 愁ベ
Naghecou; canachimou.

Déployer, v. a.
To display, to unfold; to stretch.
解ク° 弘メル
Tocou; hiromerou.

Déplumer, v. a.
To unplume, to pluck.
毛ヲ折ル
Ke-o mouchirou.

Se —, v. r.
To moult, to mue.
毛替リスル
Kecawari sourou.

Dépolir, v. a.
To take off the polish.
磨キヲ洛ス
Migaki-o otosou.

Dépopulariser, v. a
To render unpopular.
可愛ル事ヲ失ナハス
Cawaigarou coto-o ouchinawasou.

Dépopulation, s. f.
Depopulation.
人民ヲ失フ°
Ninmin-o ouchinaó.

Déportation, s. f.
Deportation, banishment for life.
流罪スル事
Chima nagachì sourou coto.

Déporté, e, adj.
A transport, a convict.
流罪サレル人°
Ròzai sarerou nin.

Déporter, v, a.
To transport.
流罪スル°
Rozai sourou.

Déposant, e, adj. subs.
Depositor.
預主°
Azzouke nouchi.

—, témoin.
Deponent, an evidence.
口供スル人°
Chòcò sourou nin.

Déposer, v. a.
To lay down; to strip, to depose.
下ニ置ク° 下ス°
Chitani ocou; orosou.

—, mettre en dépôt.
To deposit.
預ケル°
Azzoukerou.

Déposer en justice.
To depose, to give evidence.
Chòcò sourou.

—, v. n. (un liquide).
To deposit, to settle, to leave a sediment.
Soumou.

Dépositaire, s. m.
Depositary, trustee.
Azzouke-o mamorou hito.

Déposition, s. f.
Deposition.
Yacou banare sourou.

—, témoignage.
Evidence.
Chòcò.

Déposséder, v. a.
To dispossess.
Riòboun-o torou.

Dépossession, s. f.
Dispossession, dispossessing.
Riòboun-o torou coto.

Déposter, v. a.
To dislodge.
Oï dasou.

Dépôt, s. m. (action de déposer).
Depositing.
Ocou coto.

—, objet déposé.
Deposit.
Azzouketa mono; chitki motki.

—, (lieu où l'on dépose).
Warehouse, magazine, depot.
Coura.

— d'un liquide.
Sediment.
Casou.

—, amas d'humeur.
Abcess, imposthume.
Couai yó.

Dépoter, v. a.
To take out of a pot (a plant); to decant (a wine).
Fatki iori outsousou; sake-o outsousou.

Dépouille, s. f.
Slough, skin.
Kedamonono chicabane.

— mortelle.
Mortal remains.
Chigai.

—s, butin.
Spoils, booty.
Outkidori.

Dépouillement, s. m.
Extract; abnegation, self-denial.
Tori oubaï; mizzoucara wakete nai to yoú coto.

Dépouiller, v. a.
  To strip; to skin, to unclothe. 脱グ; 取リ; 奪フ
  Nougou; hagou; tori oubaó.

Se —, v. r.
  To divest one's self; to cast one's skin. 衣服ヲ脱グ; 脱殻ヲ捨ル
  Kirimono-o nougou; moukegara-o souterou.

Dépourvoir, v. a.
  To unfurnish, to leave unprovided. 道具ヲ奪ヒ取ル
  Dógou-o oubaï torou.

Dépravation, s. f.
  Depravation, depravity. 邪
  Yocochima.

Dépravé, e, adj. part.
  Depraved, vitiated. 欲ニアヅケルモノ
  Yocouni houkerou mono.

Dépraver, v. a.
  To vitiate, to deprave. 心破ル
  Cocoro iabourou.

Se —, v. r.
  To be vitiated, depraved. 腐レル
  Tadarerou.

Déprécation, s. f.
  Deprecation. 伺伺
  Monochiri.

Dépréciation, s. f.
  Depreciation. 謗リ
  Sochiri.

Déprécier, v. a.
  To depreciate, to undervalue. 言謗ル
  Iy sochirou.

Déprédation, s. f.
  Depredation. 取リ奪イ
  Tori oubaï.

Commettre des —s.
  To commit depredations; to plunder. 取リ奪フ
  Tori oubó.

Déprendre, v. a.
  To loose, to part. 免カヲセル
  Manoucaracherou.

Se —, v. n.
  To disengage one's self, to get off. 免カルヽ
  Manoucarourou.

Dépression, s. f.
  Depression. 厭ル
  Ochi.

Déprimer, v. a.
  To depress; to lower, to underrate. 押イル; 押ス
  Osaierou; osou.

Dépriser, v. a.
  To undervalue (goods), to underrate. 価ヲ減ズル
  Atai-o ghenzourou.

Depuis, prép.
  Since, from, after. ヨリ; カラ; ノチ
  Yori; cara; notki.

Depuis le nord jusqu'au midi.
From north to south.
Kita iori minami made.

— mille ans.
Since a thousand years.
Ichchen nen maie.

— peu.
Lately, not long since or ago.
Tkica goro.

— quand?
How long since?
Itsou cara.

Dépuratif, ve, adj. et subs.
Depuratory.
Kiiomerou coto.

Dépuration, s. f.
Depuration.
Kiiomerou mono.

Dépurer, v. a.
To depurate.
Kiiomerou.

Députation, s. f.
Deputation.
Ts'caï; chichetsou gata.

Député, s. m.
Deputy; representative.
Chicha; ts'caï mono.

Députer, v. a.
To depute, to delegate.
Ts'cao; ocourerou.

Déraciner, v. a.
To root up; to pull up by the root.
Ne noucou; ne-o hiki noucou.

Dérader, v. n. (mar.).
To be driven out to sea.
Namini nagarerou.

Déraidir, v. n.
To unstiffen, to make pliant.
Yawaracani sourou.

Dérailler, v. n.
To run off the rails.
Courouma mitki-o hazzourerou.

Déraison, s. f.
Want of reason, nonsense.
Mouri.

Déraisonnable, adj.
Unreasonable, void of reason.
Dòrini canawanou coto.

Déraisonnablement, adv.
Unreasonably.
Mourini.

Déraisonner, v. n.
To rave, to talk nonsense.
Mourini sourou.

Dérangé, e, adj. part.
Out of order, in confusion.
乱レタル°
Midaretarou.

Dérangement, s. m.
Disorder, disturbance.
乱°
Ran; midare.

Déranger, v. a.
To derange, to disorder; to disturb.
乱ス°
Midasou.

Se —, v. r.
To take to bad course, to live a disorderly life.
乱ルル° 身ヲ妨ケル°
Midarerou; mizzoucara-o samatagherou.

Déréglé, e, adj.
Irregular, out of order.
無法ナ°
Mouhòna.

Vie —e.
Disorderly life, irregular life.
無法ナ行°
Mouhòna oconaï.

Dérèglement, s. m.
Irregularity, depravation.
無法°
Mouhò.

Dérègler, v. a.
To put out of order, to disorder.
無法ニスル°
Mouhò ni sourou.

Dérider, v. a.
To unwrinkle, to smooth.
皺ヲ取ル°
Chiwa-o torou.

Se —, v. n.
To clear up one's countenance.
天庭ノ皺ヲ取ル°
Hitaino chiwa-a torou.

Dérision, s. f.
Derision, mockery.
欺ク事°
Azamoucou coto.

Dérisoire, adj.
Derisive.
嘲リ笑フ°
Azakeri waraó.

Dérivatif, ve, adj.
Derivative, diverting.
分レタル°
Wacaretarou.

Dérivation, s. f.
Derivation, origin.
道ケ事° 分レスル事°
Ilicou coto; wacare sourou coto.

Dérive, s. f. (mar.).
Deflection, lee-way.
外ニ回ケル事°
Hocani womomoukerou coto.

A la —, en —.
Adrift.
浮シデ°
Oucande.

Dérivé, s. m. (gram.).
Derivative.
分レタル語°
Wacaretarou cotoba.

Dériver, v. n.
To get clear of the shore.
流ニ従フ°
Nagareni chitagó.

Dériver, aller à la dèrive.
To deflect, to drive, to fall to leeward. Oucande orou.

—, tirer son origine (gram.).
To derive, to be derived, to proceed from. Cotoba iori detarou ; nagarerou.

—, v. a. (l'eau d'une source).
To derive, to deflect. Mizzou-o hocani towosou.

—, ôter la rivure.
To unclench, to unrivet. Hiraki tchirasou.

Dernier, ère, adj. subs.
Last. Chimo ; ato ; iṭkiban ato.

Le — jour.
The last day. Chimaïno hi.

Avant —.
The last but one. Chimaïno maie ; owarino maie

Jusqu'au —.
To the last. Chimai made.

Dernièrement, adv.
Lately, newly, not long ago. Tkicagoro.

Dérobé, e, adj.
Robbed, stolen ; private. Nousoumarete.

A la —e.
By stealth, secretly. Chinobini ; hisocani.

Dérober, v. a.
To rob, to steal ; to take away. Nousoumou ; tori oubaó.

—, cacher.
To conceal, to hide. Cacousou.

— une chose à quelqu'un.
To steal any thing from any one. Hito iori china-o nousoumou.

Se —, v. n.
To steal away, to escape. Chinobini nigherou.

Dérogation, s. f.
Derogation. Atai-o ghenzourou coto.

Déroger, v. n.
To derogate ; to forfeit one's nobility. Atai-o ghenzourou.

Dérouiller, v. a.
To get off the rust, to polish. Sabi-o otosou.

Se dérouiller, v. n.
To loose one's rust; to rub off the rust.

鑢鎊ル 鑢ヲ磨リ鎊ス

Sabiwa otkirou ; sourite sabi-o otosou.

Dérouler, v. a.
To unroll, to spread out.

巻物ヲ解リ

Makimono-o hiracou.

Se —, v. n.
To unroll.

解ケル

Hirakerou.

Déroute, s. f.
Rout, defeat, overthrow.

敗レ 敗軍

Yaboure ; haïgoun.

Dérouter, v. a.
To put out of one's way; to lead as- tray, to bewilder.

迷ハス

Mayowasou.

Derrière, prép.
Behind, after.

後ニ 跡ニ

Atoni ; ouchironi.

—, s. m.
The backside, the hind part.

後

Ouchiro.

Le — d'une maison.
The back part of a house.

家裏

Iyeno oura.

—, partie postérieure du corps.
The backside, the breech.

尻

Chiri.

—s d'une armée.
The rear.

後軍

Atono icousa.

Dès, prép.
From, since, at.

ヨリ カラ

Yori ; cara.

— que, conj.
When, as soon as; since.

ヨリ カラ

Yori ; cara.

— qu'il parut.
As soon as he appeared.

彼ハ來テカラ

Carewa maïte cara.

Désabuser, v. a.
To disabuse, to undeceive.

目ヲ開

Me-o akerou.

Désaccord, s. m.
Disagreement.

和睦セス

Wabocouchenou.

Désaccoutumer (se), v. n.
To disaccustom.

習ヲ忘ルル

Naraï-o wasourerou.

Désagréable, adj.
Disagreeable, unpleasant.

心カラス 恩ヲ知ラス

Cocoro iocarazou ; on-o chirazou.

Désagréablement, adv.
Disagreeably.

心良カラスニ

Cocoro iocarazouni.

40

Désagréger, v. a.
To disagregate.
分ル
Wakerou.

Désagrément, s. m.
Disagreeableness, discomfort.
心意カラザル事
Cocoro iocarazarou coto.

Désajuster, v. a.
To derange, to discompose.
乱ス
Midasou.

Se —, v. n.
To be deranged, disturbed.
乱ルル
Midarerou.

Désaltérer, v. a.
To quench the thirst.
口渇ヲ止ル
Nodo cawaki-o naosou.

Désappointement, s. m.
Disappointment.
任ヲスル事
Mounachoú sourou coto.

Désappointer, v. a.
To disappoint.
望ヲ失ハス
Nozomi-o ochinawasou.

Désapprendre, v. a.
To unlearn, to forget.
忘レサセル
Wasoure sacherou.

Désapprobateur, rice, adj.
Disapproving; carping, captious.
科メルモノ
Togamerou mono.

Désapprobation, s. f.
Disapprobation.
科メル事
Togamerou coto.

Désapprouver, v. a.
To disapprove, to blame; to dislike.
科メル 嫌ル
Togamerou; chemerou.

Désarçonner, v. a.
To dismount, to unhorse.
馬ヲ揩ス
M'ma iori otosou.

Désarmement (d'individu, de navire).
Disarming; dismantling.
人ノマタ舟ノ武器ヲ奪フ
Hitono mata founeno boughi-o oubó.

Désarmer, v. a.
To disarm, to unarm.
武器ヲ奪フ
Boughi-o oubó.

— (au figuré).
To disarm.
嘲ル
Azakerou.

Désassembler, v. a.
To take asunder, to take to pieces.
離レテ置ク
Wacarete ocou.

Désassocier, v. a.
To dissociate, to dissolve a partnership.
交ヲ絶ス
Majiwari-o tatsou.

Désassortir, v. a.
To mismatch, to render incomplete.
不相當ニ對ルスル
Mou sótóni tsouini sourou.

Désastre, s. m.
Disaster, calamity.
Wazawai ; yaboure.

Désastreux, se, adj.
Disastrous, calamitous.
Cannanno.

Désavantage, s. m.
Disadvantage, worst ; prejudice.
Son ; gaï.

A son —.
To its disadvantage.
Sono hitono gaini.

Désavantageux, se, adj.
Disadvantageous ; injurious.
Gaïni narou.

Désaveu, s. m.
Disavowal, denial ; recantation.
Souterou coto.

Désavouer, v. a.
To deny, to disavow ; to recant.
Iy souterou ; ï cayourou.

Desceller, v. a.
To unfasten ; to unseal.
Foujiro-o iabourou.

Descendance, s. f.
Descent, lineage, pedigree.
Coudarou coto ; nagare.

Descendant, e, adj.
Descending.
Coudarou mono ; ato tsoughi.

—, postérité, subst.
Descendant, offspring.
Chison ; mago.

Descendre, v. n.
To descend ; to go down.
Coudarou ; orirou.

— en marchant.
To step down.
Coudari courou.

— (en parlant de l'eau).
To go down.
Nagarerou.

—, tirer son origine.
To descend, to come from.
Dô.

Descente, s. f.
Descent, going down.
Coudarou coto.

—, pente.
Steep side, declivity, descent.
Coudarisaca.

—, irruption.
Irruption, descent.
Outkiiri.

Descriptif, ve, adj.
Descriptive.
諳シタル
Chirouchitarou.

Description, s. f.
Description.
明白ニ諳フ事
Akiracani yoú coto.

Déséchouer, v. a. (mar.).
To get afloat.
舟ヲ卸スル
Houna ourochi sourou.

Désemballer, v. a.
To unpack.
包ヲ解ク
Tsoutsoumi-o tocou.

Désembarquer, v. a.
To disembark, to land; to unship, to unlade.
上陸スル
Jióricou sourou.

Désembourber (se), v. n.
To extricate one's self from the mire.
泥ヨリ上ル
Doro iori agherou.

Désemparer, v. n. et a.
To leave, to quit a place.
出立スル
Chioutatki sourou.

Sans —.
Without leaving the spot.
處ヲハナレズ
Tocoro-o hanarezou.

— v. a. (mar.).
To disable, to cripple (a ship).
綱具ヲ取退ケル
Cógou-o torou.

Désempeser, v. a.
To unstarch.
糊ヲ落ス
Nori-o otosou.

Désemplir, v. a. et n.
To make less full; to become less full.
滿ル事ヲ減スル；減ル
Miterou coto-o ghenzourou; herou.

Se —, v. r.
To get less full; to get empty.
減ル
Herou.

Désenchanter, v. a.
To disenchant, to unbewitch.
迷ヲ失フ
Maioï-o ouchinó.

Désenfiler, v. a.
To unthread, to unstring.
綫ヲ放ス
Ito-o hanasou.

Désenfler, v. a.
To remove the swelling.
消散スル
Chòsan sourou.

—, v. n.
To become less swollen.
腫起ガ減ル
Choukiga ferou.

Désenivrer, v. a.
To sober, to make sober again.
醒スソ
Samasou.

Se —, v. r.
To grow sober again.
醒メル
Samerou.

Désenlaidir, v. a.
To beautify, to render less ugly.
氣サワリヲ去ル。
Kizawari-o sorou.

Désennuyer, v. a.
To recreate, to cheer.
樂ム。
Tanochimou.

Se —, v. r.
To drive away his own melancholy.
厭ヲ去ル。
Itoï-o sorou.

Désensevelir, v. a.
To unwrap, to strip the dead.
墓所ヲバク。
Hacachò-o habacou.

Désensorceler, v. n.
To unbewitch, to disenchant.
惡魔ヲ拂フ。
Acouma-o haró.

Désentêter, v. a.
To put out of conceit with.
心ヲ直ス。
Cocoro-o naosou.

Désert, e, adj.
Desert, solitary, wild.
捨レタ；荒ル。
Soutareta; arourou.

Désert, s. m.
Desert, wilderness.
荒地。
Aretki.

Déserter, v. a.
To desert, to leave, to quit.
隔ツル。
Hanarerou.

—, v. n.
To desert, to go away.
逃ケル。
Nigherou.

Déserteur, s. m.
Deserter.
逃人。
Hachirimono.

Désertion, s. f.
Desertion.
出奔。
Choppon.

Désespérant, e, adj.
Despairing, hopeless.
無明著。
Nozomi nachi; mounenna.

Désespéré, e, adj.
Hopeless, desperate, despondent.
明ミヲ盡キ果テラ果ル。
Nozomi-o outsoutte órou.

Désespéré, s. m.
A madman.
狂囚。
Kiókijin.

Désespérer, v. n.
To despair of, to give up all hope.
明ミヲ失フ。
Nozomi-o ouchinao.

—, v. a.
To drive to despair.
人ノ心ヲ破ル。
Hitono cocoro-o iabourou.

Se —, v. r.
To be in despair, to be frantic.
狂ニナル。
Kitkigaini narou.

Désespoir, s. m.
Despair, desperation, hopelessness.
Nozomi nacou narou.

Coup de —.
Desperate attempt.
Nozomi-o tatsou.

Déshabiller, v. a. et n.
To undress, to strip.
Ifoucou-o nougasou.

Se —, v. r.
To undress one's self, to pull one's clothes off.
Ifoucou-o nougou.

Déshabituer, v. a.
To disaccustom, to make one leave it off.
Narai-o naosacherou.

Se —, v. r.
To disaccustom one's self, to leave off doing.
Narai-o ouchinó.

Déshériter, v. a.
To disinherit.
Cotocou-o nozocou.

Déshonnête, adj.
Immodest, indecent, lewd.
Tadachicarazarou.

Déshonnêtement, adv.
Immodestly, lewdly.
Tadachicarazou.

Déshonneur, s. m.
Dishonour; disgrace, shame.
Hadgi; tkisocou.

Déshonorant, e, adj.
Dishonourable, disgraceful.
Hadgini narou.

Déshonorer, v. a.
To dishonour, to disgrace.
Na-o kegasou.

Se —, v. r.
To disgrace one's self.
Waga na-o kegasou.

Désignation, s. f.
Designation, description; appointment.
Eramou coto.

Désigner, v. a.
To designate, to describe; to denote; to appoint.
I sasou; micherou; nazzoucourou.

Désillusionner, v. a.
To undeceive, to free from illusion.
Me-o akerou.

Désincorporer, v. a.
To disincorporate, to desunite.
Wake hanasou.

Désinence, s. f. (gram.)
Desinence, ending.
紛リ°
Owari.

Désinfecter, v. a.
To disinfect, to purify.
臭氣ヲ取ル°
Cousami o torou.

Désinfection, s. f.
Disinfection, clearing away of foul air.
臭氣ヲ取ル事°
Cousami-o torou coto.

Désintéressé, e, adj.
Uninterested; indemnified.
慾ヲナシ°利ヲ取ラヌ°
Yocou nachi ; ri-o mousaboranou.

Désintéressement, s. m.
Disinterestedness.
正直ナ行イ°
Massougouna oconai.

Désintéresser, v. a.
To indemnify, to buy off or out.
損ヲ補フ°
Son-o oghinao.

Désinviter, v. a.
To disinvite.
謝辞°
Cotowarou.

Désir, s. m.
Desire, wish.
望ミ°願イ°
Nozomi ; negai.

— déréglè.
'Inordinate desire, lust.
慾°邪°
Coï ; ioco ; iocochima.

Suivant son —.
At one's desire.
我儘ニ°
Waga mamani.

Désirable, adj.
Desirable, covetable.
可望°
Nozomou beki.

Désirer, v. a.
To desire, to wish for; to long for.
望ム°好ム°
Nozomou ; conomi ; negó.

Que désirez-vous?
What do you wish?
汝ハ何用テ行クカ°
Nandgiwa nani iòde ioucouca ?

Désireux, se, adj.
Desirous.
望ムモノ°
Nozomou mono.

Désistement, s. m.
Desisting; relinquishment.
止メル事°
Yamerou coto.

Désister (se), v. r.
To desist from, to abandon, to give over.
廃スル°括ル°
Yamerou ; souterou.

Désobéir, v. n.
To disobey.
従ハヌ°
Chitagawazou.

Désobéissance, s. f.
Disobedience; undutifulness.
背ク事°
Somocou coto.

Désobéissant, e, adj.
Disobedient.
Somocou mono.

Désobligeant, e, adj.
Disobliging, unkind.
Cocoro iocarazarou.

Désobliger, v. a.
To disoblige, to displease.
Kini canawazarou.

Désobstruer, v. a.
To clear; to free.
Wacatsou.

Désœuvré, e, adj.
Idle, unemployed.
Iò nachi; hataraki nachi.

Désœuvrement, s. m.
Idleness, inactivity.
Iò naki coto.

Désolant, e, adj.
Grievous, distressing.
Canachii; naghe canachiki.

Désolation, s. f.
Devastation, desolation, ravage.
Ran bò.

—, affliction.
Desolation, grief.
Ourei.

Désolé, e, adj.
Desolated, laid waste; distressed.
Oureini oborerou.

Désoler, v. a.
To waste, to lay waste.
Ran bò sourou.

Se —, affliger.
To grieve, to be disconsolate.
Canachimou.

Désordonné, e, adj.
Disorderly; dissolute.
Midarina; waga mamano.

D'une manière — e.
Disorderly.
Midareni.

Désordre, s. m.
Disorder; want of order; confusion; debauchery.
Midari; ran.

Causer du —.
To cause disorder.
Midasou; rambò sourou.

Désorganiser, v. a.
To disorganize.
Yabourou.

Désorienter, v. a.
To cause a person to lose his way.
Mitki-o tagó.

Être désorienté.
To be out of one's way.
Mitki-o tagattarou.

Désormais, adv.
Henceforth, hereafter, from this time.
Sore cara; ima iori.

Désosser, v. a.
To bone, to take out the bones.
Hone-o wacasou.

Désoxyder, v. a.
To disoxydate, to disoxygenate.
Sabi-o torou.

Despote, s. m.
Despot; tyrant.
Ghiacou tei.

Despotique, adj.
Despotic, absolute, arbitrary.
Bò-cheino.

Despotisme, s. m.
Despotism.
Bò-chei.

Dessaisir (se), v. r.
To part, to give up.
Souterou; hanasou.

Dessaisonner, v. a.
To plough, or sow land unseasonably.
Nòghiòni tagaiasou; toki-o mamorazou.

Dessaler, v. a.
To soak, to make fresh.
Chiwo-o dasou.

Dessangler, v. a.
To ungirth, to loosen the girth.
Obi-o tocou.

Desséché, e, adj.
Dried, dry.
Hochitarou.

Desséchement, s. m.
Drying up, draining.
Cawaki.

Dessécher, v. a.
To dry up; to drain; to wither.
Cawacasou.

Se —, v. r.
To dry up, to become dry.
Cawacou.

Dessein, s. m.
Design, intention, purpose.
Omoi; cangaie; cocorozachi.

Grand —.
Great design.
Taï-i.

Desseller, v. a.
To unsaddle.
Coura-o orosou.

41

Desserrer, v. a.
  To loosen, to slacken.
  綏和ニスル
  Yourouiacani sourou.

Se —, v. r.
  To loosen.
  綏和ニナル
  Yourouiacani narou.

Dessert, s. m.
  Dessert, fruit.
  砂糖漬
  Satozzoukemono.

Desservir, v. a.
  To take away, to remove the cloth, to
  clear the table.
  膳ヲ仕舞
  Jen-o chimó.

—, nuire.
  To disserve, to do an ill office.
  害言ヲナス
  Gai-o nasou.

Dessiccatif, ve, adj.
  Desiccative, drying.
  乾燥カス
  Cawacasou.

Dessiccation, s. f.
  Desiccation, drying.
  乾燥カス事
  Cawacasou coto.

Dessiller, v. a. — les yeux.
  To open any one's eyes.
  迷ヲ解ク
  Maioï-o tocou.

Dessin, s. m.
  Drawing; design, sketch.
  繪紙
  E; egami.

Cahier de —,
  Drawing-book.
  圖本
  Je-hon.

Dessinateur, s. m.
  Draughtsman, drawer.
  圖師
  Echi, ecaki.

Dessiner, v. a.
  To draw, to design.
  圖ヲカク
  E-o cacou.

Se —, v. r., paraître, être visible.
  To be delineated.
  圖書キタル
  Egakitarou.

Dessouder, v. a.
  To unsolder.
  繩付物ヲ解ク
  Souzouts'ki mono-o tocou.

Dessous, adv. et prép.
  Underneath, below.
  下ニ
  Chitani.

Ci- —.
  Hereafter, underneath, the lower.
  下底ニ
  Coco chitani.

Dessous, s. m.
  Under part, the bottom.
  下ノ方
  Chitano hò.

Le — du vent (mar.).
  Leeward.
  風タヽリフナキ方ニ
  Caje atarino nai hòni.

Dessous, désavantage.
Disadvantage.

低キ事
Hicoui coto.

Dessus, adv. et prép,
On, upon, uppermost.

上ニ
Ouieni.

— s. m.
The top, the upper part, upper side.

上ノ方
Ouieno hô.

Le — du vent (mar.).
The weathergage, the windward.

風ノ方
Cajeno hó.

—, supériorité.
The upper hand, the advantage.

高キ事
Tacaicoto.

Destin, s. m.
Destiny; fate; doom.

命 運
Mei ; oun.

Destination, s. f.
Destination.

定ヘル心
Sadamourou cocoro.

Destinée, s. f.
Destiny; fate.

命 運
Mei ; ouń.

Accomplir sa —.
To fulfill one's destiny.

運ノ通リ行フタ
Onno toòri oconatta.

Destiner, v. a.
To destine, to design.

用ヲ極ル
Yò-o kimerou.

Destiné pour...
Bound for or to...

何様ニ定ヘフタ
Nani iò ni sadamatarou.

Destituer, v. a.
To dismiss, to deprive of an employment.

役ヲ除ク
Yacou-o nozocou.

Destitution, s. f.
Depriving of a place, dismissal.

役ヲ除ク事
Yacou-o nózocou coto.

Destructeur, adj. subst.
Destroying, destructive; destroyer.

破ル人
Yabourou hito.

Destructif, ve, adj.
Destructive.

崩スモノ
Couzzousou mono.

Destruction, s. f.
Destruction; overthrow.

破ル 崩ル
Yaboure; couzzoure.

Désuétude, s. f.
Disuse, desuetude.

慣レヌ事
Narenou coto.

Désunion, s. f.
Disjunction; disunion, breach.

分離ノ事
Bounrino coto.

Désunir, v. a.
  To disunite, to disjoin, to divide.
分ケル 取リ開ク
Wakerou ; tori hiracou.

Détachement, s. m.
  Disengagement; disinterestedness.
解ク事
Tocou coto.

— de troupes.
  Detachment, draught of soldiers.
兵卒ノ小隊
Tsouwamonono tchiisai mouragari.

Détacher, v. a.
  To detach, to loosen, to separate.
分ケル 緩メル
Wakerou ; youroumerou.

—, nettoyer.
  To take out spots or stains.
垢ヲ取ル
Aca-o torou.

Se —, v. r.
  To become loosened, to break off, to part.
別レル
Wacarerou.

Détail, s. m.
  Detail.
巨細ナ論
Cosaina ron.

En —.
  In detail.
柔細ニ
Issaini.

—, dans le commerce.
  Retail.
小賣リ
Co ouri.

Détaillant, s. m.
  Retailer.
小賣スル人
Co ouri sourou nin.

Détailler, v. a. — Raconter en détail.
  To detail, to relate minutely.
柔細ニ語ル
Issaini catarou.

—, vendre au détail.
  To retail, to sell by retail.
分ケ賣スル
Wake ouri sourou.

Déteindre, v. a.
  To take out the colour.
色ヲ取ク
Iro-o tocou.

Se —, v. r., *ou* —, v. n.
  To lose its colour, to fade.
色ガサメル
Iroga samerou.

Dételer, v. a. et n.
  To take horses out of a carriage.
車ヲトク
Courouma-o tocou.

Détendre, v. a.
  To unbend; to relax; to slacken.
緩メル
Youroumerou.

—, v. a. et n., enlever ce qui est tendu.
  To take down.
下ス
Orosou.

Se —, v. r.
  To unbend one's self.
緩マル
Youroumarou.

Détenir, v. a.
  To detain, to withhold.
  Sachi tomerou.

Détente, s. f.
  Trigger, pulling.
  Bane.

Détenteur, s. m.
  Holder.
  Tamotsou nin.

Détention, s. f.
  Detention, confinement.
  Jiourò sourou coto.

Détenu, s. m.
  Prisoner.
  Ròcha.

Déterger, v. a.
  To deterge, to cleanse.
  Kiiomerou.

Détérioration, s. f.
  Deterioration.
  Otoroie.

Détériorer, v. a.
  To deteriorate, to impair.
  Otoroie sacherou.

  Se —, v. r.
  To deteriorate, to be debased.
  Otoroierou.

Détermination, s. f.
  Determination, resolution.
  Kimeri ; ketsoudan.

Déterminé, e, adj., précis.
  Determined, resolved, ascertained.
  Kimattarou ; sadamattarou.

  Jour —.
  Fixed day.
  Atarou fi.

  —, hardi.
  Bold, steady, resolute.
  Chicato chitarou.

Déterminer, v. a.
  To determine, to settle, to fix, to decide.
  Kimerou ; sadamerou ; ketsoudan sourou.

  Se —, v. r.
  To determine one's self.
  Sadamarou.

Déterrer, v. a.
  To dig up; to disinter; to bring to light.
  Hori dasou.

Détersif, ve, adj.
  Detersive, abstergent.
  Arao cousouri.

Détestable, adj.
  Detestable, wretched ; hateful.
  Nicoumbeki ; nicoutei.

Détestation, s. f.
Detestation, abhorrence.
惡ム
Nicoumi.

Détester, v. a.
To detest; to abominate; to leathe.
惡ム 嫌フ
Nicoumou; kirao.

Détirer, v. a.
To draw out, to stretch.
引キ張ル
Hikifarou.

Détonation, s. f.
Detonation.
響ク事
Hibicou coto.

Détoner, v. n.
To detonate, to fulminate.
響ク
Hibicou.

Détonner, v. n.
To be out of tune.
調子ノ曾ルル
Tchóji-o′ wazzourourou.

Détordre, v. a.
To untwist; to unwring.
繹ヲ戻ス
Neji-o modosou.

Détortiller (se), v. n.
To become untwisted.
繹戻ル
Nejiga modorou.

Détour, s. m.
Winding, turning; by-way; shift.
周リ 廻リ
Mawari; megouri; magari.

Détourner, v. a.
To turn away to lead off or out of, to divert.
横ヘル
Yocoghirou.

— la tête.
To turn away one's head.
頭ヲ横ヘク
Atama-o iocomocou.

— (dissuader).
To deter, to dissuade.
扣サセル
Hikisacherou.

Se —, v. r.
To deviate from the road, to turn away.
直道スル
Candò sourou.

Détracteur, s. m.
Detracter, slanderer.
讒言スル人
Dzanghen sourou nin.

Détraction, s. f.
Detraction, slander.
讒言
Dzanghen.

Détraquer, v. a.
To disorder, to put out of order, to divert.
混雜サセル 傷メル
Conji sacherou; itamerou.

Se —, v. r.
To be disordered.
損スル
Sonzourou.

Détrempe, s. f.
Water-colours.
水繪ノ具
Mizzouyeno dógou.

Détremper, v. a.
  To dilute, to temper, to mix.
  練物ニスル°
  Nerimononi sourou.

Détresse, s. f.
  Sorrow, grief; distress.
  艱難°災°
  Cannan; wazawaï.

Détriment, s. m.
  Detriment, injury.
  損°害°
  Son; gaï.

Au — de.
  To the detriment of.
  損ヲ以テ°
  Son-o motte.

Détroit, s. m.
  Strait; defile, pass.
  流瀬°
  Nagare chiho.

Détromper, v. a.
  To disabuse, to undeceive.
  偽ル事ヲ顯ス°
  Damasou coto-o arawasou.

Détrôner, v. a.
  To dethrone.
  君ヲ廢スル°
  Kimi-o souterou.

Détruire, v. a.
  To destroy; to throw down.
  廢スル°
  Haï sourou.

Se —, v. n.
  To decay, to fall, to ruin.
  衰イル°
  Otoroierou.

Dette, s. f.
  Debt.
  借金°
  Chakkin.

Deuil, s. m.
  Mourning, grief, sorrow.
  喪中°忌中°
  Mo-tkiou; emi-tkiou.

Porter le —.
  To be in mourning.
  忌中ニ入ル°
  Kitkiouni irou.

Deux, s. m. et adj.
  Two.
  二ツ°二°兩°
  Houtatsou; ni; riò.

— livres.
  Two books.
  書二卷°
  Hon nicouan.

Le — du mois.
  The second day of the month.
  二日°
  Houts'ca.

Deuxième, adj.
  Second.
  第二°二番°
  Daini; niban.

Deuxièmement, adv.
  Secondly.
  二番ニ°
  Nibanni.

Dévaliser, v. a.
  To rifle, to strip.
  取奪フ°
  Tori oubó.

Devancer, v. a.
To precede, to go before; to outrun.
前ニ立ツ。
Sakini tatsou.

Devant, prép.
Before, in front of, opposite to.
前ニ 先ニ
Maieni ; sakini.

— la maison.
Before the house.
家ノ前。
Iyeno maie.

Aller au — de quelqu'un.
To go, to send to meet one.
迎ニ出ヅ。
Moucaini derou.

—, adv.
Before.
前ニ 向ニ
Maieni ; moucóni.

Droit — soi.
Right a head.
直々ニ。
Massougouni.

Ci —.
Before, already; formerly.
既ニ。
Soudeni.

—, s. m.
The front, the forepart.
前ノ方。
Maieno cata.

Dévastateur, adj. et subs.
Devastating; destroyer, despoiler.
亡ス人。
Horobosou hito.

Dévastation, s. f.
Devastation, ravage, havoc.
亡ス事。
Horobosou coto.

Dévaster, v. a.
To devastate, to spoil.
亡ス; 損ル。
Horobosou ; sonjirou.

Développement, s. m.
Unfolding; developement.
包ヲ解ク事。
Tsoutsoumi-o tocou coto.

Développer, v. a.
To open, to unwrap.
包ヲ解ク。
Tsoutsoumi-o tocou.

—, éclaircir, exposer.
To expound, to lay open, to explain.
明ス。
Arawasou.

Se —, v. r.
To expand, to stretch forth.
廣ガル。
Hirocagarou.

Devenir, v. a.
To become, to grow, to get, to turn.
成ル; 左様ナル。
Narou ; sò narou.

— à rien.
To come to nothing.
何モ無クナル。
Nanimo nacou narou.

Dévergondage, s. m.
Unbounded licentiousness.
濫ニ徒ブ事。
Inranni chitagó coto.

Dévergondé, e, adj.
Brazenfaced and lewd, impudent.
Inranni chitagó mono.

Déverser, v. a. et n.
To incline, to bend, to lean.
Cataiorou.

— le mépris sur quelqu'un.
To throw contempt upon one.
Hito-o anadorou.

Dévêtir, v. a.
To undress, to strip.
Ifoucou-o nougasou.

Déviation, s. f.
Deviation.
Sakerou coto.

Dévidage, s. m.
Winding.
Itomaki sourou coto.

Dévider, v. a
To wind, to reel.
Itomaki sourou.

Dévidoir, s. m.
Winder, reel, spindle.
Itomaki gourouma.

Dévier, v. n.
To deviate, to turn out, to swerve.
Mitki-o megourou.

Devin, s. m.
Diviner, soothsayer.
Ouranaicha.

Deviner, v. a.
To divine, to soothsay; to guess.
Ouranao.

— juste.
To guess right.
I aterou.

Devis, s. m.
Estimate, plan, scheme.
Tsoumori cangiò.

Devise, s. f.
Device, emblem.
Chirouchi.

Dévisser, v. a.
To unscrew, to take off a screw.
Nedgi-o noucou.

Dévoiement, s. m.
Relaxation, looseness.
Yourouiacani sourou coto.

— écartement d'une direction (mar.).
Flaring.
Cacayourou coto.

Dévoiler, v. a.
To unveil, to unwrap.
Oi-o torou.

42

Se dévoiler, v. r.
To unveil one's self.
顯ル。
Arawarourou.

Devoir, v. a.
To owe, to be in debt.
難有アル。
Arigatacou arou.

— (être redevable à...).
To be indebted for.
唇ク。
Catadgikenacou.

—, v. n.
Should, ought; must, to be bound to.
爲ル筈。
Sourou hazzou.

Devoir, s. m.
Duty; task.
職分° 業°
Chocoboun; iacou.

S'acquitter d'un —.
To perform, to fulfil a duty.
職分ヲ爲ス。
Chocoboun-o nasou.

Dévorant, e, adj.
Devouring, ravenous.
食ムもノ。
Hamou mono.

Dévorer, v. a.
To devour, to consume.
食イくム。
Coui hamou.

Dévot, e, adj.
Devout, godly, pious.
尊敬スル人。
Sonkei sourou hito.

—, s. m. et f.
Devotee.
神信者。
Chinjincha.

Dévotion, s. f.
Devotion; devoutness.
神信° 神ヲ敬スル事。
Chinjin; cami-o chinzourou coto.

Dévouement, s. m.
Devotion; devotedness.
上部ナル神畝°
Jioubounarou chinjin.

Dévouer, v. a.
To devote, to consecrate.
神ニ謝ス。
Camini chasou.

Se —, v. r.
To devote one's self.
己レガ耳ヲ任カセル。
Onorega mi-o macacherou.

Dévoyer, v. a.
To mislead, to lead astray.
惡ク導ク。
Achicou mitkibicou.

Dextérité, s. f.
Dexterity, skill.
奇樣° 才智°
Kiiò; saitki.

Avec —.
Dexterously.
奇樣ニ°
Kiiòni.

Diabète, s. m. (méd.).
Diabetes.
尿痲°
Emì; rinchitsou.

Diable, s. m.
Devil, wicked person.
惡魔° 惡人°
Acouma ; acounin.

Diablerie, s. f.
Witchcraft, jugglery.
魔法° 魔術°
Ma-hò ; majioutsou.

Diabolique, adj.
Diabolical, devilish.
惡魔ノ
Acoumano.

Diadème, s. m.
Diadem, crown.
冠リ°
Cammouri.

Diagonal, e, adj. et s.
Diagonal.
斜線°
Nanamena soudgi.

Dialecte, s. m.
Dialect.
土語°
Totkino namari.

Dialogue, s. m.
Dialogue.
物語°
Monogatari.

Dialoguer, v. a. et n.
To converse, to confer together.
物語ル°
Mono catarou.

Diamant, s. m.
Diamond.
金剛石°
Congocheki.

— brut.
Rough diamond.
粗惡ノ金剛石°
Sancòno congocheki.

Diamètre, s. m.
Diameter.
差渡°
Sachi watachi.

Diaphane, adj.
Diaphanous, transparent.
透明°
Tò-mei ; souki doòrou.

Diaphragme, s. m.
Diaphragm, midriff.
膈膜°
Cacou macou.

Diaprer, v. a.
To variegate, to diaper.
采色スル°
Saichiki sourou.

Diarrhée, s. f.
Diarrhœa, looseness.
下痢°
Hara coudari.

Diatribe, s. f.
Diatribe.
謗ル°
Sochirou.

Dictame, s. m. (bot.).
Dittany, dictamum.
珍珠菜°
Chindgiou saï.

Dictateur, s. m.
Dictator.
權柄官°
Kempeina couan.

Dictée, s. f.
Dictation.
日記スル事。
Niki sourou coto.

Dicter, v. a.
To dictate; to prompt, to prescribe.
日記サセル。
Niki sacherou.

Diction, s. f.
Diction, style; delivery.
文法。
Boumpò.

Dictionnaire, s. m.
Dictionary.
字彙。
Jibiki.

Dicton, s. m.
Saying, saw, proverb.
諺。言事。
Cotowaza; iygoto.

Didactique, adj.
Didactic, instructive.
教ヘル。
Wochiyerou.

Diète, s. f.
Diet, regimen.
飲食。
Inchocou.

— **absolue**.
Strict diet.
飲食ヲ禁スル。
Inchocou-o kinzourou.

Dieu, s. m.
God.
天主。デウス。神。佛。
Tentó, Deous; Cami, Bousatsou.

Diffamateur, s. m.
Defamer, slanderer, calumniator.
讒スル人。
Sochirou hito.

Diffamation, s. f.
Defamation, aspersion.
讒言。
Sochiri; zanghen.

Diffamatoire, adj.
Defamatory, libellous, slanderous.
讒言スル事。
Sochirou coto.

Diffamer, v. a.
To defame, to slander, to asperse one's character.
讒言スル。
Sochirou; zanghen sourou.

Différemment, adv.
Differently.
斷テ。然カメ、ヘ。
Cotowatte; chicazareba.

Différence, s. f.
Difference, odds; disagreement.
別。其リ。思ヒ違ヒ。
Betsou; cotonari; omoï tagaï.

Légère —.
Slight difference.
少シ違フ事。
S'cochi tagó coto.

Différencier, v. a.
To distinguish.
分ケサセル。分ケテ置ク。
Wake sacherou; wakete ocou.

Différend, s. m.
Difference, strife, dispute.
爭ヒ。論。
Arasoï; ron; sôron.

Apaiser un différend.
To appease a quarrel.
争ヲ鞴メル°
Arasoï-o chizzoumerou.

Différent, e, adj.
Different; various, unlike.
似合ヌ°異ナル°
Nite aranou ; cotonarou.

Différer, v. a.
To defer, to delay, to postpone.
延ル°日延スル°
Noberou ; hi-nobe sourou.

—, v. n.
To differ, to be different; to disagree.
違フ°異ナル°
Tagó ; cotonarou.

Difficile, adj.
Difficult, hard.
六ケ敷カスイ°
Mouts'cachi ; cataï.

Il est — à contenter.
He is difficult to be pleased.
彼ノ気ニ叶イ難シ°
Cono hitono kini canaï gatachi.

Difficilement, adv.
Difficulty, not easily.
手茨カラス°
Taiasou caranou.

Difficulté, s. f.
Difficulty; hinderance, cross.
六ケ敷事°
Mouts'cachi coto.

Difforme, adj.
Deformed, disfigured, ugly.
形破ニスル°
Catatki yabouretarou.

Difformité, s. f.
Deformity, disfigurement.
片軆°
Catawa.

Diffus, e, adj.
Diffuse, prolix.
弘ガリタル°
Hirogaritarou.

Diffusion, s. f.
Diffusion; diffusiveness; prolixity.
弘メル事°
Hiromerou coto.

Digérer, v. a.
To digest; to bear; to examine.
消化スル°信ル°
Chôsourou ; chinjirou.

Digestif, ve, adj.
Digestive.
消化サセル°
Chôsacherou.

Digestion, s. f.
Digestion; concoction.
消化スル事°
Chôsourou coto.

Digne, adj.
Worthy, deserving.
値イアル°
Atai arou.

Dignement, adv.
Worthily, deservedly.
直段ニ°
Ne outkini.

Dignitaire, s. m.
Dignitary.
高官°
Cò-couan.

Dignité, s. f.
Dignity.

位
Couraï.

—, gravité noble.
Dignity, stateliness.

大ナル事
Oho narou coto.

Air de —.
Dignified air.

廉直
Rentkiocou.

Digression, s. f.
Digression.

他言ニ移ル
Tano hanachini otkirou.

Digue, s. f.
Dam, dike, embankment.

土疂
Dotei.

Dilacérer, v. a.
To dilacerate, to lacerate.

裂ク
Sacou.'

Dilapidation, s. f.
Dilapidation, waste.

費ス事
Herasou coto.

Dilapider, v. a.
To dilapidate, to waste.

費ス
Herasou.

Dilatable, adj.
Dilatable.

張リ開ク者
Hari hiracou mono.

Dilatation, s. f.
Dilatation, expansion.

張リ開ク事
Hari hiracou coto.

Dilater, v. a.
To dilate, to enlarge, to widen.

張リ開ク
Hari hiracou.

Se —, v. r.
To dilate, to be dilated.

廣ブル
Nobourou.

Dilatoire, adj.
Dilatory.

遅イ
Osoi.

Diligemment, adv.
Diligently, speedily.

出精ニシテ
Chioucheini chite.

Diligence, s. f.
Diligence, speed, dispatch.

早キ事
Haiaki coto.

—, voiture.
Stage-coach.

速キ車
Haiaki gourouma.

Avec —.
With diligence or diligently.

速ニ
Soumiyacani.

Diligent e, adj.
Diligent, quick, careful.

速ナ人
Soumiyacana hito.

Peu diligent.
Unexpeditious.
Ousoui hito.

Dimanche, s. m.
Sunday, sabbath.
Nitki yóbi; tenchiouno hi.

Dîme, s. f.
Tithe.
Jioubouno itki.

Dimension, s. f.
Dimension.
Oókisa; hirosa.

Dîmer, v. a.
To tithe.
Jioubouno itki-o torou.

Diminuer, v. a.
To diminish, to lessen; to abridge.
Ghenzourou; herasou; riyacousourou.

—, v. n.
To decrease, to abate.
Soukenacou narou.

Diminutif, ve, adj. subs.
Diminutive.
Co; tkisaï.

Diminution, s. f.
Diminution, lessening, abatement.
Ghenzourou coto; sagherou coto.

Susceptible de —.
Diminishable.
Ghenzoubeki.

Dinde, s. f.
Turkey-hen.
Couakei.

Dindon, s. m.
Turkey-cock.
O couakei.

Diner, v. a.
To dine.
Hiroumechi-o sourou.

Inviter à —.
To invite to dinner.
Gotkisòni iobou.

Diner, s. m.
Dinner.
Hiroumechi.

Préparer un grand —.
To prepare a substantial dinner.
Houroumaï-o dasou.

Diplomate, s. m.
Diplomatist.
Cheijinni azzoucarou iacounin.

Diplôme, s. m.
Diploma.
Hiòghi.

Dire, v. a.
To tell, to say, to speak.
物言フ; 物語ス; 謂ハルル
Mono-o ioú; mono-o hanasou; iwayourou.

Un mot à —.
A word to say.
語事有ル゜
Hanasou cotoga arou.

N'avoir pas un mot à —.
Not to have a word to say.
語事無シ゜
Hanasou coto nachi.

Que dit-on?
What do they say?
何々ヲ謂フカ
Nani-o ioúca?

On dit que...
It is reported that...
人謂フニハ゜
Hitono ioúniwa.

C'est-à- —.
That is to say.
ト謂フ゜
To yoú.

Se — à soi-même, v. r.
To say to one's self.
我語ス゜
Wareni hanasou.

Dire, s. m.
Saying, words.
謂フ事゜コトワザ゜
Ioúcoto; cotowaza; móchigoto.

Direct, e, adj.
Direct, straight.
正直ナ゜
Massougouna; sougouna.

Directement, adv.
Directly, straightforward.
正直ニ゜
Massougouni.

Directeur, s. m.
Director, conductor, manager.
同ル゜
T'scasadorou.

Direction, s. f.
Direction, management.
同リ゜
Ts'casadori.

—, mouvement direct.
Direction.
本線゜
Fon soudgi.

Diriger, v. a.
To direct, to manage, to govern.
同ル゜
Ts'casadorou.

— mal.
To misguide.
惡ク同ル゜
Achicou ts'casadorou.

Se —, v. r. (au moral).
To proceed, to behave.
行フ゜起ク゜
Oconó; omomocou.

— (au propre), v. n. aller.
To direct one's self.
行事゜
Youcou coto.

Discernement, s. m.
Discernment, distinction.
辨゜
Wakimaie.

Avec discernement.
With discretion.
辨イテ°
Wakimaiete.

Discerner, v. a.
To discern, to distinguish.
分ツ°
Wacatsou.

Disciple, s. m.
Disciple, scholar, follower.
弟子°従者°
Deichi; chitagò mono.

Discipline, s. f.
Discipline, education.
範°教°
Nori; ochiye.

Observer la —.
To preserve the discipline.
法ヲ守ル°
Hò-o mamorou.

Discipliner, v. a.
To discipline.
教イル°
Ochiyerou.

Se —, v. r.
To become disciplined.
教イラル、°
Ochiyerarourou.

Discontinuer, v. a. et n.
To discontinue, to cease.
止メル°
Yamerou.

Disconvenir, v. n.
To disown, to deny.
斷ル°承ル°承知セヌ°
Cotowarou; chotkichenou.

Discordance, s. f.
Discordancy, discordance.
不和°和セヌ°
Hou-wa; couachenou.

Discordant, e, adj.
Discordant, jarring.
不和ノモノ°
Couachenou mono.

Discorde, s. f.
Discord, desagreement, dissention.
和睦セヌ°乱°
Wabocou chenou; ran.

Discoureur, s. m.
Talker, talkative; chatterer.
辨ベル者°
Chaberou mono.

Discourir, v. n.
To discourse, to expatiate upon.
論ズル°説ク°
Ronzourou; iwacou.

Discours, s. m.
Discourse, speech.
論°講釋°語°
Ron; còchacou; monogatari.

Faire un —.
To make an oration.
講釋スル°
Còchacou sourou.

Discourtois, e, adj.
Discourteous, unmannerly.
丁寧ナラヌ°
Teinei naranou.

Discrédit, s. m.
Discredit.
信用セヌ事°
Chin-iò-chenou coto.

En discrédit. — 不信用ニナッテ。
In discredit. — Houchin iόui natte.

Discréditer, v. a. — 信用セヌ。
To discredit. — Chin-iò-chenou.

Discret, ète, adj. — 勤心ナ人。
Discreet, cautious, prudent. — Kinchinna hito.

Discrètement, adv. — 勤心ニ。
Discreetly, cautiously. — Kinchinni.

Discrétion, s. f. — 勤心。
Discretion, reserve. — Kinchin.

A —. — 我ガ勝手ニ。
At discretion. — Waga cattcini.

Être à la — de quelqu'un. — 人ノ勝手ニナル。
To be at one's mercy. — Hitono cattcini narou.

Disculper, v. a. — 罪ヲ解ク。
To exculpate, to vindicate. — Tsoumi-o tocou.

Se —, v. r. — 罪ヲ觸ス。
To exculpate one's self. — Tsoumi-o ï hourasou.

Discussion, s. f. — 論。議論。争イ。
Discussion, investigation, debate. — Ron; ghiron; arasoï.

En —. — 議論ニ成テ。
In discussion. — Ghironni natte.

Matière à —. — 議論ノ元。
Matter for investigation. — Ghironno moto.

Discuter, v. a. — 議論スル。
To discuss, to argue, to inquire into. — Ghiron sourou.

Disette, s. f. — キギル。
Scarcity, dearth, penury. — Kikin.

Diseur, s. m. — 言フ人。
Teller, talker. — You hito.

Disgrâce, s. f. — 恥辱。
Disgrace, disfavour; misfortune. — Tkidgiocou; hadgi.

Disgracier, v. a. — 辱シメル。
To disgrace. — Hazzoucachimerou.

Disgracieux, se, adj. — 辱シ。
Ungraceful, uncouth, awkward. — Hazzoucachi.

Disjoindre, v. a.
   To disjoin, to disunite.

分ル゜
Wakerou; hedatsourou.

Se —, v. r.
   To come asunder, to separate.

分ケ置ク゜
Wake ocou.

Disjonction, s. f.
   Disjunction, disjoining.

分ル事゜
Wakerou coto.

Dislocation, s. f.
   Dislocation, luxation.

置キ替ル事゜
Oki cawarou coto.

Disloquer, v. a.
   To dislocate, to put out of joint.

骨節違ヘル゜
Hone houchi tkigaierou.

Disparaître, v. n.
   To disappear.

消ル゜ 滅ヘル゜
Oucherou; kiierou.

Disparate, adj.
   Disparate; incongruous.

合ハヌモノ゜
Awanou mono.

Disparité, s. f.
   Disparity, difference.

不同゜
Onajicarazou.

Disparition, s, f.
   Disappearance.

消ル事゜
Oucherou coto.

Dispendieux, se, adj.
   Expensive, costly.

費掛ル゜
Tsouiega cacarou.

Dispensaire, s. m.
   Dispensatory; pharmacopœia.

藥方處゜
Cousouri ya.

Dispensateur, s. m.
   Dispenser, distributer.

分テ遣ル゜
Wacarete yarou mono.

Dispensation, s. f.
   Dispensation, disposal.

分テ遣ル事゜
Wacarete yarou coto.

Dispense, s. f.
   Dispensation, dispense, exemption.

免ル゜
Yourouchi.

Dispenser, v. a.
   To dispense; to exempt.

免ス゜
Yourousou.

—, distribuer.
   To dispense, to bestow.

分テ遣ル゜
Wacarete yarou.

Se —, v. r.
   To exempt one's self.

我身ヲ許ス゜
Waga mi-o yourousou.

Disperser, v. a.
   To disperse, to scatter.

散ル゜ 分散ス ル゜
Tkirasou; bounsan sourou.

Se disperser, v. a.
To disperse; to be scattered.
離散スル゜
Risan sourou.

Dispersion, s. f.
Dispersion, scattering.
散スル事゜
Tkirasou coto.

Disponible, adj.
Disposable.
用イル可キ゜
Motkiirou beki.

Dispos, adj. m.
Active, nimble, cheerful, smart.
敏イ゜
Isamachii.

Disposé, e, adj.
Disposed, inclined.
片荷ッタル゜
Cataiottarou.

Disposer, v. a.
To dispose, to order, to lay out; to adapt.
當ル゜ 片付ル゜
Aterou; catazzoukerou.

— d'avance.
To predispose, to preordain.
先ニ心ヲ立テサセル゜
Sakini cocoro-o tatesacherou.

— quelqu'un à faire une chose.
To induce any one to do any thing.
何々ノ爲ニ心ヲ動ス゜
Nani nanino tameni cocoro-o ogocasou.

Disposition, s. f.
Disposition, arrangement.
飾リ゜
Cazari.

—, inclination, humeur.
Inclination; mind, humour.
覺キ゜
Coutsouroughi.

Avoir à sa —.
To have at one's disposal.
我が勝手ニ有゜
Waga catteini arou.

Disproportion, s. f.
Disproportion.
不同ナ事゜
Dabaketa coto.

Disproportionné, e, adj.
Disproportionate.
不同ナ事゜
Dabaketa mono.

Dispute, s. f.
Dispute, contest, variance; debate.
爭イ゜ 爭論゜
Arasoi; sóron.

Disputer, v. n.
To contest; to dispute.
爭フ゜ 議論スル゜
Arasó; ghiron sourou.

Se —, v. r.
To contend for.
互ニ爭フ゜
Tagaini arasó.

Disputeur, s. m.
Disputer, wrangler.
爭フ人゜
Arasó hito.

Disque, s. m.
Disk; discus.
圓面゜
Maroui omote.

Disque du soleil.
Disk of the sun.
日輪
Nitkirin.

Dissection, s. f.
Dissection.
解體法
Caibò hò.

Dissemblable, adj.
Dissimilar, unlike, different.
異ル；別
Cotonarou; betsou.

Dissemblance, s. f.
Dissimilitude, want of resemblance.
異リ
Cotonari.

Dissémination, s. f.
Dissemination, scattering.
散ス事
Tkirasou coto.

Disséminer, v. a.
To disseminate, to scatter.
散ス
Tkirasou.

Dissension, s. f.
Dissension, discord, disunion.
争イ
Arasoï.

Dissentiment, s. m.
Disagreement.
心違フ事
Cocoroga tagó coto.

Disséquer, v. a.
To dissect, to anatomize.
解體スル
Caibò sourou.

Dissertation, s. f.
Dissertation, treatise.
論 議論 説リ
Ron; ghiron; monogatari.

Disserter, v. n.
To dissert, to expatiate.
論スル 議論スル
Ron sourou; ghiron sourou.

Dissidence, s. f.
Dissidence, scission.
心違イ
Cocoro tagai.

Dissident, e, adj.
Dissenting, dissenter.
心違フ人
Cocoro tagó hito.

Dissimilitude, s. f.
Dissimilitude.
異リ
Cotonari.

Dissimulation, s. f.
Dissimulation; double-dealing.
偽リノ事
Itsouwarino coto.

Dissimuler, v. a.
To conceal, to hide.
隠ル
Cacousou.

—, v. n.
To feign.
偽ル
Itsouwarou.

Dissipateur, s. m.
Spendthrift, prodigal.
无益ニ費ヤス人
Moüiacouni tsouiasou nin.

Dissipation, s. f.
Dissipation, waste.
費ス事。
Tsouiasou coto.

—, au moral.
Dissipated life.
イタヅラゴト。
Itazzouragoto.

Dissiper, v. a.
To dissipate, to scatter, to disperse.
散ス゜費ス゜
Tkirasou; tsouiasou.

Se —, v. n. et r.
To be dispersed.
散ル゜
Tkirou.

—, au figuré.
To divert.
樂ス゜
Tanochimou.

Dissolu, e, adj.
Dissolute, lewd, profligate.
邪ナ人゜淫乱ナ人゜
Yocochimano hito; iuranno hito

Dissoluble, adj.
Dissolvable.
浦化ス可゜
Chocouasou beki.

Dissolution, s. f.
Dissolution; dissolving.
溶解ス゜
Yòcaï sourou.

— au figuré.
Dissoluteness, lewdness.
淫乱゜
Inran.

Dissolvant, e, adj. (chim.).
Dissolvent, resolvent.
溶解薬
Yòcaï iacou.

Dissonance, s. f.
Dissonance, discord.
不運゜不和
Fou-oun; fou wa.

Dissoudre, v. a.
To dissolve, to break up.
溶解ス゜
Yòcaï sourou.

Se —, v. r.
To be dissolved.
溶ケ゜鎔ケ゜
Tocou.

Dissuader, v. a.
To dissuade, to advise to the contrary.
イヒトメル゜
Iytomerou.

Dissyllabe, subst.
Dissyllable.
二ツノアル語゜
Houtatsouno arou cotoba.

Distance, s. f.
Distance, interval.
遠バナレ゜間゜
Tò-banare; aida.

Égale —.
Equal distance.
同隔離テ居ル゜
Onajicou hanarete orou.

Distant, e, adj.
Distant, remote, far off.
隔レタル゜遠イ゜
Hauaretarou; tooï.

Distendre, v. a.
   To distend.
引キ延ベ。
Hikinobasou.

Distillation, s. f.
   Distillation.
蒸露鑵ニテ露ヲ取ル。
Jiòro couan nite tsouiou-o torou colo.

Distiller, v. a.
   To distil.
蒸露鑵ニテ露ヲ取ル。
Jiòro couan nite tsouiou-o torou.

  —, v. n.
   To distil, to drop, to drizzle.
滴落ル。
Chitadarou.

Distinct, e, adj.
   Distinct, different, separate.
別。
Betsou.

  —, apparent.
   Plain, clear.
有カナ。
Akiracana.

Distinctement, adv.
   Distinctly, clearly, plainly.
有カニ。
Akiracani.

Distinctif, ve, adj.
   Distinctive, characteristic.
區別スル。
Cacoubet sourou.

Distinction, s. f.
   Distinction, division.
別。 分。
Betsou; wacatki.

  Établir une —.
   To distinguish.
分ヲ立ル。
Wacatki-o tatcrou.

  —, prééminence.
   Distinction, prominence.
貴サ。
Tattosa.

Distingué, e, adj.
   Distinguished, eminent.
貴イ。 高イ。
Tattoï; tacaï.

Distinguer, v. a.
   To distinguish, to discern; to take
   notice off.
分ツ。 分ケイル。
Wacatsou; wakimaierou.

  Se —, v. r.
   To distinguish one's self.
世ニ遇ハル。
Yoni sougourerou.

Distraction, s. f.
   Separation, subtraction.
分ヲ事。
Wacatsou colo.

  —, inapplication.
   Abstraction, absence of mind.
混乱。
Conran.

  —, amusement.
   Recreation, relief, diversion.
樂ミ。
Tanochimi.

Distraire, v. a., séparer.
   To separate, to subtract.
引離ツ。
Hiki wacatsou.

Distraire, amuser.
To divert, to entertain.
慰サムルゝ。
Nagousamourou.

Distrait, e, adj.
Inattentive, absent; vacant.
思イ混ゼルゝモノ。
Omoï conzourou mono.

Distrayant, e, adj.
Diverting, entertaining.
慰サマシキ。
Nagousamachiki.

Distribuer, v. a.
To distribute, to deal out; to dispose.
分ケテ遣ル。分ケ送ル。
Wakete yarou; wake ocorou.

Distributeur, rice, s. m. et f.
Distributer, dispenser.
分ケテ遣ル人。
Wakete yarou nin.

Distribution, s. f.
Distribution, division; disposition.
分ル事。
Wakerou coto.

District, s. m.
District, jurisdiction.
郡。
Côri; goun.

Dit, e, part.
Said, spoken.
言イタル。
Iytárou.

Diurétique, adj.
Diuretic.
利尿剤。
Rinió zaï.

Diurne, adj.
Diurnal.
日毎ノ。毎日ノ。
Higotono; maïnitkino.

Divagation, s. f.
Divagation, wandering.
彼此云フ事。
Care core ioú coto.

Divaguer, v. a.
To be incoherent, to wander.
彼此云フ。
Care core ioú.

Divergence, s. f.
Divergency.
別異ナリ。
Betsou cotonari.

Divergent, e, adj.
Divergent, different.
別ノ。異ナル。
Betsouno; cotonarou.

Diverger, v. n.
To diverge.
異ル。違フ。
Cotonarou; tkigó; tagó.

Divers, e, adj.
Diverse, various; sundry, different.
種々ノ。色々ノ。
Samazamano; iroirono.

Diversement, adv.
Diversely, differently.
別ニ。種々ニ。
Betsouni; samazamani.

Diversifier, v. a.
To diversify, to vary.
采色スル。
Saichiki sourou.

Diversion, s. f.
Diversion.
代ハ事°
Cawarou coto.

Faire —.
To cause diversion, to divert.
代ハラス°
Cawarasou.

Diversité, s. f.
Diversity, variety.
分別°種々°
Honbetsou; samazama.

Divertir, v. a.
To divert; to embezzle; to recreate, to amuse.
ヨソモウケル ○ 楽ム°
Yosomoukerou; tanochimou

Se —, v. r.
To make merry; to recreate one's self.
慰ム°
Nagousamou.

Divertissant, e, adj.
Diverting, entertaining.
慰ムモ一°
Nagousamou mono.

Divertissement, s. m.
Divertisement, entertainment.
慰ミ° 楽ミ°
Tanochimi; nagousami.

Dividende, s. m.
Dividend.
分チ°
Wacatki.

Divin, e, adj.
Divine, godlike.
直妙ナル° 高上ナル°
Chinmiònarou; còjiò narou.

Divination, s. f.
Divination.
占イ°
Ouranaï.

Divinement, adv.
Divinely, heavenly.
妙ナル事°
Miònarou coto.

Diviniser, v. a.
To deify.
神ニ祭ル°
Camini matsourou.

Divinité, s. f.
Divinity, deity.
神° 天主° 勢°
Cami; chin; tenchiouno chei.

Diviser, v. a.
To divide; to part; to disunite.
分ケル° 隔ツル°
Wakerou; hedatsourou.

Se —, v. r.
To be divided; to be at variance.
分カルル°
Wacarou.

Divisible, adj.
Divisible.
分ツ可キ°
Wacatsou beki.

Division, s. f.
Division, partition.
分ル事°
Wakerou coto.

—, désunion.
Disunion, variance, discussion.
分チ°
Wacatki.

Division d'une armée, d'une flotte.
Division, squadron.

軍ノ隊° 艢ノ隊°

Icousano mouragari; bouneno mouragari.

Divorce, s. m.
Divorce, repudiation.

離別°

Ribetsou.

Divorcer, v. a.
To divorce, to be divorced.

離別スル°

Ribetsou sourou.

Divulguer, v. a.
To divulge, to spread abroad.

言廣ク゚ル゚

I hirogherou.

Dix, adj.
Ten.

十°

Jioú, tô.

Dix-huit, adj.
Eighteen.

十八°

Jiou hatki.

Dixième, adj.
Tenth.

第十°

Dai jiou.

Dix-neuf, adj.
Nineteen.

十九°

Jiou cou.

Dix-sept, adj.
Seventeen.

十七°

Jiou chitki.

Dizaine, s. f.
Ten.

十°

Jiou; tô.

Docile, adj.
Docile, tractable.

從フ者°

Chitagó mono.

Docilement, adv.
With docility, tractably.

從ガッテ°

Chitagatte.

Docilité, s. f.
Docility, a tractable temper.

從フ事°

Chitagó coto.

Dock, s. m.
Dock.

修復塲°

Chiouhoucouba.

Docte, adj. et subs.
Learned.

學者° 博學士°

Gacoucha; hacougacouji.

Doctement, adv.
Learnedly, in a learned manner.

學問ヲ以テ°

Gacoumon-o motte.

Docteur, s. m.
Doctor, learned man.

學者°

Gacoucha.

— médecin.
Doctor, physician.

醫者°

Icha.

Doctoral, e, adj.
Doctoral.
Ouchiierou.

Doctorat, s. m. (en médecine).
Doctorship, a doctor's degree.
Egacou sourou.

Doctrinal, e, adj.
Doctrinal.
Ouchiieno.

Doctrine, s. f.
Learning, knowledge; doctrine.
Ouchiie; mitki; dòri.

Document, s. m.
Document, instrument.
Chocouboun.

Dodu, e, adj.
Plump.
Houtoritarou.

Dogmatique, adj.
Dogmatic, dogmatical.
Ouchiieno kime.

Dogmatiser, v. a.
To dogmatise; to dogmatize.
Kimete tocou.

Dogme, s. m.
Dogma, tenet.
Kiò-dò.

Doigt, s. m.
Finger.
Youbi.

Le pouce.
The thumb.
O youbi.

L'index.
The forefinger, the index.
Sachi youbi.

Le doigt du milieu.
The middle finger.
Naca youbi.

Le doigt annulaire.
The ring-finger.
Cousouri youbi.

Le petit doigt.
Little finger.
Co youbi.

Indiquer avec le doigt.
To point with the finger.
Youbi sasou.

Dol, s. m.
Deceit, cheat.
Damasou coto.

Doléance, s. f.
Sad complaint, wail.
Nagheki; canachimi.

Dolent, e, adj.
Doleful, querulous.
Canachinde orou.

Dollar, s. m. (valeur de 5 francs 40).
Dollar.
Ghinchen no na.

Domaine, s. m.
Domain, estate; property, possession.
Taiken.

Dôme, s. m.
Dome, cupola.
Tenjiò; yane.

Domestication, s. f.
Domesticated state, tameness.
Naretarou coto.

Domesticité, s. f.
Domesticity, menials.
Hôćô sourou coto; kerai.

Domestique, adj.
Domestic, domestical.
Cano.

—, subst.
Domestic, servant.
Cajin; keraï.

Renvoyer un —.
To turn away a servant.
Keraïni itoma-o yarou.

Une —.
A woman servant.
Ghedgiò.

Domestiquer, v. a.
To domesticate, to tame.
Narasou.

Domicile, s. m.
Domicile, abode, residence.
Soumica; tacou.

Domiciliaire, adj.
Domiciliary.
Tacouno; zaïkiòno.

Visite —.
Search into a house.
Iye-o sagasou coto.

Domicilié, e, adj.
Resident.
Zaïkiò sourou hito.

Domicilier (se), v. r.
To settle, to dwell in a place.
Zaïkiò sourou.

Dominant, e, adj.
Dominant, prevalent, ruling.
Ken arou; ken-o tamotsou.

Dominateur, s. m.
Dominator, ruler.
Ken-o tamotsou mono.

Domination, s. f.
Domination, dominion, rule.
權柄
Ken, kempei.

Dominer, v. n.
To rule; to dominate; to rise above.
權柄ヲ司ル
Kempei-o casadorou.

—, v. a.
To rule, to govern, to command.
納メル 政事スル
Wosamerou; matsourigoto sourou.

Dommage, s. m.
Damage; injury; loss.
害 損
Gaï; son.

— commun.
Public wrong.
公ノ損
Oiakeno hassoun.

Souffrir un —.
To sustain an injury.
害ヲシノフ
Gaï-o chinobou.

Dompter, v. a.
To subdue, to subjugate; to tame.
從ハス 責メ服サセル
Chitagawasou; chemete foucousacherou.

Don, s. m.
Gift, present, donation.
與イタル物 送リ物
Ataietarou mono; ocourimono.

— gratuit.
Free gift.
慈悲
Gibi.

Donateur, s. m.
Donor, giver.
與クル人
Ataierou nin.

Donation, s. f.
Donation, grant, free gift.
禮物
Reiboutsou.

Acte de —.
Deed of gift.
獻納牋
Kennôno iacou.

Donc, conj.
Then; therefore; accordingly.
夫ニ依ル サラバ 然ルニ
Soreni iotte; saraba; chicarouni.

Donjon, s. m.
Donjon, turret.
郭内ノ櫓
Couacounaïno rô.

Donner, v. a.
To give, to bestow; to grant; to give away.
送ル 與イル
Ocourou; ataierou.

— du plaisir à quelqu'un.
To afford pleasure to any one.
人ヲ樂シナス
Hito-o tanochimasou.

—, (v. n.) dans une embûche.
To fall into a snare.
陷穽ニ入ル
Otochi anani irou.

Dont, pron.
Whose; of which; of whom.
物ノ 夫ヲ以テ
Monono; sore-o motte.

L'arbre dont j'ai goûté le fruit.
The tree the fruit of which I have tasted.

我ガ嘗タ實ノ木デ有ル。
Wachiga tabeta mino ki de arou.

Doré, e, adj.
Gilt.

金掛タル。
Kin caketarou.

Dorénavant, adv.
Henceforth, hereafter.

今カラ。今ヨリ。夫カラ。
Ima cara; ima yori; sore cara.

Dorer, v. a.
To gild, to gild over.

金カケスル。
Kin cake sourou.

Doreur, s. m.
Gilder, one who gilds.

金掛スル人。
Kin cakerou hito.

Dormant, e, adj.
Sleeping.

蹲ル者。
Nemorou, mono.

Eau — e.
Stagnant water.

ヨドミ水。
Yodomi soui.

Dormeur, se, s. m. f.
Sleeper; sluggard.

蹲ブイ。
Negoï.

Dormir, v. n.
To sleep; to be asleep.

蹲ル。
Nemourou; nerou.

— profondément.
To sleep soundly.

深ルネル。
Houcacou nerou.

Dorsal, e, adj.
Dorsal.

指ノ。
Chenacano.

Dortoir, s. m.
Dormitory.

臥聞。
Ne-ma.

Dorure, s. f.
Gilding.

金カケ。
Kin cake.

— au feu.
Gilding by heat.

火ヲ以テ金ヲ掛ル。
Hi-o motte kin-o cakerou.

Dos, s. m.
Back.

指。
Chenaca; cochi.

— d'un animal.
Back of an animal.

指。
Chenaca.

Tourner le — à quelqu'un
To turn one's back upon one, to forsake one.

指ヲ見セル。指カ。
Che-o micherou; somoucou.

Dose, s. f.
Dose.

一服。
Ippoucou.

Doser, v. a.
  To dose, to proportion.
Ippoucouni sourou.

Dossier, s. m.
  Back (of a seat).
Cochicakeuo oura.

Dot, s. f.
  Marriage portion; dowry.
Youzzourimono.

Dotal, e, adj.
  Dotal.
Youzzourimonono.

Dotation, s. f.
  Endowment.
Tamamono.

Doter, v. a.
  To endow.
Tamó.

Douairière, s. f. Reine —.
  Dowager; queen dowager.
Cógó; kisaki.

Douane, s. f.
  Custom-house; customs.
Ounjió; chei.

Douanier, s. m.
  Custom-house officer.
Ounjió iacounin.

Doublage, s. m.
  Sheathing.
Houtatsouno ita-o harou coto.

Double, adj.
  Double.
Houtatsouno.

—, fourbe.
  Double-minded, treacherous.
Nichin.

—, s. m.
  Double.
Baï; houtaic.

— d'un document.
  Duplicate.
Chòcògakino foutaie.

Doublement, adv.
  Doubly, two ways, in a double manner.
Baïni; houtaicni.

— coupable.
  Twice guilty.
Tsoumiga casanarou coto.

Doubler, v. a.
  To double.
Baïni sourou.

— des vêtements.
  To line clothing.
Houtaieni sourou.

Doubler un navire (mar.).
To sheath a ship.

門ノ扱ヲ殊ル。
Houtatsouno ita-o harou.

— un cap (mar.).
To double a cape.

岬ヲ過ル。
Saki-o sougourou.

Doublure, s. f.
Lining.

衣服ノ裏゜裏衣゜
Kirimonono oura; ouraghinou.

Douceâtre, adj.
Sweetish, luscious.

薄甘イ゜
Ouso amaï.

Doucement, adv.
Softly; slowly; gently; quietly; kindly.

静ニ゜軟カニ゜
Chizzoucani; yawaracani.

Doucereux, se, adj.
Mawkish, sweetish; affected.

偽ル者゜
Itsouvarou mono.

Douceur, s. f.
Sweetness; mildness; kindness.

軟カ゜
Yawaraca.

Douche, s. f.
Shower-bath.

蒸湯゜
Mouchi you.

Doucher, v. a.
To give a shower-bath; to pump one.

蒸湯ヲ使フ゜
Mouchi you-o ts'cò.

Doué, e, adj.
Endowed.

与ヘタル゜
Ataierou.

Douer, v. a.
To endow, to engift.

与ラヘタル゜
Ataraietarou.

Douillet, te, adj.
Soft, downy, delicate.

虚弱ナル゜
Kiozacou narou.

Douleur, s. f.
Pain; ache.

痛ミ゜
Itami.

— aiguë.
Acute pain.

强痛゜
Kiòtò; courouchiki itami.

— morale.
Grief, sorrow, affliction.

憂ヒ゜
Ourei.

Douloureusement, adv.
Painfully.

傷タシ゜傷カテ゜
Itó; itacoute.

Douloureux, se, adj.
Painful, grievous, sorrowful.

痛゜苦痛
Itaï; courouchii.

Doute, s. m.
Doubt, doubling, distrust.

疑イ゜
Outagaï.

Il n'y a point de doute. 疑イ無シ。疑ズ。
There is no doubt. Outagaï nachi; cawarazou.

Douter, v. n. 疑フ。
To doubt, to question, to scruple. Outagó.

Se —, v. r. 疑フ。思フ。
To suspect, to conjecture. Outagó; omó.

Douteux, se, adj. 疑ハシキ。
Doubtful, dubious. Outagawachiki.

Douve, s. f. 桶木。
Stave. Coureghi.

Doux, ce, adj. 美味。和カ。
Sweet; soft, smooth; mild; quiet. Nimai; bimi; yawaraca.

Douzaine, s. f. 十二。
Dozen. Jiou-ni.

Douze, adj. num. 同。
Twelve. Dò.

Douzième, adj. 第十二。
Twelfth. Dai jiou ni.

Doyen, s. m. 歳老。
Senior member; dean. Tochi yori.

Dragée, s. f. 金米糖。
Sugar-plum, comfit. Competo.

Dragon, s. m. 龍。
Dragon. Riò; tatsou.

Drague, s. f. 網。
Drag. Ami.

Draguer, v. a. 笊デ泥ヲ取ル。
To drag. Saó de doro-o torou.

Drame, s. m. 戯場。
Drama, play. Chibaia.

Drap, s. m. 羅紗。
Cloth, woollen cloth. Racha.

Gros —. 粗羅紗。
Coarse cloth. Araï racha.

Drapeau, s. m. 旗。旗章。
Flag, colours, standard, ensign. Hata; hata jirouchi.

Arborer un drapeau.
To put up, to hoist a standard.
Hata-o agherou.

Draper (se), v. r.
To dress.
Waga mi-o cabourou.

Draperie, s. f.
Cloth-making, cloth-trade, drapery.
Racha ia.

Drapier, s. m.
Draper, clothier.
Racha akindo.

resser, v. a.
To make straight, to straighten.
Taterou.

—, préparer, ériger.
To set up, to erect, to raise.
Sonaierou.

—, former, diriger.
To train, to train up, to instruct.
Kedamono-o caó.

Se —, v. r.
To stand, to stand up, to rise.
Tatsou.

Drisse, s. f. (mar.).
Haliard, gears.
Souna no na.

Drogue, s. f.
Drug.
Cousouri.

—, chose sans valeur.
Rubbish, stuff.
Atai naki china.

Droguer, v. a.
To drug, to physic.
Ridji sourou.

Droguiste, s. m.
Druggist.
Cousouri ia.

Droit, e, adj.
Straight, right; upright, erèct.
Massougouna.

— au mòral.
Right, righteous, sound.
Tadachii.

—, opposé à gauche.
Right.
Mighino.

Droit, adv.
Straight, straight on, directly.
Massougouni.

Droit, s. m. — absolu.
Right, justice, equity.
Ri; dòri.

Droit, autorité.
Right, power, authority.
權柄。
Kenpei.

Renoncer à ses —s.
To give up one's right.
理ヲ捨テル。
Ri-o souterou.

A bon —.
Justly, with good reason.
理ヲ以テ。
Ri-o motte.

Les —s de la douane.
Custom-house dues.
運上税。
Ounjiò; jei.

Droite, s. f. (le côté droit).
The right, right side.
右手。
Mighino te.

A —.
On the right, to the right.
右ノ方ニ。
Mighino hòni.

A — et à gauche.
Right and left, on every side.
左右ニ。
Saioúni.

Droiture, s. f.
Uprightness, plain dealing.
義理。
Ghiri.

Avec —.
With rectitude, uprightly.
正直ニ。
Massougouni.

Drôle, adj.
Droll, comical.
滑稽ナ。
Couakkeina.

Drôle, s. m.
Cunning fellow; rogue.
偏人。
Henjin.

Drôlement, adv.
Drolly, facetiously.
滑稽ニテ。
Couakkei nite.

Dromadaire, s. m.
Dromedary.
駱駝。
Racouda.

Dru, e, adj.
Fledged; lively; thick.
羽ノアル。氣早イ。濃イ。
Haneno arou; kibaiai; atsoui.

Du, art.
Of, of the, from the.
ノ。カラ。
No; cara.

Dû, part. et s. m.
Due, what is owed.
負ヒモノ。
Woimono.

Dubitatif, ve, adj.
Dubitative.
疑ベキ。
Outagai beki.

Duc, s. m.
Duke.
君。諸侯。
Kimi; daïmiò.

Ductile, adj.
Ductile, malleable.
引キ延スベキ。
Fiki nobasou beki.

Ductilité, s. f.
Ductility, malleability.
引キ延スベキ事。
Fiki nobasou beki coto.

Duel, s. m.
Duel, duelling.
二人ノ闘イ。
Houtarino tatacaï.

Dune ou **Dunes**, s f.
Down or downs.
荒地。砂山。
Aretki; sounayama.

Dunette, s. f. (mar.).
Poop.
艫。
Tomo.

Dupe, s. f.
Dupe, gull.
欺カルヽ人。
Azamoucarourou hito.

Duper, v. a.
To dupe, to cheat.
欺ケル。
Azamoukerou.

Duperie, s. f.
Dupery, cheat.
欺ケ。
Azamouke.

Duplicité, s. f.
Duplicity, doubleness.
偽リ。二心アル事。
Itsouwari; foutagocoro arou coto.

Duquel, pron.
Of which.
何ノ。誰ノ。
Dareno; nanino.

Dur, e, adj.
Hard, harsh.
硬キ。堅イ。猛悪ナル。
Cataï, cowai; móacou narou.

— comme un rocher.
As hard as a rock.
石ノ如ク硬キ。
Ichino gotocou cataï.

Durable, adj.
Durable, lasting.
続キ。長ク持ツ。
Tsouzzouki; nagacou tamotsou.

Durant, prép.
During.
間。
Aïda; outki.

— sa vie.
During his life, as long as he lives.
一生涯。
Ichchogaï.

Durcir, v. a.
To harden, to make hard.
堅メル。固クスル。
Catamerou; catacou sourou.

Se —, v. r.
To harden, to become hard.
固マル。固クナル。
Catamarou; catacou narou.

Durcissement, s. m.
Induration.
固クナル事。
Catacou narou coto.

Durée, s. f.
Duration, continuance.

久サ°
Hisachisa.

De courte —.
Of short duration.

長ケ持タヌ°
Nagacou motanou.

Durement, adv.
Hard; harshly, rudely.

硬クテ°
Catacoute.

Durer, v. n.
To last, to continue, to endure.

持ツ°持ユル°
Tamotsou; motayourou.

— toujours.
To be everlasting, to perpetuate.

毎時持ツ°
Itsoudemo tamotsou.

Dureté, s. f.
Hardness, toughness; harshness.

硬サ°
Catasa; kibousa.

— de cœur.
Hardheartedness, hardness of heart.

剛心°
Catai cocoro.

Durillon, s. m.
Callosity, hard skin.

手痼°
Mame; taco.

Duvet, s. m.
Down.

幼毛°
Yawarake.

Dynastie, s. f.
Dynasty.

代°世°
Dai; yo.

Dyspepsie, s. f.
Dyspepsy.

流飲°
Riou-ien.

Dyssenterie, s. f.
Dysentery, bloody flux.

痢病°下利°
Ribio; hara coudari.

Dysurie, s. f.
Dysury, strangury.

小便不通°
Chòben houtsou.

Eau, s. f.
   Water.
水。
Mizzou.

  — douce.
   Fresh water.
河水。
Casoui.

  — de mer.
   Sea water, salt water.
海水。チヲイヾ。
Cai soui; chiwo mizzou.

  — froide.
   Cold water.
寒イ水。
Samoui mizzou.

  — chaude.
   Hot water.
湯。
You.

  — sale.
   Dirty water.
泥水。
Doro mizzou.

  Voie d'—.
   A leak.
漏水。
More-mizzou.

  Passer l'—.
   To cross the water.
水ヲ渡ル。
Mizzou-o watarou.

  —-de-vie.
   Brandy.
火酒。
Chò-tkiou.

Ébahir (s'), v. r.
   To wonder at, to be amazed.
怪ム。
Aiachimou.

Ébahissement, s. m.
   Wondering, amazement, surprise.
怪ミ。
Aiachimi.

Ébat, s. m.
   Diversion, pastime, sport.
戯レ。手遊ビ。
Tawamoure; te asobi.

Ébattre (s'), v. r.
   To sport, to be merry.
戯レル。遊ブ。
Tawamourerou; asobou.

Ébauche, s. f.
   Sketch, rough-draught, rough-model.
草稿。下画。
Sò-cò; chitaye.

Ébaucher, v. a.
To sketch, to outline, to rough-hew or draw. 下畫スル゜ Chitagaki sourou.

Ébène, s. m.
Ebony, ebon. 黑檀゜ Cocoutan.

Ébénier, s. m. (bot.).
Ebony-tree, ebon-tree. 黑檀ノ木゜ Cocotanno ki.

Ébéniste, s. m.
Cabinet-maker, ebonist. 指シ物細工師゜ Sachimono daicou.

Éblouir, v. a.
To dazzle, to beguile, to seduce. 曜カスル゜ Mabouchicou sourou.

Éblouissant, e, adj.
Dazzling, glaring; seducing. 曜カスル者゜ Mabouchicou sourou mono.

Éblouissement, s. m.
Dimness, state of being dazzled. 暗゜ Yami.

Éborgner, v. a.
To make blind of one eye. 片目ニスル゜ Hanmeni sourou.

Éboulement, s. m.
Falling in. 落ル事゜ Wotsourou coto.

Ébouler (s'), v. r.
To fall in or down, to tumble. 敗亡スル゜ Couzzourou.

Ébranché, e, adj.
Branchless. 枝無キ゜ Yeda naki.

Ébrancher, v. a.
To prune, to lop or cut the branches off. 枝ヲ落ス゜ Yeda-o kiri otosou.

Ébranlement, s. m.
Shock, concussion; fear, trouble. 振フ事゜ Houroú coto.

Ébranler, v. a.
To shake, to move, to unsettle. 振カス゜ Hourouwasou.

S'—, v. r.
To be shaken, to move. 振フ゜ 動キ渡ル゜ Houroú; ougokiwatarou.

Ébrécher, v. a.
To notch, to make a notch. 切リ目付ル゜ Kirime ts'kerou.

S'—, v. r.
To be notched, to make a hole, a gap. 齒決ル゜ Haga coborerou.

Ébruiter, v. a.
To divulge, to blab out. 廣メル゜ Hiromerou.

Ébullition, s. f.
Ebullition, boiling.

涌ヶ事°
Wacou coto.

—, échauffement du sang.
Blotches, rash.

クサガサ°
Cousagasa.

Écaille, s. f.
Scale; shell.

殼°
Cara.

Écailler, v. a.
To scale, to shell.

外皮ヲ剝ク°
Hocano cawa-o noucou.

S'—, v. r.
To scale, to peel off.

殼起ル°
Otkirou.

Écarlate, s. m.
Scarlet.

直紅°
Maccai.

Écart, s. m.
Stepping aside; ramble, digression.

横行事°
Yoconi youcou coto.

A l'—.
In a by-place; aside, apart.

隱所ニ°
Cacoure docoroni.

Écarteler, v. a.
To quarter, to tear to pieces.

四分ニスル°
Yots'kireni sourou.

Écartement, s. m.
The putting asunder, set apart.

除ケル事°
Nozokerou coto.

Écarter, v. a.
To remove, to avert, to drive away.

除ケル°
Nozokerou; noukerou.

— du droit chemin.
To mislead, to put out of the right way.

善道ヨリ抜ク°
Jen-dò iori noucou.

S'—, v. r.
To deviate, to go out, to depart.

路ヲ廻ル°
Mitki-o mawarou.

Écervelé, e, adj.
Hare-brained, rash, giddy.

無考ノ者°
Cangaie naki mono.

Échafaud, s. m.
Scaffold, stage.

首刎臺°
Gocoumondaï.

Échafaudage, s. m.
Scaffolding, scaffolds.

臺°
Mitki.

Échafauder, v. a.
To scaffold, to make scaffolds.

臺ヲ備ヘル°
Mitki-o sonaierou.

Échalas, s. m.
A prop, a pole; a lath.

棒°
Coui; couye.

Échalier, s. m.
Fence made with branches of trees.
竹墻 Tacagaki.

Échancré, e, adj.
Hollowed out.
凹ンダル Couboundarou.

Échancrer, v. a.
To slope, to cut sloping.
引切ル Hiki kirou.

Échancrure, s. f.
Slope, cut.
凹ンダル處 Couboundarou tocoro.

Échange, s. m.
Exchange, barter, chopping.
代 交易 取替ユル事 Daï, cawari; cóieki; tori caierou coto.

En — de.
In exchange for.
代リニ Cawarini.

Échanger, v. a.
To exchange, to interchange.
取替ル Tori caierou.

Échantillon, s. m.
Sample, pattern, specimen.
見手本 Mi-te hon.

—, équarrissage, calibre (mar.).
Scantling; gauge; mould.
形 Catatki.

Échantillonner, v. a.
To examine by the standard.
見手本ヲ出ス Mi-tehon-o dasou.

Échappatoire, s. m.
Shift, subterfuge.
遁いべ 作語 Nogarefa; tsoucouri goto.

Échappé, e, adj.
Escaped.
逃タ者 Nigheta mono.

Échapper, v. n.
To escape, to get away.
逃ル 出奔スル Nigherou; choppon sourou.

— d'un danger.
To escape from a danger.
難ヲ遁ル Nan-o nogarou.

Laisser —.
To allow to escape, to let pass.
逃ガサセル Nighe sacherou.

S'—, v. r.
To escape, to get away, to slip out.
逃ル 出奔スル Nigherou; choppon sourou.

Écharde, s. f.
Splinter, prick of a thistle.
刺 Soghe; sasacouri.

Écharner, v. a.
To flesh a hide.
皮ヲ剥ガ Cawa-o hagou.

46

Écharpe, s. f.
Scarf, sling.
Cakemomen.

Avoir le bras en —.
To have one's arm in a sling.
Saghe oudeni sourou.

Écharper, v. a.
To slash, to cut down.
Kiri corosou.

Échasses, s. f. pl.
Stilts.
Taca m'ma.

Échauder, v. a.
To scald.
Yougacou.

Échauffement, s. m.
Heating, overheating.
Atsousa; cocorozawaghi.

Échauffer, v. a.
To warm, to heat, to make warm.
Atatamerou.

—, au figuré.
To provoke, to stir.
Ougocasou.

S'—, v. r.
To grow warm, to overheat one's self.
Atatamarou.

— au figuré.
To grow angry, to chafe, to fume.
Icarou.

Échéance, s. f.
Expiration, falling due.
Owari.

Échec, s. m,
Check, blow, loss.
Make.

Eprouver un —.
To meet with a repulse.
Makerou.

Échecs, s. m. pl.
Chess.
Chóghi.

Échelle, s. f.
Ladder.
Hachigo.

Échelon, s. m.
Round of a ladder, a step.
Hachigono dan.

Échelonner, v. a.
To dispose gradually.
Catazzoukerou.

Écheniller, v. a.
To rid trees of caterpillars.
Namouchi-o corosou.

Écheveau, s. m.
Hank, large skein.
イトカナ。
Itocana.

Échevelé, e, adj.
Dishevelled, whose hair hangs loose.
乱髪ナル。
Ranpatki narou.

Échine, s. f.
Chine, spine, back-bone.
脊胴。
Chebone.

Échiner, v. a.
To break the back, to chine.
脊胴ヲ破ル。
Chebone-o iabourou.

Échiquier, s. m.
Chess-board, chess-table.
棊楽盤。
Chóghi; go-ban.

Écho, s. m.
Echo.
響キ。ヤマビコ。コタマ。
Hibiki; yamabico; cotama.

Sans —.
Without an echo.
無響。
Hibiki nachi.

Échoir, v. n.
To devolve, to lapse; to happen, to fall out.
得ル。終ル。
Erou, ourou; owarou.

Échoppe, s. f.
Stall.
小店。
Co-miche.

Échouage, s. m.
Stranding.
岸泊舩。
Kichigacari boune.

Échouer, v. n. et a.
To strand, to run aground.
岸ニ泊ル。
Kichini cacarou.

—, ne pas réussir.
To miscarry, to be disappointed.
ウチガウル。
Outkiagourou.

Échu, e, adj.
Expired, out, fallen by lot.
終タタル。ウレタル。
Owaritarou; ouretarou.

Éclabousser, v. a.
To splash, to bespatter.
泥カ立ル。
Doroga taterou.

Éclaboussure, s. f.
Splash.
泥立事。
Tkiribouri coto.

Éclair, s. m.
Lightning, a flash of lightning.
電。
Inabicari.

Comme un —.
Like a lightning.
電如リ。
Inabicarino gotocou.

Éclairage, s. m.
Lighting, light.
燈ス事。
Tomosou coto.

Éclaircie, s. f. (mar.).
Glade, vista; a clear spot in a cloudy sky.
クヽ゜ カフロ゜
Harema; cabouro.

Éclaircir, v. a.
To clear, to clear up, to brighten.
晴ル゜ 明ル゜ アキマウル゜
Harerou; akerou; akimourou.

— la vue.
To clear the sight.
明ニスル゜
Akiracani sourou.

S'—, v. n.
To clear, to become clear or bright.
晴ル゜ アカル゜ アキラマウ゜
Harerou; acarou; akiramou.

Éclaircissement, s. m.
Clearing up, explanation, illustration.
晴ス事゜ アキラメ゜
Harawasou coto; akirame.

Éclairer, v. a.
To enlighten, to light; to illuminate.
光ル゜ カラス゜
Acarou, hicarou; terasou.

—, v. imp.
To lighten.
電カル゜
Inabicariga sourou.

Éclaireur, s. m.
Scout.
サキムシャ゜
Sakimoucha.

Éclat, s. m., fragment.
Shiver, splinter.
木ノ切レ゜ コボレ゜
Kino kire; cobore.

—, effet de lumière.
Brightness, light, glare.
光リ゜
Hicari.

—, fracas.
Clap, crash, noise.
響゜
Hibiki.

Éclatant, e, adj.
Glittering, dazzling, shining.
明ラカ゜
Akiraca.

Bruit —.
Shrill, piercing noise.
清キ音゜
Kiyoi oto.

Éclater, v. n. se briser en éclats.
To shiver, to split, to burst.
割レル゜ 砕ケル゜
Warerou; coudakerou.

Faire —.
To shiver.
ワル゜
Waróu.

—, faire grand bruit.
To crack, to clap.
響ク゜
Hibicou.

—, briller.
To shine, to sparkle, to flash.
光ル゜
Hicarou.

Éclipse, s. f.
Eclipse.
蝕゜
Chocou.

Eclipse de soleil.
Eclipse of the sun.
日蝕°
Nichchocou.

— de lune.
Eclipse of the moon.
月蝕°
Gouachchocou.

Éclipser, v. a.
To eclipse, to drown.
蝕スル°
Chocou sourou.

S'—, v. n.
To be eclipsed, to disappear, to vanish.
隠ル°
Cacourerou.

Éclisse, s. f.
Splint, splinter.
木ノ切レ
Kino kire.

Écloppé, e, adj.
Lame, limping.
跛破引ク°
Tkinba ficou.

Éclore, v. n.
To hatch, to blow, to break, to dawn
蓬ル° 生ル°
Oumarerou.

Faire —.
To hatch.
カヘ° カエラカス°
Cao; caieracasou.

Éclosion, s. f.
Hatching, blowing.
蓬ルヿ事°
Oumarerou coto.

Écluse, s. f.
Sluice, dam, floodgate.
推基° ミヅタメ° トガキ°
Souïsai, mizzoutame; togoutki.

École, s. f.
School, school-house.
学宇° 学問處°
Gacoumondgio; gacoumondocoro.

Aller à l'—.
To go to school.
学校ニ行°
Gaccòni icou.

Écolier, s. m.
School-boy, scholar, learner.
弟子°
Deichi.

Éconduire, v. a.
To show out; to shift off.
退ヒ散ス°
Voï tchirasou.

Économat, s. m.
Stewardship.
倹約°
Keniacou.

Économe, adj.
Economical, saving, sparing.
倹約ノ°
Keniacou no.

Économe, s. m.
Steward, manager, housekeeper.
倹約家°
Keniacou sourou hito.

Économie, s. f.
Economy; thrift.
倹約°
Keniacou.

Économique, adj.
   Economical.
儉約ノ。
Keniacouno.

Économiser, v. a.
   To economize, to save, to husband.
儉約スル。
Keniacou sourou.

Écope, s. f.
   Skeet, scoop.
カイヅキ。
Caizzouki.

Écorce, s. f.
   Bark (of trees), rind, shell, peel.
木皮。皮。
Kino cawa.

—, au figuré.
   Outside, surface.
表。
Omote.

Écorcer, v. a.
   To bark, to peel.
皮ヲ剥ク。ムクル。
Cawa-o hagou; moucourou.

Écorcher, v. a.
   To flay, to skin; to gall, to peel off.
ハグ ヒキハグ。
Hagou; hikifagou.

S'—, v. r.
   To get skinned, to tear off one's skin.
疵ヲ付ル。
Kizzou-o ts'kerou.

Écorcheur, s. m.
   Flayer.
屠者。カハヤ。
Eta; cawaya.

Écorchure, s. f.
   Excoriation.
疵。
Kizzou.

Écorner, v. a.
   To break the horns; to curtail, to lessen.
角ヲ折ル。〇等ヒ取ル。
Tsouno-o norou; oubaï torou.

Écornifler, v. a.
   To spunge, to shark.
賍スル。
Souri sourou.

Écosser, v. a.
   To shell, to decorticate.
腕殻ヲ取ル。
Moukegara-o torou.

Écot, s. m.
   Club, share, reckoning.
部。
Bou; itki bou.

Écoulement, s. m.
   Flowing, running, outlet.
流レ。
Nagare.

Écouler (s'), v. r.
   To flow out or away, to slide or run away.
流レル。ユク。
Nagarerou, youcou.

Écourter, v. a.
   To crop, to shorten, to cut shorter.
短カスル。
Midgicacou sourou.

Écoute, s. f. (mar.).
   The sheet of a sail.
ホアシ。
Fo achi.

Écouter, v. a. et n.
To listen, to hear.
聴ク 出精スル 氣ヲ付ル
Kicou; chei-o dasou; ki-o ts'kerou.

Écoutille, s. f. (mar.).
Hatchway.
板戸
Itado.

Écouvillon, s. m.
Scovel, maulkin.
雑巾
Chôkin.

Écran, s. m.
Screen.
屏風
Biòbou.

— à main.
Hand-screen.
枕風選
Magoura biòbou.

Écrasement, s. m.
Crushing.
砕ク事
Coudacou coto.

Écrasé, e, adj.
Flat, low, squashed.
平ラカ
Tairaca.

Écraser, v. a.
To crush, to bruise, to overwhelm.
砕ク ヘルヲフス
Coudacou; foumitsoubousou.

Écrémer, v. a.
To take off the cream, to skimmilk.
乳油ヲトル
Tkitkino aboura-o torou.

Écrevisse, s. f.
Craw-fish, lobster, crab.
蝦 蟹
Iebi; cani.

Écrier (s'), v. r.
To exclaim, to cry out.
叫ブ 聲ヲ立ル
Sakebou; coïc-o taterou.

Écrin, s. m.
Casket, jewel-box.
玉絹
Hó motki baco.

Écrire, v. a.
To write, to inscribe, to pen.
書ク シヲスル
Cacou; chosourou.

Écrit, s. m.
Writing, papers; note of hand; written agreement.
カキモノ 條約
Cakimono; dgiò iacou.

Écriteau, s. m.
Bill.
觸書 フダ
Houre gaki; fouda.

Écritoire, s. f.
Ink-horn.
硯絹
Isouzouri baco.

Écriture, s. f.
Writing, handwriting; scripture.
書物
Cakimono; chomot.

Saintes —.
Holy Writ.
經文
Okiò.

Écrivain, s. m.
Writer, author; penman.
記者 モノカキ
Ilikicha; monocaki.

Écrou, s. m.
Screw-nut.
子ギ
Nedgi.

Écrouelles, s. f. pl.
The king's evil, scrofula.
瘰癧瘡
Roui reki sò.

Écrouir, v. a.
Hammer-harden.
金ヲカタメル
Cane-o catamerou.

Écroulement, s. m.
Falling, fall.
流レル事 崩レル事
Nagarerou coto; couyourou coto.

Écrouler (s'), v. n.
To fall, to shrink down.
流レル 崩ル
Nagarerou; couyourou.

Écru, e, adj.
Unwashed, unbleached, raw.
洗濯シテナイ
Chentacou chite nai.

Écueil, s. m.
Reef, shelf, rock.
岸
Kichi.

—, danger.
Danger.
危サ
Abounasa.

Écuelle, s. f.
Porringer.
大椀 シルワン
Dai-wan; chirouwan.

Écumant, e, adj.
Foaming.
泡泡立
Awaga tatsou.

Écume, s. f.
Foam, froth, yeast; scum.
泡
Awa.

—de la mer.
Foam, yeast of the sea.
海泡
Oumino awa.

Écumer, v. n.
To foam, to froth, to spume.
泡立
Awaga tatsou.

—, v. a.
To skim, to pick up, to range.
泡ヲ取ル
Awa-o torou.

Écumeux, se, adj.
Foamy, yeasty.
泡ノ様ナル
Awano yó narou.

Écureuil, s. m.
Squirrel.
栗鼠 木鼠
Risou; kinezoumi.

Écurie, s. f.
Stable (for horses).
馬屋
M'ma ya.

Valet d'écurie.
Stable-boy, hostler.
馬屋臣子°
M'mayago.

Écuyer, s. m.
Esquire; rider, riding-master.
近習役° 乗ル人°
Kinzoû yacou; norou nin.

Édenté, e, adj.
Toothless.
歯ガ抜タ°
Haga noukcta.

Édenter, v. a.
To break out the teeth of.
歯ヲ破ル°
Ha-o yabourou.

Édifice, s. m.
Edifice, building; fabric, structure.
建物°
Tatemono.

Édifier, v. a.
To build.
建ル°
Taterou.

—, au moral.
To edify, to improve.
放就サセル°
Cheichoû sacherou.

Édit, s. m.
Edict, decree.
命令° ヲフセ°
Meirei; wôche.

Éditer, v. a.
To publish (a book).
出板スル°
Chouppan sourou.

Éditeur, s. m.
Editor, publisher.
諸述者°
Tkiodgitsoucha.

Édition, s. f.
Edition, impression.
出板°
Chouppan.

Éducation, s. f.
Education, instruction.
食育スル事°
Sodaterou coto.

Maison d'—.
Boarding school.
育院° 學校°
Sodaterou iye; hacoumondgiò.

Édulcorer, v. a.
To edulcorate, to sweeten.
甘味ニスル°
Canmini sourou.

Effacer, v. a.
To efface, to expunge, to deface.
削ル° 消ス°
Kezzourou; kesou.

— de la mémoire.
To obliterate from the memory.
物ヲ削ル° 忘レル°
Mono-o kezzourou; wasourerou.

Effaré, e, adj.
Wild, horrified.
驚ク形°
Odorocou catatki.

Effaroucher, v. a.
To scare away; to startle, to make shy.
驚カス°
Odorocasou.

S'effaroucher, v. r.
To be scared, to be startled.

Odorocou.

Effectif, ve, adj.
Effective, actual, real.

Yocou narou beki.

Effectivement, adv.
Effectively, indeed, in effect.

Dgitsouni; mo; chimo.

Effectuer, v. a.
To effect, to effectuate.

Cò-o nasou; dgiòdgiou sourou.

S'—, v. n.
To be effected, to be performed.

Oconawarerou; dgiòdgiouchitarou; canó.

Efféminé, e, adj.
Effeminate, womanish.

Onnarachiki.

Efféminer, v. a.
To effeminate, to enervate.

Onnarachicou sourou.

Effervescence, s. f.
Effervescence, ebullition.

Hotsou netsou.

Effet, s. m.
Effect, consequence, result.

Engoua; chirouchi; cankei.

—, effets (hardes, meubles).
Effects, goods, moveables.

Ninómono.

En —. (Voir **Effectivement**).

Effeuiller, v. a.
To strip off the leaves.

Kino ha-o torou; mouchirou.

Efficace, adj.
Efficacious, effectual.

Tezzouyoi.

Efficacement, adv.
Efficaciously.

Chirouchiga atte.

Efficacité, s. f.
Efficacy, efficiency.

Chirouchi; cheitocou.

Effigie, s. f.
Effigy, likeness.

Catatki; ezou.

Effilé, e, adj.
Slender, slim.

Fosoi.

Effiler, v. a.
To unweave, to unravel.

Hiki nobasou.

Efflanquer, v. a.
To make lean.
芝薄クスル°
Hosocou sourou.

Effleurer, v. a.
To glance upon, to rase.
ハブクル°
Haboucourou.

Efflorescent, e, adj.
Efflorescent.
芽ぐむ°
Mebamou.

Effondrer, v. a.
To break open; to sway down.
底ヲ破ル°
Soco-o yabourou.

S'—, v. n.
To sink down.
崩ル°
Tsouyourou.

Effondrilles, s. f. pl.
Grounds, settlement, dregs.
滓°
Casou.

Efforcer (s'), v. r.
To strain, to strive, to struggle; to endeavour, to attempt.
勵む° カヲ用ヒル°
Haghemou; tkicara-o motkirou.

Effort, s. m.
Effort, exertion, endeavour.
勵ミ°
Haghemi.

— inutile.
Fruitless endeavour.
無用ナ働キ°
Mouiòna hataraki.

Effraction, s. f.
Breaking, fraction.
破ル事°
Yabourou coto.

Effrayant, e, adj.
Frightful, dreadful.
怖シキ°
Osorochii.

Effrayer, v. a.
To fright, to frighten, to terrify.
驚カス°
Odorocasou.

S'—, v. r.
To be frightened, to startle, to scare.
驚ク°
Odorocou.

Effréné, e, adj.
Unbridled, unruly.
欲心°
Hochii mama.

Effroi, s. m.
Fright, terror, dread.
驚キ°
Odoroki.

Avec —.
Frightfully.
驚テ°
Odoroite.

Effronté, e, adj.
Shameless, brazen-faced.
無恥°
Hadgi naki.

Effronterie, s. f.
Effrontery, boldness.
恥ヲ知ラザル事°
Hadgi-o chirazarou coto.

Effroyable, adj.
　Frightful, horrid, dreadful.
　Osorochiki.

Effusion, s. f.
　Effusion, pouring out.
　Coborezzourou coto.

— de sang.
　Blood-shed.
　Tki-o nagasou coto.

Égal, e, adj. subst.
　Equal, like; even, level, uniform.
　Hitochiki; tairana.

N'avoir pas son —.
　Not to be equalled.
　Narabi nachi.

Également, adv.
　Equally, alike, uniformly.
　Dòiòni.

Égaler, v. a.
　To equal, to make even, to level.
　Hitochicou sourou.

—, v. n.
　To equal, to match, to reach.
　Narabourou.

Égaliser, v. a.
　To equalize; to level, to smooth.
　Onajicou sourou; narabourou.

Égalité, s. f.
　Equality, parity; evenness, uniformity.
　Hitochiki.

Égard, s. m.
　Regard, respect, deference.
　Ouiamaï.

A cet —.
　In that respect.
　Cono hòni.

Eu —.
　In relation to, considering.
　Hodoni.

A l'— de.
　With respect; as for, as to.
　Tsouite.

Avoir des —s pour...
　To have consideration for...
　Taichetsouni sourou.

Égarement, s. m.
　Losing one's way, error, ill-conduct.
　Mitki-o tagó coto; ayamatki.

— d'esprit.
　Disorder of the brains, frenzy.
　Monogourouwachisa.

Égarer, v. a.
　To mislead; to lead astray.
　Madowasou; anadorou.

Égarer une chose.
To lose a thing.

失ナフ°
Ouchinó.

S'—, v. n.
To lose one's way, to wander; to go astray.

迷フ°
Maiò.

Égayer, v. a.
To enliven, to cheer, to make merry.

慰ベセル° 慰シカスル°
Asobacherou ; ourechicou sourou.

S'—, v. n.
To make merry, to sport.

慰フ° 遊フ°
Asobou.

Églantier, s. m.
Eglantine, sweet-briar.

野薔薇樹° ニナ° タニチ°
Houcoubondgiou ; nina ; tanichi.

Églantine, s. f.
A wild rose, dog rose.

ニナ°
Nina.

Église, s. f.
Church.

寺°
Tera.

Égoïsme, s. m.
Egotism, selfishness.

我身ヲ考イル事° ミガマエ°
Waga mi-o cangaierou coto ; migamaie.

Égoïste, adj. subst.
Egotist, selfish person.

我身ヲ考イル人°
Waga mi-o cangaierou hito.

Égorger, v. a.
To cut the throat, to slaughter.

殺ス°
Corosou.

Égosiller (s'), v. r.
To make one's throat sore with crying out.

聲ヲ破ル°
Coie-o tsoubosou.

Égout, s. m.
Sink, drain, common-sewer.

水ワキ°
Mizzou waki.

Égoutter, v. n.
To drain, to drain dry.

溝ヲ作ル°
Mizo-o ts'courou.

Égratigner, v. a.
To scratch, to claw, to nip.

抓ク°
Cacou.

Égratignure, s. f.
Scratch.

抓キサク事° イバラガキ°
Cakisacou coto ; ibaragaki.

Égrener, v. a.
To shake out the grain.

粒ヲ取ル° ヲマグル°
Tsoubo-o torou ; tsoumagourou.

S'—, v. r.
To shed (the grain).

粒ガ落ル°
Tsouboga otkirou.

Éhonté, e, adj.
Shameless.
無眼°
Hadgi naki.

Élaborer, v. a.
To elaborate.
錬シテ作ル°
Ròchite narou.

Élaguer, v. a.
To lop off, to prune, to curtail.
枝ヲ折ル°
Yeda-o orou.

Élan, s. m.
Jerk, leap, sudden motion; yaw (mar.).
廉ミ°
Haghemi.

Élancé, e, adj.
Slender, slim.
薄イ° 細イ°
Ousoui; hosoï.

Élancer (s'), v. r.
To dash, to spring, to rush, to shoot.
飛ビ出ル°
Tobi derou.

Élargir, v. a.
To stretch, to widen, to make broader.
廣ガル°
Hirogarou.

S'—, v. r.
To widen, to grow wider; to enlarge.
弘マル°
Hiromarou.

Élargissement, s. m.
Widening.
弘メ°
Hirome.

—, délivrance.
Release, discharge.
許ス事°
Yourousou coto.

Élasticité, s. f.
Elasticity.
柔カル°
Yawaracasa.

Élastique, adj.
Elastic.
柔カ°
Yawaraca.

Électif, ve, adj.
Elective.
可選°
Eramou beki.

Élection, s. f.
Election, choice.
選ム事°
Eramou coto.

Électricité, s. f.
Electricity.
琥珀勢°
Cohacou chei.

Électrique, adj.
Electric, electrical.
琥珀勢ノ°
Cohacoucheino.

Électriser, v. a.
To electrify, to make electric.
琥珀勢ニスル°
Cohacoucheini sourou.

Électuaire, s. m.
Electuary.
藥粉攪煉°
Cousourino majiye.

Élégamment, adv.
Elegantly.
美麗ニ° ベナメカニ°
Kireini; fanayacani.

Élégance, s. m.
Elegance, elegancy.
美妙°
Bimiò.

— du langage.
Elegance of the language.
イロエ°
Iroie.

Élégant, e, adj.
Elegant.
美妙ナ° ベナメカナ°
Kireina; fanayacana.

Élégie, s. f.
Elegy.
哀詩°
Canachimi outa.

Élément, s. m.
Element.
元質° タイ°
Ghenchitsou; tai.

Élémentaire, adj.
Elementary, rudimental.
根元°
Conghen.

Éléphant, s. m.
Elephant.
象°
Zò.

Éléphantiasis, s. f.
Elephantiasis.
癩病ノ一種°
Raibióno itki roui.

Élevage, s. m.
Rearing, breeding.
生ツル°
Sodatsourou.

Élévation, s. m. Action d'élever.
Elevation, lifting up.
揚ル事°
Agourou coto.

—, hauteur.
Height.
高サ°
Tacasa.

—, terrain élevé, éminence.
Rising ground, height, eminence.
タナ° 丘°
Outena.

Élève, s. m. f.
Pupil, scholar, student.
弟子° 手習子°
Deichi; te narai co.

Élevé, e, adj.
Raised, eminent, stately; high.
高イ° 上ガル°
Tacai; agatarou.

Mal —.
Ill-bred, ill-educated.
アバレモノ°
Abaremono.

Élever, v. a.
To raise, to exalt, to lift up.
上ル° 起ス° 建ル°
Agherou; ocosou; taterou.

— la valeur.
To raise the value.
價ヲ上ル°
Atai-o agherou.

Élever, nourrir.
To bring up, to rear, to nurse.
Sodaterou; ouchiierou; taterou.

,S'—, v. r.
To rise, to arise, to rise up, to amount.
Ocorou; agarou.

Éligible, adj.
Eligible.
Eramou beki.

Élimination, s. f.
Elimination.
Noukerou coto.

Éliminer, v. a.
To eliminate, to retrench, to strike out.
Soutcrou; noukerou.

Élire, v. a.
To elect, to choose.
Eramou; erami dasou.

Élision, s. f.
Elision.
Kiri tatsou coto.

Élite, s. f.
Choice, pick.
Érami; sougouritate.

Élixir, s. m.
Elixir.
Awachegousourino jixxen.

Elle, pron. f.
She, her, it.
Anno onna; anno onnano.

—s, pron. f. pl.
They, them.
Anno onnagata.

Ellébore, s. m.
Hellebore, bear's-foot or tetterwort.
Reiro.

— blanc.
White hellebore, veratrum.
Ghenran.

Élocution, s. f.
Elocution.
Nò-ben.

Éloge, s. m.
Praise, eulogy, commendation.
Hòme cotoba.

Digne d'—.
Praise worthy.
Hòmou beki.

Faire l'—.
To praise, to speak in praise.
Hòmerou.

Éloigné, e, adj.
Remote, absent.
Toóki; saritarou.

Cause éloignée.
A remote cause.
遠キ謀
Toóki hacarigoto.

Éloignement, s. m.
Removal; distance, remoteness.
遠カ
Harouca.

Dans l'—.
In the distance.
遠クシテ
Toócouchite.

Éloigner, v. a.
To remove, to put away, to avert; to delay.
除ル 遠除ル 退ケル
Nokerou, yocourou; tòzakerou; chirizokerou.

S'—, v. r.
To go away; to leave, to deviate.
遠行ク 去ル ハナレル
Toócou youcou; sarou; fanarourou.

— en courant.
To run away.
走リ去ル
Hachiri sarou.

Éloquemment, adv.
Eloquently.
辨舌ヲ以テ
Benjetsou-o motte.

Éloquence, s. f.
Eloquence.
辨舌
Benjetsou.

Éloquent, e, adj.
Eloquent.
辨ノアル人
Benno arou hito.

Élu, e, adj.
Elect, chosen.
避ミタル
Eramitarou.

Élucider, v. a.
To elucidate.
解明ス
Hiraki acasou.

Éluder, v. a.
To elude, to evade, to escape.
避ル ノガル
Sakerou; nogarourou.

Élysée, s. m.
Elysium.
後世
Goche.

Émacié, e, adj.
Emaciate.
瘦セタル
Yachetarou.

Émail, s. m.
Enamel, smalt.
琺瑯
Hóró.

Émailler, v. a.
To enamel.
琺瑯ヲ付ル
Hóró-o ts'kerou.

Émanation, s. f.
Emanation, effluvium.
發スル事
Hassourou coto.

Émancipation, s. f.
Emancipation, setting-free.
免スル事
Yousourou coto.

48

Émanciper, v. a.
To emancipate, to set free or at liberty.
宛ス゜放ツ゜去ル゜
Yourousou; hanatsou; sarou.

S'—, v. r.
To take too much liberty, to be rather too free.
カブル゜
Cabourou.

Émaner, v. n.
To emanate, to proceed, to flow from.
發スル゜
Hassourou.

Émargement, s. m.
Marginal note.
書言入レ゜
Caki ire.

Émarger, v. a.
To write in the margin.
書言入レル゜
Caki irerou.

Emballage, s. m.
Packing up.
包ム事゜
Tsoutsoumou coto.

Emballer, v. a.
To pack up.
包ム゜
Tsoutsoumou.

Embarcadère, s. m.
Wharf.
上陸場゜
Dgiòricouba.

Embarcation, s. f.
A small vessel or boat, a craft.
端舟゜小舟゜
Temma; co-boune.

Embargo, s. m.
Embargo, inhibition.
舟留ニスル゜
Houna domeni sourou.

Lever l'—.
To take off an embargo.
舟留ヲ許ス゜
Houna dome-o yourousou.

Embarquement, s. m.
Embarking, shipping.
舟積事゜
Houneni tsoumou coto.

Embarquer, v. a.
To embark, to ship, to put on board.
舟積スル゜ノスル゜
Houneni tsoumou; nosourou.

S'—, v. r.
To embark, to go on board.
乗舟スル゜
Houneni norou.

Embarras, s. m., obstacle.
Incumbrance, hinderance, impediment.
塞グ事゜妨碍゜
Housagou coto; samataghe.

—, embrouillement.
Embarrassment, intricacy, disorder.
雑儀ナル゜
Sóghi narou.

—, inquiétude, trouble.
Distress, perplexity.
疑シキ事゜
Outagachiki coto.

Embarrasser, v. a.
To obstruct, to encumber.
塞グ゜乱ス゜
Houchegou, fousagou; midasou.

Embarrasser, troubler.
To trouble, to distress.
セメカクル゜
Chemecacourou.

— la rue.
To obstruct the street.
町ヲ塞グ゜
Matki-o fousagou.

S'—, v. r.
To be entangled, to entangle one's self.
サハル゜
Sasawarou.

— d'une chose.
To be troubled about.
心然スル゜
Chinrò sourou.

Embâter, v. a.
To saddle.
鞍ヲ置ク゜
Coura-o ocou.

Embauchage, s. m.
Tampering, gaining over.
心ヲ搦ゝ事゜
Cocoro-o socond coto.

Embaucher, v. a., engager.
To engage, to hire.
メトフ゜
Yató.

—, séduire.
To entice away, to kidnap.
心ヲ搦ゝ゜
Cocoro-o socond.

Embaumement, s. m.
Embalming.
香薬ヲ塗ル事゜
Nivoï gousouri-o nourou coto.

Embaumer, v. a. et n.
To embalm; to perfume, to scent.
香薬ヲ塗ル゜ 香ゝ゜
Nivoï gousouri-o nourou; niwó.

Embellir, v. a.
To embellish, to beautify.
飾ル゜
Cazarou.

S'—, v. r.
To improve in beauty, to grow handsome.
義麗ニナル゜
Kireini narou.

Embellissement, s. m.
Embellishment.
義麗゜飾リ゜
Kirei; cazari.

Emblée (d'), loc. adv.
At the first onset.
一回ニ゜
Itki dòni.

Emblème, s. m.
Emblem, symbol.
譬く゜
Tatoie.

Emboîter, v. a.
To joint, to set in; to fit, to clamp.
ヨキヨニスル゜
Yoki yóni sourou.

S'—, v. r.
To be jointed, to be fitted into.
合フ゜
Aó.

Embonpoint, s. m.
Plumpness, obesity.
越イタル゜ ゝゝイ゜
Coietarou; chichiaï.

Embosser, v. a. (mar.).
To bring the broad-side to bear upon some fort.
Foune-o taichite tatsou.

Embossure, s. f. (mar.).
Spring for, mooring, lashing.
Mousoubi.

Emboucher, v. a.
To put to one's mouth; to blow.
Coutkini irerou; foucou.

Embouchure (d'une rivière), s. f.
Mouth of a river.
Coutki; cawagoutki.

— de canon, de fourneau.
Mouth of a cannon, furnace.
Cannonno coutki; coutki.

Embouquer, v. n.
To get into a strait.
Oumi no chemai tocoroni irerou.

Embourber, v. a.
To put in the dirt, to bemire.
Hamourou.

S'—, v. r.
To stick in the mire, to moil.
Doroni mabourourou.

Embourser, v. a.
To purse, to pocket up.
Cancireni irerou.

Embranchement, s. m.
Branching off, junction.
Waketarou mitki.

Embrancher (s'), v. r.
To meet.
Aó.

Embrâsement, s. m.
Conflagration; combustion.
Moierou coto; couasai.

Embrâser, v. a.
To fire, to kindle; to inflame.
Hi-o t'skerou.

S'—, v. r.
To take fire; to be fired.
Moierou.

Embrassement, s. m.
Embrace, hug.
Idacou coto.

Embrasser, v. a., étreindre, donner un baiser.
To embrace, to hug, to clasp; to salute.
Idacou, dacou.

—, environner, comprendre.
To embrace, to encircle; to comprise.
Idaki mawasou.

Embrasser une profession.
To embrace a profession.
業ヲ選ブ。
Chiwaza-o erabou.

S'—, v. r.
To embrace, to kiss each other
互ニ抱ク。抱キ合フ。
Aï idacou; idakiwó.

Embrasure, s. f.
Embrasure, port-hole.
窓。砲眼。
Mado; paó gan.

Embrocher, v. a.
To spit, to put upon the spit.
銲申ニサス。
Couchini sasou.

Embrouiller, v. a.
To embroil, to confuse, to confound.
混合サセル。トリミダス。
Concò sacherou; torimidasou.

S'—, v. n.
To become intricate, to get confused.
混合ニナル。マギロウ。
Concòni narou; maghirourou.

Embrumé, e, adj.
Foggy.
カスイ。
Casoumou.

Embryon, s. m.
Embryo, fœtus; shrimp.
懷胎。
Couaïtaï.

Embûche, s. f.
Ambush.
落穴。ヌキワサ。
Otochi ana; noukiwasa.

Tomber dans une —.
To fall into a snare.
落穴ニ入ル。
Otochi anani irou.

Embuscade, s. f.
Ambuscade, snare.
伏兵。
Houcoufei.

Embusquer (s'), v. r.
To lay in ambuscade.
伏兵ニ居ル。
Houcoufeini orou.

Émeraude, s. f.
Emerald.
アヲアヲイタマモノ。
Arou awoi tamamono.

Émeri, s. m.
Emery.
鉄砂。
Tetsouno co.

Émerveiller, v. a.
To astonish, to amaze.
驚カセル。
Odorocacherou.

S'—, v. n.
To marvel, to wonder.
驚ク。
Odorocou.

Émétique, adj. s. m.
Emetical, emetic.
吐劑。
Tozaï.

Émettre, v. a.
To emit, to issue; to send forth.
出ス。
Dasou.

Émettre une opinion.
To express an opinion.
考ヲ開ク。
Cangaie-o hiracou.

Émeute, s. f.
Riot, disturbance.
乱。騷動 ドサクサ。
Ran; sôdó; dosacousa.

Émeutier, s. m.
Rioter.
乱心。
Ranchin.

Émietter, v. a.
To crumble, to crum.
ワリコウダル。ウチコウダル。
Waricoudarou; outkicoudarou.

S'—, v. n.
To be crumbled, to fall into small pieces.
クダクダル。
Coudacourou.

Émigrant, e, adj.
Emigrant.
國替スル人。
Couni gaie sourou hito.

Émigration, s. f.
Emigration.
國替。
Couni gaie.

Émigrer, v. n.
To emigrate.
國替スル。
Couni gaie sourou.

Éminemment, adj.
Eminently, in a high degree.
極。至テ。スグレテ。
Gocou; itatte; sougourete.

Éminence, s. f.
Eminence, rising ground, height.
高サ。丈ケ。ウテナ。
Tacasa; take; outena.

— (titre).
Eminence.
猊号。
Songo.

Éminent, e, adj.
Eminent, lofty, high.
高イ。スグレビト。
Tacaï, tattoki; sougourebito.

Émissaire, s. m.
Emissary, secret agent, spy.
使イ者。
Ts'caï mono.

Émission, s. f.
Emission, issue.
出ス事。
Dasou coto.

— de voix.
Emission of the voice, breath, sound.
聲ヲ出ス事。
Coie-o dasou coto.

Emmagasiner, v. a.
To store.
藏入ル。トリヲサムル。
Courani irerou; tori wosamourou.

Emmaillotter, v. a.
To swaddle, to swathe.
包ム。
Tsoutsoumou.

Emmancher, v. a.
To haft, to set in a haft or handle.
柄ヲ付ル。チスグル。
Iye-o ts'kerou; chisougourou.

S'emmancher, v. n. (au figuré).
To be settled.
成就シヌル°
Giôgiouchitarou.

Emmêler, v. a.
To mingle, to mix.
カキマゼヌス°
Cakimidasou.

Emménagement, s. m.
The setting household goods in order.
家財ヲ置ク事°
Cazai-o ocou coto.

Emménager (s'), v. n.
To furnish a new house.
家財ヲ置ク°
Cazai-o ocou.

Emmener, v. a.
To take away, to carry away.
連ル°連ヒテ行ク°
Tsourourou; tsourete icou.

Emmieller, v. a.
To honey; to sweeten with honey.
蜜ヲ付ル°
Mitsou-o ts'kerou.

Emmitoufler, v. a.
To muffle up.
厳ク°隠ス°
Wowô; cacousou.

Émoi, s. m.
Emotion, anxiety.
心配°
Cocorozzoucai.

Émollient, e, adj.
Emollient, softening (medicine).
和ラゲル°
Yawaragherou.

Émolument, s. m.
Emolument, pecuniary advantage.
利益°奉禄°給金°
Riyôcou; hórocou; kioukin.

Émonder, v. a.
To prune.
樹ヲ刈リ刻ヘ°
Kidgi-o kiri kizamou.

Émotion, s. f.
Emotion, flutter; disturbance.
簡心°ムナサワギ°
Canchin; mounasawaghi.

— populaire, V. Émeute.
Stir, commotion.

Émoudre, v. a.
To grind.
磨磨ス°
Ousoude hicou.

Émousser, v. a.
To make blunt, to dull, to take off the edge.
刀歯ヲ取ル°ヘビク°
Canamonono ha-o torou; habicou.

S'—, v. r.
To get blunt.
歯洛ス°シラベ チビル°
Haga torerou; chiramou; tkibirou.

Émouvoir, v. a.
To stir up, to move; to agitate.
心動カス°
Cocoro-o ogocasou.

— une dispute.
To raise a dispute.
争ヲ發ス°
Arasoi-o ocosou.

S'émouvoir, v. r.
To be excited.

心動ク イサム゜ ヲカルヽ゛
Cocoroga ogocou; isamou; oucarourou.

Empailler, v. a. — des ballots.
To pack up bales in straw.

藁包スル゜
Warade tsoutsoumou.

— des oiscaux.
To stuff birds.

ニワドリヲワラデソナイエル゜
Niwadori-o warade sonaierou.

Empaler, v. a.
To empale.

刺殺ス゜
Sachi corosou.

Empaqueter, v. a.
To pack up.

包ム゜ カラグル゜
Tsoutsoumou; caragourou.

Emparer (s'), v. n.
To invade, to seize, to secure.

取ル゜
Torou.

Empâter, v. a.
To make clammy, to stick to.

糊ニスル゜
Norini sourou.

— la volaille.
To fatten poultry.

ニワドリヲクウクウモル゜
Niwadori-o coucoumourou.

Empaumer, v. a.
To grasp; to take in hand.

逃ゲル゜ トラヨル゜
Nigherou; torayourou.

Empêché, e, adj.
Hindered, at a loss.

差支アル人゜
Sachi ts'caiga arou hito.

Empêchement, s. m.
Hinderance, impediment.

差支゜ ササワリ゜
Sachi ts'caie; sasawari.

Empêcher, v. a.
To oppose, to forbid, to prevent; to impede.

防グ゜ 禁スル゜ サマタグル゜
Houchegou; kinzourou; samatagourou.

Empeigne, s. f.
Upper leather.

上履゜
Ouwa goutsou.

Empenner, v. a.
To feather.

ハグ゜
Hagou.

Empereur, s. m.
Emperor.

皇帝゜ ミカド゜ テイワ゜
Co tei; wó, tciwó.

Empesé, e, adj.
Starched; starchy.

糊ヲ付タル゜
Nori-o ts'ketarou.

Empeser, v. a.
To starch, to stiffen.

糊ヲ付ル゜
Nori-o ts'kerou.

Empester, v. a.
To infect, to give the pestilence.

腐ラス゜
Cousarasou.

Empester, v. n.
To stink, to poison.

冥気ヲ發スル｡
Cousai-o hassourou.

Empêtrer, v, a.
To entangle, to hamper.

綱ニ掛カル｡
Amini cacarou.

S'—, v. n.
To get entangled.

綱ニ掛リタル｡ ヒッカカル｡
Amini cacatarou; hiccacourou.

Emphase, s. f.
Emphasis, magniloquence.

大辭｡
Oôki cotoba.

Emphatique, adj.
Emphatic, emphatical.

大聲｡
Oôki coie.

Empiétement, s. m.
Encroaching, encroachment.

讒イ事｡
Oubai coto.

Empiéter, v. a.
To encroach, to intrench upon.

讒フ｡
Oubô.

Empiler, v. a.
To pile up.

車子ル｡ 積ム｡
Casanerou; tsoumou.

Empire, s. m. (grand État).
Empire.

大国｡ 天下｡
Tai cocou; tenca.

—, domaine.
Empire, dominions, authority.

權柄｡
Henpei.

Avoir de l'— sur...
To have command over.

人ヲ同ル｡
Hito-o ts'casadorou.

Empirer, v. a. et n.
To make worse; to get worse.

ヲトル｡ スタル｡
Wotorou; soutarourou.

Empirique, adj. et subs.
Empiric, empirical; a quack.

ヤシノ｡ やち｡
Yachino; yachi.

Emplacement, s. m.
Site.

所｡ 所カラ｡
Tocoro; tocoro cara.

Emplâtre, s. m.
Plaster, salve.

膏藥｡ ヲチゴスリ｡
Cô-iacou; wochigousouri.

Mettre un —.
To put a plaster on.

膏ヲ付ル｡
Cô-iacou-o ts'kerou.

Emplette, s. f.
Purchase.

買フ者｡ カイモノ｡
Caómono; caïmono.

Faire une —.
To make a purchase.

買物スル｡
Caïmono sourou.

49

Emplir, v. a.
To fill, to fill up.
滿ル°
Miterou; mitsourou.

Emploi, s. m. (usage).
Application, employment, use.
用ヒ° 入用°
Atsoucaï; iri iò.

—, fonction, occupation.
Employ, employment, post.
役°
Yacou.

Mauvais —.
Misemployment.
惡ク用ユル°
Warocou motkirou.

Employé, e, adj., s. m. et f.
Employed.
役カ有ル人° 役人°
Yacouga arou hito; yacounin.

Employer, v. a.
To employ, to use, to bestow, to spend.
用ヰル 使ア°
Motkirou; ts'caó.

S'—, v. r.
To employ one's self; to use one's interest for.
我カ身ヲ用ユル°
Waga mi-o motkirou.

Emplumer, v. a.
To feather.
ハク°
Hagou.

Empocher, v. a.
To pocket, to pouch.
袂ニ入レル°
Tamotoni irerou.

Empoigner, v. a.
To grasp, to seize, to lay hold of.
摑ベ° トラヨル°
Ts'camou; torayourou.

Empois, s. m.
Starch.
糊°
Nori.

Empoisonnement, s. m.
Poisoning.
毒殺ス゜ル°
Docou satsou sourou.

Empoisonner, v. a.
To poison; to envenom.
ドクヲアタヨル° ニクニテコロス°
Docouwo atayourou; docounite corosou.

Empoisonneur, s. m.
Poisoner.
ニクサツスル人°
Docousatsou sourou nin.

Empoissonner, v. a.
To stock with fish.
魚デ眞ベル°
Ouwode sonaierou.

Emporté, e, adj.
Passionate, hot-headed; carried away.
短氣ナもノ°
Tankina mono.

Emportement, s. m.
Transport; fit of passion.
短氣° 怒リ°
Tanki; icari.

Emporter, v. a.
To carry away, to steal.
持テ行ク° トリアグル°
Motte ioucou; tori agourou.

Emporter des meubles.
To carry away furniture. Cazaï-o motte hicou.

— (l'), v. n. avoir le dessus.
To exceed, to prevail, to get the better of. Catsou.

S'—, v. n.
To fly into a passion. Icarou; kiga tatsou.

Empoter, v. a.
To pot. Tsouboni irerou.

Empourpré, e, adj.
Purpled, empurpled. Mourasaki irono.

Empreindre, v. a.
To imprint, to stamp, to engrave. Catatki-o ts'kerou.

Empreinte, s. f.
Mark, stamp, print, impress; casts. Jirouchi; ato; achido, fanghi.

Empressé, e, adj.
Bustling, keen; eager; assiduous. Kibaiaï hito.

Empressement, s. m.
Eagerness, haste, earnestness. Cocoro-o motkirou coto.

Empresser (s'), v. r.
To be eager; to press. Isogou; agacou.

S'— d'écrire,
To hasten to write. Soumiyacani cacou.

Emprisonnement, s. m.
Imprisonment, confinement, custody. Jiourò; niourò.

Emprisonner, v. a.
To imprison, to confine. Jiourò sacherou; róni irourou.

Emprunt, s. m.
A borrowing, a loan. Chakkin.

A titre d'—.
Under the pretence of a loan. Carini.

Emprunté, e, adj.
Borrowed. Caritarou.

Emprunter, v. a.
To borrow; to assume. Carou; carirou; chacou yó sourou.

Emprunteur, s. m.
Borrower. Carirou hito.

Empuantir, v. a.
  To infect, to poison.
傳染スル°
Denchen sourou.

Ému, e, adj.
  Moved, angry, disturbed.
怒リタル°
Icaritarou.

Émulation, s. f.
  Emulation.
互ノ爭イ子タミ°
Tagaïno arasoï; netami.

Émule, s. m.
  Rival, competitor.
勝利ヲ望ム者°
Catsou coto-o nozomou mono.

En, prép.
  In, into; by; at.
中ニ°內ニ°ヲモッテ°
Nacani; outkini; womotte.

  Être — France.
   To be in France.
拂蘭西ニ居ル°
Fransouni orou.

  Arriver — trois jours.
   To arrive in three days.
三日ノ內ニ來ル°
Miccano outkini courou.

En, pron.
  Of him, of her, of it; for him, for her, for it; thence; some, any.
彼ノ°彼カラ°彼ヲ
Areno; careno; arecara; are-o.

  Je lui — parle.
   I speak to him of it.
我ハ夫ヲ彼ニ話ス°
Wachiwa sore-o careni hanasou.

  J'— ai.
   I have some.
我ハ夫ヲ持ツ°
Wachiwa sore-o motsou.

Encâblure, s. f.
  Cable-lenght.
一錨綱ノ長サ°
Fito cousarizzouna no nagasa.

Encadrement, s. m.
  Framing, frame.
架°
Gacou.

Encadrer, v. a.
  To frame, to encircle; to bring in.
架ニスル°
Gacouni sourou.

Encager, v. a.
  To cage, to put in a cage.
籠ニ入ル°
Cagoni irerou.

Encaissé, e, adj. Rivière —e.
  Embanked river.
埋マタ河°
Ouzzoumacou cawa.

Encaissement, s. m.
  Packing up, putting in case; laying up.
箱ニ收メル事°
Haconi ousamerou coto.

Encaisser, v. a.
  To pack up; to case; to lay up.
箱ニ收メル°
Haconi ousamerou.

Encan, s. m.
  Auction, public sale.
世利賣°
Cheri ouri.

Encaquer, v. a.
To barrel.
樽ニ入ルゝ。
Wokeni ireroú.

Encastrer, v. a.
To fit into a groove; to stock.
内ニ加ク入ルゝ。
Outkini couwaie irerou.

Encaver, v. a.
To cellar, to put in a cellar.
下藏ニ入ル。
Chita gourani irerou.

Enceindre, v. a.
To enclose, to encircle, to surround.
圍ベ。
Cacomou.

Enceint, e, adj. Femme —e.
Pregnant with child.
懷胎人。
Couaïlaï nin.

Enceinte, s. f.
Circuit; enclosure, precincts.
周リ。
Megouri.

Encens, s. m.
Incense; praise, commendation.
香。
Cò.

Encenser, v. a.
To incense; to flatter.
香ヲ燒リ。
Cò·o tacou.

Encensoir, s. m.
Censer, perfuming-pan.
香爐。
Cò bacò.

Enchaînement, s. m.
Concatenation, chain, train.
綴リ。續キ。
Cousari; tsouzzouki.

Enchaîner, v. a.
To chain up; to chain down; to link.
綴ル。鎖デ縛ル。
Cousarou; cousari de chibarou.

Enchantement, s. m.
Enchantment.
惑イ。
Maioï.

Enchanter, v. a., ensorceler.
To enchant, to bewitch, to charm.
迷ハセル。
Maiowacherou.

Enchanteur, eresse, s. m. f.
Enchanter, enchantress, charmer.
迷ハセル人、又女。
Maiowacherou hito, mata onna.

Enchâsser, v. a.
To enchase, to enshrine; to insert.
ツクリコムル。
Tsoucouricomourou.

Enchâssure, s. f.
Enchasing, setting in.
玉ヲ入レコム。
Tama-o ire comou.

Enchère, s. f.
Outbidding, enhancing the price.
世利。
Cheri.

Vente à l'—.
Sale by auction.
世利賣。
Cheri ouri.

Enchérir, v. n.
 To outbid, to overbid.
 アサレル
 Masarerou.

—, v. n., devenir cher.
 To grow dearer.
 アサル
 Masarou.

Enchérissement, s. m.
 Rising in price, growing dearer.
 アサリ
 Masari.

Enchérisseur, s. m.
 A bidder, one who outbids.
 直段付着
 Nedan atarou mono.

Enchevêtré, e, adj.
 Confused, intricated, entangled.
 ミダレタモノ
 Midareta mono.

Enchevêtrer (s'), v. r.
 To entangle one's self.
 ミダロウ
 Midarourou.

Enclaver, v. a.
 To inclose, to take in; to wedge in.
 囲フ
 Cacô.

Enclin, e, adj.
 Inclined; prone, addicted.
 片寄リタル
 Cataioritarou.

Enclore, v. a.
 To enclose, to encompass, to fence.
 入コム
 Iri comou.

Enclos, s. m.
 Enclosure, close.
 囲イ
 Cacoï.

Enclouer, v. a. (un canon).
 To nail up (a gun).
 釘サス
 Coughi outsou.

Enclume, s. f.
 Anvil; break-iron.
 傷シキ
 Canachiki.

Encocher, v. a.
 To notch.
 切リ目付ル
 Kirime ts'kerou.

Encoffrer, v. a.
 To coffer up; to treasure up.
 墓ニ納メル
 Hacani ousamerou.

Encoignure, s. f.
 Corner, coin, angle.
 隅
 Cado, soumi.

Encoller, v. a.
 To gum, to paste.
 糊ヲ塗ル
 Nori-o nourou.

Encombre, s. m.
 Impediment, cross, obstacle.
 妨ゲ
 Samataghe.

Encombrement, s. m.
 Encumbering, incumbrance.
 塞ゲ事
 Housagou coto.

Encombrer, v. a.
To incumber, to obstruct.

箸ヶ°
Housagou.

Encontre (à l'), prép.
Against.

向テ゚
Moucatte.

Encore, adv.
Yet, as yet, still, more, again.

マ° マダ° マタ° 亦° 再°
Ma, mada, mata; mo; houta tabi.

— une tasse.
Another cup.

亦一盃°
Mo ippaï.

— que, conj.
Though, although.

イヱドモ°
Iyedomo.

Encouragement, s. m.
Encouragement, incitement.

慰メ°
Isame.

Encourager, v. a.
To encourage, to cheer.

慰メル°
Isamerou.

Encourir, v. a.
To incur; to undergo.

招ヶ°
Manecou.

Encrasser, v. a.
To make greasy.

垢付ヶ°
Acaga tsoucou.

S'—, v. r.
To grow dirty.

汚ル°
Yogorou.

Encre, s. f.
Ink.

墨°
Soumi.

— de Chine.
Indian ink.

唐墨°
Carasoumi.

— argentée.
Silver ink.

銀墨°
Ghin soumi.

Encrier, s. m.
Inkhorn, inkstand.

スゞリ° 墨壺°
Souzouri, soumi tsoubo.

Encuver, v. a.
To put into a tub.

桶ニ入ル°
Wokeni irerou.

Encyclopédie, s. f.
Encyclopedia.

拾イ事°
Hiroï coto.

Endémique, adj.
Endemical, endemial.

自国ノ°
Jicocouno.

Endenté, e, adj.
Indented; sharpset.

歯ガ有ル°
Haga arou.

Endenter, v. a.
To dovetail, to indent.
Irourou.

Endetter (s'), v. r.
To contract debts.
Chakkin sourou.

Endiablé, e, adj.
Possessed by an évil spirit; devilish, mischievous.
Oni-o idacou; acouchci narou.

Endoctriner, v. a.
To instruct, to teach.
Ochiierou.

Endolori, e, adj.
Painful, aching.
Itami coï.

Endommager, v. a.
To damage, to injure.
Gaïni sourou; sonzourou.

Endormi, e, part.
Asleep, sleepy, sluggish.
Nerou hito.

Endormir, v. a.
To lull; to lull asleep; to soothe, to deceive.
Necacherou.

S'—, v. r.
To fall asleep, to slumber.
Nerou; iasoumou.

Endosser, v. a.
To put on, to don; to endorse.
Yoroi-o kirou.

Endroit, s. m.
Place, part, passage; side.
Tocoro; bou.

— d'une étoffe.
The right side.
Omote.

Enduire, v. a.
To do over, to lay on with, to daub.
Nourou; nouracherou.

Enduit, s. m.
Plastering, stucco.
Nourimono.

Endurant, e, adj.
Patient, passive.
Coraierou mono.

Endurci, e, adj.
Hardened, inured, callous.
Catacou narou.

Endurcir, v. a.
To harden; to inure; to steel.
Catacou sourou.

S'—, v. r.
To grow hard; to be callous.
Catacou narou; narourou.

Endurcissement, s. m.
Hardness of heart; obduracy.
嚴ヵナル事
Kitsoucou narou coto.

Endurer, v. a.
To endure, to bear; to suffer, to allow.
堪ル ; ㇆ノグ
Coraierou ; chinogou.

Énergie, s. f.
Energy.
强ミ
Tsouyomi.

Énergique, adj.
Energetic, forcible.
カガ有ル ; 手强イ
Tkicaraga arou ; tezzouyoi.

Énerver, v. a.
To enervate.
弱ヵスル
Yowacou sourou.

S'—, v. r.
To become enervated.
弱ヵナル
Yowacou narou.

Enfance, s. f.
Childhood, infancy.
少年 幼
Chò-nen ; itoki naki.

Dans l'—.
In childhood.
少年ノ內
Chò-nenno outki.

Enfant, s. m.
Child; infant; offspring.
子 子供 ワラベ
Co ; codomo ; warambe.

— adoptif.
Adopted child.
養子
Yòchi.

— gâté.
Spoiled child.
損シタル子
Sonjitarou codomo.

— à la mamelle.
Infant at the breast.
孩子
Tkinomigo.

Comme un —.
Child like.
小供ノ如ク
Codomono gotochi.

Sans —.
Childless.
子無ク
Co nachi.

Enfantement, s. m.
Bringing forth of a child, delivery, child-birth.
産 子ヲ産ム事
San ; co-o oumou coto.

Enfanter, v. a.
To bear, to bring forth.
子ヲ産ム ; 産スル
Co-o oumou ; san sourou.

Enfantillage, s. m.
Childishness, child's play.
子ノ遊ビ ; ワカゲ
Codomorano asobi ; wacaghe.

Enfantin, e, adj.
Infantine; childish.
子供ノ ; ワカゲナ ; ワラベラチイ
Codomono ; wacaghena ; waraberachii.

50

Enfariner, v. a.
   To bemeal.
   マブス。
   Mabousou.

Enfer, s. m.
   Hell.
   地獄。
   Dgigocou.

Enfermer, v. a.
   To shut in, to shut up; to enclose.
   閉ヂル 取回ペ。
   Todgirou; toricacomou.

   — à clef.
   To lock in.
   銃ヲ下ス。
   Dgiò-o orosou.

Enferrer (s'), v. r.
   To run one's self through.
   通テ走ル。
   Towatte hachirou.

Enfiler, v. a.
   To thread, to file; to pierce.
   繋グ。ヲラヌク。
   Tsounagou; tsouranoucou.

   S'—, v. r.
   To run upon one's adversary's sword.
   繋ガル。ヲラナル。
   Tsounagarou; tsouranarou.

Enfin, adv.
   In short, at last, at lenght, at least, lastly, finally.
   既ニ。ヲイニ。終ニ。
   Soudeni; tsouini; wowarini.

Enflammer, v. a.
   To set on fire; to inflame; to kindle.
   火ヲ付ル。ヲコス。
   Hi-o ts'kerou; ocosou.

   S'—, v. n.
   To take fire; to be kindled.
   燃イル 火ガ付ク。
   Moierou; higa ts'cou.

Enfler, v. a. et n.
   To swell, to blow; to puff, to distend.
   腫ル 解ル。
   Harourou; houcourerou.

   S'—, v. r.
   To swell, to grow turgid.
   ハル。ベム。
   Farourou; habamou.

Enflure, s. f.
   Swelling.
   腫物。フクレ。
   Haremono; houcoure.

Enfoncement, s. m.
   Bottom, depth; forcing down.
   静マル事。
   Chizzoumarou coto.

Enfoncer, v. a.
   To force down or in; to break open.
   静ペ。
   Chizzoumou.

   —, v. n.
   To dip, to sink, to give way.
   静マル。
   Chizzoumarou.

Enfouir, v. a.
   To bury or hide in the ground.
   埋メル 隠ス。
   Ouzzoumerou; cacousou.

Enfreindre, v. a.
   To infringe; to transgress.
   犯ス 破ル。
   Oucasou, yabourou.

Enfuir (s'), v. n.
To run away, to fly; to escape.
逃ゲル゜ 走ル゜
Nigherou; hachirou.

Enfumer, v. a.
To besmoke, to fill with smoke.
烟ニ燻ル゜ ヘスブル゜
Kemourini aterou; fousoubourou.

Engagé (soldat), part.
Enlisted soldier.
部ニ入タル゜
Bouni iretarou.

Engageant, e, adj.
Engaging, winning.
勧メル者゜
Sousoumerou mono.

Engagement, s. m.
Pawning, pledging, promise.
約束゜
Yacousocou.

—, combat.
Engagement, action.
カウゲチ゜ チメゲウ゜ タタカイ゜
Cógoutki; dgintó; tatacai.

Engager, v. a.
To pawn, to pledge.
質ヲ置ク゜
Chitki-o ocou.

— sa parole.
To pledge one's word.
言語ヲ極メル゜
Cotoba-o kiwamerou.

—, induire.
To engage, to induce.
勧メル゜
Sousoumerou.

— le combat.
To bring on the action.
戦フ゜
Tatacó.

— des ouvriers.
To hire workmen.
雇フ゜
Yató.

S'—, v. r. (à une chose).
To pledge one's self for any thing.
約スル゜
Yacoudgiò sourou.

S'— (un soldat).
To enlist one's self (a soldier).
自ヲ抱ヘ入ル゜
Mizzoucara-o cangaie irerou.

Engeance, s. f.
Breed.
類イ゜
Rouï.

Engelure, s. f.
Chilblain.
霜傷゜
Chimo yake.

Engendrer, v. a.
To beget, to engender, to procreate.
産ム゜
Oumou.

Engin, s. m.
Engine, tool.
機器゜
Dògou.

Englober, v. a.
To unite; to throw together.
一所ニスル゜
Ichehoni sourou.

Engloutir, v. a.
   To swallow up; to ingulf.
   Hamou; nomicomou; chizzoumou.

Engluer, v. a.
   To lime.
   Nicawanite nourou.

Engorgement, s. m.
   Obstruction; stoppage.
   Fousaghi.

— de la gorge.
   Swelling.
   Cacouitsou.

Engorger, v. a.
   To obstruct, to choke up.
   Housagou.

Engouer, v. a.
   To obstruct the throat.
   Nodoga tsoumarou coto.

S'— (au figuré).
   To be infatuated with.
   Woborete aisourou.

S'—, v. r. (au propre).
   To have obstructed one's throat.
   Nodoga housagarou.

Engouffrer (s'), v. r.
   To run into, to be ingulfed.
   Chizzoumarou.

Engourdi, e, adj.
   Heavy, dull, torpid.
   Cogoietarou.

Engourdir, v. a.
   To benumb; to make stiff; to render torpid.
   Cogoie sacherou.

S'—, v. r.
   To get benumbed; to become stupid.
   Chibirourou, soucoumou.

Engourdissement, s. m.
   Numbness, torpor.
   Cogoierou coto.

Engrais, s. m.
   Fatting pasture; manure.
   Houn; coiachi.

Engraissement, s. m.
   Fattening.
   Coiesou coto.

Engraisser, v. a.
   To fatten; to fat.
   Coie sacherou.

S'—, v. r.
   To get fat.
   Coierou; houtorou.

Engraver (s'), v. r.
   To be bedded in the sand; to run aground, to strand.
   Sounani ouzzoumarou.

Engrenage, s. m.
  Gear; catching.
  附キ入事°　水ヲ掛ル事°
  Tsouki ire mono; mizou-o cakerou coto.

Engrener (s'), v. n.
  To catch well; to indent.
  合フ°
  Cami aó.

Enhardir, v. a.
  To embolden.
  更氣ヲ付ル°
  Yóki-o ts'kerou.

  S'—, v. r.
  To grow bold.
  更氣ガ付ク°
  Yókiga ts'cou.

Enharnacher, v. a.
  To harness.
  馬具ヲ掛ル°
  Bagou-o cakerou.

Énigmatique, adj.
  Enigmatical, obscure.
  謎ノ如キ°
  Nazono gotoki.

Énigme, s. f.
  Enigma; a riddle.
  謎°　唐詁°
  Nazo; caragon.

Enivrant, e, adj.
  Intoxicating.
  氣ヲ柔敝ニスル°
  Ki-o yawaracani sourou.

Enivrement, s. m.
  Intoxication; infatuation.
  略酊°
  Meidei.

Enivrer, v. a.
  To intoxicate, to make drunk.
  酸ストス°　キトフ°
  Yowasou, kiwó.

  S'—, v. r.
  To intoxicate one's self.
  酸フ°
  Yó.

Enjambée, s. f.
  Stride, long step.
  步°
  Ho; aioumi.

  Faire une —.
  To take a stride.
  一步スル°
  Hito aioumi sourou.

Enjamber, v. a. et n.
  To stride; to stride over, to usurp.
  步ム°
  Aioumou.

Enjeu, s. m.
  Stake.
  掛ケ金°
  Cakegane.

Enjoindre, v. a.
  To enjoin; to direct, to charge.
  言付ル°
  Iy ts'kerou.

Enjôler, v. a.
  To coax, to wheedle.
  ヌレカ〻ル°
  Nourecacarou.

Enjôleur, se, s. m. f.
  Wheedler, coaxer.
  ネイシヤ°
  Neicha.

Enjolivement, s. m.
   Embelishment, set off.
   Cazari mono.

Enjoliver, v. a.
   To embellish; to set off.
   Cazarou.

Enjoué, e, adj.
   Playful; lively; sportive.
   Ourechi hito; saichi.

Enjouement, s. m.
   Playfulness; sportiveness.
   Tawamoure.

Enlacer, v. a.
   To twist, to entangle.
   Amou.

Enlaidir, v. a.
   To make ugly, to disfigure.
   Migourouchicou sourou.

Enlèvement, s. m.
   Removal; carrying away.
   Motte icou coto.

Enlever, v. a.
   To raise, to lift up; to carry off.
   Motki agherou; tori agourou; motte ioucou.

— un fardeau.
   To lift up a burden.
   Ni-o motki agherou.

— la rouille.
   To take off the rust.
   Sabi-o torou.

— en arrachant.
   To pluck away.
   Hiki torou.

— en lavant.
   To wash out.
   Haró.

S'—, v. r.
   To rise, to come off.
   Noborou.

Enluminer, v. a.
   To colour, to illuminate.
   Irodorou.

Enluminure, s. f.
   Colouring; coloured print.
   Irodorou coto; iroye.

Ennemi, s. m.
   Enemy, foe; adverse.
   Catatki.

—, e, adj.
   Hostile.
   Catatkino.

Ennoblir, v. a.
   To ennoble; to elevate.
   Tattocou sourou.

S'ennoblir, v. r.
To be ennobled.
貴クスル°
Tattocou narou.

Ennui, s. m.
Tediousness; weariness; spleen.
ヘラダチ° 退屈ナル物°
Haradatki; taicou narou mono.

Ennuyer, v. a.
To tire, to weary; to annoy.
労レサセル° 退屈サセル°
Ts'care sacherou; taicou sacherou.

S'—, v. r.
To be weary or tired.
ヘラダツ°
Haradatsou.

Ennuyeux, se, adj.
Tedious; wearisome, dull.
ムツカシイ°
Moutsoucachii.

Énoncé, s. m.
Statement, assertion.
知ラスル事° 定メル事°
Chirasou coto; sadamerou coto.

Énoncer, v. a.
To utter; to express; to state.
告ル° 知ラス°
Tsoughcrou; chirasou.

S'—, v. a.
To express one's self.
解スル°
Ghesourou.

Énonciation, s. f.
Enonciation, utterance.
發言°
Hanachi.

Enorgueillir, v. a.
To make proud; to flush.
誇ル°
Ogorasou.

S'—, v. r.
To become proud.
誇ラス°
Hocorou; ogorou.

Énorme, adj.
Enormous; huge.
廣大° 莫大°
Cò-daï; bacoudai.

Crime —.
Heinous crime.
大罪°
Tai-zai.

Énormément, adv.
Enormously.
莫大ニシテ°
Bacoudaini chite.

Énormité, s. f.
Hugeness; enormity, enormousness.
大ナ事°
Oókina coto.

Enquérir (s'), v. n.
To inquire, to ask.
吟味スル°
Ghinmi sourou.

Enquête, s. f.
Inquiry; inquest.
吟味°
Ghinmi.

Enraciner (s'), v. r.
To root, to take root.
根付カ° 植付カ°
Nezzoucou; ouie dzoucon.

Enragé, e, adj.
  Rabid, desperate; mad.
  Kitkigaï.

Enrager, v. a.
  To be mad, to rage.
  Ki-o tagó; icarerou.

Enrégimenter, v. a.
  To embody, to enrol.
  Coumi aïni sourou.

Enregistrement, s. m.
  Registry, recording, entry.
  Hòmiòni chirousou coto.

Enregistrer, v. a.
  To register, to record, to enter.
  Caki chirousou.

Enrhumé (être).
  To have a cold.
  Gaisò chitaroú.

Enrhumer (s'), v. r.
  To take cold, to catch cold.
  Caghe-o hicou.

Enrichir, v. a.
  To enrich, to embellish.
  Tomini sourou; tkiribamourou.

  S'—, v. n.
  To grow rich, to thrive.
  Tomou.

Enrôlement, s. m.
  Enrolment, enlisting.
  Gounjeini coumi iri coto.

Enrôler, v. a.
  To enlist, to enrol; to register.
  Gounjeini irerou.

  S'—, v. r.
  To enrol one's self.
  Goujeini irou.

Enroué, e, adj.
  Hoarse.
  Gaïsòca.

Enrouement, s. m.
  Hoarseness.
  Gaïsò sourou coto.

Enrouer, v. a.
  To make hoarse.
  Gaïsò sacherou.

  S'—, v. r.
  To grow hoarse.
  Gaïsò sourou; coyega carourou.

Enrouler, v. a.
  To roll up, to roll round.
  Macou; tsoutsoumou.

Ensanglanter, v. a.
  To stain with blood, to make bloody. Tkide kegasou.

Enseigne, s. f.
  Sign, mark, token.
印
Chirouchi.

—, drapeau.
  Standard, banner.
旗
Hata.

Enseignement, s. m.
  Teaching, instruction; precept, lesson.
教道
Ouchiie; mitki.

Enseigner, v. a.
  To teach, to instruct; to show.
教イル、シヤス
Ouchiierou; chimasou.

— la jeunesse.
  To teach youth.
少年ヲ教イル
Wacaïmono-o ouchiierou.

Ensemble, adv.
  Together, one with another; all at once.
共ニ｜所ニ｜匹ニ
Tomoni; ichchoni; itki dóni.

—, s. m.
  Ensemble, uniformity.
匹形ナル事
Onaji catatki narou coto.

Ensemencer, v. a.
  To sow.
種ヲ播ク
Tane-o macou.

Enserrer, v. a.
  To contain, to enclose.
ヲサムル
Wosamourou.

Ensevelir, v. a.
  To put in a shroud, to bury.
埋メル
Ouzzoumerou.

Ensevelissement, s. m.
  Putting in a shroud, burying.
埋ム事
Ouzzoumou coto.

Ensorceler, v. a.
  To bewitch, to throw a spell over one.
魔術ヲ以テ人ヲ惑ハス
Mahò-o motte hito-o madowasou.

Ensuite, adv. et prép.
  Afterwards, then.
後、夫カラ、次ニ
Notki, sore cara; tsoughini.

Ensuivre (s'), v. r. et imp.
  To follow, to result; to come next.
夫ヲリ出ル
Sore iori derou.

Entacher, v. a.
  To infect, to taint.
汚ガス
Kegasou.

Entaille, s. f.
  Cut, notch; slash, gash.
切リ面
Kirime.

Entailler, v. a.
  To cut, to notch, to jag.
木角面ヲ取
Ki tkiòmen-o sourou.

Entamer, v. a.
  To make the first cut; to broach, to open.
切ル、シカカル
Kirou; chicacourou.

51

Entamer la peau.
To scratch the skin.

皮ヲ切ル

Cawa-o kirou.

Entassement, s. m.
Heaping, heap.

重ナリ°積ム事°

Casanari; tsoumou coto.

Entasser, v. a.
To heap, to pile up.

畩エル カゞム°

Tacouwayourou; cazzoumou.

Ente, s. f.
A graft or graff, a young scion.

接木°

Tsoughiki.

Entendement, s. f.
Understanding, intellect.

稍涼° フンベフ°

Chei-riò; founbet.

Entendre, v. a. (ouïr).
To hear, to listen to.

聞ク°

Kicou.

— comprendre.
To understand.

悟ル° フケタマワル°

Satorou; ôuketamawarou.

—à, v. n. (consentir).
To acquiesce, to consent to.

埋會スル°

Ricouaï sourou.

S'— à.
To have skill in a thing.

サトイナル°

Satoi narou.

— avec.
*To understaud one another, to play
booty.*

ヲフ°

Wó.

Entente, s. f.
Meaning; skill, judgment.

意味°

Imi.

Enter, v. a.
To graft, to graff.

接木ヲスル°

Tsoughiki-o sourou.

Entériner, v. a.
To grant, to pass, to confirm.

承引スル°

Chotki sourou.

Enterrement, s. m.
Burying; burial, funeral.

葬禮° ヲクリ°

Sòreì; wocouri.

Enterrer, v. a.
To bury, to inter.

葬ル° ヲサムル°

Ilòmourou; wosamourou.

— vif.
To bury a live.

生ノマヽニ埋メル°

Ikino mamani ouzzoumerou.

S'—, v. r.
To bury one's self.

我身ヲ隠ス°

Waga mi-o cacousou.

Entêté, e, adj.
Obstinate, stubborn, conceited.

感强イ° ギゴワナ°

Canga tsouyoi; ghigowana.

Entêtement, s. m.
Obstinacy, stubbornness.
恋固°
Woroca.

Entêter, v. a.
To cause the head-ache; to prepossess.
頭痛サセル°
Mouken sacherou.

S'—, v. r.
To be infatuated.
ヲロカニナル° ジヨウ ヲ ハロウ°
Worocani narou; jó-o haróu.

Enthousiasme, s. m.
Enthusiasm, rapture.
奇妙ガル事°
Kimiògarou coto.

Enthousiasmer (s'), v. r.
To be in rapture.
奇妙ガリテ居ル°
Kimiògarite orou.

Enthousiaste, s. m.
Enthusiast, admirer.
ギヲンナ°
Ghiôna.

Entier, ère, adj.
Whole, entire, integral.
全キ° マツタイ°
Mataki; mattai.

Un jour —.
A whole day.
尽日°
Chiougitsou.

Entièrement, adv.
Wholly, entirely.
一切° 兀デ° ミナト° 不残°
Ichchetsou; soubete; chicato; nocorazou.

Entonner, v. a.
To barrel up, to put into a casks.
樽ニ入ル°
Wokeni irerou.

—, v. a.
To begin singing; to strike up.
謡ヲ始メル°
Outó hajimerou.

Entonnoir, s. m.
Funnel, tunnel.
漏斗°
Jógo.

Entorse, s. f.
Twist, shock; sprain.
引違イ°
Hiki tkigai.

Se donner une — au pied.
To sprain the foot.
フルクジカス°
Foumicoujicasou.

Entortillement, s. m.
Twisting winding about.
逃ルル事°
Nighitarou coto.

Entortiller, v. a.
To wrap, to twist, to wind up.
逃ル° マト°
Neghirou; mató.

S'—, v. r.
To twist, to twine, to curl.
マク° モヂルウ°
Macou; modgirourou.

Entourage, s. m.
Frame; advisers, those about one.
備イ° ミセチモガル°
Sonaie; chichcki tomogara.

Entourer, v. a.
    To enclose, to surround.

囲ベ、カ丶ユル゜
Cacomou; camayourou.

Entours, s. m. pl.
    Surrounding place, compass.

外廻リ゜
Soto mawari.

Entr'aider (s'), v. récip.
    To assist, to aid one another.

相助ケル゜
Aï tasoukerou.

Entrailles, s. f. pl.
    Entrails, bowels.

腸゜臓腑゜
Harawata; zòfou.

  — de mère.
    Motherly affection.

母心゜
Hahano cocoro.

  Sans —
    Unfeeling.

無情゜
Nasake naki.

Entr'aimer (s'), v. r.
    To love each other.

互ニ可愛ガル゜
Tagaini cawaïgarou.

Entrain, s. m.
    Wharmth, spirits, heartiness.

心゜気
Cocoro; ki.

Entraînant, e, adj.
    Winning, overpowering.

勝ツル゜
Tayetarou.

Entraînement, s. m.
    Impulse, sway, prevalence.

勧メル゜
Sousoumerou coto.

Entraîner, v. a.
    To carry away, to sweep; to hurry away

持テ行ク゜サ丶ア゜
Motte icou; sasò.

Entrave, s. f.
    Clog, obstacle; shackles.

手鏡゜ア丶カセ゜ホダシ゜
Tedgiò; achigache, hodachi.

Entraver, v. a.
    To shackle; to fetter.

手鏡ヲ掛ル゜
Tedgiò-o cakerou.

Entre, prép.
    Between, betwixt.

中ニ゜間ニ゜
Nacani; aidani.

Entrecouper, v. a.
    To traverse, to cross; to break off.

切ヲ通ス゜
Kiri towosou.

Entre-deux, s. m.
    Intermediate space or state; between.

間゜
Aïda.

Entre-dévorer (s'), v. r.
    To devour each other.

互ニ食ベ゜
Tagaini hamou.

Entrée, s. f.
    Entrance, entry; mouth.

入口゜
Iri goutki.

Entrée, admission.
Admission.
Yourousou coto.

Entrefaites (sur ces), s. f. pl.
In the mean while, in the interim.
Sonomighiri.

Entrelacement, s. m.
Weaving, intertwining.
Amou coto.

Entrelacer, v. a.
To intertwine, to weave, to braid.
Amou; toricawasou.

Entrelacer (s'), v. r.
To intertwine itself.
Onozzoucara amou.

Entremêler, v. a.
To intermingle, to intermix.
Madgiierou.

Entremetteur, se, s. m. f.
Intermedler, agent; go-between.
Nacadatki.

Entremettre (s'), v. r.
To interpose, to meddle.
Nacani irou.

Entremise, s. f.
Mediation, intervention.
Nacani irou coto.

Entrepont, s. m.
Between-deck.
Canbanno outkino cata.

Entreposer, v. a.
To store, to put in bond.
Sonaierou.

Entrepôt, s. m.
Staple, mart.
Itchiba.

Entreprenant, e, adj.
Enterprising; daring, forward.
Faïai.

Entreprendre, v. a.
To undertake, to attempt; to set upon.
Chicacourou; itonamou; couwatatsourou.

Entreprise, s. f.
Enterprise, undertaking, attempt.
Couwatate; womoitatchi coto.

Entrer, v. n.
To enter, to go in, to walk in, to let in.
Irou; haïrou.

— en cachette.
To slip in.
Chinonde haïrou.

Faire — de force.
To force in.
Hairasou.

Entretenir, v. a.
   To hold, to keep up ; to preserve.   Ichchoni nighirou; sodatsourou; yachinó.

S' —, v. r.
   To keep one's self; to converse together   Mi-osodatsourou, aï catarou.

Entretien, s. m.
   Maintenance, living; keeping in repair.   Saïwai, foúchin.

—, conversation.
   Conversation, discourse, talk.   Catarai; hanachi.

Entre-tuer (s'), v. r.
   To kill each other.   Tagaini corosou.

Entrevoir, v. a.
   To have but a glimpse of.   S'cochi wacarou.

S'—, v. r.
   To have an interview, a meeting.   De aó.

Entrevue, s. f.
   Interview.   De aï; aï mirou.

Entr'ouvrir, v. a.
   To half-open, to open a little.   Nacaba akerou.

S'—, v. n.
   To open, to gape.   Abarani narou.

Énumérer, v. a.
   To enumerate.   Cazoierou.

Envahir, v. a.
   To invade, to over-run; to break in.   Outki chemerou.

Envahissement, s. m.
   Invasion, over-running.   Outki chemerou coto.

Enveloppe, s. f.
   Wraper, cover; exterior,   Wowó; maki.

— de lettre.
   Cover of a letter.   Houji boucouro; ouwazzoutsoumi.

Envelopper, v. a.
   To wrap up, to fold up, to muffle.   Tsoutsoumou; macou.

—, environner.
   To beset, to surround.   Cacomou.

S'—, v. r.
   To wrap one's self up, to muffle one's self up.   Tsoutsoumarou.

Envenimer, v. a.
To envenom, to poison.
倍惡ヲスル° 毒殺スル°
Naonao waroucou sourou; docou satsou sourou.

— (au figuré).
To incense, to irritate.
怒ラス°
Icarasou.

S'—, v. r.
To fester, to rankle.
倍惡ヲシタル°
Naonao waroucou chitarou.

Envergure, s. f. (mar.).
The fastening of the sails.
帆ノ廣メ°
Fu-no hirome.

— d'un oiseau.
Spread of the wings extended.
羽ノ擴メ°
Haneno firome.

Envers, prép.
Towards, to.
方向テ° タメ°
Hónits'kite; tame.

—, s. m.
The wrong side.
裏°
Oura.

A l'—, adv.
Wrong side, outward, inside out.
裏ノ方ニ サカサマニ°
Oura no hòni; sacasamani.

Envi (à l'), loc. adv.
With emulation.
相互ニ°
Ai tagaini.

Envie, s. f. (désir jaloux).
Envy, spite, grudging.
根ミ° 嫉° ソネミ°
Ourami; netami; sonemi.

— (désir, dessein).
Mind, desire, longing.
アマナヒ° ウラヤミ°
Amanaï; ourayami.

Envier, v. a.
To envy, to grudge; to be envious of.
嫉ム アマナフ° ウラヤム°
Netamou; amanó; ourayamou.

Envieux, se, adj. subst.
Envious, malignant.
ソネム人°
Netamou hïto.

Environ, prép.
About, towards, near, thereabouts.
大概° ソノヘ°
Oócata; taitei; tsoutto.

—s, s. m. pl.
Vicinity, adjacent parts.
近里°
Kinri.

Environner, v. a.
To surround, to encompass.
圍ム°
Cacomou.

Envisager, v. a.
To look in the face, to face; to look upon.
眺メル° ニラム
Nagamerou; niramou.

Envoi, s. m. (action d'envoyer).
Sending, conveyance, invoice.
贈ル事°
Ocourou coto.

Envoler (s'), v. r.
To fly away.

飛行ク°
Tobi youcou.

Le temps s'envole.
Time flies away.

時過行ク°
Tokiga soughi youcou.

Envoyé, s. m.
Messenger; envoy.

使モノ°
Ts'caï mono.

Envoyer, v. a.
To send, to forward.

送ル° 使フ°
Ocourou; ts'có.

Épagneul, s. m.
Spaniel.

チン°
Tkin.

Épais, se, adj.
Thick; thick-set.

繁キ° 厚キ°
Chigheki; atsouï.

Taille — se.
Large waist, to be thick-set.

肥満人°
Houtoi hito.

Épaisseur, s. f.
Thickness.

繁サ° シゲリ°
Chighesa; chigheri.

Épaissir, v. a.
To thicken, to make thick.

シゲクスル° カタムル°
Chighecou sourou; catamourou.

S'—,
To get thick.

シゲクナル° ネバル°
Chighecou narou; nebarou.

Épaississement, s. m.
Thickening, coagulation.

シゲクナル事°
Chighecou narou coto.

Épanchement, s. m.
Effusion; pouring out, shedding.

廣ガル事°
Hirogarou coto.

Épancher, v. a.
To pour out.

廣ゲル アヤス°
Uirogherou; ayasou.

S'—, v. r.
To overflow, to diffuse one's self.

心ヲ打明°
Cocoro-o otki akerou.

Épanouir (s'), v. r.
To blow; to open.

開ガル°
Hirogarou.

Épanouissement, s. m.
The blowing of flowers.

開ク事°
Hiracou coto.

Épargne, s. f.
Economy, sparingness, saving.

倹約° 錢惜°
Keniacou.

Épargner, v. a.
To economize, to save, to spare.

倹約スル° 錢惜スル°
Keniacou sourou.

S'épargner, v. r.
To spare each other.

アイマボル°

Ai maborou.

Éparpiller, v. a.
To disperse, to scatter, to spread.

槢ラス° アサル°

Tkirasou; asarou.

Épars, e, adj.
Dispersed, scattered.

散リタル°

Tkiritarou.

Épaule, s. f.
Shoulder.

肩°

Cata; hazzouchi fa.

— de mouton.
Shoulder of mutton.

緜羊ノ肩°

Meniòno cata.

Épaulette, s. f.
Epaulet; shoulder-piece.

寄物°

Yori mono.

Épave, s. f,
Waif, strayed, floatsam.

捨タル代物°

Soutchitarou cawarimono.

Épée, s. f.
Sword.

刀° 劍° サシハサム

Ken; catana; sachifasamou.

Poignée de l'—.
Sword-hilt or guard.

刀ノ柄°

Kenno ts'ca.

Ceindre l'—.
To gird the sword about his side.

刀ヲ差ス°

Ken-o sasou.

Épeler, v. a.
To spell.

文字綴リスル°

Monji tsouzzouri sourou.

Éperlan, s. m.
Smelt, sparling.

小魚°

Cozacana.

Éperon, s. m.
Spur.

クビス° 馬刺錐°

Coubisou; m'ma sachi kiri.

— de coq.
Cock's spur.

錐爪°

Kirizzoume.

— de navire.
Head of a ship, cut water, beak-head.

ヘサキ°

Hesaki.

Épervier, s. m.
Hawk, sparrow-hawk.

鷹°

Taca.

Éphémère, adj.
Ephemeral; short-lived.

一日ノ° アダナ°

Itchinitchino; adana.

—, s. m. (insecte).
Day-fly.

一日ニテ死スル虫°

Itchinitchinite chisourou mouchi.

52

Éphémérides, s. m. pl.
Ephemeris.

日記
Nikki.

Épi, s. m.
Ear of corn, spike.

穂
Ho.

Épice, s. f.
Spice.

五辛 香料ノ物
Gochin; nioï motsouno mono.

Épicer, v. a.
To spice, high-seasoned.

五辛デ味ハス
Gochinde adgiwaï sourou.

Épicerie, s. f.
Grocery, spices.

香料ノ物ヲ置ク處
Nioï motsouno mono-o wocou docoro.

Épicier, s. m.
Grocer.

香料ノ物ヲ商フ人
Nioï motsouno mono-o akinó hito.

Épidémie, s. f.
Epidemic, epidemical disease.

傳染病シメキ
Denchen biò; jaki.

Épidémique, adj.
Epidemic, epidemical.

デン染スル
Denchen sourou.

Épiderme, s. m.
Epidermis.

薄皮 表皮 キフ ウハカハ
Haco hi; hiò hi; kifou, ouwacawa.

Épier, v. a. et n.
To spy; to watch.

見付ル ケゴミル
Mi ts'kerou, kegomirou.

Épilepsie, s. f.
Epilepsy, falling-sickness.

癲癇病 クヲツキ
Tencan biò; coutsoutki.

Épileptique, adj. subs.
Epileptic.

クヲツキカキ
Coutsoutkicaki.

Épiler, v. a.
To lose the hair, to depilate.

ケナグル
Canagourou.

Épilogue, s. m.
Epilogue, conclusion.

譬ヲ以テサトラス
Tatoie-o motte satorasou.

Épinards, s. m. pl.
Spinage.

菠菜
Kensai.

Épine, s. f.
Thorn; spine, prickle.

刺 針
Toghe; ibara; hari.

— du dos.
Back-bone, spine, ridge.

脊骨 ウナジ
Chebone; ounaji.

Épineux, se, adj.
Thorny, prickly; intricate.

刺有ル
Toghe ga arou.

Épingle, s. f.
Pin.

緢針°
Tome bari.

— à cheveux.
Hair-pin.

筓簪°
Canzachi.

Épingler, v. a.
To pin.

筓簪ニ緢ル°
Canzachini tomerou.

Épinière (moelle), adj. f.
Spinal marrow.

脊髓°
Chekizoui.

Épisode, s. m.
Episode.

引事ヲスル°
Hiki coto-o sourou.

Épisser, v. a.
To splice.

綯戻ス°
Yori modosou.

Épistolaire, adj.
Epistolary.

書緘ノ°
Tegamino.

Style —.
Epistolary style.

文°
Boun.

Épitaphe, s. f.
Epitaph.

墓印°と石ヒモン°
Hacajirouchi; himon.

Épithalame, s. m.
Epithalamium, nuptial-song.

婚禮ノ事°
Conreino coto.

Épithète, s. f.
Epithet.

號°
Gò.

Épitome, s. m.
Epitome, abridgment, compendium.

簡略°
Canriacou.

Épître, s. f.
Epistle, letter.

書翰° 手紙°
Chocan; tegami.

Épizootie, s. f.
Epizooty, murrain.

獸ノ傳深病°
Kedamonono denchembiò

Éploré, e, adj.
In tears, weeping.

涙ヲ流ス°
Namida-o cobosou.

Éplucher, v. a.
To pick, to cull, to clean.

皮ヲ取ル°シゴク°
Cawa-o torou; chigocou.

— (au figuré).
To examine minutely, to scan, to sift.

巨細ニ調ル°
Comacani chiraberou.

Épluchures, s. f. pl.
Pickings.

穢物°
Kegare mono.

Épointer, v. a.
To blunt, to take off the point.
鈍ケスル。
Niboucou sourou.

Éponge, s. f.
Spunge.
海綿。ヘマザワラ。
Cai-men; hamazawara.

Éponger, v. a.
To spunge, to spunge up.
海綿デ洗フ。タゞル。
Oumi wata de aró; tazzourou.

Époque, s. f.
Epoch; period.
元年。ヨ。
Gouannen; yo.

A aucune —.
At no period.
始メ無シ。
Hajime nachi.

Épousailles, s. f. pl.
Espousals, nuptials.
婚禮。
Conrèi.

Épouse, s. f.
Spouse, wife, consort.
妻。ニヨボ。
Sai, tsouma; niobo.

Épouser, v. a.
To marry; to espouse.
婚禮スル。メトル。
Conrei sourou; me torou.

Épousseter, v. a.
To dust, to brush, to wipe off the dust.
塵ヲトル。
Gomi-o torou.

Épouvantable, adj.
Frightful, dreadful, horrid.
恐シ。
Osorochi.

Épouvantail, s. m.
Scare-crow.
ヲドロカシ。カゞチ。
Odorocachi; cagatki.

Épouvante, s. f.
Fright, terror, dismay, panic.
驚キ。
Odoroki.

Épouvanter, v. a.
To frighten, to scare.
驚カス。
Odorocasou; obiyacasou.

Époux, se, s. m. f.
Spouse, husband; wife, bride.
夫。亭主。
Votto; teichou.

Les deux —.
A couple.
夫婦。
Foufoú.

Éprendre (s'), v. r.
To fire, to kindle, to become ena-moured with.
愛ニ溺レタル。ホレル。
Aïni oboretarou; horourou.

Épreuve, s. f.
Trial, test, proof.
試ミ。コナシ。難義。ワザワイ。
Cocoromi; conachi; nanghi; wazawai.

A toute —.
Proof against every thing.
試見テモ驚カヌ。
Cocoro mitemo odorocanou.

Éprouver, v. a.
To try, to ascertain, proove.

鍛ル゜ヌヂワフ゜
Cocoromirou; adgiwó.

—, ressentir.
To feel, to experience.

愛ウル゜
Oucourou.

Épuisement, s. m.
Draining.

水ヲ扱ク事゜
Mizzou-o hicou coto.

—, consommation.
Consumption.

ヲクス事゜
Tsoucousou coto.

—, fatigue.
Exhaustion.

労タル事゜
Ròchitarou coto.

Épuiser, v. a.
To empty, to drain.

水ヲ扱ク゜
Mizzou-o hicou.

—, consommer.
To spend, to waste.

ヲクス゜
Ts'cousou.

—, fatiguer.
To exhaust.

カ盡ス゜
Tkicara-o ts'cousou.

S'—, v. r.
To exhaust one's self.

コンラヒスル゜
Conrai sourou.

Épuration, s. f.
Purifying, refining.

清潔ニスル事゜
Cheikeóni sourou coto.

Épure, s. f.
Pattern, draught.

繪圖゜
Yezzou.

Épurer, v. a.
To purify, to refine, to clear.

清メル゜
Kiyomerou.

S'—, v. r.
To be purified, to grow finer.

清マル゜
Kiyomarou.

Équarrir, v. a.
To square; to kill and cut up.

四角ニスル゜
Chiccacouni sourou.

Équarrissement, s. m.
Squaring.

四角ニスル事゜
Chiccacouni sourou coto.

Équarisseur, s. m.
Horse-killer.

カヽメ゜
Cawaya.

Équateur, s. m.
Equator, equinoctial line.

赤道゜
Chekidò.

Équerre, s. f.
Square.

曲尺゜
Magari cane.

Équestre, adj.
Equestrian, on horseback.
騎馬ノ。
Kibano.

Équilatéral, e, adj.
Equilateral.
サンメカウカタチ。
Sancacouno catatki.

Équilibre, s. m.
Equilibrium, equipoise.
平均° カヽル°
Heikin; cacarou.

Équilibrer, v. a.
To balance, to poise.
平称スル°
Heichó sourou.

Équinoxe, s. m.
Equinox.
中夜等分
Tkiou-ia tòboun.

Équipage, s. m. (train).
Equipage.
飾リ°
Cazari.'

—, voiture.
Carriage, coach.
乗車°
Nori gourouma.

— d'un navire.
Crew.
乗組人數°
Nori coumi nin dgioú.

Équipement, s. m.
Outfit, fitting out, equipment.
備イル事°
Sonaierou coto.

Équiper, v. a.
To supply, to furnish, to fit out.
備イル°
Sonaierou.

Équitable, adj.
Equitable, fair : just.
義理ノ スナワナ
Ghirino; sounawona.

Équitation, s. f.
Horsemanship, art of riding.
馬術° ギョ°
Badgioutsou; ghio.

Équité, s. f.
Equity, justice.
道理° 義理
Dò-ri; ghiri.

Équivalent, adj.
Equivalent, equal value.
仝シ價ノ°
Onaji ataino.

Équivalent, s. m.
Equivalence, equivalent.
仝シ價° 仝シ價ノ物°
Onaji atai; onaji ataino mono.

Équivaloir, v. n.
To be equivalent.
對スル事°
Taisourou coto.

Équivoque, adj.
Equivocal.
不定° 意味ノ二ツ°
Sadamarazou; imino houtatsou.

—, s. f.
Equivocation, equivoque.
意味ノ二ツアル事°
Imino houtatsou arou coto

Équivoquer, v. a.
To equivocate, to speak ambiguously.
二義ヲ語ス
Houtatsouno imi-o hanasou.

Érable, s. m.
Maple-tree.
楓
Caïde.

Éraillement, s. m.
Ecthropium, eversion of the eyelid.
目ヲ剥ルコト
Mega moucourerou coto.

Érailler (s'), v. n.
To fray or fret, to unweave.
切レル
Kirerou.

Ère, s. f.
Era ou œra.
年號
Nengó.

Érection, s. f.
Erection, raising, establishment.
立ル事
Taterou coto.

Éreinter, v. a.
To break one's back.
脊骨ヲ破ル
Chebone-o iabourou.

Érésypèle, s. m.
Erysipelas, St Anthony's fire.
ヘシリクサ
Hachiricousa.

Ergot, s. m.
Spur (of birds).
釣距 ヌヅメ
Kerizzoume, kezzoume; agome.

Ergoter, v. n.
To cavil, to wrangle.
爭論スル 欺ク
Sóron sourou; azamoucou.

Ériger, v. a.
To erect, to rear; to institute.
建ル サシタツル
Agourou, sachitatsourou.

Ermitage, s. m.
Hermitage.
仙人家
Chenninno iye.

Ermite, s. m.
Hermit, eremit, anchorite.
仙人 アンゾ サンキヨ二ン
Chennin; anzou; sankiónin.

Errant, adj.
Errant, wandering; erring, erroneous.
アヤマル アカレタ
Ayamarou; acareta.

Errata, s. m.
Errata.
錯字
Sacouji.

Errements, s. m. pl.
Track, traces, way.
道
Mitki.

Errer, v. n.
To wander, to ramble, to rove.
道路ヲ邁ル アヤマル
Mitki-o maió; ayamarou.

— de côté et d'autre.
To ramble about.
彼此步ク
Atki cotki ayoumou.

Errer, se tromper.
To err, to mistake.
選ス°アヤマル°
Matkigó; ayamarou.

Erreur, s. f.
Wandering; error.
迷イ アヤマリ；違イ
Maïoi, ayamari; matkigai.

Erroné, e, adj.
Erroneous, mistaken, false.
違スタ°
Matkigóta.

Érudit, e, adj.
Erudite, learned.
學者°
Gacoucha.

Érudition, s. f.
Erudition, learning.
學問°
Cacoumon.

Éruptif, ve, adj.
Eruptive.
破裂スル
Haretsou sourou.

Éruption, s. f.
Eruption.
破裂スル事
Haretsou sourou coto.

— (en médecine).
Eruption.
クサガサ°
Cousagasa.

Escabeau, s. m.
Stool, joint-stool.
踏臺°シヂ
Houmï daï ; chidgi.

Escadre, s. f.
Squadron; fleet.
軍艦ノ備°
Goucanno sonaie.

Escadron, s. m.
Squadron.
一起ノ兵馬°テ
M'ma hito sonaie; tc.

Escalade, s. f.
Escalade.
梯子以テ登ル事
Cakefachi-o motte noborou coto.

Escalader, v. a.
To scale, to escalade, to climb over.
梯子以テ登ル° トリノボル
Cakefachi-o motte noborou; torinobourou.

Escale, s. f. (mar.).
Stay.
靜スル事°
Todomarou coto.

Escalier, s. m.
Stair-case, stairs.
階段° ノボリサカ
Kizafachi, hachigó, noborisaca.

Escamotage, s. m.
Juggling, pilfering.
ヘウカノ事°
Hócano coto.

Escamoter, v. a.
To juggle, to pilfer away.
ヘウカヲスル
Hócawo sourou.

Escamoteur, s. m.
Juggler, pilferer, pickpocket.
ヘウカ°
Hóca.

Escapade, s. f.
Prank, trick, caper.
アザケリ。
Azakeri.

Escarbilles, s. f.
Coal-cinders.
石炭ノ烟煤。
Chektanno yen mei.

Escarboucle, s. f.
Carbuncle.
夜光玉。
Yacòno tama.

Escarcelle, s. f.
A purse.
コシブクロ。
Cochiboucouro.

Escargot, s. m.
Edible snail
蝸牛。
Tamagouri.

Escarmouche, s.
Skirmish.
騎兵；ノブチ。
Kihei; nobouchi.

Escarpé, e, adj.
Steep, cragged.
嶮岨；サガシイ。
Kenso; sagachii.

Escarper, v. a.
To cut down steep.
嶮岨ニ切ル。
Kensoni kirerou.

Escarre, s. f.
Crust, scab, eschar.
瘡ノ痂。
Kizzouno casa.

Esclandre, s. m.
Mishap, disaster.
混雑。
Conzat.

Esclavage, s. m.
Slavery, drudgery.
奴隷ナル事。
Nourei narou coto.

Esclave, s. m.
Slave, bondman.
昔代ノモノ；奴隷。
Iloudaino mono; nourei.

—, adj.
Slave, slavish.
ヌレイノ。
Noureino.

Femme —.
Slave woman.
下女。
Ghedgio.

Escompte, s. m.
Discount, deduction.
カワチノ利分。
Cawacheno riboun.

Escompter, v. a.
To discount, to deduct.
カワチノ利分ヲヒキオトス。
Cawacheno riboun-o fiki otosou.

Escorte, s. f.
Escort, guard, retinue.
備イ；ムカイノブシ；トモ。
Sonaie; moucaino bouchi; tomo.

Escorter, v. a.
To escort, to convoy.
備ヲ立ル。
Sonaie-o taterou.

Escrime, s. f.
Fencing.
Kendgioutsou; noukite.

Escrimer, v. n.
To fence, to play with foils; to dispute.
Kendgioutsou sourou.

S'—, v. r.
To dabble in, to labour at, to work with.
Haghemou.

Escroc, s. m.
Swindler, sharper.
Azamoucou mono.

Escroquer, v. a. et n.
To swindle, to cheat.
Azamoucou.

Escroquerie, s. f.
Swindling.
Azamouki.

Espace, s. m.
Space, room.
Aida; ma; tocoro.

Court — de temps.
Short space of time.
S'cochi aida.

Espacer, v. a.
To place at a proper distance, to space.
Aidanï sourou.

Espagnol, e, adj. subst.
Spanish; a spaniard.
Ispaniajin.

Espars, s. m. pl. (mar.).
Spars.
Magatta tsoucouriki.

Espèce, s. f.
Species, kind, sort.
Roui, tagouï; china, tsoure.

—s, monnaies.
Specie.
Couafei; chen.

Espérance, s. f.
Hope, expectation.
Nozomi; omoi.

Sans —.
Hopeless.
Nozomi nachi.

Remplir ses —s.
To fulfil one's expectations.
Nozomini canaierou.

Espérer, v. a. et n.
To hope, to expect.
Nozomou.

J'espère le faire.
I hope to do it.
Sore-o sourou to omó.

Espiègle, adj. et subst.
Frolicksome, waggish.

戯ゝゝ物゜
Tawabourerou mono.

Espièglerie, s. f.
Frolic, roguish trick, waggery.

ㇱㇺㇵゝ゜
Tawaboure.

Espion, s. m.
Spy.

間付゜ ゝㇸㇽ゜
Me ts'ke; chinobi.

Espionner, v. a.
To watch, to pry into.

ㇲㇽㇱㇰㇰㇸゝ゜
Mets'ke-o sourou.

Espoir, s. m.
Hope, trust.

ゝ̇ゝㇺ゜
Nozomi.

Esprit, s. m. (substance incorporelle).
Spirit, demon, genius, soul.

精神゜ 魂魄゜ ゝイキ゜
Chin; conpacou; reiki.

— saint.
Holy Ghost, Paraclete.

セイㇱゝ゜
Chci chin.

—, intelligence.
Spirit, soul, mind.

悟ㇽ心゜
Satorou cocoro.

—, facilité de conception.
Wit, sense; humour.

才知゜ 絵柄゜ 考リ゜
Saitki; ricò; satori.

— des animaux.
Animal spirits.

獣氣゜
Tkioucouchono ki.

Esquif, s. m.
Skiff.

小船゜ くゝㇷゝㇷ゜
Coboune; fachiboune.

Esquille, s. f.
Splinter.

脱臼゜
Dakkiou.

Esquinancie, s. f.
A quinsy.

吐血゜ ㇳㇱゝ゜
Toketsou; còfi.

Esquisse, s. f.
Sketch, out-line.

草稿゜ ゝㇲㇸ゜ チㇳㇼ゜
Sòcò; chitaye; dgidori.

Cahier d'—s.
Sketch-book.

草ㇳ本゜
Sòcò-bon.

Esquisser, v. a.
To sketch.

草ㇳㇸゝ゜
Sòcò sourou.

Esquiver, v. a. et n.
To dodge, to evade, to avoid.

私ニ逃ㇽ゜ ㇷㇲㇵゝ丶
Hisocani nigherou; manoucarourou.

S'—, v. r.
To escape, to slip away.

匿゜
Nigherou.

Essai, s. m.
Trial, examination; essay.
鞳私ム゜カイヌ゜ギンミ゜
Cocoromi; keico; ghimmi.

A l'—.
ヌ゜ロ二川゜
On trial.
Cocoromini.

Essaim, s. m.
Swarm.
群リ゜
Mouragari.

Essayer, v. a.
To try, to taste, to make a trial of.
鞳ル゜
Cocoromirou.

—, v. n.
To attempt.
シカ ル゜
Chicacarou.

Essence, s. f.
Essence; species, sort, kind.
身體゜
Chintai.

— aromatique.
Essence, perfumed oil.
セイルメヲ゜
Chei mió.

Essentiel, s. m.
The essential.
アンジン゜シメタキ゜
Anjin; chóghi.

Essentiel, **le**, adj. et subst.
Essential, material.
簡要ナ゜
Canyòna.

Essentiellement, adv.
Essentially, peculiarly.
タイセ゜ニ川゜
Taichetni.

Essieu, s. m.
Axle-tree.
軸゜
Dgicou.

Essor, s. m.
Flight, soaring.
飛事゜
Tobou coto.

Essoriller, v. a.
To crop, to cut one's ears off.
ミミヲキルウ゜
Mimi-o kirou.

Essoufflé, **e**, adj.
Breathless.
氣息切レタ゜
Ikega kireta.

Essouffler, v. a.
To put out of breath.
氣息キレル゜短息スル゜
Ikiga kirerou; tansocou sourou.

Essuyer, v. a.
To wipe, to wipe away, to wipe dry.
拭グ゜ソ゜ウ゜カハラグル゜
Nogó; sousougou; cawaragourou.

—, au figuré.
To bear, to endure, to undergo.
堪忍スル゜
Cannin sourou.

Est, s. m.
East, Orient.
東゜
Tò, higachi.

A l'est; de l'est.
To the east; eastern.
慊リ゜
Higachini.

Estacade, s. f. (t. de mar.).
Cado; boom.
ヘジロ゜イセキ゜
Ajiro; icheki.

Estafette, s. f.
Express, courier.
飛脚゜
Hikiacou.

Estafilade, s. f.
Slash, cut, rent.
タチ切リ゜
Tatkikiri.

Estampe, s. f.
Print, engraving.
印゜板木゜
In; hanghi.

Estamper, v. a.
To stamp; to emboss.
搨ク゜
Tatacou.

Estampille, s. f.
Stamp.
印ジ゜
Jirouchi.

Estampiller, v. a.
To stamp.
イヲタ押ス゜
In-o osou.

Estimable, adj.
Estimable, valuable.
貴イ゜
Tattoi.

Estimateur, s. m.
Appraiser, appreciator.
貴ブモノ゜
Tattobou mono.

Estimation, s. f.
Estimation, valuation.
貴ブ事゜
Tattobou coto.

— inférieure.
Under valuation.
積リ不足゜
Tsoumori hosocou.

Estime, s. f.
Esteem, regard, account.
重ジ事゜モチイ゜
Omonzourou coto; motkii.

—, (t. de mar.).
Estimation, dead-reckoning.
カゾエ゜
Cazoie.

Estimer, v. a. Apprécier.
To appraize, to estimate, to value.
重ジ゜
Omonzourou.

— trop.
To over, rate; to over-value.
餘リ貴ブ゜
Amari tattobou.

—, faire cas de, considérer.
To esteem, to honour, to prize.
貴ブ゜モチイル゜
Tattobou; motkiirou.

—, présumer, v. n.
To believe, to deem.
考ヘル゜
Cangaierou.

S'estimer, v. r.
To prize one's self.

我等ヲ貴ブ

Waga mi-o tattobou.

Estoc, s. m.
Point of a sword; a long rapier.

釼先　長釼

Kenno saki.

Estomac, s. m.
Stomach.

胸ヒノゾウ

Moune; fino zó.

— débile.
Weak stomach.

弱胸

Yòwai moune.

Mal d'—.
Stomach-ache.

痛楼シンゾ

Mounega itamou; chintsou.

Estrade, s. f.
Estrade.

跋タカイガ　サデナ

Tacadono; tacaiza; outena.

Estropié, e, adj.
Cripple, lame.

跛脚跛

Bicou; tkimba.

Estropier, v. a.
To lame, to cripple, to disable.

跛跛ニスル

Tkimbani sourou.

Et, conj.
And.

トモ又夕

To, mo; inata.

Et cœtera.
And so on; and so forth.

同ナド

Tò; nado.

Étable, s. f.
Stable.

厩

M'maya.

Établi, s. m.
A bench, a shop board.

細工所

Sai coudgiò.

Établir, v. a.
To establish, to settle, to set up.

立ル極メル スエル

Taterou; kimerou; souyourou.

S'—, v. r.
To establish, to fix one's residence.

住居スル住ルイドル

Tchoukio sourou; todomarou; idorou.

S'—, se marier.
To settle, to marry.

アリツ゛ク

Aritsoucou.

Établissement, s. m.
Establishing; settling, settlement.

起事立ル事

Ocou coto; taterou coto.

Étage, s. m.
Story, floor, step.

二階

Nicai.

Étai, s. m (t. de mar.). Étaie, s. f.
Stay. A prop or support, shore.

コアチ ツカバシラ

Coachi; tsoucabachira.

Étain, s. m.
  Pewter, tin.
錫°
Souzou.

Étal, s. m.
  Butcher's stall.
臺所°
Couriya.

Étalage, s. m.
  Exposing to sale, sample; display, show.
棚前° 顯ハス事°
Tana maie; arawasou coto.

  Avoir un —.
  To keep a stall.
棚前ニ出ス°
Tana maieni dasou.

Étaler, v. a.
  To display; to spread, to expose to sale.
擴措ラス° 賣ニ出ス°
Wochifiromou; tkirasou; ourini dasou.

Étalingue, s. f. (mar.).
  Clinch of a cable.
ツカミ°
Ts'cami.

Étalinguer, v. a.
  To clinch the cable to its anchor.
ツカム°
Ts'camou.

Étalon, s. m. Cheval entier.
  Stallion, stone-horse.
種取ル爲メノ馬°
Tane torou tameno m'ma.

  —, pour les poids.
  Standard.
極リ量リ° キメリシルシ°
Kimerino hacari; kimerijirouchi.

Étalonner, v. a.
  To stamp with the public mark (weights and measures).
加印スル°
Ca in sourou.

Étamage, s. m.
  Tinning.
ス°ヲキチ゚セル事°
Souzou-o kicherou coto.

Étambord, s. m. (mar.).
  Stern-post.
舳柱°
Tomo bachira.

Étamer, v. a.
  To tin, to tin over.
ス゚ヲキチ゚セル°
Souzou-o kicherou.

Étameur, s. m.
  Tinman.
ス゚ヲキチ゚セルモノ°
Souzou-o kicherou mono.

Étamine, s. f. (tissu léger).
  Bolting-cloth, bolter.
サス゚イタムモ° 7レイ°
Ousoui tammono; fouroui.

  —, (organe mâle des fleurs).
  Stamen.
花辨° シベ°
Hanano soube; chibe.

Étanche, s. f.
  Water-tight, water-proof.
水揚辨° 風ヲ塞ガ°
Soui aghenno ben; caghe-o housagou.

Étancher, v. a.
  To stop (a liquor), to stanch.
酒ヲ留ル° 酒ヲ塞ガ°
Sake-o tomerou; souï-o housagou.

Étançon, s. m. (mar.).
Stay, supporter; stanchion.
Soyeghi; soughe.

Étang, s. m.
Pond, pool.
Ike; cosoui.

Étape, s, f.
Staple, halting place.
Issocou.

État, s. m.
State, case, condition, profession.
Yòsou; tewaza; chindai; aritei.

—, gouvernement, pays.
State, dominion.
Couni.

— civil.
Social state of persons.
Nimbetsou chindai.

— -major.
Staff, staff-office; staff-officers.
Taichòno sonaie.

—, liste, registre, mémoire.
Account, list; register, estimate.
Tchacoutó.

Étau, s. m.
Vice.
Daicouno neji.

Étayer, v. a.
To prop, to support, to shore.
Ochi sourou; soucourou.

Été, s. m.
Summer.
Natsou.

Éteignoir, s. m.
Extinguisher.
Chintome.

Éteindre, v. a.
To extinguish, to put out; to abolish.
Kiyasou; kesou.

S'—, v. r.
To die away, to become obliterated.
Kiyerou; otoroierou.

Éteint, e, adj.
Extinguished, extinct, out.
Kiyetarou.

Étendard, s. m.
Standard, colours, banner.
Hatajirouchi; hata.

Étendre, v. a.
To extend, to stretch out, to spread.
Noberou; hirogherou.

S'—, v. r.
To stretch one's self.
Nobirou; firogarou; foucherou.

Étendue, s. f.
Extent; duration; lenght.
ヒロガリテ オロウ コト゚
Hirogarite orou coto.

Éternel, le, adj.
Eternal, everlasting, endless.
永世゚ アラカイ゚ 長持ラモ゚ヘイ゚
Arancaghiri; foutai; nagacou tamotsou mono.

Éternellement, adv.
Eternally; for ever, incessantly.
永世ニ゚ イツモ゚
Yekioùni; itsoumo.

Éterniser, v. a.
To eternize, to immortalize.
後世ニ残ス゚
Còchcini nocosou.

S'—, v. r.
To be perpetuated, to be rendered eternal.
フタイ ナル゚
Foutai narou.

Éternité, s. f.
Eternity, future state.
一世゚ ジンミダイサイ゚
Icchei; jinmidaisai.

Éternuer, v. n.
To sneeze.
嚔ク゚
Couchamou.

Éternument, s. m.
Sneezing.
クシメミ゚
Couchami.

Étêter, v. a.
To top, to cut off the top.
頭ヲ切ル゚
Cachira-o kirou.

Éther, s. m.
Ether.
精気゚
Cheiki.

Étincelant, e, adj.
Sparkling, flashing.
光ル゚
Hicarou.

Étinceler, v. n.
To sparkle, to flash, to gleam.
耀ク゚ ヒラメク゚
Cagaiacou, hiramecou.

Étincelle, s. f.
Spark, flash of fire.
火花゚ ヒノコ゚
Hibana; hinoco.

Étiolé, e, adj.
Etiolated, pale.
痩セ衰ル゚
Yache wotoroyourou.

Étioler (s'), v. r.
To etiolate; to emaciate.
痩セタル゚
Yachetarou.

Étique, adj.
Hectic; comsumptive.
ラウサイ゚
Ròsai.

Étiqueter, v. a.
To ticket, to label.
フダヲツク゚
Fouda-o tsoucou.

Étiquette, s. f.
Etiquette, ticket, label.
フダ゚
Fouda.

Étiquette (cérémonial).
Etiquette, ceremony.
Reighi; kimari.

Étirer, v. a.
To stretch out, to lenghten.
Hiki nobou; harou; hiki farou.

Étoffe, s. f.
Stuff, cloth; materials.
Tammono.

Belle —.
Fine stuff.
Dippana tammono.

Étoffer, v. a.
To stuff, to furnish.
Fousagou.

Étoile, s. f.
Star, orb.
Hochi; chei.

— errante.
Errant or wandering star, planet.
Yoú-chei.

— polaire.
North-star, polar-star.
Hokkiocou chei.

Étoilé, e, adj.
Starry, stelliferous; full of stars.
Hochino ooi.

Étonnant, e, adj.
Astonishing, wonderful.
Aiachiki; mezamachii.

Étonnement, s. m.
Astonishment, amazement; admiration.
Canzourou coto; odoroki.

Étonner, v. a.
To astonish, to amaze, to startle.
Odorocasou; aiachimasou.

S'—, v. r.
To be astonished, to marvel.
Akirourou; tamaghirou.

Étouffement, s. m.
Suffocation, stifling.
Inki.

Étouffer, v. a.
To suffocate, to smother, to stifle.
Iki-o todomarou; coubiri corosou.

—, v. n.
To be stifled, choked.
Mousoubôrou.

Étoupe, s. f.
Tow, hards of flax; oakum or oakam.
Coude.

Étouper, v. a.
To stop with tow.
Coude de fousagou.

Étourderie, s. f.
Heedlessness, giddiness.
気付ケヌ事°
Cocorozzoukenou coto.

Étourdi, e, adj.
Heedless, giddy.
狂人
Monogouroui mono.

—, s. m.
Rattle-head, mad cap, romp.
ワ、ロヅケナイ°眩暈シテ居ル°
Cocorozzoukenai ; memaichite orou.

—, e, part. d'étourdir.
Stunned.
耳ニナル者°
Mimichikini narou mono.

Étourdir, v. a.
To stun, to deafen; to astound.
ミ、ミチキニスル° ヲドロカス°
Mimichikini sourou ; odorocasou.

Étourdissant, e, adj.
Stunning, deafening; astounding.
ミ、ミチキニスル者°
Mimichikini sourou mono.

Étourdissement, s. m.
Dizziness, giddiness; stupor, shock.
眩暈スル事°
Memai sourou coto.

Étourneau, s. m.
Starling.
ヒヨドリ°
Fiyodori.

Étrange, adj.
Strange, odd, queer.
奇明ナル° 異ナル°
Kimiòna ; cotonarou.

Étrangement, adv.
Strangely, queerly.
奇明ニ° 異ナリニ°
Kimiòni ; cotonarini.

Étranger, ère, adj.
Foreign; strange.
異国ノ° 外ノ°
Icocouno ; hocano.

—, subst.
Stranger, foreigner.
異国人° タニン° マレビト°
Icocoujin ; tanin ; marebito.

A l'—.
Abroad.
外ニ°
Hocani.

Étrangeté, s. f.
Strangeness.
異ナル事°
Cotonarou coto.

Étrangler, v. a.
To strangle, to throttle; to make too narrow.
首ヲ縛ル° ノドヲチノウル°
Coubi-o coucourou ; nodo-o chinourou.

Étrave, s. f. (t. de mar.).
Stem.
舩ノ舳ノ先キ°
Founeno tomono saki.

Être, v. subst.
To be; to stand; to belong.
有ル° 居ル° イル° ナル° ゴザル°
Arou ; orou ; irou ; narou ; gozarou.

—, s. m. Ce qui est, existence.
Being, existence, essentiality.
活物°
Couaji boutsou.

Être, individu.
Being.
Ikimono.

— Suprême.
The Supreme Being.
Ten mei; Deous.

Étrécir, v. a.
To narrow; to make narrow.
Chemacou sourou.

Étreindre, v. a.
To bind up; to grasp.
Tsouyocou chemerou; hiccoumou.

Étreinte, s. f.
Tie, grasp; embrace.
Chemerou coto; hiccoumou coto.

Étrenne, s. f. (du jour de l'an).
New year's gift, christmas-box.
Nentò no china.

—, premier argent que les marchands
reçoivent dans la journée.
Handsel (first sale).
Tochino ouri some.

Étrier, s. m.
Stirrup.
Aboumi.

Étrille, s. f.
Curry-comb.
M'ma gouchi; takegatana.

Étriller, v. a.
To curry a horse; to thrash, to bang.
M'ma gouchi-o ts'cou; hadacourou.

Étroit, e, adj.
Narrow, close; strict.
Chemai.

Étroitement, adv.
Narrowly, in a narrow compass.
Chemacou; chebó.

Étude, s. f.
Study.
Gacoumon; manabi.

Cabinet d'—.
Study room.
Gacoumon beïa.

Étudiant, s. m.
Student.
Chouchei; gacounin.

Étudier, v. a. et n.
To study.
Gacoumon sourou; manabou.

Étui, s. m.
Case, sheath.
Saia.

Étuve, s. f.
Stove, hot-house, sweating-room.
Mouchi bourò; ichibourò.

Étuver, v. a.
To bathe, to foment.
籠風呂ニスル° 蒸シ燒スル°
Mouchi bouròni sourou; mouchi yacousourou.

Étymologie, s. f.
Etymology.
語ノ根元°
Cotobano conghen.

Eunuque, s. m.
Eunuch.
キンヲ取ラレタル人°
Kin-o toraretarou hito.

Euphonie, s. f.
Euphony.
語音樂°
Cotobano oungacou.

Euphorbe, s. m. (bot.).
Euphorbium.
竜胆草°
Riou tansò.

Européen, ne, adj. subst.
European.
歐邏巴人°
Europano.

Eux, pron. m. pl.
Them.
彼等° アレラ°
Carera; arera.

— **mêmes**, pron. réfl.
Themselves.
彼等° 自身°
Carera; jichin.

Évacuation (d'un lieu), s. f.
Evacuation, clearance.
捨ル事°
Souterou coto.

—, action d'évacuer.
Evacuation, discharge.
大便° ハラクダリ°
Daiben; haracoudari.

Évacuer, v. a.
To evacuate; to eject, to throw off.
捨ル° カエル° 大便スル°
Souterou; cayourou; daiben sourou.

Évader (s'), v. r.
To escape, to make one's escape.
逃ル°
Nigherou.

Évaluation, s. f.
Valuation, estimate.
積リ°
Tsoumori.

Évaluer, v. a.
To value, to estimate.
積リスル° モチイル°
Tsoumori sourou; motkiirou.

Évangélique, adj.
Evangelical.
經文ノ°
Kiòmonno.

Évangéliser, v. a. et n.
To evangelize, to preach the Gospel.
シウチヲ ヲチエル°
Chiouchi-o ochierou.

Évangile, s. m.
Gospel.
經文°
Kiòmon.

Évanouir (s'), v. r.
To faint, to swoon away.
マカルル゛°
Magourourou.

Évanouir (s'), disparaître.
To vanish, to disappear.
不見ズ°
Miyezou.

Évanouissement, s. m.
Swooning away, fainting fit.
氣絶°
Kizetsou.

Évaporation, s. f.
Vaporization; evaporation.
湯氣立ツ°ジヨワツカチェロウ事°
Yougheïga tatsou; jòwatcacherou coto.

Évaporé, e, adj.
Evaporated.
湯氣ヲ立ス°ジヨワツサチェロウ°
Youghei-o tatasou; jòwatsacherou.

—, au figuré.
Hare-brained, giddy-brained.
氣カキイタ°
Kiga kiieta.

Évaporer, v. a.
To evaporate.
取縮リノナイ°
Tori mousoubôrino nai.

S'—, v. r.
To evaporate; to steam away; to vent.
氣カキイロル°
Kiga kiierou.

Évaser, v. a.
To widen, to open.
廣ゲル°
Hirogherou.

Évasion, s. f.
Escape, evasion.
逃ル事°
Nigherou coto.

Éveil, s. m.
Warning, hint.
意見°告ゲ°
Ikken; tsoughe.

Éveillé, e, adj. subst.
Awaked; brisk, lively.
ヲドロカス°
Odorocasou.

Éveiller, v. a.
To awake, to waken; to brisk up.
目覺ス゜ヲコス°
Mezamasou; ocosou.

S'—, v. r.
To awake.
目サメル゜ヲドロカ°
Mega samerou; odorocou.

Événement, s. m.
Event, occurrence, emergency.
事°シナイ°
Coto; chimai.

Éventail, s. m.
Fan.
團センス°
Wôghi; chensou.

Flèches d'—.
Fan-sticks.
團ノ柄°
Wôghino ic.

Éventaire, s. m,
Flat basket.
ミセダナ°
Michedana.

Éventer (ventiler), v. a.
To fan, to ventilate.
ヲガグ゜ヲヲツ°
Wògou; awotsou.

Éventer, exposer au vent.
To air, to give vent.

顯 カセリイダス゜
Cajeni idasou.

—, découvrir.
To discover, to find out.

顯ス゜
Arawasou.

S'—, v. r. agiter son éventail.
To fan one's self.

ジブンヲアヲグ゜
Jiboun-o awogou.

S'—, v. n. une substance.
To evaporate, to pall, to take vent.

氣ガキイル゜
Kiga kiierou.

Éventrer, v. a.
To embowell, to draw; to rip up.

腸ヲ出ス゜
Harawata-o dasou.

S'—, v. r.
To rip open one's bowels.

切腹スル゜
Cheppoucou sourou.

Éventuel, le, adj.
Eventual; casual.

定マラヌ゜
Sadamaranou.

Évêque, s. m.
Bishop, prelate.

エピスコポ゜
Episcopo.

Évertuer (s'), v. r.
To struggle, to strive, to exert one's self.

力ヲ用ユル゜
Tkicara-o motkiyourou.

Éviction, s. f.
Eviction, ejection.

捨ル事゜
Souterou coto.

Évidemment, adv.
Evidently, obviously.

疑イナク゜アラタニ゜
Outagai nacou; aratani.

Évidence, s. f.
Evidence, clearness.

確ナ證據゜
Tachicana chòkio.

Mettre en —.
To make evident, to demonstrate.

チョウキョウヲアラハス゜
Chókio-o arawasou.

Évident, e, adj.
Evident, plain, obvious.

明カナル゜
Akiraca narou.

Évider, v. a.
To cut hollow, to hollow; to groove.

掘ル゜
Horou.

Évincer, v. a.
To evict, to eject; to oust.

捨ル゜追ヒ出ス゜
Souterou; ooi dasou.

Éviter, v. a.
To avoid, to shun, to evade.

免ル゜避カル゜
Manocarou, nogarerou; sacourou.

— (t. de mar.).
To swing.

廻ル゜
Mawarou.

Évocation, s. f.
Evocation, raising up.
起ル事。
Ocorou coto.

Évolution, s. f.
Evolution, exercise.
マハス事。調練
Mawasou coto; tkiòren.

Évoquer, v. a.
To raise up; to evoke (spirits).
オコル。鬼ヲ出ス。
Ocorou; oni-o dasou.

— une cause en justice.
To evoke.
呼出ス。
Yobidasou.

Exact, e, adj.
Exact, accurate; close.
慥ナ。
Tachicana.

Exactement, adv.
Exactly, strictly.
慥ニ。精ク。
Tachicani ; couachicou.

Exaction, s. f.
Exaction, extortion.
責奪ウ事。
Cheme oubò coto.

Exactitude, s. f.
Exactness; accuracy.
タシカ。
Tachica.

Exagération, s. f.
Exaggeration.
言イ過ス事。
Iy sougousou coto.

Exagérer, v. a.
To exaggerate, to magnify.
言イ過ス。
Iy sougousou.

Exaltation, s. f.
Exaltation, advancement.
上ル事。
Agherou coto.

—, enthousiasme.
Rapture.
モヨヲチ。
Moyowochi.

Exalter (louer, vanter beaucoup), v. a.
To exalt, to glorify, to magnify.
上ル。
Agherou.

—, exciter démesurément,
To work up to a state of excitement.
勧ムル。
Sousoumerou.

Examen, s. m.
Examination, investigation.
調ル事。せンサク。
Chiraberou coto; chenzacou.

—, action d'interroger.
Examination.
吟味。アンズル事。
Ghinmi; anzourou coto.

Examiner, v. a.
To examine; to sift.
吟味スル。調ル。アンズル。
Ghinmi sourou; chiraberou; anzourou.

— des jeunes gens.
To examine (pupils).
學業ヲ調ル。ウカガイ見ル。
Gacoudgiò-o chiraberou; oucagaimirou.

Exaspération, s. f.
Exasperation.
大怒リ°
Oôi icari.

Exaspérer, v. a.
To exasperate, to incense.
大怒ラス° ラヲタヲル°
Oôkini icarasou; aradatsourou.

S'—.
To get incensed.
大ニ怒ル° ラヲタヲ° モヨヲス°
Oôïni icarou; aradatsou; moyowosou.

Exaucer, v. a. — les prières.
To hearken to, to hear favourably.
願ニ叶フ° 考イル° クタサル°
Negaïni kanó ataierou; coudasarou.

Excavation, s. f.
Hollowing, excavation.
穴ヲ掘ル事° ウハテ°
Ana-o horou coto; ouwate.

Excaver, v. a.
To excavate.
ウガツ°
Ougatsou.

Excédant, adj. subst.
Overplus.
残物° アマリ°
Zamboutsou; amari.

— de poids.
Exceeding of weight.
カケタシ°
Cakedachi.

Excéder, v. a.
To go beyond, to exceed; to worry one.
過ル° マス° マサル° コウルシメル°
Soughirou; masou, masarou; courouchimerou.

Excellemment, adv.
Excellently.
全クシテ° ベグレテ°
Mattacouchite; sougourete.

Excellence, s. f.
Excellence, exquisiteness, perfection.
全キ事°
Mattaki coto.

—, titre d'honneur.
Excellency.
チヲジンヨカ° トノサマ°
Tchòjó; tonosama.

Excellent, e, adj.
Excellent, transcendant.
全キ° ベグレタ° ケッコナ°
Mattaki sougoureta; keccóna.

Exceller, v. n.
To excel, to surpass, to outgo.
過ル°
Soughirou, sougourourou.

— en une chose.
To excel in anything.
何々ニ過居ル°
Naninanini soughi orou.

Excentricité, s. f.
Excentricity or eccentricity.
其風ナ癖°
Ifoûna couche.

Excentrique, adj.
Excentric or eccentric, excentrical.
ヨコシマ° 其風°
Yocochima; ifoû.

Excepté, prép.
Except, save, but.
除キテ° タヾシ° モチ°
Nozokite; tadachi; mochi.

55

Excepter, v. a. et n.
To except, to exclude.

ノゾク゜ ノケル゜
Nozocou; nokerou.

Exception, s. f.
Exception, distinction.

ノゾイタ事゜
Nozoita coto.

A l'— de.
Except, save, but.

V. **Excepté.**

Exceptionnel, le, adj.
Exceptional.

別段ノ゜ 替ワル゜
Betsoudanno ; cawatarou.

Excès, s. m.
Excess, overflow, waste.

過ヒ事゜ アマリ゜
Soughirou coto; amari.

—, intempérance,
Excess, riot, debauch.

ショウクニフウケル事゜
Chocócouni foukerou coto.

A l'—, adv.
To an excess, excessively.

過ヒ迫゜
Soughirou made.

Excessif, ve, adj.
Excessive, immoderate.

過ヒ者゜ アマリノ゜
Soughirou mono; amarino.

Excessivement, adv.
Excessively, immoderately.

餘ツテ゜ アマツテ゜
Soughitte, amatte.

Excitation, s. f.
Exciting, stirring.

煽ク事゜
Ogocou coto.

Exciter, v. a.
To excite, to provoke, to stir up; to encourage.

勧ムル゜ 精ヲ励ハス゜
Sousoumerou ; chei-o haghemasou.

Exclamation, s. f.
Exclamation, vehement outcry.

大聲゜
Oò goie.

Exclure, v. a.
To exclude, to debar, to shut out.

除ク゜ 掃ル゜ ハ ッ ス ル゜
Nozocou; souterou; hassourou.

Exclusif, ve, adj.
Exclusive.

サシキッタ゜
Sachikitta.

Exclusion, s. f.
Exclusion.

除ク事゜
Nozocou coto.

Exclusivement, adv.
Exclusively, not taking into account.

ノゾイテ゜ イッペンニ゜
Nozoite; ippenni.

Excommunier, v. a.
To excommunicate, anathematise.

交ヲ絶ツ゜
Majiwari-o tatsou.

Excoriation, s. f.
Excoriation, fretting of the skin.

皮ヲハグ事゜
Cawa-o hagou coto.

Excorier, v. a.
   To excoriate.
   皮ヲハグ。
   Cawa-o hagou.

Excrément, s. m.
   Excrement.
   糞。 屎。 ヘリ。 ダイベン。
   Houn; ebari; couso; daiben.

Excroissance, s. f.
   Excrescency, proud flesh.
   瘤。
   Cobou.

Excursion, s. f.
   Excursion, ramble.
   遊歩。 通遙。
   Yoùhò; chò-iò.

Excusable, adj.
   Excusable, pardonable.
   許ス可キ。 ヲハウル事。
   Yourousou beki; wabourou coto.

Excuse, s. f.
   Excuse, evasion; apology.
   コジ。 カゴト。
   Coji, cagoto.

Excuser, v. a.
   To excuse, to exculpate, to pardon.
   許ス。
   Yourousou.

   S'—, v. r.
   To exculpate one's self; to decline.
   ワビル。 カゴツヲクル。
   Wabirou; cagotsoucourou.

Exécrable, adj.
   Execrable, abominable.
   可悪ベキ。 ニクテイ。
   Nicoumou beki; nicoutei.

Exécration, s. f.
   Execration, abhorrence.
   悪ミ。
   Nicoumi.

Exécrer, v. a.
   To execrate, to detest, to abhor.
   恨ミ 悪ム。
   Ourami nicoumou.

Exécuter, v. a.
   To execute, to perform; to comply.
   行フ。 爲ス。 ツトムル。
   Okonó; itasou; tsoutomourou.

Exécuteur, s. m.
   Executor.
   言付ケル者。
   Iytsoukerou mono.

   — de justice.
   Executioner, hangman.
   罪人ヲ殺ス者。
   Zainin-o corosou mono.

Exécution, s. f.
   Execution, performance.
   言付ケル事。
   Iytsoukerou coto.

   — d'un criminel.
   Execution of a criminal.
   死罪。
   I-zaï.

Exemplaire, adj.
   Exemplary.
   手本ニ成ル可キ。
   Tehon to naroubeki.

Exemplaire, s. m. (modèle).
   Exemplar, pattern.
   手本。
   Tehon.

Exemplaire d'un livre.
A copy.
｜ 書° Ikkió.

Exemple, s. m.
Example, pattern.
手本° 語手ヲン° ヒキ事° Tehon; mi-tephon; hikicoto.

— (d'écriture).
Copy (of writing).
手ヲン° Tehon.

A l'— de, adv.
After the example of, in imitation of.
古ニ従テ° Houroukini itagatte.

Par —, adv.
For instance, as for example.
アタカモ° 譬ヘバ° Atacamo; tatoyeba.

Exempt, e, adj.
Exempt, free from.
許ヲ得ル° Yourouchi-o yerou.

Exempter, v. a.
To exempt, to free; to dispense.
許ヲ与フル° Yourouchi-o ataierou.

Exemption, s. f.
Exemption, immunity.
許シ° Yourouchi.

Exercer, v. a. pratiquer, professer.
To exercise; to practise, to perform.
行フ° 致ス° Oconó; itasou.

—, dresser, former, etc.
To exercise, to train up, to drill.
習ハセル° Narawacherou.

S'—, v. r.
To exercise.
調練スル° Tkioren sourou.

— la médecine.
To practice physic.
治療ヲスル° Dgirió-o sourou.

Exercice, s. m.
Exercise, practice, use, work.
稽古° シツケ° 行イ° 習ヒ° Keico; chitsouke; oconai; narawachi.

— militaire.
Military exercise.
諫綱° Ikióren.

Faire de l'—.
To take exercise.
好歩行° Yoùhòni icou.

Exfolier (s'), v. r.
To exfoliate.
ヘケ落ル° Fekewotsourou.

Exhalaison, s. f.
Exhalation.
氣° Ki.

Exhaler, v. a.
To exhale, to breathe.
氣ヲ吐ク° ヘッスル° Ki-o hacou; hassourou.

Exhaler une mauvaise odeur.
To breathe a bad odour.
毒氣ヲ吐ク。
Dokki-o hacou.

—, faire évaporer.
To vent.
キヲイダス。
Ki-o idasou.

S'—, v. r.
To evaporate, to vapour, to transpire.
ジヨウハツサセル。
Jó fat sacherou.

Exhausser, v. n.
To raise, to raise up, to run up.
揚ル。立ル。高メル。
Agherou, taterou; tacamerou.

Exhiber, v. a.
To exhibit, to produce.
指示ス。出ス。アラワス。
Sachi chimesou; dasou; arawasou.

Exhibition, s. f.
Exhibition, producing.
アラワス事。
Arawasou coto.

Exhortation, s. f.
Exhortation, incitement.
勸メル事。イサメ。諫言。
Sousoumerou coto; isame, canghen.

Exhorter, v. a.
To exhort, to incite.
勸メル。イサムル。
Sousoumerou; isamourou.

Exhumer, v. a.
To exhume, to disinter; to revive.
堀出ス。
Hori dasou.

Exigeant, e, adj.
Unreasonable, particular.
面倒ナ人。
Mendòna hito.

Exigence, s. f.
Exigence, exigency.
入用ヘル。
Iri motkiirou.

—, indiscrétion.
Unreasonableness, claim, demand.
急速ナ事。
Kiousocouna coto.

Exiger, v. a.
To exact, to require.
誣ル。
Chiirou.

Exigible, adj.
Exigible, demandable.
定日。
Dgiòjitsou.

Exigu, ë, adj.
Scanty, slender, petty.
細イ。小イ。
Hosoi, tkiisai.

Exiguité, s. f.
Scantiness, slenderness.
細サ。
Hososa.

Exil, s. m.
Exile, banishment.
流嶋人。ハナタレビト。
Rou-tò nin; hanatarebito.

Lieu d'—.
Place of exile.
罪嶋。ハイシヨ。
Zai-tò; faicho.

Exilé, e, adj. subst.
Exile, outcast.
流竄ルモイ。
Rou tò; rouzai.

Exiler, v. a.
To exile, to banish.
追放ス流罪スル。
Woi hanasou; rouzaï sourou.

Existant, e, adj. v.
Existing, in being, existent.
有ル今ノ。
Arou; imano.

Existence, s. f.
Existence, being.
生活シンダイ。
Cheicouatsou; chindaï.

Exister, v. n.
To exist, to be existent; to live.
有ルイルイマスソロフ。
Arou; irou, imasou, sóró.

Exonérer, v. a.
To exonerate; to discharge.
許ス。
Yourousou.

Exorbitant, e, adj.
Excessive, enormous.
人過クナベダシイ。
Taigoua, hanahadachii.

Exorciser, v. a.
To exorcise, to adjure.
魔ヲ拂フ。
Oni-o farò.

Exorcisme, s. m.
Exorcism, the form of adjuration.
オニヲハラフ事。
Oni-o farò coto.

Exorde, s. m.
Exordium.
序。
Jò.

Exotique, adj.
Exotic, foreign.
異國ノ旅ノ。
Icocouno; hacouraino.

Expansif, ve, adj.
Expansive.
廣大博大。
Còdai; bacoudai.

Expansion, s. f.
Expansion.
ヒロメ。
Hirome.

Expatrier, v. a.
To expatriate, to drive from one's native country.
國ヲリ出ス。
Couni yori dasou.

S'—, v. r.
To exile one's self.
本國ヲ追出ス。
Hongocou-o oï idasou.

Expectative, s. f.
Expectation, prospect, hopes.
待事望ミ。
Matsou coto; nozomi.

Expectorer, v. a.
To expectorate.
吐ク。
Hacou.

Expédient, e, adj.
Fit, proper, advisable.
似合相應ナ。
Niaò; sòwòna.

Expédient, s. m.
Expedient, scheme, device.
法 手業 ベカヲリコト°
Hò; tedate; hacaricoto.

Nouvel —.
New expedient.
新法°
Atarachi hò.

Expédier, v. a.
To dispatch; to forward, to send off.
會ニ發ル°
Kiiôni-o courou.

Expéditeur, s. m.
Expeditor, commissioner.
モノヲ ヲクル人°
Mono-o ocourou nin.

Expéditif, ve, adj.
Expeditious, quick.
サクリヒ ヽタ°
Sacourito chita.

Expédition, s. f.
Expedition; sending off.
發ル事°
Okourou coto.

— militaire.
Military expedition.
チメダチ°
Dgindatki.

—, dépêches, lettres, ordres, etc.
Dispatches, instructions; copy.
手紙°
Tegami.

Expéditionnaire, s. m.
Clark, copyist; commissioner.
寫本スル人°
Chofou sourou nin.

Expérience, s. f.
Experience; experiment.
試ル事° タメチ°
Cocoro mirou coto; tamechi.

—, connaissance acquise.
Experience.
經驗° コ゛; ロcoト°
Keiken; cô; rócot.

Expérimental, e, adj.
Experimental.
經驗シタロ゜ コ゛チヤウ゛ コ゛ノ
Keiken chitarou; côcho; côno
イヽタモノ°
ittamono.

Expérimenté, e, adj.
Experienced.
試ルノ°
Cocoromino.

Expérimenter, v. a.
To experience.
コ゛ロミル° タメス゛°
Cocoromirou; tamesou.

Expert, e, adj.
Expert, clever.
コ゛チヤ゛°
Côcha.

—, s. m. pl. (jurés, maîtres dans un art).
Jury.
巧ル° 熟練°
Tacoumi; zoucouren.

Expertise, s. f.
Estimate or valuation, verdict of jury.
見改ル事°
Mi aratamerou coto.

Expiation, s. f.
Expiation, atonement.
罪ヲ補フ事° クヮタイ°
Tsoumi-o oghinó coto; couatai.

Expiatoire, adj.
Expiatory.
ツミヲ ヲギナフベキ°
Tsoumi-o oghinó beki.

Expier, v. a.
To expiate, to atone for.
罪ヲ補フ°
Tsoumi-o oghinó.

Expiration, s. f. action d'expirer.
Expiration.
息ヲ吹キ出ス事°
Ikifouki idasou coto.

— d'un terme.
Expiration.
終リ°
Owari.

Expirer, v. a., rendre l'air aspiré.
To expire.
亡息スル° シヌル°
Jissokou sourou; chinourou.

—, v. n.
To expire, to breathe one's last; to die away.
息ヲ吹キ出ス° Iki-o fouki idasou.

Explétif, ve, adj. et s. m.
Expletive.
添ヘバ°
Soie ireno.

Explicable, adj.
Explicable, explainable.
張リ開ク可キ°
Hari hiracou beki.

Explicatif, ve, adj.
Explanatory.
解明スモノ°
Toki acasou mono.

Explication, s. f.
Explication, explanation, interpretation.
講釋° メタヲグ°
Còchacou yawaraghe.

Explicite, adj.
Explicit, express.
明白°
Mei hacou.

Expliquer, v. a.
To explain; to expound; to declare.
解明ス° ダンズル° メタヲグル°
Toki acasou; danzourou; yawaragourou.

S'—, v. r.
To explain one's thought, to speak plain or plainer.
明白ニ語フ°
Mei hacouni you.

Exploit, s. m.
Exploit, achievement, deed.
テガラ°
Tegara.

Exploitation, s. f.
Working mines, improving lands.
ハタラキ°
Hataraki.

Exploiter, v. a.
To make the best of an estate; to work, to improve.
開墾スル°
Caïcou sourou.

LIBRAIRIE FIRMIN DIDOT FRÈRES, FILS ET Cie

IMPRIMEURS DE L'INSTITUT IMPÉRIAL DE FRANCE

Rue Jacob, 56, à Paris.

Bibliographie japonaise, ou Catalogue des ouvrages relatifs au Japon qui ont été publiés depuis le xve siècle jusqu'à nos jours, par Léon Pagès. 1 vol. in-4°, br.   6 fr.

Essai de grammaire japonaise, composé par Donker Curtius, enrichi d'éclaircissements et d'additions par le docteur J. Hoffmann, professeur de japonais à Leyde. Traduit du hollandais avec de nouvelles notes extraites des grammaires des PP. Rodriguez et Collado, par Léon Pagès. In-8°, br.   20 fr.

Dictionnaire japonais-français, contenant : 1° la transcription des mots et exemples japonais ; 2° les caractères japonais ; 3° l'interprétation ; traduit du Dictionnaire japonais-portugais, composé par les missionnaires de la Compagnie de Jésus et imprimé en 1603, à Nangasaki (le japonais en caractères romains et le texte en portugais), et revu sur la traduction espagnole du même ouvrage, rédigée par un père Dominicain et imprimée en 1630, à Manille (le japonais également en caractères romains). Publié par Léon Pagès. (livraison 1 et 2). Prix :   12 fr. 50 la livr.

Le livre de Marc Pol, citoyen de Venise, conseiller privé et ministre plénipotentiaire en second de l'empereur Mongol Koubilaï-Khan, rédigé en français sous sa dictée en 1298 par Rusticien de Pise et publié pour la première fois, selon la copie authentique donnée en 1307 par Marc Pol lui-même à Thiébault de Cépoy, par M. G. Pauthier. 2 vol. grand in-8° d'environ 800 pages, avec une très-belle carte.   40 fr.

Japon, Cochinchine, empires Birman, d'Anam, de Siam, îles Ceylan, etc., par M. le colonel Dubois de Jancigny. 1 vol. avec 19 grav. et 3 cartes.   6 fr.

Chine, par M. Pauthier. 1 vol. et 73 planches.   6 fr.

Chine moderne, par MM. Bazin et Pauthier. 1 vol. et 16 planches.   6 fr.

NOEL DES VERGERS. — L'Étrurie et les Étrusques, ou Dix ans de fouilles dans les maremmes toscanes ; par A. Noël des Vergers, correspondant de l'Institut. 2 vol. in-8° et 1 vol. in-folio (textes et planches). Prix de l'ouvrage complet :   150 fr.

L'Arménie, la Perse et la Mésopotamie. Géographie et géologie de ces contrées, monuments anciens et modernes, histoire, mœurs et coutumes, par M. Ch. Texier. 2 vol. Prix complet :   620 fr.

Description de l'Asie Mineure, par M. Ch. Texier (ordonnée par le gouvernement). 3 vol. Prix complet :   1,000 fr.

PARIS. — IMP. VICTOR GOUPY, RUE GARANCIÈRE, 5.

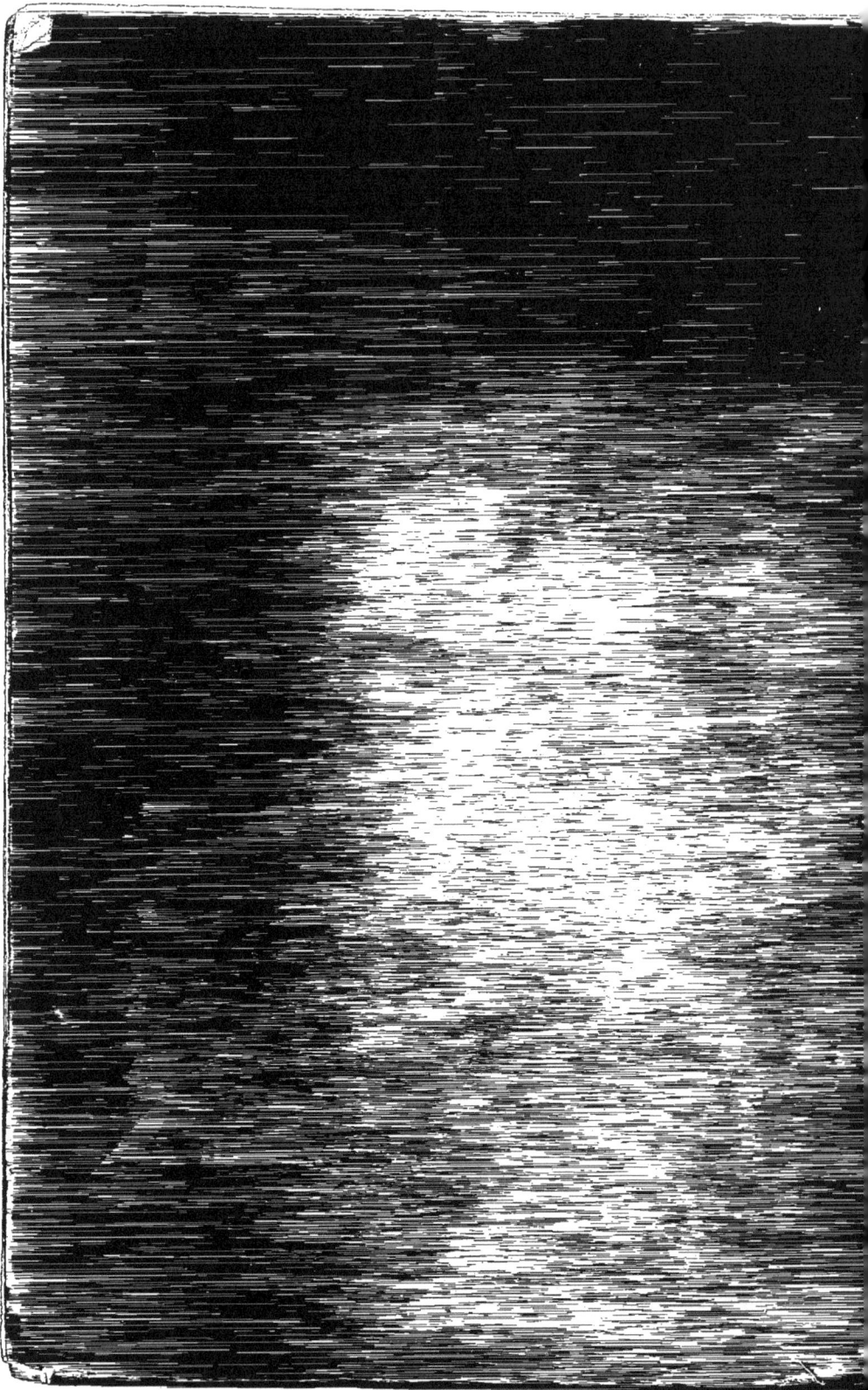

www.ingramcontent.com/pod-product-compliance
Lightning Source LLC
Chambersburg PA
CBHW060955280326
41935CB00009B/730